Lisa Kunze

Dialogbasierte Leistungsbeurteilung mit Portfolios

Theoretische Grundlagen, praktische Umsetzungsmöglichkeiten und empirische Befunde

Waxmann 2022
Münster • New York

Bibliografische Informationen der Deutschen Nationalbibliothek
Die Deutsche Nationalbibliothek verzeichnet diese Publikation in der Deutschen Nationalbibliografie; detaillierte bibliografische Daten sind im Internet über http://dnb.dnb.de abrufbar.

Print-ISBN 978-3-8309-4583-3
E-Book-ISBN 978-3-8309-9583-8

www.waxmann.com
info@waxmann.com

Umschlaggestaltung: Anne Breitenbach, Münster
Titelbild: © Syda Productions | Adobe Stock
Druck: CPI books GmbH, Leck
Gedruckt auf alterungsbeständigem Papier, säurefrei gemäß ISO 9706

FSC www.fsc.org
MIX
Papier aus verantwortungsvollen Quellen
FSC® C083411

Printed in Germany

Inhalt

1. Einleitung

Lernen. Leistung. Noten?

Um zu diesem Thema zu tagen, sind im Juni 2018 etwas mehr als 170 Lehrkräfte und andere schulnahe Personen aus allen Teilen Deutschlands auf einem Forum der Deutschen Schulakademie zusammengekommen. Zahlreiche weitere hätten dieser Veranstaltung unter der Leitung von Silvia-Iris Beutel, Thomas Häcker und Hans Anand Pant gerne beigewohnt, doch die Teilnahmeplätze waren bereits innerhalb kürzester Zeit vergeben. In den kurzen Statements, mit denen die zuvor genannten Bildungswissenschaftler*innen das Forum eröffneten, wurden unmittelbar zentrale Kritikpunkte an der tradierten Beurteilungskultur mit Noten benannt und zahlreiche weitere kamen im Laufe der zweitägigen Veranstaltung hinzu. Der geringe Informationsgehalt der Noten, die fehlende Beteiligung der Schüler*innen an der Evaluation ihrer eigenen Leistungen und die mangelnde Wertschätzung für die individuellen Lernbemühungen der Schüler*innen sind nur wenige Beispiele für die weitreichenden Einschränkungen, die die Forumsteilnehmer*innen diskutierten (Deutsche Schulakademie 2018). Eine deutliche Mehrheit von ihnen schien sich darin einig zu sein, dass die tradierte Beurteilungskultur die individuelle Lernentwicklung von Schüler*innen mit diesen Einschränkungen eher behindert als fördert, und suchte auf dem Forum der Deutschen Schulakademie nach lernförderlicheren Alternativen. Einzelne Gäste vertraten im Gegensatz dazu allerdings auch die Einschätzung, dass Lernen ohne Noten kaum möglich sei, da den Schüler*innen bei einem Verzicht darauf unter anderem die notwendige Motivation fehlen würde, und sahen keinen Grund für eine Abkehr von der tradierten Beurteilungspraxis.

Diese konträren Positionen prägen auch den Diskurs, der über das Forum der Deutschen Schulakademie hinaus aktuell mit besonderem Nachdruck geführt wird. Die hohe Relevanz, die die Frage nach einer lernförderlichen Gestaltung der schulischen Leistungsbeurteilung zurzeit besitzt, zeigt sich unter anderem in der hohen Anzahl der mit diesem Thema verbundenen Tagungen und Fortbildungsveranstaltungen, die in den vergangenen Jahren stattgefunden haben. Sie spiegelt sich außerdem in den zahlreichen aktuellen wissenschaftlichen und praxisnahen Veröffentlichungen zur schulischen Leistungsbeurteilung wider (u.a. Beutel & Pant 2020; Fischer 2012; Jürgens & Lissmann 2015; Sacher 2014; Winter 2015, 2016). Während sich diese auf eine vergleichsweise solide Basis an empirischen Daten zur tradierten Benotungspraxis beziehen können, liegen für alternative Beurteilungsformate bisher nur wenige aussagekräftige Studienergebnisse vor (Häbig 2018, S. 145; Marx 2020, S. 72ff.). Weitere wissenschaftliche Studien sind somit dringend notwendig, um eine fundierte Beantwortung der Frage zu ermöglichen, welche Gestaltungsform der schulischen Leistungsbeurteilung Schüler*innen am besten in ihrer individuellen Lernentwicklung unterstützen kann.

Das übergeordnete Anliegen dieser Arbeit besteht darin, einen Beitrag zur Beantwortung dieser aktuell besonders relevanten Frage zu leisten. Dieses Anliegen soll konkret darüber realisiert werden, dass aus dem bestehenden Kenntnisstand zunächst zentrale Anforderungen abgeleitet werden, die die schulische Leistungsbeurteilung erfüllen sollte, um für die individuelle Lernentwicklung von Schüler*innen förderliche Voraussetzungen zu schaffen. Anschließend soll sowohl theoretisch als auch empirisch geprüft werden, inwiefern die tradierte Beurteilungskultur mit Noten und verschiedene alternative Gestaltungsformen der schulischen Leistungsbeurteilung diese Anforderungen erfüllen können.

Für dieses Vorhaben werden in Kapitel 2 relevante begriffliche und theoretische Grundlagen zur Lernentwicklung von Schüler*innen und zur schulischen Leistungsbeurteilung gelegt. Lernen wird im Rahmen dieser Arbeit mit einer Erweiterung von Kompetenzen gleichgesetzt und daher wird in Kapitel 2 zunächst der Kompetenzbegriff definiert. Im Anschluss daran wird bestimmt, welche grundlegenden Voraussetzungen auf Seiten der Schüler*innen und ihrer Lernumgebung gegeben sein sollten, damit die Lernenden ihre Kompetenzen möglichst umfangreich und nachhaltig erweitern können. Die Überleitung zu der Frage, wie die schulische Leistungsbeurteilung zur Schaffung der zuvor bestimmten Voraussetzung beitragen kann, wird in der zweiten Kapitelhälfte durch eine Klärung der Begriffe der schulischen Leistung und der schulischen Leistungsbeurteilung vorbereitet. Die einzelnen Teilkapitel zusammenführend wird abschließend die These aufgestellt, dass die schulische Leistungsbeurteilung die Kompetenzentwicklung von Schüler*innen vor allem über ihre Informationsqualität sowie ihren Einfluss auf die Motivation und das Selbstkonzept der Lernenden unterstützen kann.

Mit dem Ziel, daraus zentrale Anforderungen an eine lernförderliche Beurteilungskultur abzuleiten, wird in Kapitel 3 genauer exploriert, wie die schulische Leistungsbeurteilung auf den drei zuvor genannten Wegen auf die Kompetenzentwicklung von Schüler*innen einwirken kann. Im Einklang mit dieser übergeordneten Zielsetzung werden in Kapitel 3.1 zunächst Kriterien aufgestellt, die Informationen erfüllen sollten, um für die Kompetenzentwicklung von Schüler*innen hilfreich zu sein. Anschließend werden Herausforderungen bei der Erfüllung der aus den einzelnen Kriterien abgeleiteten Anforderung an eine lernförderliche Beurteilungskultur aufgezeigt und Möglichkeiten dazu beleuchtet, sie zu überwinden. Kapitel 3.2 ist der motivationalen Wirkung der schulischen Leistungsbeurteilung gewidmet und beginnt mit einer Definition relevanter Motivationsformen. Inwiefern diese verschiedenen Motivationsformen eine nachhaltige Erweiterung von Kompetenzen begünstigen können, wird im Anschluss daran aus theoretischer Sicht und auf der Grundlage empirischer Ergebnisse beurteilt. Gemeinsam mit einer Betrachtung bereits dokumentierter Tendenzen der Motivationsentwicklung im Verlauf der Schulzeit bildet diese Beurteilung die Grundlage für die Formulierung einer zweiten zentralen Anforderung an eine lernförderliche Beurteilungskultur. Möglichkeiten dazu, diese Anforderung zu erfüllen, werden schließlich im letzten Abschnitt von Kapitel 3.2 aus dem Erwartungs-Wert-Modell und der Selbstbestimmungstheorie der Motivation abgeleitet. In Kapitel 3.3

werden parallel dazu zunächst verschiedene relevante Facetten des Selbstkonzepts definiert, bevor eine differenzierte Betrachtung ihrer Bedeutung für die Kompetenzentwicklung von Schüler*innen erfolgt. Diese fließt zusammen mit relevanten Tendenzen der Selbstkonzeptentwicklung in die Formulierung einer weiteren Anforderung an eine lernförderliche Beurteilungskultur ein, deren Umsetzungsmöglichkeiten abschließend beleuchtet werden. In Kapitel 3.4 werden die Anforderungen aus den einzelnen Bereichen schließlich zusammenfassend zusammengeführt.

Anhand der in Kapitel 3 hergeleiteten Anforderungen zur Informationsqualität, zur motivationalen Wirkung der Leistungsbeurteilung und ihrem Beitrag zur Selbstkonzeptentwicklung der Schüler*innen soll im darauffolgenden Kapitel 4 die tradierte Beurteilungskultur mit Noten auf den Prüfstand gestellt werden. Vorbereitend dafür werden in Kapitel 4.1 zunächst die grundlegenden Merkmale dieser Kultur zusammenfassend dargestellt. Im Anschluss daran wird nacheinander aus theoretischer Sicht sowie auf der Grundlage empirischer Ergebnisse beurteilt, inwiefern die tradierte Beurteilungskultur mit ihren prägenden Merkmalen die drei zentralen Anforderungen erfüllen und darüber zur Kompetenzentwicklung der Schüler*innen beitragen kann. Ausgehend von der separaten Betrachtung der einzelnen Anforderungen wird abschließend ein zusammenfassendes Urteil darüber getroffen, inwiefern die tradierte Beurteilungskultur mit Noten Schüler*innen bei der nachhaltigen Erweiterung ihrer Kompetenzen unterstützen kann.

Im Anschluss daran soll in Kapitel 5 das lernförderliche Potenzial einer alternativen Beurteilungskultur und alternativer Beurteilungsformate näher erkundet werden. Anders als bei der tradierten Beurteilungskultur handelt es sich bei einer alternativen Beurteilungskultur aktuell größtenteils eher um eine Vision als schulische Realität. Deswegen sollen die übergeordneten Ziele und Merkmale einer alternativen Beurteilungskultur in Kapitel 5.1 zunächst idealtypisch beschrieben werden. Darauf aufbauend wird anschließend aus theoretischer Sicht und unter Hinzunahme bereits vorhandener Studienergebnisse beurteilt, inwiefern vier alternative Beurteilungsformate dazu geeignet sind, die übergeordneten Ziele und Merkmale einer alternativen Beurteilungskultur zu verwirklichen und die Anforderungen an eine lernförderliche Beurteilungskultur zu erfüllen. In diesem Sinne sind es konkret die Chancen, Herausforderungen und Gelingensbedingungen von verbalen Beurteilungen und Beurteilungsrastern, Lernentwicklungsgesprächen und Portfolios als Instrumenten der Leistungsbeurteilung, die in Kapitel 5 betrachtet werden sollen. Ausgehend von der separaten Betrachtung dieser alternativen Beurteilungsformate wird abschließend eine erste Beurteilung des lernförderlichen Potenzials der alternativen Leistungsbeurteilung vorgenommen. Bei dieser Beurteilung kann es sich vor allem deshalb nur um eine erste handeln, da alternative Beurteilungsformate bisher nur in geringem Umfang systematisch untersucht wurden.

Aus dem aktuell bestehenden Forschungsbedarf wird in Kapitel 6 zunächst ein konkretes Forschungsanliegen abgeleitet, bevor eine kurze Vorstellung der zur Verwirklichung dieses Anliegens ausgewählten Projektschule mit ihren verschiedenen Beurteilungssystemen erfolgt. Es handelt sich dabei um die Anne-Frank-Schule Bargteheide, die sowohl die Möglichkeit zur Untersuchung eines Beurteilungssystems mit Kompetenzrastern und verbalen Beurteilungen als auch eines innovativen Schulversuchs mit Lernentwicklungsgesprächen und Portfolios bietet.

Ausgehend von der näheren Betrachtung der Beurteilungssysteme soll das in Kapitel 6 formulierte übergeordnete Forschungsanliegen in Kapitel 7 in konkrete Forschungsfragen überführt werden. Kapitel 8 ist der methodischen Vorgehensweise gewidmet, die zur Untersuchung dieser Forschungsfragen gewählt wurde. Die Beschreibung der darüber gewonnenen Ergebnisse in Kapitel 9 bereitet deren Interpretation in Bezug auf die Forschungsfragen in Kapitel 10 vor. In Kapitel 11 sollen die Ergebnisse zu den einzelnen Forschungsfragen zusammengeführt und vor dem Hintergrund des theoretischen Teils diskutiert werden. Für dieses Kapitel ist zudem eine Reflexion der methodischen Vorgehensweise vorgesehen. Das diese Arbeit abschließende Kapitel 12 zielt schließlich darauf ab, aufzuzeigen, wie die Ergebnisse dieser Arbeit für die schulische Praxis und die weitere wissenschaftliche Auseinandersetzung mit dem Thema einer lernförderlichen Gestaltung der schulischen Leistungsbeurteilung genutzt werden können.

2. Relevante Grundlagen zur Kompetenzentwicklung und zur schulischen Leistungsbeurteilung

Das übergeordnete pädagogische Ziel der Institution Schule besteht darin, Schüler*innen bei der Entwicklung vielfältiger Kompetenzen zu unterstützen und sie darüber dazu zu befähigen, ein erfülltes Leben zu führen und ihre Rolle als Bürger*innen in unserer freiheitlich-demokratisch organisierten Gesellschaft verantwortungsvoll auszuüben (§ 4 SchulG). Im Rahmen dieses Kapitels soll der Begriff der Kompetenz mit seinen wesentlichen Merkmalen zunächst definiert werden, bevor eine genauere Betrachtung der Voraussetzungen erfolgreichen Kompetenzerwerbs erfolgt. In Anlehnung daran wird anschließend der Begriff der schulischen Leistung kompetenzorientiert definiert, bevor eine Klärung des Begriffs der schulischen Leistungsbeurteilung und eine Darstellung ihrer grundlegenden Gestaltungsmerkmale vorgenommen wird. Abschließend werden diese verschiedenen Aspekte zu einer ersten thesenartigen Antwort auf die Frage zusammengeführt, wie die schulische Leistungsbeurteilung dazu beitragen kann, dass Schüler*innen ihre Kompetenzen erfolgreich erweitern können.

2.1 Der Kompetenzbegriff

Der Begriff der Kompetenz wird in verschiedenen Fachbereichen unterschiedlich definiert, sodass es notwendig zu sein scheint, aufzuzeigen, welches Kompetenzverständnis der vorliegenden Arbeit zugrunde liegt.

Grundlegend lassen sich Kompetenzen in Anlehnung an Weinert als „die bei Individuen verfügbaren oder durch sie erlernbaren kognitiven Fähigkeiten und Fertigkeiten, um bestimmte Probleme zu lösen, sowie die damit verbundenen motivationalen, volitionalen und sozialen Bereitschaften und Fähigkeiten, um die Problemlösungen in variablen Situationen erfolgreich und verantwortungsvoll zu nutzen“ (Weinert 2001, S. 27f.) definieren. Kompetenzen sind dementsprechend als eine Kombination aus Fähigkeiten und Fertigkeiten sowie der Bereitschaft, diese zielführend und verantwortungsvoll zur Bewältigung von Herausforderungen oder zur Lösung von Problemen einzusetzen, anzusehen. Anders als bei Weinert angedeutet, stellen dabei nicht nur kognitive Fähigkeiten und eng definierte praktische Fertigkeiten einen wichtigen Bestandteil von Kompetenzen dar; stattdessen fließen auch Fähigkeiten aus anderen Bereichen wie dem sozialen oder emotionalen in Kompetenzen ein (Jürgens & Lissmann 2015, S. 44f.; Weirer & Paechter 2019, S. 20f.). Die verschiedenen Komponenten des Könnens, die Kompetenzen umfassen, werden im Rahmen dieser Arbeit daher allgemein unter dem Begriff der Fähigkeiten zusammengefasst. Diese Fähigkeiten können vielfältiger Art sein und infolgedessen sind auch vielfältige verschiedene Kompetenzen voneinander zu unterscheiden.

Zur Systematisierung dieser verschiedenen Kompetenzen liegt bisher noch kein einheitlicher und allgemein anerkannter Ansatz vor. Im schulischen Kontext bietet es sich allerdings an, grundsätzlich zwischen fachbezogenen und überfachlichen Kompetenzen zu unterscheiden. Fachbezogene Kompetenzen sind dabei Fähigkeiten und Bereitschaften, die ausschließlich in einem Fachbereich zur Bewältigung von Aufgaben und Herausforderungen dienen, während überfachliche Kompetenzen als Voraussetzungen für das erfolgreiche Meistern von Herausforderungen in verschiedenen Fach- und Lebensbereichen anzusehen sind. Die Unterscheidung zwischen diesen beiden Kategorien ist nicht durchgängig trennscharf, da überfachliche und fachliche Kompetenzen bei ihrer praktischen Nutzung mitunter ineinander übergehen (Jürgens & Lissmann 2015, S. 43f.); sie kann aber trotzdem eine auch für das Anliegen dieser Arbeit hilfreiche Orientierung bieten. Von einer genaueren Darstellung der Kompetenzmodelle, die sich in der Didaktik einzelner Unterrichtsfächer entwickelt haben, wird an dieser Stelle abgesehen, da diese Arbeit von einem allgemeinen und keinem fachspezifischen Interesse geleitet wird.

Ein weiteres im Kontext dieser Arbeit besonders bedeutsames Merkmal von Kompetenzen ist, dass diese erlernbar sind. Individuen können ihre Kompetenzen somit im Rahmen von Lernprozessen erweitern. Der Erwerb von Kompetenzen vollzieht sich dabei im Bereich der Tiefenstruktur des Lernens und ist infolgedessen nicht unmittelbar sicht- oder beobachtbar. Er findet allerdings Ausdruck in der Performanz, das heißt in dem beobachtbaren Verhalten, das Individuen in für die jeweilige Kompetenz geeigneten Anwendungssituationen zeigen, sodass davon ausgehend begründete Rückschlüsse auf deren Kompetenzstand gezogen werden können (Jung 2010, S. 20ff.). Eine eindeutige Bestimmung des Kompetenzstands ist aufgrund der eingeschränkten Zugänglichkeit und Komplexität von Kompetenzen jedoch nicht möglich.

Benötigt werden Kompetenzen schließlich zum erfolgreichen Meistern von Aufgaben und Herausforderungen, die sich sowohl im schulischen Kontext als auch in allen anderen Lebensbereichen stellen können (Jung 2010, S. 13). Durch den rasch fortschreitenden gesellschaftlichen und technologischen Wandel werden diese Aufgaben und Herausforderungen zunehmend komplexer, was dem pädagogischen Auftrag der Schule, die Schüler*innen bei der Entwicklung vielfältiger Kompetenzen zu unterstützen, aktuell besonderen Nachdruck verleiht (Jung 2010, S. 148). Unter welchen Voraussetzungen die Schule diesen Auftrag möglichst gut erfüllen kann, soll daher im folgenden Kapitel im Anschluss an einige relevante Grundlagen der Kompetenzentwicklung genauer betrachtet werden.

2.2 Voraussetzungen erfolgreicher Kompetenzerweiterung

Wie im vorherigen Kapitel bereits erwähnt, können Menschen ihre Kompetenzen erweitern und es ist eben diese Erweiterung von Kompetenzen, die im Rahmen dieser Arbeit mit dem Begriff des Lernens gleichgesetzt wird. Eine Erweiterung von Kompetenzen kann dabei zunächst insofern erfolgen, als dass die Bewältigung von neuen Herausforderungen möglich wird oder die Bewältigung in neuen Anwendungssituationen gelingt. Eine Erweiterung von Kompetenzen ist zudem auch in der Form möglich, dass die Bewältigung von bereits bewältigten Herausforderungen schneller oder mit weniger Fehlern und damit in diesem Sinne besser gelingt. Zusätzlich dazu kann eine Erweiterung von Kompetenzen auch in der Zunahme der Bereitschaft dazu bestehen, bestimmte Fähigkeiten verantwortungsvoll und zielführend einzusetzen. Die derartige Erweiterung von Kompetenzen vollzieht sich in längerfristig angelegten Prozessen (Jung 2010, S. 28), weshalb im Rahmen dieser Arbeit auch der Begriff der Kompetenzentwicklung verwendet wird. Er beschreibt die Veränderung der Kompetenzen von Personen im zeitlichen Verlauf allgemein und schließt sowohl die Erweiterung von Kompetenzen als auch die Zurückbildung von Kompetenzen ein, die ebenfalls möglich ist.

Inwiefern Menschen ihre Kompetenzen erweitern können, hängt auf der einen Seite von den ihnen gebotenen Möglichkeiten zur Kompetenzentwicklung und zum anderen von ihrer Fähigkeit und Bereitschaft dazu ab, diese zu nutzen (Jung 2010, S. 28f.). Möglich ist die Erweiterung von Kompetenzen in der aktiven Auseinandersetzung mit Aufgaben und Herausforderungen, die den aktuellen Kompetenzstand der Lernenden leicht übersteigen, dabei aber noch realistischerweise zu bewältigen sind (Weirer & Paechter 2019, S. 31). Die weitere Kompetenzentwicklung knüpft an den bereits erreichten Kompetenzstand der jeweiligen Lernenden an und wird zudem von weiteren individuellen Voraussetzungen geprägt (Jung 2010, S. 28).

Die Entwicklung von Kompetenzen ist dementsprechend als ein individueller Prozess anzusehen und dieselben Möglichkeiten zur Kompetenzentwicklung können in Abhängigkeit von den individuellen Voraussetzungen der Lernenden zu unterschiedlichen Kompetenzzuwächsen führen. Besonders erfolgreich verläuft die Kompetenzentwicklung dann, wenn eine hohe Passung zwischen den individuellen Voraussetzungen der Lernenden auf der einen Seite und der konkreten Gestaltung der Möglichkeiten zur Kompetenzentwicklung auf der anderen Seite besteht (Sacher 2014, S. 212). In Anbetracht der großen Heterogenität der Voraussetzungen der Lernenden ergibt sich daraus die Notwendigkeit, den schulischen Unterricht zumindest phasenweise zu öffnen und zu differenzieren, damit die einzelnen Schüler*innen die Lernwege gehen können, die ihre individuelle Kompetenzentwicklung tatsächlich voranbringen (Jürgens & Lissmann 2015, S. 37). Eine auf die individuellen Voraussetzungen der Schüler*innen abgestimmte Unterrichtsgestaltung stellt somit eine zentrale Voraussetzung für eine erfolgreiche Kompetenzentwicklung dar.

Auf der anderen Seite ist eine solche Unterrichtsgestaltung selbst an verschiedene Voraussetzungen auf Seiten der Lehrkräfte und der schulischen Rahmenbedingungen geknüpft. So müssen die Lehrkräfte zunächst einen Wert darin sehen, ihren Unterricht auf die individuellen Voraussetzungen ihrer Schüler*innen abzustimmen, und davon ausgehend dazu bereit sein, verschiedene Formen der Differenzierung und Öffnung des Lernens einzusetzen (Haag & Streber 2014, S. 113f.). Damit die Lehrkräfte ihren Unterricht in diesem Sinne kompetenzförderlich gestalten können, benötigen sie zusätzlich dazu selbst vielfältige pädagogische, fachliche und fachdidaktische Kompetenzen

(Helmke 2003, S. 43). Eine besondere Bedeutung kommt dabei ihrer Beurteilungskompetenz zu. Sie wird im Rahmen dieser Arbeit als die Bereitschaft und Fähigkeit dazu definiert, das (Lern-)Verhalten von Schüler*innen bewusst und differenziert wahrzunehmen und davon ausgehend Rückschlüsse auf ihre Lernvoraussetzungen und insbesondere ihren Kompetenzstand zu ziehen (Jürgens & Lissmann 2015, S. 21f.) Derartige Erkenntnisse stellen gleichzeitig auch selbst eine entscheidende Voraussetzung für die Schaffung geeigneter Möglichkeiten zur Kompetenzerweiterung dar, da die Lehrkräfte die Voraussetzungen ihrer Schüler*innen offensichtlich kennen müssen, um ihnen darauf abgestimmte Lernangebote zu unterbreiten (Sacher 2014, S. 212). Zusätzlich dazu können die Lehrkräfte die individuelle Kompetenzentwicklung der Lernenden auch durch die Rückmeldung ihrer Beurteilungsergebnisse nachhaltig unterstützen (Jürgens & Lissmann 2015, S. 51f.).

Auf systemischer Ebene kommt – wie sich im vorherigen Absatz bereits andeutet – der universitären und schulischen Ausbildung sowie der berufsbegleitenden Fortbildung der Lehrkräfte eine besondere Rolle zu, da die Lehrkräfte neben ihren praktischen Erfahrungen vorrangig in diesem Rahmen die Kompetenzen entwickeln, die sie zur erfolgreichen Unterstützung der individuellen Kompetenzentwicklung ihrer Schüler*innen benötigen. Zusätzlich dazu setzt eine gelingende individuelle Förderung dafür geeignete schulorganisatorische Rahmenbedingungen voraus. So benötigen die Lehrkräfte beispielsweise ausreichend Zeit dafür, die individuellen Voraussetzungen ihrer Schüler*innen zu analysieren und davon ausgehend differenzierte Lernangebote zu entwickeln, sowie räumliche und materielle Ressourcen wie Gruppenräume oder differenzierte Lehrwerke, die deren Umsetzung unterstützen (Haag & Streber 2014, S. 114; Sacher 2014, S. 213f.).

Zusätzlich zu diesen Voraussetzungen auf Seiten der Lehrkräfte und der schulischen Rahmenbedingungen, die die Möglichkeiten zur Kompetenzentwicklung prägen, müssen auf Seiten der Schüler*innen die Bereitschaft und Fähigkeit gegeben sein, diese Möglichkeiten zu nutzen (Jung 2010, S. 28). Die Schüler*innen müssen dementsprechend dazu motiviert sein, ihre Kompetenzen zu erweitern und die ihnen gebotenen Lernmöglichkeiten in Hinblick auf dieses Ziel zielführend zu nutzen (Sacher 2014, S. 214f.). Eine weitere wichtige Voraussetzung dafür besteht darin, dass sich die Schüler*innen auch zutrauen, die jeweilige Aufgabe oder Herausforderung zu meistern und darüber ihre Kompetenzen zu erweitern (Jung 2010, S. 155). Dieses Zutrauen leitet sich aus dem Selbstkonzept der Lernenden ab, das in dieser Hinsicht eine besondere Bedeutung für die Kompetenzentwicklung von Schüler*innen besitzt.

Damit die Schüler*innen ihre Kompetenzen im Unterricht verschiedener Fächer erweitern können, benötigen sie des Weiteren gewisse überfachliche Kompetenzen. Der Fähigkeit und Bereitschaft zum selbstorganisierten Lernen kommt dabei eine besondere Bedeutung zu, da es den Schüler*innen erst durch die Aneignung von Kompetenzen aus diesem Bereich möglich wird, die ihnen im differenzierten und geöffneten Unterricht gebotenen Freiheiten und Wahlmöglichkeiten sinnvoll und verantwortungsvoll zu nutzen (Ahlring 2009, S. 7f.). Die systematische Erweiterung von Kompetenzen setzt somit auch in dieser Hinsicht die bereits gelungene Aneignung anderer Kompetenzen voraus

(Weinert 1982, S. 102). Besonders hervorzuheben gilt es in diesem Zusammenhang auch die Selbstbeurteilungskompetenz der Schüler*innen, die als die Fähigkeit und Bereitschaft der Schüler*innen dazu definiert wird, ihr eigenes Lernen und dafür relevante Aspekte bewusst wahrzunehmen und daraus für ihre Kompetenzentwicklung angemessene Rückschlüsse zu ziehen (Brouër 2014, S. 48). Wie die Lehrkräfte benötigen auch die Schüler*innen eine differenzierte Kenntnis ihrer Lernvoraussetzungen, damit sie für ihre weitere Kompetenzentwicklung förderliche Entscheidungen treffen können (Ahlring 2009, S. 7f.; Winter 2016, S. 86f.). Mit Hilfe ihrer Selbstbeurteilungskompetenz können sie derartige Erkenntnisse ergänzend zur Rückmeldung durch ihre Lehrkräfte selbst gewinnen und ihr Selbstkonzept erweitern.

2.3 Der erweiterte Leistungsbegriff

Wenn das übergeordnete pädagogische Ziel der Institution Schule darin besteht, die Schüler*innen bei der Entwicklung vielfältiger Kompetenzen zu unterstützen, so muss auch ihre Leistung in Hinblick auf dieses Ziel kompetenzorientiert definiert werden. Die schulische Leistung von Schüler*innen wird im Einklang damit als das Ausmaß definiert, zu dem es Schüler*innen erkennbar gelingt, ihre Kompetenzen in den vorgesehenen Bereichen zu erweitern sowie diese zielführend zur Bewältigung schulischer Lern- und Prüfungssituationen zu nutzen. Im Sinne eines erweiterten Leistungsbegriffs sind dabei sowohl die von den Schüler*innen erbrachten Ergebnisse als auch ihre Lernprozesse als Teil ihrer schulischen Leistung anzusehen. Ein erweiterter Leistungsbegriff bezieht dabei vielfältige Aspekte dieser Prozesse sowie der aus ihnen hervorgehenden Produkte ein und berücksichtigt neben kognitiven Kompetenzen Fähigkeiten und Bereitschaften aus vielfältigen weiteren Bereichen (Bohl 2003, S. 215; Jürgens & Lissmann 2015, S. 64f.).

Daraus, dass diese Kompetenzen selbst nicht direkt sicht- oder beobachtbar sind, ergibt sich ein zentraler Unterschied zwischen dem Lernen und der Leistung von Schüler*innen. Während die tatsächliche Kompetenzerweiterung von Schüler*innen im Rahmen dieser Arbeit als Lernen definiert wird, wird die Leistung von Schüler*innen als der in ihrer Performanz zum Ausdruck kommende Kompetenzstand verstanden. Eine möglichst hohe Übereinstimmung zwischen beidem zu erzielen, ist als eine wesentliche Herausforderung der schulischen Leistungsbeurteilung anzusehen, die im folgenden Unterkapitel genauer betrachtet werden soll.

2.4 Schulische Leistungsbeurteilung

Im Zusammenhang mit dem Anliegen, die Leistungen von Schüler*innen zu evaluieren, werden im aktuellen pädagogischen Diskurs verschiedene Begrifflichkeiten verwendet, die zusätzlich von verschiedenen Autor*innen unterschiedlich definiert werden. Der in dieser Arbeit favorisierte Begriff der schulischen Leistungsbeurteilung soll daher im Rahmen dieses Kapitels definiert und von möglichen Alternativen abgegrenzt werden, bevor eine genauere Betrachtung der Merkmale und Variationsmöglichkeiten in der Gestaltung der schulischen Leistungsbeurteilung erfolgt.

Im Rahmen dieser Arbeit wird die schulische Leistungsbeurteilung als die systematische Evaluation der wie zuvor kompetenzorientiert definierten Leistungen von Schüler*innen innerhalb einer Schule mit den dafür vorgesehenen Verfahren definiert. Sie umfasst die drei Elemente der Gewinnung von leistungsrelevanten Informationen als Beurteilungsgrundlage, deren Interpretation mit Hilfe eines geeigneten Vergleichsmaßstabs sowie die Kommunikation des daraus abgeleiteten Urteils (Jürgens & Lissmann 2015, S. 78).

Wie im folgenden Kapitel noch genauer dargelegt werden soll, sollte dieses Urteil im Interesse der Kompetenzerweiterung von Schüler*innen aus differenzierten inhaltlichen Aussagen bestehen und nicht die alleinige Zuschreibung eines Wertes zu den Leistungen der Schüler*innen umfassen. Um diesem Umstand Rechnung zu tragen, wird der Begriff der Leistungsbeurteilung dem Begriff der Leistungsbewertung vorgezogen, der eine Beschränkung auf Letzteres zu implizieren scheint. Der Begriff der Leistungsrückmeldung, der teilweise synonym zur Leistungsbeurteilung verwendet wird, ist im Vergleich dazu ebenfalls enger gefasst und wörtlich genommen nur dazu geeignet, die Kommunikation des Beurteilungsergebnisses als ein Element der schulischen Leistungsbeurteilung zu beschreiben. Er deutet außerdem eine nur in eine Richtung verlaufende Kommunikation von einer beurteilenden Person zu einer anderen beurteilten Person an und ist auch deshalb nicht als Obergriff für alle innerhalb der Institution Schule möglichen Beurteilungsvorgänge geeignet. Der Begriff der Leistungsmessung wird im Rahmen dieser Arbeit schließlich gänzlich verworfen, da die Kompetenzen von Schüler*innen als Tiefenstruktur des Lernens einem Messvorgang nicht direkt zugänglich sind und zusätzlich dazu auch aufgrund ihrer Komplexität nicht eindeutig gemessen werden können (Jung 2010, S. 20ff.).

Die Beurteilung der Leistungen von Schüler*innen als Ausdruck ihres Kompetenzstands setzt stattdessen anspruchsvolle Interpretationsprozesse voraus und daraus ergeben sich auch die drei Elemente der schulischen Leistungsbeurteilung, die im vorletzten Absatz bereits benannt wurden. Dadurch, dass Kompetenzen selbst keiner direkten Beobachtung zugänglich sind, kann nur aufgrund der Performanz von Schüler*innen in Lern- und Leistungssituationen sowie weiteren direkt zugänglichen Informationen auf ihren Kompetenzstand geschlossen werden. Derartige, in Bezug auf die Kompetenzentwicklung von Schüler*innen aussagekräftige Informationen müssen im Rahmen des Beurteilungsvorgangs zunächst gewonnen werden, bevor ihre Interpretation mit Hilfe eines geeigneten Maßstabs und die Kommunikation der daraus hervorgehenden Schlussfolgerungen erfolgen kann (Winter 2015, S. 47ff.). In Bezug auf all diese Elemente bestehen bei der konkreten Gestaltung der schulischen Leistungsbeurteilung Variationsmöglichkeiten, die im Folgenden umrissen werden sollen.

Für die Leistungsbeurteilung relevante Informationen können grundsätzlich in allen Phasen des schulischen Lernens gewonnen werden und die Gestaltung verschiedener Beurteilungssysteme kann danach variieren, inwiefern diese Möglichkeit tatsächlich genutzt wird. Von besonderer Bedeutung ist dabei, inwiefern sich die Gewinnung leistungsrelevanter Informationen auf eigens zu diesem Zweck geschaffene Leistungs- bzw. Prüfungssituationen beschränkt oder parallel zum schulischen Lernen insgesamt erfolgt. Zusätzlich dazu lassen sich auch die zur Informationsgewinnung eingesetzten Formate wie Tests, Klassenarbeiten und Präsentationen variieren, und auch in Bezug auf den Beteiligungsgrad der Schüler*innen bestehen dabei unterschiedliche Gestaltungsmöglichkeiten (Jürgens & Lissmann 2015, S. 72). Zu unterscheiden ist dabei grundlegend zwischen Formen der Informationsgewinnung, an denen die Schüler*innen nur über ihre Performanz beteiligt sind, und Verfahren, in deren Rahmen die Schüler*innen selbst aktiv an der Informationsgewinnung mitwirken, indem sie ihr eigenes Lernen beispielsweise selbst bewusst beobachten und den Lehrkräften darüber Auskunft geben.

Für die Interpretation der gewonnenen Informationen in Bezug auf den Kompetenzstand der Schüler*innen werden wie bereits erwähnt geeignete Maßstäbe benötigt. Dabei lassen sich je nachdem, mit wem oder was die Leistungen der Schüler*innen verglichen werden, die individuelle, die soziale und die kriteriale Bezugsnorm voneinander unterscheiden. Im Rahmen der individuellen Bezugsnorm werden die Leistungen der Schüler*innen mit ihren eigenen früheren Leistungen oder auch ihre Leistungen in verschiedenen Kompetenzbereichen verglichen. Im Rahmen der sozialen Bezugsnorm wird hingegen ein Vergleich der Leistungen einzelner Schüler*innen mit denen anderer Schüler*innen derselben Lerngruppe vorgenommen. Die kriteriale Bezugsnorm sieht schließlich eine Interpretation der gewonnenen Informationen im Vergleich zu inhaltlichen Kriterien oder Standards vor (Sacher 2014, S. 84f.). Bei der konkreten Ausgestaltung der Leistungsbeurteilung ist es möglich, die verschiedenen Bezugsnormen unterschiedlich stark zu gewichten und auf verschiedene Weise miteinander zu kombinieren. Die individuelle und die soziale Bezugsnorm können dabei insofern nicht alleinstehen, als dass immer inhaltliche Kategorien benötigt werden, anhand derer die Leistungen einer oder mehrerer Personen miteinander verglichen werden.

Wie die Informationsgewinnung und -interpretation kann auch die Kommunikation des Beurteilungsergebnisses in unterschiedlichen Formen erfolgen. Sie kann so entweder schriftlich oder mündlich erfolgen sowie verbal oder non-verbal in Form von Symbolen oder Ziffern. Zusätzlich dazu lässt sich wie oben bereits angedeutet auch die Kommunikationsrichtung variieren. Neben der tradierten, nur in eine Richtung verlaufenden Weitergabe des Beurteilungsergebnisses von den Lehrkräften an die Schüler*innen ist so auch die Mitteilung der von den Schüler*innen vorgenommenen Selbsteinschätzung an ihre Lehrkräfte möglich. Zusätzlich dazu können die Schüler*innen und die Lehrkräfte sowie die Schüler*innen untereinander in einen wechselseitigen Dialog eintreten, in dem Fremd- und Selbstbeurteilungsergebnisse kommuniziert und miteinander abgeglichen werden. Darüber hinaus ist es für die Gestaltung der Leistungsbeurteilung in Bezug auf diesen letzten Bereich auch relevant, ob und inwiefern die Beurteilungsergebnisse auch an Empfänger*innen über den unmittelbaren Adressatenkreis der Schüler*innen, ihrer Eltern und Lehrkräfte hinaus kommuniziert werden sollen (Winter 2015, S. 28f.).

Zusätzlich zu diesen in Bezug auf die verschiedenen Elemente bezogenen Variationsmöglichkeiten sollen noch einige weitere grundlegende aufgezeigt werden, die die

Gestaltung der Leistungsbeurteilung insgesamt durchziehen. Dazu gehört zunächst das Maß, zu dem die Schüler*innen an der Evaluation ihrer eigenen Leistungen beteiligt werden. Grundsätzlich ist die Beteiligung der Schüler*innen in allen Phasen der Leistungsbeurteilung möglich und mit geeigneten Hilfestellungen ist den Schüler*innen die aktive Mitwirkung an der Beurteilung ihrer eigenen Leistungen auch zuzutrauen (Jürgens & Lissmann 2015, S. 77).

Neben dem Grad der Beteiligung der Schüler*innen ist auch das zeitliche Verhältnis der Leistungsbeurteilung zu den Lernprozessen der Schüler*innen für deren Gestaltung prägend. Ein summativer Ansatz wird dabei dann verfolgt, wenn die Leistungen der Schüler*innen zum Ende eines Lernprozesses zusammenfassend beurteilt werden. Als formativ werden im Gegensatz dazu Formen der Leistungsbeurteilung bezeichnet, die parallel zu den Lernprozessen von Schüler*innen eingesetzt werden und so unmittelbar mit auf ihre Kompetenzentwicklung in demselben Prozess einwirken können (Jürgens & Lissmann 2015, S. 53).

In engem Zusammenhang damit ist es für die Gestaltung der Leistungsbeurteilung zudem relevant, ob sich diese vorrangig an dem vergangenen Lernen oder der weiteren Lernentwicklung der Schüler*innen orientiert. Als rückwärtsgewandt ist ein Beurteilungsformat oder -system dann anzusehen, wenn es in erster Linie darauf ausgerichtet ist, zu einem Urteil darüber zu gelangen, inwiefern sich die Schüler*innen die im bereits vergangenen Unterricht zu erwerbenden Kompetenzen tatsächlich angeeignet haben. Bei einer vorrangig zukunftsorientierten Gestaltung der Leistungsbeurteilung werden die vergangenen Leistungen der Schüler*innen ebenfalls in den Blick genommen; der Fokus liegt dabei allerdings darauf, aus diesen vergangenen Leistungen hilfreiche Rückschlüsse für das weitere Lernen der Schüler*innen abzuleiten (Marx 2020, S. 60f.).

Zusätzlich zu diesen zeitlichen Gesichtspunkten kann die grundlegende Ausrichtung der Leistungsbeurteilung auch in Bezug darauf variieren, inwiefern bzw. in welchem Ausmaß die Lernprozesse der Schüler*innen und die daraus hervorgehenden Produkte darin Berücksichtigung finden. Bei einer überwiegenden Produktorientierung stehen die Lernergebnisse der Schüler*innen im Mittelpunkt, während der Fokus der Leistungsbeurteilung bei einer vorrangigen Prozessorientierung auf den Handlungen liegt, die die Schüler*innen auf dem Weg zu diesen Ergebnissen ausgeführt haben (Marx 2020, S. 61).

Inwiefern diese Ergebnisse sowie die Lernprozesse der Schüler*innen vorrangig in Bezug auf ihre Stärken oder Schwächen beurteilt werden, ist für die grundlegende Ausrichtung der Leistungsbeurteilung schließlich ebenfalls prägend. Während der Fokus der Leistungsbeurteilung bei einer stärkenorientierten Leistungsbeurteilung vorrangig darauf liegt, was den Schüler*innen bereits gelungen ist und welche Kompetenzen sie bereits erweitern konnten, wird die Aufmerksamkeit im Zuge der Defizitorientierung vor allem darauf gerichtet, was die Schüler*innen noch nicht können (Winter 2015, S. 18).

Wie die vorherigen Ausführungen verdeutlichen, bestehen sowohl in Bezug auf die grundlegende Ausrichtung der Leistungsbeurteilung als auch in Bezug auf die davon geprägte Ausgestaltung der Informationsgewinnung, Interpretation und Beurteilungsmitteilung weitreichende Variationsmöglichkeiten. In der schulischen Praxis werden diese durch rechtliche Vorgaben begrenzt, die sowohl innerhalb als auch zwischen den Schulen für eine gewisse Einheitlichkeit sorgen (Rademacher 2014, S. 183f.). Verbindliche Vorgaben werden dabei insbesondere in Bezug auf die Anzahl und Form der im Rahmen der Leistungsbeurteilung durchgeführten Prüfungen sowie der formalisierten Mitteilung der Beurteilungsergebnisse zum Halbjahres- und Schuljahresende gesetzt. Innerhalb dieser Rahmenbedingungen genießen die einzelnen Schulgemeinschaften sowie die Lehrkräfte einen gewissen Handlungsspielraum. So kann das aus gewählten Vertreter*innen der Schüler*innen, Eltern und Lehrkräfte zusammengesetzte Gremium der Schulkonferenz an schleswig-holsteinischen Gemeinschaftsschulen beispielsweise darüber entscheiden, ob die Leistungen der Schüler*innen von der 5. bis zur 7. Klassenstufe mit Noten oder in Form von Kompetenzrastern beurteilt werden sollen (Ministerium für Bildung, Wissenschaft und Kultur 2020, S. 10; § 62, 63 SchulG). Die einzelnen Lehrkräfte sind schließlich für die konkrete Ausgestaltung und Umsetzung der Leistungsbeurteilung in ihren Klassen zuständig und können innerhalb der rechtlichen und schulinternen Vorgaben zwischen verschiedenen Formen der Informationsgewinnung, Interpretation und Rückmeldung wählen. Zusätzlich dazu kommt ihnen auch in Bezug auf die variablen Merkmale der Ausrichtung der Leistungsbeurteilung eine besondere Bedeutung zu.

Wie die Leistungsbeurteilung von diesen verschiedenen Akteuren gestaltet wird, hängt schließlich wesentlich von den Zielen ab, die über die Leistungsbeurteilung verwirklicht werden sollen. Der Leistungsbeurteilung werden dabei insgesamt zahlreiche Funktionen zugeschrieben, für die sich bisher noch keine einheitliche Bezeichnung, Definition und Systematisierung durchgesetzt hat. Von mehreren Autor*innen wird allerdings eine grundlegende Unterscheidung zwischen pädagogischen und gesellschaftlichen Funktionen vorgenommen, die auch für das Anliegen dieser Arbeit hilfreich scheint und daher übernommen werden soll (Jürgens & Lissmann 2015, S. 64; Pant 2020, S. 44; Paradies, Wester & Greving 2005, S. 24ff.; Sacher 2014, S. 22ff.). Unter dem Begriff der pädagogischen Funktionen werden dabei diejenigen Funktionen der Leistungsbeurteilung zusammengefasst, die in erster Linie dem Lernen, also der Kompetenzentwicklung der Schüler*innen dienen. Dazu ist beispielsweise die pädagogische Informationsfunktion zu zählen, in deren Rahmen die Leistungsbeurteilung den Schüler*innen, Eltern und Lehrkräften zu lernrelevanten Erkenntnissen verhelfen soll, oder auch die Motivationsfunktion, sofern sie denn im Sinne einer Förderung der Motivation der Schüler*innen für das Lernen selbst verstanden wird (Jürgens & Lissmann 2015, S. 70, Paradies, Wester & Greving 2005, S. 29f.). Die gesellschaftlichen Funktionen der Leistungsbeurteilung dienen im Gegensatz dazu vorrangig der Bewältigung gesamtgesellschaftlicher Herausforderungen wie der Vergabe von begrenzten, aber begehrten Weiterbildungs-, Berufs- und Lebenschancen. Zu diesen Funktionen zählt beispielsweise die an weiterführende Bildungseinrichtungen oder potenzielle Arbeitgeber*innen gerichtete gesellschaftliche Informationsfunktion und die eng damit verbundene Selektionsfunktion, in deren Rahmen die schulische

Leistungsbeurteilung selektive Entscheidungen über die einzelne Schule hinaus vorbereiten soll (Pant 2020, S. 43f.; Sacher 2014, S. 22ff.).

2.5 Der Beitrag der schulischen Leistungsbeurteilung zur Kompetenzentwicklung

Wie im Abschluss des vorherigen Teilkapitels bereits erwähnt, kann die Leistungsbeurteilung einen Beitrag zur Kompetenzentwicklung der Schüler*innen leisten. Im Rahmen dieses Teilkapitels sollen die vorherigen Abschnitte zusammenführend konkretisiert werden, in welcher Hinsicht dies vorrangig möglich ist.

Damit die Schüler*innen ihre Kompetenzen erweitern können, benötigen sie auf der einen Seite auf ihre individuellen Voraussetzungen abgestimmte Lernmöglichkeiten und müssen auf der anderen Seite auch dazu bereit und fähig sein, diese zielführend und verantwortungsvoll zu nutzen. Dass die Lehrkräfte ihren Schüler*innen für ihre individuelle Kompetenzentwicklung förderliche Lernmöglichkeiten bieten können, setzt neben verschiedenen beruflichen Kompetenzen und geeigneten Rahmenbedingungen wiederum voraus, dass sie die individuellen Voraussetzungen und bereits erreichten Kompetenzstände ihrer Schüler*innen genau kennen. Die schulische Leistungsbeurteilung kann dazu einen Beitrag leisten, indem sie den Lehrkräften zu Erkenntnissen darüber verhilft.

Derartige Erkenntnisse benötigen auch die Schüler*innen, um die ihnen in einem differenzierten und geöffneten Unterricht gebotenen Wahlmöglichkeiten und Freiräume so zu nutzen, dass sie ihre Kompetenzen darüber tatsächlich erweitern. Wie die Lehrkräfte können die Schüler*innen in dieser Hinsicht lernförderliche Informationen bei einer geeigneten Gestaltung im Zuge der Leistungsbeurteilung gewinnen. Zusätzlich dazu birgt die Leistungsbeurteilung auch das Potenzial, die Schüler*innen zur Erweiterung ihrer Kompetenzen zu motivieren sowie ihr Vertrauen darin zu fördern, dass sie die ihnen gestellten Aufgaben erfolgreich meistern und darüber tatsächlich einen Lernfortschritt erreichen können.

Die schulische Leistungsbeurteilung kann somit sowohl über ihren Informationsgehalt als auch über ihren Einfluss auf die Motivation und das Selbstkonzept der Schüler*innen auf deren Lernentwicklung einwirken und sowohl in Bezug auf die Möglichkeiten der Kompetenzerweiterung als auch die Bereitschaft der Schüler*innen, diese zielführend zu nutzen, günstige Voraussetzungen schaffen. Inwiefern Letzteres tatsächlich gelingt, hängt allerdings wesentlich von der konkreten Ausgestaltung und Umsetzung der Leistungsbeurteilung innerhalb der vielfältigen bereits skizzierten Variationsmöglichkeiten ab. Um deren Eignung zur Unterstützung der individuellen Lernentwicklung der Schüler*innen im weiteren Verlauf dieser Arbeit differenziert beurteilen zu können, sollen im folgenden Kapitel drei zentrale Anforderungen an eine lernförderliche Beurteilungskultur hergeleitet werden.

3. Zentrale Anforderungen an eine lernförderliche Beurteilungskultur

Zum Abschluss des vorherigen Kapitels wurde bereits die These aufgestellt, dass die Leistungsbeurteilung vorrangig über ihren Informationsgehalt, ihre motivationale Wirkung und über ihren Beitrag zur Selbstkonzeptentwicklung auf die Kompetenzentwicklung von Schüler*innen einwirken kann. Als besonders bedeutsames Element der schulischen Lernkultur kann die Leistungsbeurteilung die Lernentwicklung der Schüler*innen dabei sowohl wesentlich fördern als auch erheblich beeinträchtigen. Welche Wirkung die Leistungsbeurteilung tatsächlich entfaltet, hängt von ihrer jeweiligen Gestaltung ab. Als Grundlage für die weitere Auseinandersetzung mit der Frage, welche Gestaltung der Leistungsbeurteilung für das Lernen von Schüler*innen besonders vorteilhaft ist, soll im Rahmen dieses Kapitels genauer betrachtet werden, wie die Leistungsbeurteilung auf die Kompetenzentwicklung von Schüler*innen einwirken kann, welche Wirkung dabei als besonders förderlich anzusehen ist und welche grundlegenden Gestaltungsmerkmale der Leistungsbeurteilung eine solche Wirkung unterstützen. Das übergeordnete Ziel dieses Kapitels besteht dabei darin, konkrete Anforderungen herzuleiten, die ein Beurteilungssystem erfüllen sollte, um für die Kompetenzentwicklung von Schüler*innen förderlich zu sein, die dann im weiteren Verlauf der Arbeit als Kriterien zur Beurteilung der Qualität verschiedener Beurteilungssysteme und -formen genutzt werden können.

3.1 Die Informationsqualität

In Kapitel 2.2 wurde es bereits als eine wesentliche Voraussetzung für die erfolgreiche Kompetenzentwicklung von Schüler*innen identifiziert, dass sowohl sie selbst als auch ihre Lehrkräfte und ferner auch ihre Eltern über differenzierte Kenntnisse in Bezug auf die Lernvoraussetzungen und dabei insbesondere den bereits erreichten Kompetenzstand der Schüler*innen verfügen. Die schulische Leistungsbeurteilung kann zur Erfüllung dieser Voraussetzung erfolgreichen Lernens einen wichtigen Beitrag leisten, wenn sie allen Beteiligten im Zuge ihrer Informationsfunktion zu qualitativ hochwertigen Informationen verhilft. Im Rahmen dieses Kapitels soll zunächst dargelegt werden, welche Qualitätskriterien Informationen erfüllen sollten, um für das Lernen von Schüler*innen förderlich zu sein, bevor anschließend genauer beleuchtet wird, welche Herausforderungen bei der Umsetzung dieser Kriterien bestehen und welche Maßnahmen zur Überwindung dieser Herausforderungen sowie zur allgemeinen Steigerung der Informationsqualität ergriffen werden können.

3.1.1 Anforderungen an lernförderliche Informationen

Über ihren Informationsgehalt kann die schulische Leistungsbeurteilung vorrangig dann positiv zur Kompetenzentwicklung von Schüler*innen beitragen, wenn sie den Lernenden sowie ihren Eltern und Lehrkräften zu Informationen verhilft, die bestimmte Qualitätskriterien erfüllen. Das erste dieser Kriterien besteht darin, dass die Informationen für das Lernen der Schüler*innen tatsächlich relevant sein und sich im Einklang mit einem kompetenzorientierten Lernverständnis so vorrangig auf Kompetenzen sowie für ihre Entwicklung bedeutsame Aspekte beziehen sollten. Zusätzlich dazu sollten lernförderliche Informationen inhaltlich möglichst aussagekräftig, differenziert und vielfältig sein, um eine möglichst breite und verlässliche Grundlage für die Planung des weiteren Lernens der Schüler*innen zu bieten. Von besonderer Bedeutung ist es dabei zudem, dass die über die Leistungsbeurteilung gewonnenen Informationen möglichst zutreffend sind. Insbesondere auf die Kommunikation von Beurteilungsergebnissen bezogen sollten die Informationen des Weiteren für die jeweiligen Empfänger*innen verständlich sein und vor allem bei Rückmeldungen von den Lehrkräften an die Lernenden konkrete Hinweise für ihr weiteres Lernen enthalten (Jürgens & Lissmann 2015, S. 81f.; Stiggins 2001, S. 12f.; Winter 2016, S. 46).

Für das Lernen von Schüler*innen ist das Erfüllen dieser Qualitätskriterien in verschiedener Hinsicht vorteilhaft. So können die Lehrkräfte ihren Unterricht ausgehend von einer solchen qualitativ hochwertigen Informationsgrundlage noch besser auf die individuellen Voraussetzungen ihrer Schüler*innen abstimmen, was die Wahrscheinlichkeit erhöht, dass die Schüler*innen tatsächlich Lernmöglichkeiten erhalten, die ihre individuelle Kompetenzentwicklung voranbringen. Zusätzlich dazu können die Schüler*innen die ihnen in einem differenzierten Unterricht gebotenen Wahlmöglichkeiten und Freiräume in Hinblick auf eine Erweiterung ihrer Kompetenzen zielführender nutzen, wenn sie selbst im Zuge der Leistungsbeurteilung Informationen gewinnen, die die zuvor genannten Qualitätskriterien erfüllen. Dass auch die Eltern derartige Informationen erhalten, stellt des Weiteren eine Voraussetzung dafür dar, dass die Schüler*innen auch von häuslicher Seite aus die Unterstützung bekommen können, die sie zur erfolgreichen Erweiterung ihrer Kompetenzen brauchen (Middendorf 2012, S. 11). Darüber hinaus kann es auch auf Beziehungsebene für das Lernen der Schüler*innen förderlich sein, wenn die genannten Qualitätskriterien erfüllt werden, da qualitativ hochwertige Informationen die Wahrscheinlichkeit von Missverständnissen und Konflikten reduzieren. Schließlich ist es auch vermittelt über die motivationale Wirkung und den Beitrag der Leistungsbeurteilung zur Selbstkonzeptentwicklung vorteilhaft, wenn die genannten Qualitätskriterien erfüllt werden, was an den entsprechenden Stellen in Kapitel 3.2 und 3.3 noch näher ausgeführt werden soll.

3.1.2 Herausforderungen und Möglichkeiten zur Steigerung der Informationsqualität

Für das Lernen von Schüler*innen ist es somit in mehrfacher Hinsicht wichtig und vorteilhaft, dass die Leistungsbeurteilung ihnen selbst sowie ihren Lehrkräften und Eltern zu verständlichen inhaltlich aussagekräftigen und differenzierten, möglichst vielfältigen und zutreffenden Informationen verhilft, die für ihre Kompetenzentwicklung relevant sind und für ihr weiteres Lernen hilfreiche Hinweise bieten. Die Umsetzung dieser Qualitätskriterien ist allerdings mit verschiedenen Herausforderungen verbunden, die in diesem Kapitel geschildert werden sollen, bevor Möglichkeiten aufgezeigt werden, diese zu überwinden und die Informationsqualität der Leistungsbeurteilung insgesamt zu steigern.

Die zentrale Ursache für die bereits erwähnten Herausforderungen ist darin zu sehen, dass Kompetenzen komplexe Konstrukte aus verschiedenen Fähigkeiten und Bereitschaften darstellen, die selbst keiner direkten Beobachtung zugänglich sind (Jung 2010, S. 20ff.). Auf die tatsächliche Ausprägung der Kompetenzen von Schüler*innen kann dementsprechend nur über anspruchsvolle Interpretations- und Beurteilungsprozesse geschlossen werden. Derartige Prozesse sind grundsätzlich subjektiv und werden so unter anderem von individuellen Bewertungsmaßstäben und -tendenzen sowie bereits entwickelten Vorstellungen geprägt (Sacher 2014, S. 47ff.; Pant 2020, S. 34ff.). Zusätzlich dazu werden die Ergebnisse der Interpretations- und Beurteilungsprozesse auch davon beeinflusst, welche Informationen von den Beurteilenden als Grundlage dafür herangezogen werden. Die Gefahr, zu wenig zutreffenden Aussagen über den Kompetenzstand der Schüler*innen zu gelangen, ist in diesem Zusammenhang dann besonders hoch, wenn insgesamt nur wenige und/oder einseitige Informationen in die Beurteilung einbezogen werden (Jürgens & Lissmann 2015, S. 33). Das Erfüllen der genannten Qualitätskriterien setzt bei den Beurteilenden somit Kompetenzen im Bereich der Gewinnung einer geeigneten Beurteilungsgrundlage, deren Interpretation und der Kommunikation des daraus abgeleiteten Urteils voraus.

Wie sich darin bereits andeutet, besteht eine erste Möglichkeit zur Steigerung der Informationsqualität darin, die Beurteilungskompetenz der Lehrkräfte und der Schüler*innen zu fördern. In Bezug auf die Lehrkräfte empfiehlt es sich in Anbetracht der großen Bedeutung der Beurteilungskompetenz bereits im Rahmen des Studiums mit dieser Förderung zu beginnen, sie in der schulischen Phase der Lehramtsausbildung fortzusetzen und auch darüber hinaus mit Fortbildungsangeboten zu unterstützen. Besonders wichtig scheint es dabei zu sein, die Lehrkräfte für die grundsätzliche Subjektivität der Leistungsbeurteilung zu sensibilisieren und auf mögliche Fehlerquellen aufmerksam zu machen, da die Beurteilungsqualität bereits dadurch allein gesteigert werden kann. Dazu kann es ebenfalls beitragen, die Lehrkräfte zu einem Abgleich ihrer eigenen Beurteilung einer bestimmten Leistung mit der Einschätzung derselben Leistung durch andere Lehrkräfte sowie ferner auch der Schüler*innen selbst anzuregen (Jürgens & Lissmann 2015, S. 75f.). Für die Entwicklung der Beurteilungskompetenz der Lehrkräfte und die davon abhängige Informationsqualität der Leistungsbeurteilung ist es dabei als besonders vorteilhaft anzusehen, wenn sich dieser Abgleich nicht nur auf einzelne Fortbildungsveranstaltungen oder die Korrektur von Abschlussarbeiten beschränkt, sondern fest im Beurteilungssystem einer Schule verankert ist.

In Bezug auf die Förderung der Beurteilungskompetenz der Schüler*innen ist dies ebenfalls empfehlenswert. Wie in Kapitel 2.4 bereits herausgestellt, können auch die Schüler*innen aktiv an der schulischen Leistungsbeurteilung mitwirken, indem sie eine Beurteilung ihrer eigenen Leistungen vornehmen oder anderen Schüler*innen eine Rückmeldung zu deren Leistung geben. Damit die Schüler*innen dabei selbst hochwertige Informationen gewinnen und diese anderen Personen ebenfalls zur Verfügung stellen können, sollte auch ihre Beurteilungskompetenz nachhaltig gefördert werden. Dazu sollten die Schüler*innen im alltäglichen Unterrichtsgeschehen sowie im Zusammenhang mit Prüfungssituationen regelmäßig dazu angeregt werden, ihr eigenes Lernen zu reflektieren sowie eine Einschätzung ihrer eigenen Leistungen vorzunehmen, und dabei mit geeigneten Hilfestellungen wie vorstrukturierten Selbsteinschätzungsbögen unterstützt werden (Jürgens & Lissmann 2015, S. 82; Sacher 2014, S. 237). Möglichkeiten dazu, die Leistungen anderer Schüler*innen zu beurteilen und ihnen davon ausgehend eine Rückmeldung zu geben, sind für die Förderung ihrer Beurteilungskompetenz ebenfalls als hilfreich zu betrachten (Brouër 2014, S. 262; Winter 2016, S. 255f.). Dies gilt insbesondere dann, wenn im Rahmen des Peer-Feedbacks ein Abgleich der Selbst- und Fremdeinschätzung der beteiligten Schüler*innen erfolgt. Dieser kann den Schüler*innen ebenso wie der Vergleich ihrer eigenen Einschätzung mit der Beurteilung durch die Lehrkräfte ein grundlegendes Bewusstsein für die Subjektivität und Abhängigkeit der Beurteilung von verschiedenen Faktoren vermitteln und darüber auch ihre Beurteilungskompetenz fördern.

Zusätzlich dazu kann der Abgleich von Selbst- und Fremdeinschätzungen die Informationsqualität der schulischen Leistungsbeurteilung auch direkt steigern. Aufgrund der bereits beschriebenen Herausforderungen ist davon auszugehen, dass verschiedene Personen bei der Beurteilung derselben Leistung zu unterschiedlichen Ergebnissen kommen, und auch empirisch ist dies inzwischen gut belegt (z.B. Holmeier 2013, S. 116; Ingenkamp 1989, S. 87). Wird ein bewusster Vergleich verschiedener Einschätzungen vorgenommen, so werden sich dabei wahrscheinlich gewisse Unterschiede zeigen und werden diese wiederum genauer reflektiert und ergründet, so können die an dem jeweiligen Abgleich beteiligten Lehrkräfte und Schüler*innen zu einer zutreffenderen und differenzierten Einschätzung gelangen. Zusätzlich dazu können auch Übereinstimmungen, die sich im Abgleich von Selbst- und Fremdeinschätzung zeigen, die Informationsqualität steigern, da die Beteiligten durch die kommunikative Validierung ihrer Einschätzung tendenziell mit einer noch größeren Wahrscheinlichkeit davon ausgehen können, dass diese tatsächlich zutreffend ist (Bohl 2006, S. 173; Jürgens & Lissmann 2015, S. 82; Pant 2020, S. 30).

Diese Wahrscheinlichkeit wird auch noch in anderer Hinsicht durch die Beteiligung der Schüler*innen an der Evaluation ihrer eigenen Leistungen erhöht. So können über die aktive Mitwirkung der Schüler*innen noch mehr Informationen als Grundlage für die Leistungsbeurteilung erschlossen werden und vor allem auch solche, die den Lehrkräften allein nicht zugänglich sind. Dieser Vorteil ergibt sich zunächst daraus, dass die Schüler*innen ihre eigenen Lernprozesse kontinuierlich beobachten können und dadurch potenziell über mehr Informationen in Bezug auf ihre eigene Kompetenzentwicklung verfügen als die Lehrkräfte, die gleichzeitig eine größere Anzahl von Schüler*innen im Blick haben und nicht in allen Phasen des Lernens ihrer Schüler*innen präsent sind. Zusätzlich dazu können nur die Schüler*innen selbst über wichtige Elemente der Tiefenstruktur ihres Lernens wie ihre Gedankengänge oder ihre motivationalen Zustände Auskunft geben (Jürgens & Lissmann 2015, S. 78; Sacher 2014, S. 229f.). Durch die Einbindung der Schüler*innen in die schulische Leistungsbeurteilung können somit noch umfangreichere, differenziertere und vielfältigere Informationen als Beurteilungsgrundlage gewonnen werden und diese sind in Bezug auf von außen nur schwer zu erschließende Aspekte wie die Motivation tendenziell zudem zutreffender.

Dass die Schüler*innen die ihnen verfügbaren Informationen tatsächlich in die Leistungsbeurteilung einbringen und ihren Lehrkräften oder Mitschüler*innen gegenüber öffentlich machen, setzt allerdings ein Klima des gegenseitigen Vertrauens sowie insgesamt eine positive Beziehungsqualität voraus (Winter 2016, S. 257f.). Im Einzelnen müssen die Schüler*innen dabei vor allem darauf vertrauen können, dass es ihnen nicht schaden, sondern zu ihrem Vorteil sein wird, wenn sie Informationen über ihr Lernen und damit verbundene persönliche Voraussetzungen offen und ehrlich preisgeben.

Dieser letztgenannte Aspekt steht in einem engen Zusammenhang mit der grundlegenden Ausrichtung der Leistungsbeurteilung, wobei einige der bereits in Kapitel 2.4 beschriebenen Orientierungsvarianten als vorteilhafter für die Informationsqualität anzusehen sind als andere. Es steht dabei zu erwarten, dass die Schüler*innen vor allem dann dazu bereit sind, die ihnen verfügbaren Informationen zu teilen, wenn diese wie die Leistungsbeurteilung insgesamt vorrangig dazu genutzt werden sollen, ihr weiteres Lernen zu unterstützen. Diese Anforderung wird bei einer überwiegend formativen und zukunftsorientierten Gestaltung der Leistungsbeurteilung erfüllt, bei der die Lernförderung vor der Bewertungsabsicht steht. Ist die Leistungsbeurteilung im Gegensatz dazu in erster Linie darauf ausgerichtet, den Leistungen der Schüler*innen einen potenziell mit weitreichenden Konsequenzen verbundenen Wert beizumessen, so wird dies ihre Mitteilungsbereitschaft insbesondere in Bezug auf Lernschwierigkeiten und einen Mangel an Motivation eher beeinträchtigen (Holzkamp 1997, S. 199f.). Das Gleiche gilt auch für eine stark defizitorientierte Gestaltung der Leistungsbeurteilung, die Fehlern strafend gegenüber gesteht. Von einer positiven Fehlerkultur, in denen Fehler als natürlicher Bestandteil des Lernprozesses angesehen werden, ist diesbezüglich eine günstigere Wirkung zu erwarten.

Des Weiteren ist es in Bezug auf die Informationsqualität der Leistungsbeurteilung von Bedeutung, inwiefern sie die Lernprozesse und -produkte der Schüler*innen einbezieht. Erheblich eingeschränkt wird die Informationsqualität der Leistungsbeurteilung wie eingangs bereits erwähnt unter anderem dann, wenn nur wenige oder einseitige Informationen als Informationsgrundlage herangezogen werden. Eine Kombination der Prozess- und Produktorientierung scheint in Anbetracht dessen besonders empfehlenswert, da sie einen umfangreicheren und vielfältigeren Informationsgewinn verspricht als eine Fokussierung auf eine dieser Orientierungen allein (Winter 2016, S. 151). Besonders ergiebig ist diese Kombination dann, wenn die Lernprozesse und die aus ihnen hervorgehenden Ergebnisse selbst möglichst vielfältig angelegt werden, sodass sich eine differenzierte und abwechslungsreiche Unterrichtgestaltung mit verschiedenen Aufgabenstellungen, Sozialformen oder Produktformaten auch in Hinblick auf die Leistungsbeurteilung empfiehlt.

Zusätzlich dazu kann die Favorisierung der individuellen Bezugsnorm in Kombination mit einer kriterialen Bezugsnorm, die in erster Linie inhaltliche Kategorien für die Beurteilung der individuellen Lernentwicklung zur Verfügung stellt, die Informationsqualität der schulischen Leistungsbeurteilung steigern. Dies ist in erster Linie darauf zurückzuführen, dass mit Hilfe dieser Bezugsnormkombination deutlich eher für die individuelle Lernentwicklung der Schüler*innen hilfreiche und aussagekräftige Informationen gewonnen werden können als bei einer besonderen Betonung der sozialen Bezugsnorm (Winter 2016, S. 68).

Von besonderer Bedeutung für die Informationsqualität der Leistungsbeurteilung ist es schließlich ebenfalls, inwiefern die Beteiligten die Möglichkeit haben, die von ihnen gewonnenen Informationen in einer differenzierten und inhaltlich aussagekräftigen, verständlichen und den Kompetenzstand der Schüler*innen möglichst zutreffend beschreibenden Form zu kommunizieren. Mit Hilfe von einzelnen Symbolen oder Ziffern allein ist dies nicht möglich, sodass die Kommunikation von Beurteilungsergebnissen zusätzlich oder ausschließlich verbale Elemente umfassen sollte. Wie im Zusammenhang mit dem Abgleich von Fremd- und Selbsteinschätzung bereits angedeutet, wird es für die Informationsqualität zudem vorteilhaft sein, wenn die Kommunikation wechselseitig angelegt wird und nicht nur in eine Richtung verläuft. Dies ist potenziell sowohl schriftlich als auch mündlich möglich, wobei die mündliche Kommunikation den zusätzlichen Vorteil hat, dass für den Mitteilenden tendenziell noch besser erkennbar ist, ob die abgegebene Einschätzung von den entsprechenden Empfänger*innen tatsächlich verstanden wird (Jürgens & Lissmann 2015, S. 81f.).

3.2 Motivationale Wirkung

Zusätzlich dazu, dass sie den Beteiligten zu potenziell lernförderlichen Informationen verhilft, kann die schulische Leistungsbeurteilung auch über ihre motivationale Wirkung zur Kompetenzentwicklung der Schüler*innen beitragen. In diesem Zusammenhang relevante Formen der Motivation sollen im Rahmen dieses Kapitels zunächst definiert werden, bevor eine genauere Betrachtung ihrer Bedeutung für die Lernprozesse von Schüler*innen erfolgt. Im Anschluss daran werden bedeutsame Tendenzen der Motivationsentwicklung im Verlauf der Schulzeit skizziert, die in die darauffolgende Formulierung einer zentralen Anforderung an eine motivationsförderliche Gestaltung der Leistungsbeurteilung einfließen. Möglichkeiten dazu, diese Anforderungen zu erfüllen, werden schließlich im letzten Abschnitt dieses Kapitels aus dem Erwartungs-Wert-Modell und der Selbstbestimmungstheorie der Motivation abgeleitet.

3.2.1 Definition relevanter Motivationsformen

Im Zusammenhang mit dem schulischen Lernen und Leisten von Schüler*innen sind insbesondere vier Formen der Motivation relevant, die im Rahmen dieses Kapitels definiert werden sollen.

Bei der ersten dieser Formen handelt es sich um die intrinsische Motivation. Sie liegt dann vor, wenn Handlungen aufgrund von Anreizen ausgeführt werden, die mit diesen Handlungen inhaltlich unmittelbar verbunden sind (Deci & Ryan 1993, S. 225). Als intrinsisch motiviert sind dementsprechend beispielsweise Lernaktivitäten anzusehen, die mit dem Ziel des Lernens selbst durchgeführt werden und/oder ausgeführt werden, weil sie den Schüler*innen selbst Freude bereiten. Im Gegensatz dazu liegen die Gründe für die Ausübung einer bestimmten Handlung bei der extrinsischen Motivation außerhalb dieser Handlung. Extrinsisch motivierte Handlungen werden somit ausgeführt, um darüber Konsequenzen herbeizuführen, die mit der Handlung nicht direkt inhaltlich verbunden sind, und haben in diesem Sinne einen instrumentellen Charakter (Spinath 2011, S. 47). Im Kontext Schule ist eine extrinsische Motivation beispielsweise dann gegeben, wenn Schüler*innen Aufgaben mit dem Ziel bearbeiten, dafür äußere Anerkennung in Form von Lob oder einer guten Note zu bekommen.

In ähnlicher Weise wie die intrinsische und die extrinsische Motivation lassen sich auch die Lern- und die Leistungszielorientierung voneinander abgrenzen. Die Lernzielorientierung wird dabei als die Ausrichtung des eigenen Handelns auf das Ziel, die eigenen Kompetenzen zu erweitern, definiert. Die Leistungszielorientierung beschreibt im Gegensatz dazu eine Ausrichtung des eigenen Verhaltens auf das Ziel, einen positiven Eindruck der eigenen Kompetenz zu erwecken oder einen negativen zu vermeiden (Spinath 2011, S. 49).

In Bezug auf das Verhältnis der verschiedenen Motivationsformen zueinander, gilt es schließlich anzumerken, dass sich die intrinsische und die extrinsische Motivation sowie die Lernzielorientierung und die Leistungszielorientierung nicht gegenseitig ausschließen, auch wenn sie einander entgegengesetzt definiert wurden. Stattdessen ist davon auszugehen, dass intrinsische und extrinsische Anreize sowie Lern- und Leistungsziele gleichzeitig auftreten können und in der Motivation für eine bestimmte Handlung zusammenfließen (Schiefele & Schaffner 2015, S. 155). Bezogen auf die Qualität von Lernhandlungen und den daraus hervorgehenden Ergebnissen scheint es allerdings von besonderer Bedeutung zu sein, welche Motivationsformen dabei überwiegen, was im folgenden Abschnitt genauer ausgeführt werden soll.

3.2.2 Bedeutung der verschiedenen Motivationsformen für das Lernen

Für das Lernen von Schüler*innen ist die Motivation in mehrfacher Hinsicht von weitreichender Bedeutung. So muss zunächst ein grundlegendes Maß an Motivation vorhanden sein, damit Schüler*innen die Nutzung der ihnen gebotenen Möglichkeiten zur Kompetenzentwicklung überhaupt aufnehmen. Über diese Schwelle hinaus beeinflusst die Motivation zudem wesentlich, wie die Schüler*innen bei der Nutzung dieser Lernmöglichkeiten vorgehen. Sie prägt so unter anderem die Lernschritte und -strategien, die die Schüler*innen zur Bearbeitung der ihnen gestellten Aufgaben und Herausforderungen wählen, und auch die Intensität und Ausdauer, mit der die Schüler*innen sich diesen widmen (Krapp & Ryan 2002, S. 58f.; Schiefele & Schaffner 2015, S. 154). Der Umgang der Schüler*innen mit Schwierigkeiten, die im Lernprozess möglicherweise auftreten, hängt ebenfalls von ihrer Motivation ab. Zusätzlich dazu übt die Motivation auch einen Einfluss auf die Emotionen aus, die Schüler*innen im Zusammenhang mit ihrem Lernen und Leisten verspüren, und kann somit auch über das Befinden von Schüler*innen auf deren Kompetenzentwicklung einwirken (Krapp & Ryan 2002, S. 63).

Neben motivationalen Aspekten beeinflussen selbstverständlich noch zahlreiche weitere Faktoren wie das individuelle Begabungsprofil der Schüler*innen oder die Unterstützung, die sie durch ihre Lehrer*innen und Eltern erfahren, ihre Lernentwicklung. Unter den verschiedenen Determinanten der Schulleistung wird der Motivation jedoch eine besonders große Bedeutung beigemessen (Brühwiler & Helmke 2018, S. 78ff.).

Die im vorherigen Abschnitt bereits definierten Motivationsformen wirken dabei tendenziell unterschiedlich auf die genannten Aspekte des Lernverhaltens von Schüler*innen ein. Wichtige Zusammenhänge, die diesbezüglich bereits aufgedeckt werden konnten, sollen im Folgenden zusammenfassend dargestellt werden, um zu bestimmen, welche motivationale Wirkung der schulischen Leistungsbeurteilung als besonders förderlich für das Lernen von Schüler*innen anzusehen ist.

Die intrinsische Motivation wirkt sich dabei in mehrfacher Hinsicht besonders vorteilhaft auf das Lernverhalten und die Kompetenzentwicklung von Schüler*innen aus und weist diesbezüglich bedeutsame Vorteile gegenüber der extrinsischen Motivation auf. So konnten zahlreiche Studien bereits zeigen, dass die intrinsische Motivation eher zu einer tiefergehenden Auseinandersetzung mit Lerninhalten sowie zur Wahl dafür geeigneter Lernstrategien führt als die extrinsische Motivation (z.B. Schiefele & Schreyer 1994; Walker, Greene & Mansell 2006; Grolnick & Ryan 1987). Zusätzlich dazu ist die intrinsische Motivation stärker mit einer nachhaltigen Aneignung von Lerninhalten und Kompetenzen assoziiert als die extrinsische, die eher mit einem kurzzeitigen und oberflächlichen Lernen einhergeht (Grolnick & Ryan 1987; Utmann 1997). Es gibt außerdem Hinweise darauf, dass intrinsisch motivierte Lernhandlungen mit größerer Anstrengungsbereitschaft ausgeführt und bei Schwierigkeiten eher aufrechterhalten werden als vorrangig extrinsisch motivierte, wobei dies auch von der Stärke der jeweiligen Anreize abzuhängen scheint. Schließlich treten im Zusammenhang mit intrinsisch motivierten Lernhandlungen eher positive Emotionen auf, während die extrinsische Motivation häufiger negative Emotionen wie Angst oder das Erleben von äußerem Druck hervorruft (Krapp & Ryan 2002, S. 61f.).

Im Einklang mit diesen besonderen Vorzügen der intrinsischen Motivation konnten verschiedene Studien einen leichten bis mittelstarken Zusammenhang zwischen dieser Motivationsform und den schulischen Leistungen von Schüler*innen belegen (z.B. Gottfried, Fleming & Gottfried 2001; Ratelle et al. 2007; Vallerand et al. 1993). Zwischen der extrinsischen Motivation und den Lernleistungen von Schüler*innen scheint grundsätzlich ebenfalls ein positiver Zusammenhang zu bestehen, dieser fällt allerdings tendenziell geringer aus und hängt noch stärker davon ab, wie die Leistungen der Schüler*innen im Rahmen der jeweiligen Untersuchung operationalisiert wurden. Besonders wichtig ist in diesem Zusammenhang auch die Beobachtung, dass es für wenig anspruchsvolle Leistungen wie die reine Wiedergabe von Faktenwissen nur eine untergeordnete Rolle spielt, ob Schüler*innen vorrangig intrinsisch oder extrinsisch motiviert sind. Die Qualität von komplexeren Lernleistungen wie dem konzeptuellen Textverständnis fällt bei vorrangig intrinsisch motiviert Lernenden allerdings deutlich besser aus als bei extrinsisch motivierten Schüler*innen (Schaffner & Schiefele 2007). Die intrinsische Motivation fördert somit insbesondere anspruchsvolle Lernprozesse und ist im Hinblick auf eine nachhaltige Kompetenzerweiterung, die derartige Prozesse voraussetzt, der extrinsischen Motivation vorzuziehen.

Die Lernzielorientierung ist dem aktuellen Forschungsstand nach mit ähnlichen Vorteilen verbunden wie die intrinsische Motivation und kann in mehrfacher Hinsicht besser zur Kompetenzentwicklung von Schüler*innen beitragen als die Leistungszielorientierung. So führt die Lernzielorientierung ebenfalls eher zu einer intensiveren und vertieften Auseinandersetzung mit Lernaufgaben als die Leistungszielorientierung und fördert die Wahl von Lernstrategien, die zu einer nachhaltigen Aneignung von Lerninhalten und Kompetenzen geeignet sind. Zusätzlich dazu zeigen Schüler*innen, die vorrangig mit dem Ziel des Lernens selbst lernen, eine größere Ausdauer und ein größeres Interesse am Lerngegenstand. Es konnte außerdem gezeigt werden, dass lernzielorientierte Schüler*innen die Ursachen für ihre Lernerfolge und -schwierigkeiten eher in variablen und von ihnen zu beeinflussenden Faktoren suchen. Sie weisen somit eher einen internal-variablen Attributionsstil auf als leistungszielorientierte Schüler*innen, was ihre Kompetenzentwicklung ebenfalls begünstigt. Schließlich ist die Lernzielorientierung der Leistungszielorientierung gegenüber eher mit positiven Emotionen assoziiert (Schiefele & Schaffner 2015, S. 164).

Die Lernzielorientierung wirkt sich somit in mehrfacher Hinsicht positiv auf das Lernverhalten sowie die lernbegleitenden Gefühle und Gedanken von Schüler*innen aus und es liegen auch empirische Hinweise darauf vor, dass die Lernleistungen von lernzielorientieren Schüler*innen dadurch tatsächlich besser ausfallen als die vorrangig leistungszielorientierter Personen. So weisen die zu diesem Thema durchgeführten Untersuchungen mehrheitlich positivere Zusammenhänge zwischen der Lernzielorientierung und den Leistungen von Schüler*innen aus als zwischen der Leistungszielorientierung und diesen Leistungen. Die Studienlage ist dabei allerdings etwas weniger eindeutig als in Bezug auf die intrinsische und die extrinsische Motivation, was vermutlich vorrangig darauf zurückzuführen ist, dass sowohl die jeweils erfassten Leistungen als auch bestimmte Elemente der Zielorientierungen in den bereits vorhandenen Studien unterschiedlich operationalisiert wurden. Trotz dieser Einschränkung ist insbesondere in Anbetracht der im vorherigen Absatz beschriebenen positiven Wirkung der Lernzielorientierung auf verschiedene Aspekte des Lernverhaltens und -erlebens von Schüler*innen davon auszugehen, dass diese Zielorientierung für die Kompetenzentwicklung von Schüler*innen förderlicher ist als die Leistungszielorientierung.

3.2.3 Anforderung an eine motivationsförderliche Beurteilungskultur

Im vorherigen Abschnitt wurden die intrinsische Motivation und die Lernzielorientierung auf der Grundlage empirischer Erkenntnisse als besonders förderlich für die Kompetenzentwicklung von Schüler*innen identifiziert. Im Interesse des Lernerfolgs der Schüler*innen sollten diese beiden Motivationsformen daher selbst gefördert und gegenüber der extrinsischen Motivation und der Leistungszielorientierung gestärkt werden.

Die Notwendigkeit, dazu gezielte Fördermaßnahmen zu ergreifen, wird durch weitere empirische Erkenntnisse in Bezug auf den Entwicklungsverlauf der intrinsischen Motivation und der Lernzielorientierung im Verlauf der Schulzeit verdeutlicht. Übereinstimmend weist eine größere Anzahl von Studien inzwischen darauf hin, dass die intrinsische Motivation und die Lernzielorientierung im Verlauf der Schulzeit kontinuierlich abnehmen (z.B. Anderman & Maehr 1994; Helmke 1993). Aus entwicklungspsychologischer Sicht ist diese abnehmende Tendenz vorrangig darauf zurückzuführen, dass außerschulische Interessen für Schüler*innen mit zunehmendem Alter eine immer größere Bedeutung gewinnen und damit das Interesse an schulischen Lerninhalten potenziell zurückdrängen. Eine grundsätzliche Abnahme der intrinsischen Motivation und der Lernzielorientierung ist dementsprechend gewissermaßen als eine natürliche Folge der typischen Entwicklung von Schüler*innen im späten Kindes- sowie im Jugendalter zu betrachten. Das Ausmaß, das diese sinkende Entwicklung annimmt, hängt allerdings auf der anderen Seite wesentlich von Merkmalen der schulischen Lernkultur ab und sollte dementsprechend bei einer motivationsförderlichen Gestaltung derselben vergleichsweise gering gehalten werden können (Schiefele & Schaffner 2015, S. 169f.).

Veränderungen der extrinsischen Motivation und der Leistungszielorientierung im Verlauf der Schulzeit wurden bislang weniger intensiv untersucht und es könnte auch darauf zurückzuführen sein, dass in Bezug auf diese beiden Motivationsformen noch keine Entwicklungstendenz so eindeutig belegt werden konnte wie für die intrinsische Motivation und die Lernzielorientierung. Dennoch gibt es empirische Hinweise darauf, dass die Leistungszielorientierung von Schüler*innen ab der 5. Klasse tendenziell zunimmt, und dies wird auch aus theoretischer Sicht als plausibel betrachtet (Schiefele & Schaffner 2015, S. 161ff.). Das Näherrücken der schulischen Abschlüsse mit ihrer weitreichenden Bedeutung für den weiteren Lebensweg der Schüler*innen könnte eine Zunahme der Leistungszielorientierung und der extrinsischen Motivation ebenfalls befördern, auch wenn entsprechende empirische Erkenntnisse noch ausstehen. Was im Gegensatz dazu bereits als gesichert angesehen werden kann, ist, dass auch die Ausprägung der extrinsischen Motivation und der Leistungszielorientierung über die Gestaltung der schulischen Lernkultur beeinflusst wird.

Um möglichst günstige Voraussetzungen für die Kompetenzentwicklung der Schüler*innen zu schaffen, sollte die Gestaltung der Leistungsbeurteilung als zentrales Element dieser Lernkultur in Anbetracht der skizzierten Entwicklungstendenzen vor allem darauf ausgerichtet werden, die intrinsische Motivation und die Lernzielorientierung zu fördern und auf einem möglichst hohen Niveau zu erhalten. Einer übermäßigen Zunahme der extrinsischen Motivation und der Leistungszielorientierung sollte sie auf der anderen Seite eher entgegengewirkt werden, da sich diese beiden Motivationsformen in mehrfacher Hinsicht als weniger förderlich für eine nachhaltige Kompetenzerweiterung erwiesen haben als die beiden erstgenannten. Möglichkeiten dazu, wie diese zweite Anforderung an eine lernförderliche Beurteilungskultur erfüllt werden kann, sollen im folgenden Kapitel aufgezeigt werden.

3.2.4 Möglichkeiten zur Förderung der Motivation

Auf die Motivation von Schüler*innen hat die Art und Weise, wie mit ihren schulischen Leistungen umgegangen wird, einen großen Einfluss (Paris & Paris 2001, S. 95). Das Erwartungs-Wert-Modell und die Selbstbestimmungstheorie der Motivation ermöglichen es besonders gut, diesen nachzuvollziehen und davon ausgehend begründete Annahmen darüber anzustellen, wie sich verschiedene Gestaltungsformen der schulischen Leistungsbeurteilung auf die Motivation von Schüler*innen auswirken. Daher sollen diese beiden Ansätze im Folgenden als Grundlage für die Entwicklung von Möglichkeiten zur Förderung der intrinsischen Motivation und der Lernzielorientierung herangezogen werden.

Erwartungs-Wert-Modell der Motivation

Die Grundannahme der Erwartungs-Wert-Modelle der Motivation besteht darin, dass sich die Motivation einer Person in Bezug auf eine bestimmte Situation daraus ergibt, welchen Wert diese Person der jeweiligen Situation beimisst und inwiefern sie davon überzeugt ist, diese Situation erfolgreich bewältigen zu können. Von den verschiedenen Modellvarianten, die diese grundlegende Annahme weiter ausführen, ist die von Eccles die für den pädagogisch-psychologischen Bereich am stärksten differenzierteste (Spinath 2011, S. 48) und sie soll deshalb als Grundlage für die weiteren Betrachtungen herangezogen werden.

Konkret auf schulische Lernsituationen bezogen geht die Erwartungs-Wert-Theorie von Eccles davon aus, dass sich die Motivation von Schüler*innen zur Bearbeitung einer Aufgabe daraus ergibt, inwiefern sie diese unter verschiedenen Gesichtspunkten als wertvoll betrachten und inwiefern sie sich die erfolgreiche Bewältigung dieser Aufgabe zutrauen. Der Wert, den die Schüler*innen einer Aufgabe zuschreiben, wird dabei im Einzelnen davon bestimmt, inwiefern sie die Aufgabe als persönlich wichtig, nützlich sowie mit intrinsischen Anreizen verknüpft wahrnehmen. Letzteres wäre beispielsweise dann der Fall, wenn die Aufgabe den individuellen Interessen der Lernenden entgegenkommt. Die Erwartungshaltung der Schüler*innen wird von der

Passung geprägt, die sie zwischen ihren Fähigkeiten und den Anforderungen der jeweiligen Aufgabe wahrnehmen. Neben den tatsächlichen Fähigkeiten und Anforderungen kommt es wie sich dabei bereits andeutet vor allem auch auf deren subjektive Beurteilung durch die Schüler*innen an (Spinath 2011, S. 48ff.).

Ausgehend von diesen grundlegenden Annahmen ist es für die Motivation von Schüler*innen als besonders förderlich zu betrachten, wenn sie einzelnen Lernaufgaben sowie ihrem schulischen Lernen insgesamt einen hohen Wert beimessen können und eine Passung zwischen ihren individuellen Fähigkeiten und den an sie gestellten Anforderungen wahrnehmen. Die schulische Leistungsbeurteilung kann dazu einen wichtigen Beitrag leisten und im Folgenden soll aufgezeigt werden, welche Fördermöglichkeiten in diesem Zusammenhang bestehen.

In Bezug auf die Wertkomponente des Modells kommt der Abstimmung des schulischen Lernens auf die individuellen Voraussetzungen der Schüler*innen eine besondere Bedeutung zu, da diese Voraussetzungen den von den einzelnen Lernenden wahrgenommenen Wert maßgeblich prägen. Er wird so beispielsweise von den Interessen, Zukunftswünschen und Zielen der Lernenden beeinflusst, die innerhalb einer Lerngruppe sehr unterschiedlich ausfallen können. Die Wahrscheinlichkeit, dass möglichst viele Schüler*innen einzelnen Aufgaben sowie ihrem schulischen Lernen insgesamt einen hohen Wert beimessen, wird dementsprechend durch eine differenzierte Gestaltung des Unterrichts sowie der schulischen Leistungsbeurteilung erhöht. Besonders empfehlenswert ist es dabei, die Schüler*innen über Wahlmöglichkeiten und Gestaltungsspielräume an der Differenzierung zu beteiligen, da sie ihre Interessen und Vorlieben am besten kennen und selbstgewählte Inhalte und Ziele tendenziell mit einer höheren Wertigkeit verbunden sind als allgemein verbindlich vorgegebene (Frenzel & Stephens 2011, S. 44). Über die Wertkomponente des Erwartungs-Wert-Modells kann ein Beurteilungssystem im Einklang damit beispielsweise dann zur Förderung der Motivation beitragen, wenn es die Schüler*innen die Ziele für ihr weiteres Lernen mitbestimmen lässt oder sie an der Auswahl der Lernprodukte beteiligt, die als Beurteilungsgrundlage vorrangig herangezogen werden.

Zusätzlich dazu kann die schulische Leistungsbeurteilung auch über ihre grundlegende Ausrichtung beeinflussen, welchen Wert die Schüler*innen ihrem schulischen Lernen in einzelnen Situationen sowie insgesamt beimessen. Es ist dabei davon auszugehen, dass die Schüler*innen ihrem eigenen Lernen dann einen höheren Wert zuschreiben, wenn das Ziel des Lernens selbst und nicht des Erbringens von Leistungen im Vordergrund des Unterrichts und der Leistungsbeurteilung steht. Dies ist beispielsweise dann der Fall, wenn neben den Lernergebnissen auch die Lernprozesse der Schüler*innen in die Beurteilung ihrer Leistungen einbezogen und als Leistungen anerkannt werden. Eine Beurteilungskultur, die die Schüler*innen einzelne Lern- und Leistungssituationen als Teil eines längerfristigen Lernprozesses erleben lässt, wird diese zudem eher von dem Wert ihres eigenen Lernens überzeugen als ein Beurteilungssystem, das suggeriert, dass Lernen in eher unverbundenen und mit einer Prüfung abgeschlossenen Einheiten erfolgt. Schließlich ist auch dann ein positiver Einfluss auf die Werteinschätzung der Schüler*innen zu erwarten, wenn die Lehrkräfte als bedeutsame

Bezugspersonen im Zuge der Leistungsbeurteilung zum Ausdruck bringen können, dass ihnen die individuelle Lernentwicklung der Schüler*innen ebenfalls wichtig ist (Deci & Ryan 1993, S. 230ff.). Dies ist in erster Linie im Rahmen von offenen und individualisierten Beurteilungsformaten wie persönlichen Gesprächen möglich.

Neben dem Wert, den Schüler*innen einzelnen Lernaufgaben sowie ihrem schulischen Lernen insgesamt beimessen, beeinflusst auch die Erwartungshaltung, mit der sie an diese herangehen, ihre Motivation. Als besonders förderlich ist dabei eine realistisch-optimistische Erwartungshaltung anzusehen, bei der sich Schüler*innen die Bewältigung von Aufgaben zutrauen, die ihren bisher erreichten Kompetenzstand leicht überschreiten. Dass die Schüler*innen eine solche Erwartungshaltung entwickeln können, setzt zunächst voraus, dass ihnen in Lern- und Leistungssituationen tatsächlich Aufgaben gestellt werden, die ihren aktuellen Kompetenzstand in herausfordernder Weise überschreiten, dabei aber noch realistischerweise zu bewältigen sind. Aufgrund der unterschiedlichen Lernvoraussetzungen und Kompetenzstände der Schüler*innen lässt sich diese Anforderung bei einer differenzierten Unterrichtsgestaltung am ehesten erfüllen, sodass der Abstimmung des Lernangebots auf die individuellen Voraussetzungen der Lernenden auch im Zusammenhang mit der Erwartungskomponente des Motivationsmodells von Eccles eine besondere Bedeutung zukommt (Sacher 2014, S. 206).

Eine solche individuelle Abstimmung ist auch in Bezug auf die an die Schüler*innen im Rahmen der Leistungsbeurteilung gestellten Anforderungen als eine zentrale Voraussetzung dafür anzusehen, dass sie eine positive Erwartungshaltung entwickeln können. Es empfiehlt sich somit neben dem allgemeinen Lernangebot auch die Aufgaben und Anforderungen in besonderen Leistungssituationen differenziert zu gestalten und den Schüler*innen so beispielsweise die Wahl zwischen Prüfungsaufgaben unterschiedlichen Schwierigkeitsgrads zu ermöglichen. Eine an der sozialen Bezugsnorm orientierte Beurteilung der Leistungen der Schüler*innen wird durch eine solche Differenzierung grundsätzlich erschwert, scheint in Bezug auf die Entwicklung der Erwartungshaltung der Schüler*innen aber auch ohnehin weniger empfehlenswert als eine Kombination der individuellen und kriterialen Bezugsnorm. Dies ist unter anderem darauf zurückzuführen, dass eine an inhaltlichen Kriterien orientierte Betrachtung der individuellen Lernentwicklung sowohl den Schüler*innen als auch den Lehrkräften zu einer besseren Kenntnis des individuellen Potenzials der Lernenden verhilft und somit beiden Seiten die Entwicklung einer realistischen Erwartungshaltung erleichtert. Zusätzlich dazu ermöglicht es die beschriebene Kombination einer größeren Zahl von Schüler*innen, Vertrauen in ihre eigene Leistungsfähigkeit zu entwickeln, als die soziale Bezugsnorm, bei der individuelle Lernfortschritte weniger deutlich sichtbar werden (Mittag, Kleine & Jerusalem 2002, S. 169).

Dieser letztgenannte Aspekt leitet zu dem zweiten Bereich über, der für die Förderung der Motivation über die Erwartungskomponente des entsprechenden Modells von besonderer Bedeutung ist. Damit die Schüler*innen mit einer realistischen Erwartungshaltung an schulische Aufgaben herangehen können, müssen sie einerseits dazu in der Lage sein, die Anforderungen dieser Aufgaben zutreffend einzuschätzen, und andererseits auch ihre eigenen Kompetenzen zu diesen Anforderungen ins Verhältnis setzen können. Für die Entwicklung einer realistischen Erwartungshaltung benötigen die Schüler*innen somit eine gut ausgeprägte Selbstbeurteilungskompetenz. Die Förderung derselben mit den in Kapitel 3.1 bereits beschriebenen Maßnahmen ist somit auch aus motivationaler Sicht empfehlenswert. Zusätzlich dazu können auch die anderen bereits aufgezeigten Wege zur Steigerung der Informationsqualität die Erwartungshaltung der Schüler*innen positiv beeinflussen, da sie mit einer qualitativ hochwertigen Informationsgrundlage tendenziell besser dazu in der Lage sind, ihre Erfolgswahrscheinlichkeit zutreffend einzuschätzen.

Selbstbestimmungstheorie der Motivation

Wie das Erwartungs-Wert-Modell bietet auch die Selbstbestimmungstheorie der Motivation von Deci und Ryan konkrete Anhaltspunkte dafür, wie die Motivation von Schüler*innen über die Leistungsbeurteilung gefördert werden. Im Kern dieser Theorie steht die grundlegende Annahme, dass die Motivation von Menschen davon bestimmt wird, inwiefern Situationen ihnen die Möglichkeit bieten, ihre psychologischen Grundbedürfnisse nach Selbstbestimmung, Kompetenzerleben und sozialer Ein-gebundenheit zu befriedigen. Die Befriedigung dieser Bedürfnisse sehen Deci und Ryan als Voraussetzung für die Entwicklung der besonders vorteilhaften intrinsischen Motivation an (Deci & Ryan 1993, S. 229). Für die intrinsische Motivation von Schüler*innen ist es dementsprechend förderlich, ihnen Möglichkeiten dazu zu bieten, sich als selbstbestimmt, kompetent und sozial eingebunden zu erleben. Wie dies im Rahmen der Leistungsbeurteilung gelingen kann, soll im Folgenden näher dargelegt werden.

Die Beteiligung der Schüler*innen an der Evaluation ihrer eigenen Leistungen stellt dabei die entscheidende Voraussetzung dafür dar, dass sich die Lernenden in diesem Zusammenhang als selbstbestimmt erleben können (Schiefele & Schaffner 2015, S. 169). So wie in Bezug auf die Informationsqualität ist es somit auch aus motivationspsychologischer Sicht empfehlenswert, die Schüler*innen aktiv an der Evaluation ihrer eigenen Leistungen mitwirken zu lassen. Dies ist in allen Phasen des Beurteilungsvorgangs möglich. So können die Schüler*innen beispielsweise mit über Beurteilungskriterien und -schwerpunkte entscheiden oder eine eigene Beurteilung ihrer Leistungen vornehmen und diese im Gespräch mit den Lehrkräften vertreten (Bohl 2013, S. 5).

In Bezug auf das Gelingen derartiger Partizipationsmöglichkeiten ist es auf der einen Seite wichtig, dass sie den Schüler*innen ein echtes Mitspracherecht zugestehen und nicht nur auf eine vordergründige Beteiligung hinauslaufen. Auf der anderen Seite sollten die den Schüler*innen gebotenen Freiheiten aber auch nicht über das Maß hinausgehen, das ihnen mit ihrem jeweiligen Entwicklungsstand verantwortungsvoll zugetraut werden kann, um Überforderungserfahrungen und für das weitere Lernen der Schüler*innen ungünstige Entscheidungen zu vermeiden.

Für die Motivation von Schüler*innen ist es des Weiteren förderlich, die Leistungsbeurteilung so zu gestalten, dass sich alle Schüler*innen als kompetent erleben können, sofern sie sich um eine Erweiterung ihrer Kompetenzen bemühen. Dies kann zunächst dadurch erreicht werden, dass die Leistungsbeurteilung wie im Zusammenhang mit dem

Erwartungs-Wert-Modell bereits beschrieben auf die individuellen Voraussetzungen der Schüler*innen abgestimmt wird. Zusätzlich dazu trägt auch die in demselben Zusammenhang bereits angesprochene Kombination der individuellen mit der kriterialen Bezugsnorm in besonderem Maße dazu bei, dass sich die Schüler*innen als kompetent erleben können (Jürgens & Lissmann 2015, S. 23; Mittag, Kleine & Jerusalem 2002, S. 165). Dies ist in erster Linie darauf zurückzuführen, dass die individuellen Lernfortschritte der Schüler*innen im Vergleich zu ihren eigenen früheren Leistungen besser sichtbar werden als im sozialen Vergleich. Der soziale Vergleich ermöglicht es zudem nur einem kleinen Teil der Schüler*innen, sich als kompetent zu erleben, und sollte deshalb zurückgestellt werden, um die Motivation möglichst vieler Schüler*innen zu fördern.

Dies ist auch in Bezug auf das Bedürfnis der Schüler*innen nach sozialer Eingebundenheit zu empfehlen. Für die Motivation und das Lernen von Schüler*innen ist es in mehrfacher Hinsicht förderlich, wenn sie sich als Teil einer Gemeinschaft fühlen können, in der möglichst positive Beziehungen zwischen allen Mitgliedern bestehen (Schiefele & Schaffner 2015, S. 170). Bei einer starken Betonung der sozialen Bezugsnorm stellt sich jedoch eher Konkurrenz unter den Schüler*innen ein, was die Qualität ihrer Beziehungen beeinträchtigen kann (Sacher 2014, S. 87f.). Zusätzlich dazu wird es vor allem den Schüler*innen, die in einem eindimensional wertenden sozialen Vergleich hinter dem Rest ihrer Lerngruppe zurückbleiben, durch diese Bezugsnorm erschwert, sich zu ihrer Lerngruppe insgesamt zugehörig zu fühlen. Eine vorrangige Ausrichtung der Leistungsbeurteilung an der sozialen Bezugsnorm ist somit nicht dazu geeignet, die intrinsische Motivation von Schüler*innen über ihr Bedürfnis nach sozialer Eingebundenheit zu fördern.

Es kann sich auf die Motivation der Schüler*innen allerdings positiv auswirken, wenn sie dazu angeregt werden, die Leistungen ihrer Mitschüler*innen im Rahmen von Peer-Feedback-Verfahren differenziert wahrzunehmen und ihnen davon ausgehend eine Rückmeldung mit Hinweisen für ihr weiteres Lernen zu geben. Dadurch können die Schüler*innen noch mehr miteinander in Kontakt kommen, sich besser kennenlernen und vorrangig als Kooperationspartner erleben, was ihr Empfinden von sozialer Eingebundenheit und darüber auch ihre Motivation steigern kann (Schiefele & Schaffner 2015, S. 170). Eine wesentliche Voraussetzung dafür ist jedoch, dass die Schüler*innen ihre Beurteilungsaufgabe verantwortungsvoll und einfühlsam ausüben, und die dafür benötigten Kompetenzen sollten dementsprechend im Zusammenhang mit Peer-Feedback-Verfahren gefördert werden.

Neben den anderen Schüler*innen kommt schließlich auch den Lehrkräften eine besondere Bedeutung zu. Sie sind für die Lernenden ebenfalls wichtige Bezugspersonen und können deren Gefühl der sozialen Eingebundenheit vor allem darüber steigern, dass sie ein aufrichtiges Interesse an der Lernentwicklung der einzelnen Schüler*innen zeigen und ihnen wertschätzend gegenübertreten (Deci & Ryan 1993, S. 230ff.). Dies lässt sich unter anderem über eine Favorisierung der individuellen Bezugsnorm sowie einer stärkenorientierten Beurteilung der Leistungen der Schüler*innen realisieren (Sacher 2014, S. 207f.). Zusätzlich dazu wirkt sich das Verhalten der Lehrkräfte dann förderlich auf die Motivation der Schüler*innen aus, wenn es von diesen in erster Linie nicht als kontrollierend, sondern vielmehr als autonomie-unterstützend erlebt werden kann (Deci & Ryan 1993, S. 230f.). Dies gelingt insbesondere dann, wenn die Lehrkräfte eine vorrangig beratende Rolle einnehmen und die Schüler*innen so im Rahmen der Leistungsbeurteilung beispielsweise mit konkreten Hinweisen dabei unterstützen, selbst aktiv auf eine Erweiterung ihrer Kompetenzen hinzuarbeiten.

Des Weiteren sind partizipative und offenere Beurteilungsformate auch über die soziale Eingebundenheit besonders gut zur Förderung der Motivation der Schüler*innen geeignet, da die Lehrkräfte ihre Wertschätzung, ihr Interesse und ihre autonomieunterstützenden Hinweise darüber besser zum Ausdruck bringen können als mit stärker standardisierten und nicht partizipativen Verfahren. Diese Formate sind wie in Kapitel 3.1.2 bereits herausgestellt auch insgesamt besser dazu geeignet, qualitativ hochwertige Informationen zu gewinnen und zu transportieren. Sie können somit ein besseres gegenseitiges Verständnis zwischen den Schüler*innen, ihren Lehrkräften und Eltern schaffen und auch darüber die Motivation und die Kompetenzentwicklung der Schüler*innen fördern. Werden die Eltern in offenere Beurteilungsformate wie Gespräche einbezogen, bietet dies zudem auch diesen bedeutsamen Bezugspersonen die Möglichkeit, ihr Interesse an der Lernentwicklung ihrer Kinder zu zeigen und Wertschätzung für deren Lernbemühungen und -fortschritte zum Ausdruck zu bringen (Winter 2015, S. 223).

3.3 Beitrag zur Selbstkonzeptentwicklung

Neben der Motivation wird auch die Selbstkonzeptentwicklung von Schüler*innen maßgeblich von der schulischen Leistungsbeurteilung beeinflusst. Als Grundlage für die weiterführende Auseinandersetzung mit diesem Einfluss wird im Rahmen dieses Kapitels zunächst eine Definition des Selbstkonzepts sowie seiner für das schulische Lernen und Leisten von Schüler*innen besonders bedeutsamen Komponenten vorgenommen. Im Anschluss daran wird die Bedeutung des Selbstkonzepts für die Kompetenzentwicklung von Schüler*innen genauer betrachtet, um die darauffolgende Formulierung einer zentralen Anforderung an eine selbstkonzeptförderliche Beurteilungskultur vorzubereiten. Möglichkeiten dazu, diese Anforderung zu erfüllen, sollen dann schließlich im letzten Abschnitt dieses Teilkapitels aus relevanten theoretischen Grundlagen und empirischen Erkenntnissen abgeleitet werden.

3.3.1 Definition des Selbstkonzepts und relevanter Komponenten

Für das Selbstkonzept als komplexes psychologisches Konstrukt liegen eine Reihe unterschiedlicher Definitionen vor, die sich unter anderem in Bezug darauf unterscheiden, wie weit sie dieses Konstrukt fassen. Dieser Arbeit wird ein weitgefasstes Verständnis des Selbstkonzepts zugrunde gelegt. Es wird so in Anlehnung an Moschner und Dickhäuser als die Gesamtheit der mentalen Repräsentationen einer Person über sich selbst definiert (Moschner & Dickhäuser 2010, S. 760). Die Gründe, die für die Wahl einer derart weitgefassten Definition sprechen, ergeben sich aus einer genaueren Betrachtung der verschiedenen Elemente des Selbstkonzepts und werden deshalb erst im Anschluss an die Betrachtung dieser Elemente dargelegt.

Wie die voranstehende Definition bereits andeutet, stellt das Selbstkonzept ein ausgesprochen komplexes und umfangreiches Konstrukt mit vielfältigen Facetten dar. Es ist daher notwendig, die verschiedenen Inhalte des Selbstkonzepts weiter zu systematisieren. Dies ist einerseits anhand der Qualität dieser Inhalte und andererseits anhand der Bereiche, auf die sie sich beziehen, möglich. Als Gesamtheit der mentalen Repräsentationen einer Person über sich selbst umfasst das Selbstkonzept sowohl weitgehend wertfreie Informationen über die eigene Person wie das Wissen über die eigenen Fähigkeiten als auch evaluative und affektiv gefärbte Komponenten wie die eigene Beurteilung dieser Fähigkeiten (Möller & Trautwein 2015, S. 179). Für eine differenzierte und umfassende Beschreibung des Selbstkonzepts kann diese qualitative Unterscheidung insbesondere in Kombination mit einer Gliederung nach inhaltlichen Bereichen hilfreich sein. Die vorliegende Arbeit schließt sich diesbezüglich dem Strukturmodell von Shavelson, Hubner und Stanton an, das das Selbstkonzept als multidimensional und hierarchisch organisiert darstellt. Es wird dementsprechend beispielsweise davon ausgegangen, dass sich das Selbstkonzept von Schüler*innen in schulische und nicht schulische Bereiche unterteilen lässt, wobei innerhalb des schulischen Bereichs eine feinere Untergliederung nach verschiedenen Fachbereichen und einzelnen Unterrichtsfächern möglich ist (Shavelson, Hubner & Stanton 1976).

Im Rahmen dieser Arbeit wird von einer solchen fachspezifischen Untergliederung abgesehen, da sie von einem allgemeinen und nicht von einem auf bestimmte Unterrichtfächer bezogenen Erkenntnisinteresse geleitet wird. Im Einklang damit sind die folgenden Definitionen der für das Thema dieser Arbeit relevanten Komponenten des Selbstkonzepts allgemein gehalten.

Zu diesen Komponenten zählt zunächst das schulische Selbstkonzept, das in Bezug auf Schüler*innen als deckungsgleich mit ihrem akademischen Selbstkonzept angesehen werden kann (Ehm 2014, S. 4). Es umfasst alle Vorstellungen und Einschätzungen der Schüler*innen in Bezug auf ihre eigenen schulischen Leistungen und schulrelevanten Fähigkeiten.

Insbesondere in Bezug auf diesen letztgenannten Aspekt überschneidet sich das schulische Selbstkonzept von Schüler*innen mit ihrem Fähigkeitsselbstkonzept. Es wird in dieser Arbeit allgemein als die Gesamtheit der mentalen Repräsentationen der Schüler*innen in Bezug auf ihre eigenen Fähigkeiten definiert und schließt so neben dem Wissen der Schüler*innen über ihre eigenen Fähigkeiten auch ihre Beurteilung derselben ein.

Neben dem Fähigkeitsselbstkonzept sind auch die allgemeine und die schulbezogene Selbstwirksamkeitserwartung für das schulische Lernen von Schüler*innen von besonderer Bedeutung. Die allgemeine Selbstwirksamkeitserwartung wird dabei in Anlehnung an Schwarzer und Jerusalem als das Ausmaß definiert, zu dem Menschen davon überzeugt sind, herausfordernde Situationen aus eigener Kraft heraus erfolgreich bewältigen zu können (Jerusalem & Schwarzer 2002, S. 35). Der Begriff der Kompetenzerwartung wird zum Teil synonym zur Selbstwirksamkeitserwartung verwendet und unterstreicht, dass diese in einem engen Zusammenhang mit der Einschätzung der eigenen Fähigkeiten und Bereitschaften steht (Jerusalem & Schwarzer 2002, S.35f). Wie das Selbstkonzept insgesamt können auch die Selbstwirksamkeitserwartungen von Menschen nach verschiedenen inhaltlichen Bereichen gegliedert werden. Die schulbezogene Selbstwirksamkeitserwartung von Schüler*innen wird dabei als ihre Überzeugung davon definiert, schulische Anforderungen erfolgreich bewältigen und über ihr eigenes Verhalten gewünschte Lern- und Leistungsergebnisse herbeiführen zu können (Jerusalem & Satow 1999, S. 15).

Mit der Selbstwirksamkeitserwartung steht auch das Selbstwertgefühl in einem engen Zusammenhang. Es wird in Anlehnung an Moschner und Dickhäuser als die affektiv gefärbte Bewertung der eigenen Person insgesamt definiert (Moschner & Dickhäuser 2010, S. 760).

Sowohl das Selbstwertgefühl als auch die Selbstwirksamkeitserwartungen werden in einigen enggefassten Definitionen nicht zum Selbstkonzept gezählt. Sie stellen jedoch ebenso mentale Repräsentationen in Bezug auf die eigene Person dar wie beispielsweise das Fähigkeitsselbstkonzept, sodass dieser Ausschluss inhaltlich nur wenig nachvollziehbar scheint. Zusätzlich dazu wirkt die Unterscheidung zwischen Aspekten, die in enggefassten Definitionen zum Selbstkonzept gezählt oder davon ausgeschlossenen werden, nicht durchgängig trennscharf und ist auch bei der praktischen Untersuchung der entsprechenden Variablen nur eingeschränkt zu vollziehen. Durch eine enggefasste Selbstkonzeptdefinition wird der Blick auf den Einfluss der Leistungsbeurteilung darauf, wie die Schüler*innen sich selbst sehen und beurteilen, zudem tendenziell verengt, sodass auch aus diesem Grund einer weitgefassten Definition gefolgt wird.

3.3.2 Bedeutung des Selbstkonzepts für das Lernen

Mit dem schulischen Lernen und Leisten von Schüler*innen steht ihr Selbstkonzept in einem engen wechselseitigen Zusammenhang. Auf der einen Seite beeinflussen die Lernerfahrungen der Schüler*innen und die Rückmeldungen, die sie im Rahmen der schulischen Leistungsbeurteilung erhalten, die Art und Weise, wie sie sich selbst sehen und beurteilen. Auf der anderen Seite beeinflusst allerdings auch das Selbstkonzept, das die Schüler*innen bereits entwickelt haben, inwiefern es ihnen gelingt, ihre Kompetenzen zu erweitern und in schulischen Lern- und Leistungssituationen zielführend zu nutzen (Möller & Trautwein 2015, S. 193f.). In diesem Kapitel soll vorrangig diese zweite Wirkrichtung mit dem Ziel betrachtet werden, näher zu bestimmen, welche Ausprägung des Selbstkonzepts für die Kompetenzentwicklung von Schüler*innen besonders vorteilhaft ist. Die erstgenannte Wirkrichtung wird in Kapitel 3.3.4 mit einem Fokus darauf näher beleuchtet, wie die Leistungsbeurteilung dazu beitragen kann, dass die Schüler*innen ein Selbstkonzept mit den zuvor als besonders lernförderlich beschriebenen Merkmalen entwickeln.

Die große Bedeutung des Selbstkonzepts für die Lernentwicklung von Schüler*innen ergibt sich zunächst daraus, dass das Selbstkonzept eine wichtige Vermittlervariable im Erwartungs-Wert-Modell der Motivation darstellt (Möller & Trautwein

2015, S. 194f.). Wie in Kapitel 3.2.4 bereits herausgestellt, wird die Motivation von Schüler*innen wesentlich davon geprägt, inwiefern sie sich die Bewältigung einzelner schulischer Aufgaben sowie der schulischen Anforderungen insgesamt zutrauen. Sie hängt somit von der schulischen Selbstwirksamkeitserwartung sowie der damit hochkorrelierten allgemeinen Selbstwirksamkeitserwartung und dem Fähigkeitsselbstkonzept der Schüler*innen ab. Als besonders förderlich für die Motivation und damit auch den Lernerfolg der Schüler*innen wurde in diesem Zusammenhang bereits eine realistisch-optimistische Erwartungshaltung identifiziert. Die Entwicklung einer solchen Erwartungshaltung setzt wiederum voraus, dass die Schüler*innen über eine differenzierte Kenntnis und realistische Einschätzung ihrer eigenen Fähigkeiten verfügen und darauf vertrauen, dass sie auch herausfordernde Lern- und Leistungssituationen meistern können. Für die Kompetenzentwicklung von Schüler*innen sind ein differenziertes und realistisches Fähigkeitsselbstkonzept und eine positive Selbstwirksamkeitserwartung aus motivationaler Sicht dementsprechend als besonders günstige Voraussetzungen zu betrachten.

Das Gleiche gilt auch in Bezug auf die Freiheiten und Wahlmöglichkeiten, die den Schüler*innen in einem differenzierten kompetenzorientierten Unterricht geboten werden. Damit die Schüler*innen aus den ihnen gebotenen Lernmöglichkeiten diejenigen auswählen können, die ihre individuelle Kompetenzentwicklung tatsächlich voranbringen, müssen sie ihren bereits erreichten Kompetenzstand möglichst genau kennen und zutreffend einschätzen. Da Aufgaben, die den aktuellen Kompetenzstand der Lernenden leicht überschreiten, zur Erweiterung ihrer Kompetenzen besonders gut geeignet sind, benötigen die Schüler*innen zudem das Vertrauen, dass sie auch herausfordernde Aufgaben erfolgreich lösen können, wenn sie sich darum bemühen (Jung 2010, S. 155). Ein differenziertes, realistisches und überwiegend positives Selbstkonzept ist somit auch als eine zentrale Voraussetzung für die gelungene Nutzung differenzierter Lernangebote zu betrachten.

Zusätzlich dazu stellt ein derart ausgeprägtes Selbstkonzept auch unter emotionspsychologischen Gesichtspunkten eine Voraussetzung für die erfolgreiche Kompetenzerweiterung von Schüler*innen dar. Die Kompetenzentwicklung von Schüler*innen wird durch positive Emotionen wie Freude unterstützt und durch negative Emotionen wie Angst beeinträchtigt (Frenzel, Götz & Pekrun 2015, S. 218ff.). Welche Emotionen die Schüler*innen im Zusammenhang mit ihrem schulischen Lernen und Leisten erleben, wird wiederum von ihrem Selbstkonzept bedeutsam geprägt. Eine niedrige Selbstwirksamkeitserwartung sowie eine mangelnde Kenntnis der eigenen Fähigkeiten und/oder eine negative Einschätzung derselben gehen dabei mit dem vermehrten Erleben von Angst, Unsicherheit und weiteren negativen Emotionen in Lern- und Leistungssituationen einher. Eine positive Selbstwirksamkeitserwartung sowie differenzierte und realistische Vorstellungen über die eigene Person wirken dem Auftreten derartiger Emotionen tendenziell entgegen, begünstigen das Erleben positiver Emotionen wie Freude am Lernen und damit auch die Kompetenzerweiterung der Schüler*innen (Frenzel, Götz & Pekrun 2015, S. 212ff.; Hascher 2004, S. 160f.).

In diesem Zusammenhang ist es am Rande ebenfalls erwähnenswert, dass das Selbstkonzept neben den lern- und leistungsbezogenen Emotionen auch das allgemeine physische, psychische und soziale Wohlbefinden, also die Gesundheit von Schüler*innen prägt und vermittelt darüber ebenfalls auf ihre Kompetenzentwicklung einwirkt (Schwarzer & Jerusalem 2002, S. 36). Eine positive Selbstwirksamkeitserwartung und ein positives Selbstwertgefühl können so beispielsweise die Wahrscheinlichkeit reduzieren, dass Schüler*innen affektive Störungen wie Depressionen entwickeln, die ihren Lernerfolg erheblich beeinträchtigen können (Ravens-Sieberer et al. 2007, S. 874ff.).

Zusammenfassend lässt sich abschließend festhalten, dass ein differenziertes, realistisches und positives Selbstkonzept in mehrfacher Hinsicht als besonders vorteilhaft für die Lernentwicklung von Schüler*innen anzusehen ist.

3.3.3 Anforderung an eine selbstkonzeptförderliche Beurteilungskultur

Als zentrales Element der schulischen Lernkultur kann die Leistungsbeurteilung einen wichtigen Beitrag dazu leisten, dass die Schüler*innen ein für ihr weiteres Lernen förderliches Selbstkonzept entwickeln. Bei der Formulierung einer entsprechenden Anforderung an eine lernförderliche Beurteilungskultur gilt es wie im Zusammenhang mit der Motivation, bereits beobachtete Entwicklungstendenzen im Verlauf der Schulzeit zu berücksichtigen. Deswegen sollen diese im Rahmen dieses Kapitels zunächst skizziert werden, bevor eine dritte Anforderung an ein lernförderliches Beurteilungssystem aufgestellt wird.

In Bezug auf die rein inhaltliche Entwicklung des Selbstkonzepts lässt sich im Verlauf der Schulzeit eine zunehmende Differenzierung und Strukturierung der Selbstkonzeptinhalte sowie eine Steigerung ihres Abstraktionsgrads beobachten (Lohaus, Vierhaus & Maass 2010, S. 171ff.). Da ein differenziertes Selbstkonzept die Kompetenzerweiterung von Schüler*innen begünstigt, kommt diese Entwicklung ihrem Lernerfolg grundsätzlich entgegen. Für den tatsächlichen Lernerfolg der Schüler*innen ist es dabei allerdings entscheidend, dass im Zuge dieser Entwicklung ein möglichst hoher Differenzierungsgrad erreicht wird. Dies ist in erster Linie dann möglich, wenn die entwicklungspsychologische Tendenz der Schüler*innen zur Ausdifferenzierung ihres Selbstkonzepts durch eine Gestaltung ihrer Lern- und Lebensbedingungen unterstützt wird, die ihnen den Gewinn umfangreicher und vielfältiger selbstbezogener Informationen ermöglicht und sie zu einer bewussten Auseinandersetzung mit ihrer eigenen Person anregt.

Darin ist zugleich eine wesentliche Voraussetzung dafür zu sehen, dass die Schüler*innen neben einem differenzierten auch ein realistisches Selbstkonzept entwickeln. Eine grundlegende Entwicklungstendenz in diese Richtung besteht insofern, als dass Schüler*innen ab der späten Kindheit neben positiven zunehmend auch negative Informationen über ihre eigene Person in ihr Selbstkonzept integrieren. Die typischerweise positiv verzerrte Selbstsicht früherer Entwicklungsphasen weicht dadurch tendenziell einem realistischeren Selbstbild (Lohaus, Vierhaus & Maass 2010, S. 171ff.; Möller & Trautwein 2015, S. 182).

Im Einklang damit ist die kontinuierlich sinkende Entwicklung, die sich insbesondere in Bezug auf die affektiv-evaluativen Elemente des Selbstkonzepts ab dem späten Kindesalter beobachten lässt, grundsätzlich als ein natürlicher Entwicklungsschritt auf dem Weg zu einer realistischeren Selbsteinschätzung zu betrachten. Das Ausmaß, das diese sinkende Entwicklung annimmt, variiert interindividuell allerdings in Abhängigkeit von weiteren Persönlichkeitsmerkmalen der jeweiligen Schüler*innen sowie von ihren Lern- und Lebensbedingungen deutlich (Möller & Trautwein 2015, S. 186). Während das Selbstkonzept einiger Schüler*innen im Sinne einer Verschiebung von einer übermäßig positiven zu einer realistischen Selbsteinschätzung nur vergleichsweise leicht abnimmt, fällt es bei anderen Schüler*innen mitunter so stark ab, dass sich die unverhältnismäßig positive Selbstsicht der früheren Lebensjahre in eine überwiegend negative verkehrt (Lohaus, Vierhaus & Maass 2010, S. 175f.).

Da eine solche negative Selbstkonzeptentwicklung auch die Kompetenzentwicklung von Schüler*innen beeinträchtigt, sollte eine lernförderliche Beurteilungskultur darauf ausgerichtet sein, dass Selbstkonzept aller Schüler*innen auf einem möglichst hohen, aber realistischen Niveau zu erhalten. Sie sollte die Lernenden außerdem dabei unterstützen, möglichst differenzierte und zutreffende Vorstellungen über ihre eigene Person zu entwickeln. Über welche Gestaltungsmerkmale die schulische Leistungsbeurteilung diese Anforderung erfüllen kann, soll im folgenden Kapitel aufgezeigt werden.

3.3.4 Relevante Grundlagen der Selbstkonzeptentwicklung und daraus abgeleitete Fördermöglichkeiten

Auf das Selbstkonzept von Schüler*innen hat die schulische Leistungsbeurteilung einen weitreichenden Einfluss. Für diesen Einfluss relevante Grundlagen zur Selbstkonzeptentwicklung sollen in diesem Kapitel zunächst zusammenfassend dargestellt werden, bevor daraus konkrete Maßnahmen zur Förderung des Selbstkonzepts abgeleitet werden.

Das Selbstkonzept wird grundsätzlich dadurch konstruiert, dass Menschen Informationen über ihre eigene Person aufnehmen, interpretieren und in ihr bereits bestehendes Selbstbild integrieren. Für die Entwicklung ihres Selbstkonzepts benötigen Menschen somit aussagekräftige Informationen über ihre eigene Person und die Fähigkeit, diese in Bezug auf sich selbst angemessen zu interpretieren. Die soziale Umwelt stellt dabei eine besonders wichtige Quelle selbstbezogener Informationen dar. So können selbstbezogene Informationen sowohl aus den direkten verbalen Äußerungen anderer Menschen entnommen als auch aus ihrem Verhalten der eigenen Person gegenüber erschlossen werden (Lohaus, Vierhaus & Maass 2010, S. 169f.). Zusätzlich dazu generieren Menschen durch verschiedene Vergleichsprozesse auch selbst Informationen über ihre eigene Person. Diese Vergleichsinformationen können durch den sozialen Vergleich mit anderen Menschen, den kriterialen Vergleich mit selbstgewählten oder fremdbestimmten Kriterien sowie durch intraindividuelle temporale und dimensionale Vergleiche gewonnenen werden. Die Interpretation der gewonnenen Informationen orientiert sich ebenfalls in erster Linie an diesen vier Vergleichsmaßstäben (Möller & Trautwein 2015, S. 187f.). Es ist dabei davon auszugehen, dass die soziale Umwelt auch prägt, in welcher Form diese verschiedenen Vergleichsmaßstäbe zur Selbstkonzeptentwicklung herangezogen werden. Von besonderer Bedeutung ist in diesem Zusammenhang der empirisch gut dokumentierte Big-Fish-Little-Pond-Effect, der darin besteht, dass Schüler*innen mit vergleichbaren Fähigkeiten in Abhängigkeit vom Leistungsniveau ihrer Mitschüler*innen unterschiedliche Selbstkonzepte entwickeln (Zeinz & Köller 2006, S. 178ff.).

Aus diesen allgemeinen theoretischen Grundlagen lassen sich verschiedene Voraussetzungen dafür ableiten, dass Schüler*innen ein differenziertes, realistisches und positives Selbstkonzept entwickeln können, das ihre Kompetenzentwicklung in besonderem Maße unterstützt. Eine erste Voraussetzung dafür besteht darin, dass sie qualitativ hochwertige Informationen über ihre eigene Person erhalten und selbst gewinnen können. Eine zweite Voraussetzung ist darin zu sehen, dass sie über die Bereitschaft und Fähigkeit verfügen, diese angemessen und zutreffend in Bezug auf ihre eigene Person zu interpretieren. Und eine dritte Voraussetzung besteht schließlich darin, dass die Schüler*innen Vergleichsmaßstäbe nutzen, die die Entwicklung eines differenzierten, realistischen und insbesondere positiven Selbstkonzepts zulassen.

Die schulische Leistungsbeurteilung kann wesentlich dazu beitragen, derartige Voraussetzungen zu schaffen, und geeignete Möglichkeiten dazu sollen im Folgenden dargelegt werden.

Im Rahmen der Leistungsbeurteilung werden den Schüler*innen von ihren Lehrkräften systematisch selbstkonzeptrelevante Informationen zur Verfügung gestellt. Diese sollten im Sinne der in Kapitel 3.1.1 aufgestellten Kriterien qualitativ möglichst hochwertig sein, damit die Schüler*innen eine geeignete Informationsgrundlage für die Entwicklung eines differenzierten, realistischen und positiven Selbstkonzepts erhalten. Von den Lehrkräften verständlich formulierte Rückmeldungen, die vielfältige inhaltlich aussagekräftige, differenzierte und möglichst zutreffende Informationen enthalten, sind somit auch im Zusammenhang mit der Selbstkonzeptentwicklung von Schüler*innen als besonders lernförderlich anzusehen.

Darüber hinaus kann die Leistungsbeurteilung die Selbstkonzeptentwicklung von Schüler*innen auch dadurch unterstützen, dass sie die Lernenden dazu anregt, sich differenziert mit ihren eigenen Fähigkeiten, Leistungen und Eigenschaften auseinanderzusetzen und darüber selbst qualitativ hochwertige Informationen über ihre eigene Person zu gewinnen. Die Ergebnisse verschiedener Studien weisen in diesem Zusammenhang darauf hin, dass neben dem Wissen über die eigene Person auch die Selbstwirksamkeit über Aktivitäten aus dem Bereich der Selbstbeurteilung gefördert werden kann (Paris & Paris 2001, S. 95; Kitsantas, Reiser & Doster 2004, S. 284; Schunk & Ertmer 2000, S. 641). Eine Beteiligung der Schüler*innen an der Beurteilung ihrer eigenen Leistungen und die Förderung ihrer Selbstbeurteilungskompetenz sind dementsprechend auch in Bezug auf ihre Selbstkonzeptentwicklung empfehlenswert.

Für diese Entwicklung ist des Weiteren die grundlegende Ausrichtung der schulischen Leistungsbeurteilung von besonderer Bedeutung. Im Einklang mit der allgemeinen Beobachtung, dass das soziale Umfeld die zur Selbstkonzeptentwicklung herangezogenen Maßstäbe prägt, hat sich in empirischen Untersuchungen gezeigt, dass Schüler*innen bei der Beurteilung ihrer eigenen Person tendenziell die Perspektive übernehmen, die dem von ihnen erlebten schulischen Beurteilungssystem zugrunde liegt (Jerusalem 2013, S. 185; Marsh, Craven & Debus 1998). Dementsprechend ist davon auszugehen, dass die Schüler*innen bei der Ausdifferenzierung ihres Selbstkonzepts vorrangig die Vergleichsmaßstäbe heranziehen, die den in ihrem jeweiligen Beurteilungssystem vorherrschenden Bezugsnormen entsprechen. Zusätzlich dazu wird die Selbstwahrnehmung der Schüler*innen verstärkt auf die Aspekte gelenkt, die im jeweiligen Beurteilungssystem besondere Beachtung erfahren, und auch die Differenziertheit des Selbstkonzepts der Schüler*innen scheint davon abzuhängen, wie differenziert ihre Leistungen im Rahmen der schulischen Leistungsbeurteilung betrachtet werden. Die schulische Leistungsbeurteilung legt den Schüler*innen somit in verschiedener Hinsicht eine bestimmte Betrachtungsweise ihrer eigenen Person nahe und diese sollte in einer lernförderlichen Beurteilungskultur zu dem Ziel passen, die Schüler*innen bei der Entwicklung eines differenzierten, realistischen und positiven Selbstkonzepts zu unterstützen.

Daraus lässt sich zunächst ableiten, dass es für die Selbstkonzeptentwicklung von Schüler*innen vorteilhaft ist, wenn ihre Leistungen in Bezug auf vielfältige Aspekte differenziert wahrgenommen und beurteilt werden. Dies lässt sich unter anderem über eine Kombination der Produkt- und Prozessorientierung erreichen. Eine prozess- und zukunftsorientierte Gestaltung der Leistungsbeurteilung ist in diesem Zusammenhang zudem auch insofern vorteilhaft, als dass sie den Schüler*innen vermittelt, dass sie ihre Kompetenzen kontinuierlich erweitern und so auch noch bestehende Verbesserungsbedarfe ausgleichen können. Diese Betrachtungsweise wirkt sich auf die Selbstbewertung und das weitere Lernen der Schüler*innen grundsätzlich förderlicher aus als die Sichtweise, die ihnen durch ein vorrangig rückwärtsgewandtes und ergebnisorientiertes Beurteilungssystem nahegelegt wird. In vergleichbarer Weise ist auch von einer überwiegend stärkenorientierten Ausrichtung der Leistungsbeurteilung ein günstigerer Einfluss auf die Selbstbeurteilung der Schüler*innen zu erwarten als von einem defizitorientierten System, das die Aufmerksamkeit der Schüler*innen vor allem darauf lenkt, was sie noch nicht können (Jerusalem 2013, S. 179). In Bezug auf die Selbstkonzeptentwicklung der Schüler*innen ist somit dieselbe grundlegende Ausrichtung der Leistungsbeurteilung als förderlich zu betrachten wie in Bezug auf ihre Informationsqualität und motivationale Wirkung.

Das Gleiche gilt auch für die Bezugsnormorientierung. So ist eine Kombination der individuellen mit der kriterialen Bezugsnorm auch in Bezug auf die Selbstkonzeptentwicklung einer stärkeren Betonung der sozialen Bezugsnorm vorzuziehen. Wie in Kapitel 3.2.4 bereits beschrieben, wird es dem größten Teil der Schüler*innen durch die soziale Bezugsnorm erschwert, sich selbst als kompetent und erfolgreich zu erleben. Da Kompetenz- und Erfolgserlebnisse eine zentrale Voraussetzung für die Entwicklung eines positiven Selbstkonzepts und insbesondere einer positiven Selbstwirksamkeitserwartung darstellen, ist die soziale Bezugsnorm für die Selbstkonzeptentwicklung der meisten Schüler*innen in dieser Hinsicht eher abträglich (Mittag, Kleine & Jerusalem 2002, S. 169; Zeinz & Köller 2006, S. 188). Für die Selbstbewertung derjenigen Schüler*innen, die im sozialen Vergleich am besten bestehen, kann die soziale Bezugsnorm kurzzeitig von Vorteil sein. Langfristig sind von der Fokussierung auf den sozialen Vergleich allerdings auch für diese Schüler*innen eher ungünstige Auswirkungen zu erwarten, da es zumindest außerhalb ihrer Lerngruppe Personen geben wird, die sie in bestimmten Bereichen übertreffen.

Insbesondere von einer wenig differenzierten und übermäßig wertenden Verwendung der sozialen Bezugsnorm sollte in Anbetracht dessen eher abgesehen werden. Wie für die Motivation kann es allerdings auch für die Selbstkonzeptentwicklung von Schüler*innen förderlich sein, sie im Rahmen von Peer-Feedback-Verfahren zu einer eher sachlichen und differenzierten Auseinandersetzung mit den Lernprozessen und Leistungen ihrer Mitschüler*innen anzuregen, da sie sich ihrer eigenen Fähigkeiten und Eigenschaften über einen solchen Vergleich noch besser bewusst werden können.

Über einen derartigen sozialen Vergleich hinaus ist eine Kombination der individuellen und kriterialen Bezugsnorm für die Selbstkonzeptentwicklung von Schüler*innen als besonders förderlich zu betrachten. Wie in Kapitel 3.2.4 bereits beschrieben, macht diese Kombination die individuellen Lernfortschritte der Schüler*innen besonders deutlich sichtbar und ermöglicht es unter anderem deshalb allen Schüler*innen, sich als kompetent zu erleben, wenn sie sich um die Erweiterung ihre Fähigkeiten bemühen. Dementsprechend ist eine Kombination der individuellen und der kriterialen Bezugsnorm besonders gut dazu geeignet, die Schüler*innen bei der Entwicklung eines positiven Selbstkonzepts zu unterstützen (Jürgens & Lissmann 2015, S. 23). Sie verhilft ihnen außerdem eher zu vielfältigen inhaltlich aussagekräftigen und differenzierten Informationen über ihre eigene Person als eine vorrangig am sozialen Vergleich ausgerichtete Beurteilungskultur.

3.4 Zusammenfassung zentraler Anforderungen an eine lernförderliche Beurteilungskultur

Im Rahmen dieses Kapitels wurde genauer betrachtet, wie die schulische Leistungsbeurteilung die Kompetenzentwicklung von Schüler*innen über ihren Informationsgehalt, ihre motivationale Wirkung und ihren Beitrag zur Selbstkonzeptentwicklung der Lernenden unterstützen kann. Aus relevanten theoretischen Grundlagen und empirischen Erkenntnissen wurden dabei drei zentrale Anforderungen an eine lernförderliche Beurteilungskultur abgeleitet, die an dieser Stelle noch einmal zusammengefasst werden sollen, damit sie als Beurteilungskriterien für die im weiteren Verlauf dieser Arbeit geplante Auseinandersetzung mit verschiedenen Beurteilungssystemen und -formaten zur Verfügung stehen.

Um möglichst günstige Voraussetzungen für die Kompetenzentwicklung von Schüler*innen zu schaffen, sollte eine lernförderliche Beurteilungskultur …

1) den Schüler*innen, Eltern und Lehrkräften zu vielfältigen inhaltlich aussagekräftigen, möglichst differenzierten und zutreffenden lernrelevanten Informationen verhelfen, die für die jeweiligen Empfänger*innen verständlich sind und konkrete Hinweise für das weitere Lernen der Schüler*innen beinhalten.

2) die intrinsische Motivation und die Lernzielorientierung fördern und auf einem möglichst hohen Niveau erhalten sowie gegenüber der weniger lernförderlichen extrinsischen Motivation und Leistungszielorientierung stärken.

3) dazu beitragen, dass die Schüler*innen ein differenziertes, realistisches und positives Selbstkonzept entwickeln.

Welche Herausforderungen bei der Umsetzung dieser drei zentralen Anforderungen bestehen und welche Gestaltungsmerkmale der schulischen Leistungsbeurteilung besonders gut dazu geeignet sind, sie zu überwinden, wurde in diesem Kapitel ebenfalls bereits betrachtet. Dabei hat sich gezeigt, dass es größtenteils dieselben Gestaltungsmerkmale sind, die sich in Bezug auf die verschiedenen Anforderungsbereiche als besonders vorteilhaft erweisen. So kann die aktive Einbindung der Schüler*innen in die Evaluation ihrer eigenen Leistungen beispielsweise sowohl die Informationsqualität der Leistungsbeurteilung wesentlich steigern als auch die Motivation der Lernenden fördern und ihre Selbstkonzeptentwicklung unterstützen. Zusätzlich dazu wurde unter anderem eine Kombination der individuellen Bezugsnorm mit einer inhaltliche Kategorien bereitstellenden kriterialen Bezugsnorm in Bezug auf alle drei Anforderungsbereiche als besonders förderlich für die Kompetenzentwicklung von Schüler*innen identifiziert.

Aus dem aktuellen Kapitel gehen somit sowohl drei zentrale Anforderungen an eine lernförderliche Beurteilungskultur als auch konkrete Hinweise zu ihrer Umsetzung hervor, die als Grundlage für die folgende Beurteilung der Lernförderlichkeit verschiedener Beurteilungssysteme genutzt werden können.

4. Die tradierte Beurteilungskultur auf dem Prüfstand

Das erste Beurteilungssystem, das anhand der in Kapitel 3 herausgearbeiteten Anforderungen an eine lernförderliche Beurteilungskultur auf den Prüfstand gestellt werden soll, ist die in Deutschland aktuell vorherrschende Beurteilungskultur. Sie wird auch als die tradierte Beurteilungskultur bezeichnet, da sie bereits seit dem 19. Jahrhundert im deutschen Schulsystem verankert ist und sich ihre grundlegende Konzeption seitdem nicht wesentlich gewandelt hat. Die Kritik an dieser Beurteilungskultur blickt auf eine fast ebenso lange Tradition zurück und aktuell werden vor allem Zweifel daran laut, dass dieses Beurteilungssystem dazu geeignet ist, die individuelle Lernentwicklung von Schüler*innen zu unterstützen (Winter 2016, S. 39ff.). Das übergeordnete Anliegen dieses Kapitels besteht darin, zu überprüfen, inwiefern diese Kritik gerechtfertigt ist.

Um eine geeignete Grundlage für diese Überprüfung zu schaffen, werden die grundlegenden Merkmale der tradierten Beurteilungskultur in Kapitel 4.1 zunächst genauer beschrieben. Im Anschluss daran wird aus theoretischer Sicht sowie unter Einbezug empirischer Erkenntnisse differenziert beurteilt, inwiefern die tradierten Beurteilungskultur die Lernentwicklung von Schüler*innen unterstützen kann. Diese Beurteilung wird zunächst separat für die drei Anforderungsbereiche vorgenommen, bevor die darüber gewonnenen Erkenntnisse in einem abschließenden Fazit zusammengeführt werden.

4.1 Merkmale der tradierten Beurteilungskultur

Um näher zu bestimmen, welche Gestaltungsform der schulischen Leistungsbeurteilung mit dem Begriff der tradierten Beurteilungskultur bezeichnet wird, sollen die prägenden Merkmale dieser Kultur im Folgenden zusammenfassend dargestellt werden. In Anlehnung an die in Kapitel 2.4 bereits aufgezeigten Variationsmöglichkeiten in der Gestaltung der Leistungsbeurteilung werden dabei neben der Rollenverteilung und dem Leistungsverständnis der tradierten Beurteilungskultur auch deren grundlegende Ausrichtung und Ausdrucksformen berücksichtigt.

Als ein besonders prägendes Merkmal der tradierten Beurteilungskultur sind zunächst die Ziffernnoten anzusehen, die zur Kommunikation von Beurteilungsergebnissen genutzt werden. Sie reichen im deutschen Schulsystem von 1 bis 6, wobei die 1 für *sehr gut*, die 2 für *gut*, die 3 für *befriedigend*, die 4 für *ausreichend*, die 5 für *mangelhaft* und die 6 für *ungenügend* steht (§ 4 ZVO). Innerhalb dieser Notenstufen kann mit Hilfe der Symbole Plus und Minus weiter differenziert werden. Im 15-Punkte-System der Sekundarstufe II ist eine solche Differenzierung verbindlich vorgesehen. So werden den Noten 1 bis 5 jeweils drei Punkteangaben zwischen 1 und 15 zugeordnet, die jeweils für eine besonders gute, mittelmäßige oder eher schwache Erreichung der jeweiligen Notenstufe stehen. Lediglich die 0 Punkten entsprechende Note 6 kann in diesem System nicht weiter differenziert werden (§ 11 OAPVO). Die Kommunikation von Beurteilungsergebnissen beruht in der tradierten Beurteilungskultur also auf einer stark standardisierten Kombination von Ziffernnoten und ergänzenden Symbolen. Sie bringen den von den Beurteilenden auf einer eindimensionalen Skala eingeschätzten Qualitätsgrad der Leistungen der Schüler*innen zum Ausdruck, enthalten aber keine inhaltlich aussagekräftigen Informationen.

Die Aufgabe und das Recht, die Leistungen der Schüler*innen zu beurteilen, werden in der tradierten Beurteilungskultur ausschließlich den Lehrkräften zugesprochen. Es liegt somit eine klare Rollentrennung zwischen den Lehrkräften als Beurteilenden auf der einen und den Schüler*innen als Beurteilten auf der anderen Seite vor (Sacher 2014, S. 196; Winter 2016, S. 35). Eine systematische Beteiligung der Schüler*innen an der Evaluation ihrer eigenen Leistungen und eine gezielte Förderung ihrer Beurteilungskompetenz sind in der tradierten Beurteilungskultur in ihrer Reinform dementsprechend nicht vorgesehen. Trotzdem holen einige Lehrkräfte in einer Art erweiterten Form der tradierten Beurteilungskultur auch eine Selbsteinschätzung ihrer Schüler*innen ein. Die Lernenden werden dabei allerdings meist nur um eine zusammenfassende Einschätzung in Form einer Note sowie gegebenenfalls noch um eine kurze Begründung derselben gebeten (Minde 2007, S. 55ff.). Zudem wird die Selbsteinschätzung in der Regel nur in Bezug auf die Mitarbeit im Unterricht erfragt und es liegt allein im Ermessen der jeweiligen Lehrkraft, inwiefern die von den Schüler*innen abgegebene Einschätzung in ihre endgültige Note einfließt. In der tradierten Beurteilungskultur werden die Schüler*innen somit allenfalls oberflächlich an der Evaluation ihrer eigenen Leistungen beteiligt und haben diesbezüglich kein rechtlich verankertes Mitspracherecht.

Davon wird auch die Kommunikationsart in der tradierten Beurteilungskultur bestimmt. Der zuvor beschriebenen Rollentrennung entsprechend verläuft die Kommunikation von Beurteilungsergebnissen in dieser Kultur nahezu ausschließlich von den Lehrkräften zu den Schüler*innen und deren Eltern (Winter 2016, S. 45). Es herrscht somit eine einseitige Kommunikation vor und diese erfolgt zudem größtenteils schriftlich (Sacher 2014, S. 259). Wie die Lehrkräfte ihre Leistungen in Tests und Klassenarbeiten beurteilen, erfahren die Schüler*innen so in erster Linie über schriftliche Notenangaben und auch die für sie besonders bedeutsamen Halb- und Ganzjahresnoten werden ihnen vorrangig schriftlich über Notenzeugnisse mitgeteilt. Die Form, in der die Lehrkräfte ihre Einschätzung zur mündlichen Mitarbeit der Schüler*innen abgeben, ist weniger einheitlich festgelegt. Während einige Lehrkräfte ihre Noten für diesen Leistungsbereich mündlich mitteilen, kommunizieren andere auch diese schriftlich (Minde 2007, S. 55f.). Unterschiede bestehen in diesem Zusammenhang des Weiteren darin, inwiefern die Lehrkräfte ihre Beurteilung sowohl der schriftlichen als auch der mündlichen Leistungen den Schüler*innen und Eltern gegenüber erläutern und transparent machen (Winter 2016, S. 46). Eine differenzierte inhaltliche Erläuterung der Beurteilungsergebnisse durch die Lehrkräfte ist dabei in einer rein tradierten Beurteilungskultur nicht vorgesehen.

Die Grundlage für die Notenvergabe bilden in der tradierten Beurteilungskultur wie im vorherigen Absatz bereits angedeutet die Leistungen der Schüler*innen in speziellen Prüfungssituationen wie Klassenarbeiten sowie die Eindrücke der Lehrkräfte von der Mitarbeit der Schüler*innen im Unterricht. Dabei scheint dem erstgenannten schriftlichen Leistungsbereich von allen Beteiligten eine besonders große Bedeutung beigemessen zu werden, auch wenn er bei der Berechnung der Gesamtnote weniger stark gewichtet werden soll als die sonstige Mitarbeit der Schüler*innen (§ 11 OAPVO). Zu dieser Mitarbeit zählen potenziell alle Leistungen, die die Schüler*innen außerhalb der vorgesehenen Prüfungssituationen erbringen; in der tradierten Beurteilungskultur wird allerdings nur ein Teil dieser Leistungen als beurteilungsrelevant wahrgenommen und als Leistung anerkannt (Winter 2016, S. 34ff.). Die tradierte Beurteilungskultur wird dementsprechend von einem verengten Leistungsverständnis geprägt.

Dieses äußert sich zunächst in der die tradierte Beurteilungskultur dominierenden Ergebnisorientierung. Als Leistungen werden in dieser Kultur primär die Ergebnisse betrachtet, die die Schüler*innen in den bereits erwähnten Prüfungssituationen sowie im Unterricht insgesamt erzielen (Marx 2020, S. 61). Die Prozesse, die zu diesen Ergebnissen führen, finden hingegen nur geringe Beachtung und fließen dementsprechend kaum in die tradierte Leistungsbeurteilung ein. Auch wenn es möglich ist, Beobachtungen zu den Lern- und Arbeitsprozessen der Schüler*innen als Teil ihrer Mitarbeit im Unterricht zu werten, wird diese Mitarbeit vorrangig an der Quantität und Qualität der von ihnen geäußerten Antworten auf die von den Lehrkräften gestellten Fragen und Aufgaben festgemacht (Sacher 2014, S. 157).

Sowohl in Bezug auf die schriftlichen als auch die mündlichen Leistungen der Schüler*innen zeigt sich in der tradierten Beurteilungskultur zudem eine Fokussierung auf kognitive Leistungen (Sacher 2014, S. 219). Das Leistungsverständnis dieser Kultur ist somit auch insofern als verengt anzusehen, als dass vielfältige Kompetenzbereiche wie der soziale oder kreative darin nur eingeschränkt Beachtung finden (Winter 2016, S. 59). Zusätzlich dazu scheint das, was innerhalb des kognitiven Bereichs als Leistung anerkannt wird, nicht durchgängig mit einer nachhaltigen Aneignung von Kompetenzen identisch zu sein, da ein großer Teil der in der tradierten Beurteilungskultur gestellten Leistungsanforderungen durch das kurzzeitige Auswendiglernen und Wiedergeben von Informationen bewältigt werden kann (Winter 2016, S. 35). Wissensinhalte haben in der tradierten Beurteilungskultur dementsprechend nach wie vor einen besonders hohen Stellenwert und engen den Blick auf andere Kompetenzbereiche daher tendenziell ein.

Zusätzlich dazu wird der Blick auf die Leistungen der Schüler*innen auch durch die für die tradierte Beurteilungskultur charakteristische Defizitorientierung eingeengt. So werden die Leistungen der Lernenden in dieser Beurteilungskultur anstatt auf besondere Stärken vor allem auf Fehler und Einschränkungen hin überprüft (Winter 2015, S. 18). Der Umgang mit diesen Fehlern und Einschränkungen ist dabei insofern als wenig konstruktiv zu beschreiben, als dass diese in der Regel nur festgestellt und negativ in die Benotung einbezogen, nicht aber als Ausgangspunkt für zukünftige Fördermaßnahmen genutzt werden (Winter 2016, S. 46).

Auch insgesamt ist die tradierte Leistungsbeurteilung eher rückblickend anstatt zukunftsorientiert angelegt. Im Sinne eines summativen Assessment-Ansatzes werden die Leistungen der Schüler*innen nicht parallel zu ihren Lernprozessen, sondern diese abschließend und zusammenfassend beurteilt (Marx 2020, S. 61). Insbesondere die zum Ende von Unterrichtseinheiten durchgeführten Prüfungen in Form von Tests und Klassenarbeiten haben dabei vor allem das Ziel, zu kontrollieren, inwiefern die Schüler*innen sich die im vorherigen Unterricht zu erwerbenden Inhalte und Fähigkeiten tatsächlich aneignen konnten (Winter 2016, S. 34). Dadurch, dass die Lehrkräfte neben ihren anderen Aufgaben mehrere Wochen für die Korrektur der Tests und Klassenarbeiten benötigen können, erhalten die Schüler*innen in der tradierten Beurteilungskultur meist erst dann eine Rückmeldung zu ihrem vergangenen Lernen, wenn eine neue thematische Einheit bereits begonnen wurde. Unabhängig davon, ob dies in der tradierten Beurteilungskultur überhaupt vorgesehen ist, wird es den Schüler*innen und Lehrkräften dadurch erschwert, aus den bisherigen Leistungen der Schüler*innen konkrete Schritte für ihr weiteres Lernen abzuleiten und umzusetzen. Zusätzlich dazu wird den Schüler*innen durch die für die tradierte Beurteilungskultur typische Abfolge von Unterrichtseinheiten und Prüfungen suggeriert, dass Lernen in einzelnen unverbundenen Einheiten erfolgt und dass das in einer Einheit Gelernte nach der abschließenden Prüfung eher nicht mehr relevant ist.

Zusätzlich zu den bereits beschriebenen Merkmalen ist für die tradierte Beurteilungskultur eine starke Betonung des sozialen Vergleichs charakteristisch (Brouër 2014, S. 26). So werden die Leistungen der einzelnen Schüler*innen vorrangig danach beurteilt, inwiefern sie besser oder schlechter ausfallen als die der anderen Schüler*innen ihrer Lerngruppe. Ohne die individuellen Voraussetzungen der Lernenden zu berücksichtigen werden dabei dieselben inhaltlichen Maßstäbe an alle Schüler*innen angesetzt. Diese beschreiben in der Regel einen idealen Leistungsstand, der der Note 1 entspricht, und der oben bereits erwähnten Defizitorientierung entsprechend werden die Schüler*innen in Bezug darauf verglichen, wie weit sie von diesem Leistungsideal abweichen (Winter 2015, S. 31f.). Die individuelle Bezugsnorm wird in der tradierten Beurteilungskultur eher vernachlässigt.

Schließlich orientiert sich auch die Gestaltung von Prüfungssituationen in der tradierten Beurteilungskultur nicht an der individuellen Lernentwicklung von Schüler*innen. Stattdessen werden insbesondere die schriftlichen Prüfungen so angelegt, dass alle Schüler*innen in derselben Zeit mit den denselben Hilfsmitteln dieselben Aufgaben in Einzelarbeit bearbeiten (Sacher 2014, S. 218; Winter 2016, S. 34). Eine auf die individuellen Voraussetzungen der Schüler*innen abgestimmte Differenzierung der Prüfungsaufgaben erfolgt in einer rein tradierten Beurteilungskultur dementsprechend nicht.

Insgesamt entsteht der Eindruck, dass dem Erbringen von Leistung in der tradierten Beurteilungskultur ein höherer Wert beigemessen wird als dem Lernen der Schüler*innen bzw. der nachhaltigen Kompetenzerweiterung der Schüler*innen (Marx 2020, S. 61).

Inwiefern die tradierte Beurteilungskultur mit ihren spezifischen Merkmalen dazu geeignet ist, die Kompetenzentwicklung von Schüler*innen zu unterstützen, soll nun in den folgenden drei Abschnitten gegliedert nach den drei zentralen Anforderungsbereichen betrachtet werden.

4.2 Informationsqualität

Um für das Lernen von Schüler*innen förderlich zu sein, sollte eine Beurteilungskultur den Lernenden sowie ihren Eltern und Lehrkräften zu vielfältigen inhaltlich aussagekräftigen, differenzierten und möglichst zutreffenden lernrelevanten Informationen verhelfen, die für die jeweiligen Empfänger*innen verständlich sind und konkrete Hinweise für das weitere Lernen der Schüler*innen beinhalten. Inwiefern die tradierte Beurteilungskultur mit ihren prägenden Merkmalen diese Anforderung erfüllen kann, soll im Rahmen dieses Abschnitts beurteilt werden.

Dabei lässt sich unmittelbar zu Beginn herausstellen, dass die Ziffernnoten als zentrales Kommunikationsformat der tradierten Beurteilungskultur nicht dazu geeignet sind, vielfältige inhaltlich aussagekräftige und differenzierte Informationen sowie konkrete Hinweise für das weitere Lernen der Schüler*innen zu transportieren. Stattdessen können sie lediglich das ungefähre Qualitätsniveau der Leistungen der Schüler*innen in einer stark verallgemeinerten Form zum Ausdruck bringen (Winter 2016, S. 45).

Es ist davon auszugehen, dass diese Einschränkungen des Kommunikationsformats tendenziell auch den Blick der Beurteilenden auf das Lernen und Leisten der Schüler*innen verengen. Dass die Lehrkräfte in der tradierten Beurteilungskultur vorrangig dazu angehalten werden, ein pauschalisierendes Urteil über die Leistungen der Schüler*innen abzugeben, kann so dazu führen, dass sie diese auch nur wenig differenziert wahrnehmen (Winter 2016, S. 44). In vergleichbarer Weise ist anzunehmen, dass die eingeschränkten Möglichkeiten, Hinweise für das weitere Lernen der Schüler*innen zu kommunizieren, die Bemühungen der Lehrkräfte, solche Hinweise zu generieren, grundsätzlich reduzieren.

Zusätzlich dazu wird die Wahrscheinlichkeit, dass die Schüler*innen, Eltern und Lehrkräfte qualitativ hochwertige Informationen gewinnen, durch das Leistungsverständnis und die grundlegende Ausrichtung der tradierten Beurteilungskultur reduziert. Wie im vorherigen Abschnitt bereits aufgezeigt, geht die tradierte Beurteilungskultur mit ihrer Fokussierung auf kognitive Leistungen, Leistungsergebnisse und Defizite in mehrfacher Hinsicht von einem verengten Leistungsbegriff aus, sodass vielfältige über die Kompetenzentwicklung der Schüler*innen aussagekräftige und für ihr weiteres Lernen relevante Aspekte in dieser Kultur nur geringe Beachtung finden. Dazu trägt auch die summative Anlage der tradierten Beurteilungskultur bei.

Des Weiteren wird der Blick der Beteiligten durch die für die tradierte Beurteilungskultur charakteristische Betonung des sozialen Vergleichs auf Aspekte gelenkt, die für das Lernen der einzelnen Schüler*innen nur bedingt aussagekräftig und hilfreich sind. So gehen aus dem zudem eher allgemein gehaltenen Vergleich der Leistungshöhe der

Schüler*innen einer Lerngruppe weniger individuell lernförderlichere Informationen hervor als aus einer von der individuellen und kriterialen Bezugsnorm geleiteten Auseinandersetzung mit den individuellen Lernprozessen der Schüler*innen. Die Favorisierung der sozialen Bezugsnorm bedeutet außerdem, dass die Informationen, die über die einzelnen Schüler*innen gewonnenen werden, von Merkmalen der anderen Lernenden derselben Klasse abhängig sind (Sacher 2014, S. 87f.; Winter 2016, S. 65).

Eine weitere bedeutsame Einschränkung der Informationsqualität der tradierten Beurteilungskultur ergibt sich daraus, dass die Schüler*innen in dieser Kultur nicht systematisch an der Evaluation ihrer eigenen Leistungen beteiligt werden. Die Lernenden werden somit auch nicht zu einer differenzierten Auseinandersetzung mit ihrem eigenen Lernen angeregt und in der Entwicklung ihrer Selbstbeurteilungskompetenz unterstützt. Beides reduziert die Wahrscheinlichkeit, dass die Schüler*innen selbst qualitativ hochwertige Informationen gewinnen und auch den Lehrkräften zur Verfügung stellen können. Ein echter und differenzierter Abgleich der Selbst- und Fremdbeurteilung durch die Schüler*innen und Lehrkräfte ist in der tradierten Beurteilungskultur ohnehin nicht vorgesehen. Stattdessen werden die Schüler*innen in dieser Kultur wie bereits beschrieben allenfalls oberflächlich zu ihrer eigenen Einschätzung einzelner Leistungsbereiche befragt. Vor allem Lernschwierigkeiten werden sie dabei tendenziell eher zu verbergen suchen, da diese in der tradierten Beurteilungskultur mit einer Notenverschlechterung geahndet werden, die für die Schüler*innen weitreichende Folgen haben kann (Holzkamp 1997, S. 199f.). In der tradierten Beurteilungskultur werden die Schüler*innen somit allenfalls unter ungünstigen Voraussetzungen in geringfügigem Umgang an der Evaluation ihrer eigenen Leistungen beteiligt. Infolgedessen bleiben den Lehrkräften als allein für die Beurteilung Zuständigen vielfältige lernrelevante Informationen, über die nur die Schüler*innen verfügen, verschlossen.

Den Lehrkräften bleibt im Wesentlichen nur die Möglichkeit, von der Performanz auf die Kompetenzen der Lernenden zu schließen, und dadurch, wie diese in der tradierten Beurteilungskultur erfasst wird, ergeben sich weitere Zweifel daran, dass diese Kultur die Anforderungen an qualitativ hochwertige Informationen erfüllen kann. Wie im vorherigen Teilkapitel bereits erwähnt, werden Prüfungen in der tradierten Beurteilungskultur zu einem großen Teil so konzipiert, dass sie durch das Reproduzieren kurzzeitig angeeigneter Wissensinhalte erfolgreich bestanden werden können (Winter 2016, S. 35). Die Informationen, die über derartige Prüfungen gewonnen werden, sind dementsprechend nicht als Grundlage für eine Beurteilung der nachhaltigen Kompetenzerweiterung von Schüler*innen geeignet. Das entsprechende Qualitätskriterium wird folglich auch in dieser Hinsicht größtenteils verfehlt.

Das Kriterium der Verständlichkeit wird in der tradierten Leistungsbeurteilung ebenfalls nur in geringem Umfang erfüllt. Verständlich sind die im tradierten Notensystem vermittelten Informationen lediglich insofern, als dass alle Beteiligten wissen, welchem Qualitätsniveau die einzelnen Ziffernnoten entsprechen. Die Noten sagen für sich alleingenommen allerdings nichts über die Gründe aus, die zu ihrer Vergabe geführt haben, und sind insofern ohne ergänzende Hinweise der beurteilenden Lehrkräfte für die Schüler*innen, Eltern und andere Lehrkräfte nicht verständlich. Das Risiko, dass die Schüler*innen diese Informationslücke mit eigenen wenig lernförderlichen Ursachenzuschreibungen schließen, ist dann besonders hoch, wenn die Lernenden nicht über relevante Bewertungskriterien informiert und in ihrer Selbstbeurteilungskompetenz nicht gefördert werden. In ihrem Bemühen, ihre Noten zu verstehen, ziehen sie dann eher Kriterien wie ihren Fleiß oder ihre Beliebtheit bei der jeweiligen Lehrkraft heran, die für die Qualität ihrer Leistungen nicht ausschlaggebend sind und es auch bei der Notenvergabe nicht sein sollten (Winter 2016, S. 45f.).

Dafür, dass derartige Faktoren die Notenvergabe von Lehrkräften wesentlich beeinflussen, gibt es allerdings bereits seit mehreren Jahrzehnten umfangreiche empirische Evidenz. Ausgehend von einer Reihe empirischer Untersuchungen aus dem deutschen und angloamerikanischen Sprachraum konnte Ingenkamp so bereits in den 1970er- und 1980er-Jahren zahlreiche subjektive Einflussfaktoren auf die Notengebung von Lehrkräften identifizieren. Zu diesen zählen tatsächlich die Sympathie der Lehrkräfte einzelnen Schüler*innen gegenüber sowie deren Geschlecht und Vorinformationen über die soziale Herkunft der Lernenden. Zusätzlich dazu konnte gezeigt werden, dass Schüler*innen mit angepasstem Verhalten tendenziell besser bewertet werden als solche, die sich weniger konform zeigen und den Lehrkräften gegenüber für ihre eigenen Rechte einsetzen, wenn diese nicht ausreichend gewahrt werden. Des Weiteren geht aus den von Ingenkamp berichteten Studien hervor, dass die Bewertung des Inhalts von schriftlichen Leistungen von der Länge der Aufgabenbearbeitung, der sprachlichen Qualität sowie dem äußeren Erscheinungsbild des Texts und insbesondere der Handschrift beeinflusst wird. Und auch das äußere Erscheinungsbild der Schüler*innen selbst kann Ingenkamp zufolge einen Einfluss auf deren Benotung haben, wobei sich das Tragen einer Brille tendenziell positiv und das Tragen von intensivem Makeup eher negativ auswirken (Ingenkamp 1989, S. 70ff.).

Neuere Untersuchungen bestätigen, dass derartige Faktoren die Notenvergabe von Lehrkräften auch weiterhin beeinflussen. So zeigte sich beispielsweise im Rahmen der ELEMENT-Studie, die in den Jahren 2003 bis 2005 mit etwas mehr als 4.500 Schüler*innen der 4. bis 6. Klassenstufe durchgeführt wurde, dass Mädchen tendenziell besser benotet werden als Jungen, auch wenn diese in standardisierten Leistungstests für die Fächer Deutsch und Mathematik vergleichbare Ergebnisse erzielen. Im Rahmen derselben Studie wurde außerdem beobachtet, dass die Mathematiknoten der Jungen bei einem höheren Anteil weiblicher Lehrkräfte an ihrer Schule schlechter ausfielen. Die Ergebnisse der ELEMENT-Studie weisen dementsprechend wie die von Ingenkamp berichteten Ergebnisse darauf hin, dass sowohl das Geschlecht der Lernenden als auch das ihrer Lehrkräfte die Notengebung beeinflusst (Lehmann & Lenkeit 2008).

Das in den 1990er-Jahren an Berliner Grundschulen durchgeführte NOVARA-Projekt weist ebenfalls deutlich auf einen Zusammenhang zwischen dem Geschlecht der Lernenden und ihren Noten hin. So konnten Thiel und Valtin auf der Grundlage der Daten mehrerer hundert wiederholt befragter Schüler*innen zeigen, dass Mädchen von der 2. bis zur 6. Klassenstufe in zahlreichen Fächern und Leistungsbereichen wie Rechtschreibung oder Sprachverständnis signifikant besser benotet werden als Jungen, auch wenn ihre über standardisierte Tests ermittelten Leistungen lediglich in den beiden genannten Bereichen in einzelnen Klassenstufen besser ausfielen. In einem standardisierten Mathematiktest erzielten die Jungen über alle untersuchten Klassenstufen hinweg sogar bessere Ergebnisse als die Mädchen, wurden in diesem Fach aber trotzdem lediglich in der 3. Klassenstufe signifikant besser benotet. In den anderen Klassenstufen unterschieden sich die Mathematiknoten der Mädchen und Jungen nicht bedeutsam. Die beobachteten Unterschiede führen die Autor*innen zu einem Teil auf die sauberere Handschrift der Mädchen zurück, da die Qualität der Handschrift mittelstark bis hoch mit den Noten im Rechtschreiben und Lesen sowie in Mathematik und Sachkunde korrelierte (Thiel & Valtin 2002, S. 71f.).

Analysen, die auf der Grundlage der IGLU-Daten aus dem Jahr 2001 durchgeführt wurden, sprechen ebenfalls dafür, dass das Geschlecht der Schüler*innen ihre Noten beeinflusst, und weisen zusätzlich die soziale Herkunft sowie den Migrationshintergrund der Lernenden als bedeutsame Einflussfaktoren aus. Konkret zeigte sich, dass weibliche Lernende sowie Schüler*innen mit höherem Sozialstatus und ohne Migrationshintergrund auch dann eher eine Gymnasialempfehlung erhielten, wenn der über standardisierte Tests erhobene Kompetenzstand der Schüler*innen kontrollierend in die Analysen einbezogen wurde (Bos & Stubbe 2008). Da die Schullaufbahnempfehlungen im Wesentlichen auf der Grundlage von Noten getroffen werden, sprechen diese Befunde dafür, dass auch die Noten selbst von diesen soziodemografischen Faktoren beeinflusst werden.

Neben den tatsächlichen Leistungen der Schüler*innen fließen also zahlreiche weitere Faktoren in die Notenvergabe der Lehrkräfte ein und dies ist als eine Ursache dafür anzusehen, dass sich größere Diskrepanzen beim Vergleich der über standardisierte Tests ermittelten Kompetenzstände von Schüler*innen und deren Noten in den entsprechenden Fächern zeigen. Ein solcher Vergleich wurde für das Fach Mathematik beispielsweise von Südkamp, Kaiser und Möller anhand der VERA-Daten von 12.350 Schüler*innen der 8. Klassenstufe und der kurze Zeit vor der Testung vergebenen Halbjahresnoten vorgenommen. Dabei zeigte sich, dass die Mathematik-Leistungen von Schüler*innen, die bei VERA eine höhere Kompetenzstufe erreicht haben, insgesamt betrachtet tendenziell auch besser benotet wurden als die von Schüler*innen niedrigerer Kompetenzstufen. Die Noten von Schüler*innen derselben Kompetenzstufe variierten aber dennoch deutlich. So erhielten Schüler*innen der niedrigsten Kompetenzstufe 1 beispielsweise Noten zwischen 2 und 6 und Schüler*innen der höchsten Kompetenzstufe Noten zwischen 1 und 4 sowie in einzelnen Fällen sogar die Noten 5 und 6 (Südkamp, Kaiser & Möller 2012).

Ähnliche Ergebnisse gehen aus dem Vergleich der im Rahmen der IGLU-Studie 2006 erhobenen Lesekompetenzniveaus von Schüler*innen der vierten Klassenstufe mit ihren jeweiligen Deutschnoten hervor. Höhere Testergebnisse gingen auch in dieser Untersuchung tendenziell mit besseren Noten einher, die von den Schüler*innen derselben Notenstufe erreichten Punktwerte variierten dabei allerdings stark. Die von den Testwertgrenzen für die verschiedenen Notenstufen umschlossenen Wertebereiche überschnittenen sich zudem erheblich und Schüler*innen mit Testergebnissen im mittleren

Punktebereich erhielten von ihren jeweiligen Lehrkräften Noten zwischen 1 und 6. Zusätzlich dazu deutete sich bei einem Ländervergleich an, dass die Leistungen der Schüler*innen regional unterschiedlich streng bewertet werden (Scheerer 2012, S. 48ff.).

In der bereits zitierten NOVARA-Studie zeigte sich klassenübergreifend schließlich sogar kein bedeutsamer Zusammenhang zwischen den Leistungen von Sechstklässler*innen in einem standardisierten Mathematik-Test und den Noten, die sie von ihren jeweiligen Lehrkräften für dieses Fach erhielten. Die Testergebnisse der Schüler*innen mit denselben Mathematiknoten variierten dementsprechend deutlich (Thiel & Valtin 2002, S. 74f.).

Innerhalb der einzelnen Klassen bildeten die Noten die Leistungsrangfolge der Schüler*innen hingegen weitgehend stimmig ab. So erhielten die Schüler*innen, die im klasseninternen Vergleich bessere Testergebnisse erzielten, größtenteils auch bessere Noten als Lernende mit niedrigeren Testwerten. Teilweise wurden die Leistungen von Schüler*innen mit ähnlichen Testergebnissen allerdings auch auf Klassenebene sehr unterschiedlich bewertet (Thiel & Valtin 2002, S. 75f.). Die Ergebnisse des NOVARA-Projekts sprechen dementsprechend dafür, dass Noten allenfalls die Leistungsrangfolge innerhalb einer Klasse bis zu einem gewissen Grad angemessen abbilden können, darüber hinaus aber ihre Vergleichbarkeit verlieren.

Zusätzlich zu den exemplarisch angeführten Untersuchungen weisen noch zahlreiche weitere in Bezug auf verschiedene Klassenstufen und Fächer darauf hin, dass Noten den Kompetenzstand von Schüler*innen nicht angemessen abbilden und vor allem über Klassengrenzen hinaus nicht vergleichbar sind (z.B. Prenzel et al. 2005). Zu einem Teil können die Abweichungen zwischen den Noten und den Ergebnissen der Schüler*innen in standardisierten Tests sicherlich darauf zurückgeführt werden, dass diese Tests nicht all die Leistungsbereiche abbilden, die in die Benotung der Schüler*innen einfließen sollten. So ist die im Rahmen der IGLU-Studie erhobene Lesekompetenz beispielsweise nur ein Teil der Leistungen der Schüler*innen im Fach Deutsch insgesamt und auch Aspekte der mündlichen Mitarbeit der Lernenden finden in standardisierten Tests keine Berücksichtigung. Dennoch wäre eine größere Übereinstimmung zwischen den Testergebnissen und den Noten der Schüler*innen zu erwarten, wenn diese das Kompetenzniveau der Lernenden tatsächlich angemessen widerspiegeln würden. Die wenigen Informationen, die über Noten überhaupt zum Ausdruck gebracht werden können, sind dementsprechend zu einem großen Teil auch noch als unzutreffend und damit wenig lernförderlich zu betrachten.

4.3 Motivationale Wirkung

Neben der Informationsqualität hat auch die motivationale Wirkung eines Beurteilungssystems einen wesentlichen Einfluss auf die Kompetenzentwicklung von Schüler*innen. Um für das Lernen der Schüler*innen möglichst förderlich zu sein, sollte eine Beurteilungskultur die intrinsische Motivation und die Lernzielorientierung der Lernenden fördern und gegenüber der extrinsischen Motivation und der Leistungszielorientierung stärken. Inwiefern die tradierte Beurteilungskultur dieser Anforderung gerecht werden kann, soll im Folgenden auf der Grundlage des Erwartungs-Wert-Modells und der Selbstbestimmungstheorie der Motivation sowie unter Einbezug empirischer Ergebnisse beurteilt werden.

Dabei lässt sich zunächst feststellen, dass die tradierte Beurteilungskultur kaum dazu geeignet ist, die Schüler*innen bei der Entwicklung einer motivationsförderlichen realistisch-optimistischen Erwartungshaltung zu unterstützen. Eine erste Ursache dafür ist darin zu sehen, dass die tradierte Beurteilungskultur wie im vorherigen Teilkapitel bereits beschrieben arm an qualitativ hochwertigen Informationen ist, die die Schüler*innen für die Entwicklung einer motivationsförderlichen Erwartungshaltung benötigen. Eine gezielte Förderung der Selbstbeurteilungskompetenz, die die Entwicklung einer realistisch-optimistischen Erwartungshaltung begünstigen würde, bleibt in der tradierten Beurteilungskultur ebenfalls aus. Durch diese Einschränkungen steigt auch das Risiko, dass die Schüler*innen selbst andere Noten erwarten als sie tatsächlich erhalten. Weichen die Noten der Schüler*innen dadurch wiederholt negativ von ihren eigenen Erwartungen ab, kann dies eine weitere Verschlechterung ihrer Erwartungshaltung im Sinne einer Reduktion ihrer Selbstwirksamkeitserwartung nach sich ziehen (Holodynski & Oerter 2008, S. 48).

Zusätzlich dazu wird es den Schüler*innen auch dadurch erschwert, eine zuversichtliche Erwartungshaltung zu entwickeln, dass die Prüfungsaufgaben und Leistungsanforderungen in der tradierten Beurteilungskultur nicht auf ihre individuellen Voraussetzungen abgestimmt werden. Dazu tragen auch die Favorisierung der sozialen Bezugsnorm und die Defizitorientierung der tradierten Beurteilungskultur bei. In Kombination führen diese Merkmale dazu, dass es insbesondere den schwächer eingestuften Schüler*innen kaum möglich ist, innerhalb ihrer Möglichkeiten Vertrauen in ihre eigene Leistungsfähigkeit zu entwickeln.

Zur Förderung der Motivation der Schüler*innen über die Erwartungskomponente des entsprechenden Modells ist die tradierte Beurteilungskultur somit in mehrfacher Hinsicht ungeeignet und auch in Bezug auf die Wertkomponente trägt sie nicht zur Förderung der lernförderlichen Motivationsformen bei. Für die meisten Schüler*innen hat das Erreichen guter Noten zwar einen hohen Wert, dieser ist inhaltlich allerdings nicht unmittelbar mit ihrem Lernen verbunden. Die Noten schaffen somit in erster Linie einen starken extrinsischen Anreiz und fördern dementsprechend vielmehr die extrinsische als die für das Lernen der Schüler*innen noch vorteilhaftere intrinsische Motivation. In vergleichbarer Weise fördert die tradierte Beurteilungskultur eher die Leistungszielorientierung als die Lernzielorientierung, da das Erbringen von Leistungsergebnissen im Vordergrund dieser Kultur steht und mit einem höheren Stellenwert versehen wird als die tatsächliche nachhaltige Aneignung von Kompetenzen (Winter 2016, S. 48ff.).

Zusätzlich dazu wird es den Schüler*innen auch durch die mangelnde Prozessorientierung der tradierten Beurteilungskultur erschwert, ihr eigenes Lernen als sinn- und wertvoll zu erleben. Wie in Kapitel 4.1 bereits beschrieben, wird das Lernen der Schüler*innen in dieser Kultur typischerweise in Einheiten untergliedert, die eher unverbunden wirken und von einer Prüfung abgeschlossen werden, bevor die Behandlung eines neuen Themas beginnt. Dadurch kann bei den Schüler*innen der Eindruck entstehen, dass das, was sie lernen sollen, jeweils nur für eine kurze Zeit wichtig und somit auch insgesamt eher von geringem Wert ist. Zu einer nachhaltigen Erweiterung ihrer Kompetenzen werden die Schüler*innen durch die für die tradierte Beurteilungskultur charakteristische Abfolge von Unterrichtseinheiten und Prüfungen dementsprechend eher nicht motiviert.

Aus motivationaler Sicht ist es des Weiteren als ungünstig zu betrachten, dass die individuellen Lernprozesse der Schüler*innen in der tradierten Beurteilungskultur nur wenig Beachtung finden. Durch die starke Betonung des sozialen Vergleichs und die defizitorientierte Betrachtungsweise werden die individuellen Lernfortschritte der Schüler*innen in der tradierten Beurteilungskultur eher verschleiert als sichtbar gemacht (Sacher 2014, S. 88f.). Die für diese Kultur prägende Ergebnisorientierung hat zudem zur Folge, dass Lernbemühungen, die nicht zu den erwünschten Ergebnissen führen, nicht als Leistungen anerkannt werden. Beides reduziert die Wahrscheinlichkeit, dass die Schüler*innen ihr Lernen als wertvoll erleben können, und darüber tendenziell auch ihre Motivation.

Das Gleiche gilt auch für die mangelnde Abstimmung der tradierten Leistungsbeurteilung auf die individuellen Voraussetzungen der Lernenden sowie den Ausschluss der Schüler*innen von der Evaluation ihrer eigenen Leistungen. Wie in Kapitel 3.2.4 bereits aufgezeigt, messen Schüler*innen schulischen Lern- und Leistungssituationen dann einen höheren Wert bei, wenn diese zu ihren jeweiligen Interessen, Wünschen und Zielen passen. Die Beteiligung der Schüler*innen an der Gestaltung von Beurteilungssituationen und der Auswahl von Lernzielen kann diesbezüglich zu einer höheren Passung führen und hat zudem den Vorteil, dass selbstgewählte Aufgaben und Ziele in der Regel mit einer höheren Wertigkeit verbunden sind. Dass eine solche Beteiligung wie eine Differenzierung durch die Lehrkraft in der tradierten Beurteilungskultur ausbleiben, schränkt dementsprechend die von den Schüler*innen wahrgenommene Wertigkeit und darüber auch ihre Motivation ein.

Die mangelnde Berücksichtigung der individuellen Voraussetzungen der Schüler*innen lässt des Weiteren auch ausgehend von den Grundannahmen der Selbstbestimmungstheorie der Motivation eine wenig lernförderliche Wirkung erwarten. Dadurch, dass in der tradierten Beurteilungskultur an alle Schüler*innen dieselben hohen Anforderungen gestellt werden, wird es einem großen Teil von ihnen erschwert, sich selbst im Sinne des von Deci und Ryan formulierten Grundbedürfnisses als kompetent zu erleben. Zusätzlich dazu wird das Kompetenzerleben der Schüler*innen auch dadurch eingeschränkt, dass die tradierte Beurteilungskultur individuelle Lernfortschritte kaum sichtbar macht und die Aufmerksamkeit aller Beteiligten vorrangig darauf lenkt, was die Schüler*innen noch nicht können (Sacher 2014, S. 88f.; Winter 2015, S. 31f.). Schließlich kann die niedrige Informationsqualität der tradierten Leistungsbeurteilung in der im Zusammenhang mit der Erwartungshaltung oben bereits beschriebenen Weise auch das Kompetenzerleben von Schüler*innen reduzieren.

Dem Bedürfnis der Lernenden, sich selbst als kompetent zu erleben, wird die tradierte Beurteilungskultur somit in mehrfacher Hinsicht nicht gerecht und auch zur Befriedigung ihres Bedürfnisses nach Selbstbestimmung bietet diese Kultur den Schüler*innen keine Möglichkeiten. Dies ist in erster Linie darauf zurückzuführen, dass die Schüler*innen in der tradierten Beurteilungskultur nicht oder allenfalls oberflächlich in geringem Umfang an der Beurteilung ihrer eigenen Leistungen beteiligt werden. Anstatt als selbstbestimmt erleben sie sich dementsprechend größtenteils als rein passive Empfänger einer von den Lehrkräften vorgenommenen Fremdbeurteilung. Die tradierte Leistungsbeurteilung hat zudem einen kontrollierenden Charakter und stattet die Schüler*innen nicht mit Hinweisen oder Kompetenzen aus, die es ihnen ermöglichen würden, mehr Verantwortung für ihr eigenes Lernen zu übernehmen (Sacher 2014, S. 196; Winter 2016, S. 45ff.). Auch in dieser Hinsicht kommt die tradierte Beurteilungskultur dem Bedürfnis der Schüler*innen nach Selbstbestimmung nicht entgegen.

Für die Befriedigung des Bedürfnisses nach sozialer Eingebundenheit ist die Gestaltung und Ausrichtung der tradierten Beurteilungskultur ebenfalls weitgehend ungeeignet. Durch die übermäßige Betonung des sozialen Vergleichs werden die Schüler*innen in dieser Kultur in ein Konkurrenzverhältnis gestellt, was die Qualität ihrer Beziehungen untereinander eher beeinträchtigt als fördert. Zusätzlich dazu wird es vor allem den Schüler*innen, die im sozialen Vergleich größtenteils schlechter eingestuft werden als der Rest ihrer Lerngruppe, erschwert, sich zu dieser Gruppe zugehörig zu fühlen. Ähnliche Erfahrungen können auch Schüler*innen machen, die sich am anderen Ende des Leistungsspektrums deutlich vom Rest ihrer Klasse abheben. Bei einer besonderen Betonung des sozialen Vergleichs treten diesen leistungsstarken Schüler*innen gegenüber zudem eher Neid, Missgunst und andere negative Empfindungen auf, die zu Konflikten oder sogar zu einer Ausgrenzung dieser Schüler*innen führen können (Vierlinger 2006, S. 42). Die tradierte Beurteilungskultur schafft somit in mehrfacher Hinsicht ungünstige Voraussetzungen dafür, dass sich die Schüler*innen innerhalb ihrer Lerngruppe sozial eingebunden fühlen können.

Zusätzlich dazu sind in der tradierten Beurteilungskultur auch die Möglichkeiten der Lehrkräfte eingeschränkt, den einzelnen Schüler*innen aufrichtiges Interesse und Wertschätzung entgegenzubringen. Das liegt zunächst daran, dass die Lehrkräfte in dieser Beurteilungskultur dazu angehalten sind, die Leistungen der Schüler*innen vorrangig im sozialen Vergleich zu beurteilen und individuelle Lernfortschritte insbesondere der leistungsschwächeren Schüler*innen kaum honorieren können. Lernbemühungen, die nicht zu erwünschten Ergebnissen führen, werden in dieser Kultur ebenfalls nicht anerkannt und auch das kann den Schüler*innen den Eindruck vermitteln, dass die Lehrkräfte ihren Einsatz nicht wertschätzen. Darüber hinaus steht auch die defizitorientierte Ausrichtung der tradierten Beurteilungskultur dem Bedürfnis der Schüler*innen, von den Lehrkräften als bedeutsamen Bezugspersonen wertgeschätzt zu werden, eher entgegen. Des Weiteren werden die Beziehungen zwischen den Schüler*innen und ihren Lehrkräften auch durch die Informationsarmut der tradierten Leistungsbeurteilung belastet, da diese Missverständnisse und Konflikte befördert. Dementsprechend trägt die tradierte Beurteilungskultur auch in Bezug auf Lehrkräfte nicht dazu bei, dass sich die Schüler*innen als sozial eingebunden erleben.

Zusammenfassend lässt sich daher feststellen, dass die tradierte Beurteilungskultur mit ihren prägenden Merkmalen weder dem Bedürfnis der Schüler*innen nach sozialer Eingebundenheit noch ihren Bedürfnissen nach Kompetenzerleben und Selbstbestimmung gerecht wird. Sie erschwert es den Schüler*innen außerdem, ihr eigenes Lernen als wertvoll zu erleben und eine realistisch-optimistische Erwartungshaltung zu entwickeln. Aus theoretischer Sicht ist daher davon auszugehen, dass die tradierte Beurteilungskultur die Motivation von Schüler*innen nicht in einer lernförderlichen Weise beeinflussen kann, und darauf weisen auch zahlreiche empirische Ergebnisse hin.

Bei der Interpretation dieser Ergebnisse gilt es zu berücksichtigen, dass die wissenschaftliche Untersuchung der motivationalen Wirkung verschiedener Beurteilungssysteme mit besonderen Herausforderungen verbunden ist. Diese ergeben sich zunächst daraus, dass die Motivation von Schüler*innen von vielfältigen Merkmalen der schulischen Lernkultur sowie der Lernenden selbst beeinflusst wird und sich der Einfluss der Leistungsbeurteilung im komplexen Wirkungsgeflecht der Schule dementsprechend nur schwer isolieren lässt (Black & Wiliam 1998, S. 16f.). Um die motivationale Wirkung der tradierten Beurteilungskultur einzuschätzen, werden zudem Vergleichsdaten von Schüler*innen benötigt, die einen anderen Umgang mit ihren schulischen Leistungen erfahren. Neben dem Verzicht auf Noten kommt es dabei wesentlich auf die grundlegende Ausrichtung der zum Vergleich herangezogenen Systeme an. Dass die Ergebnisse zur motivationalen Wirkung der tradierten Beurteilungskultur teilweise weniger eindeutig ausfallen als die theoretischen Vorüberlegungen erwarten lassen, ist in diesem Zusammenhang auch darauf zurückzuführen, dass in einer Reihe von Studien lediglich zwischen notenbasierten und notenfreien Beurteilungsformen unterschieden wird. Bei einer genaueren Betrachtung dieser notenfreien Alternativen zeigt sich jedoch häufig, dass diese in ihren Grundsätzen trotz des Verzichts auf Noten in mehrfacher Hinsicht eher der tradierten Beurteilungskultur entsprechen.

Dies trifft beispielsweise auf die Verbalbeurteilungen zu, die im Rahmen des bereits erwähnten NOVARA-Projekts zum Vergleich mit Noten herangezogen wurden. Eine genauere Analyse dieser Beurteilungen zeigt, dass sich diese größtenteils auf eine eindimensionale Beschreibung der Fähigkeiten und des Verhaltens der Schüler*innen beschränken. Sie enthalten dementsprechend kaum Hinweise für das weitere Lernen der Schüler*innen und sind auch insgesamt eher arm an lernförderlichen Informationen (Schmude 2002, S. 80). Auch wenn der Informationsgehalt der untersuchten Verbalbeurteilungen definitiv über den reiner Ziffernnoten hinausgeht, sind die untersuchten Verbalbeurteilungen also zum Teil mit ähnlichen Einschränkungen verbunden wie die tradierte Beurteilungskultur.

Es kann unter anderem darauf zurückzuführen sein, dass sich in Bezug auf die Entwicklung der Lernfreude im NOVARA-Projekt keine noch deutlicheren Unterschiede zwischen den Schüler*innen mit Verbalbeurteilungen und denjenigen mit Noten gezeigt haben. In beiden Untersuchungsgruppen befindet sich die Lernfreude als Indikator der intrinsischen Motivation für das Lernen von der 2. bis zur 4. Klasse auf einem ähnlichen

Niveau und durchläuft ebenfalls in beiden Gruppen eine sinkende Entwicklung. Der Verlauf dieser Entwicklung ist bei den Schüler*innen mit Verbalbeurteilungen allerdings insofern als positiver zu charakterisieren, als dass die Lernfreude in dieser Gruppe längere Zeit auf einem höheren Niveau erhalten bleibt und stabiler ausgeprägt zu sein scheint als bei den Lernenden mit Noten (Valtin & Wagner 2002, S. 116f). Tendenziell weisen die Ergebnisse zur Entwicklung der Lernfreude somit darauf hin, dass sich die Motivation von Schüler*innen in notenfreien und weniger stark tradierten Beurteilungssystemen auf eine lernförderlichere Weise entwickelt.

Dafür sprechen auch die Ergebnisse des ebenfalls im Rahmen des NOVARA-Projekts vorgenommenen Vergleichs der extrinsischen Motivation von Schüler*innen der 3. Klassenstufe, die entweder bereits in der 2. Klasse Noten erhalten oder mit dem Wechsel vom 2. zum 3. Schuljahr den Übergang von Verbalbeurteilungen zu Noten erlebt haben. Bei den Schüler*innen, die bereits in der 2. Klasse benotet wurden, fällt die extrinsische Motivation zu Beginn der 3. Klassenstufe insgesamt höher aus als die der zuvor verbal beurteilten Schüler*innen. Diese Unterschiede gehen insbesondere auf die Gruppe der leistungsstärkeren Schüler*innen zurück. Während die extrinsische Motivation bei den schlechter benoteten Schüler*innen mit Noten ab Klasse 2 nur leicht höher ausfällt als die der schwächeren Lernenden mit vorheriger Verbalbeurteilungen, ist die extrinsische Motivation bei den leistungsstärkeren Schüler*innen mit früherer Benotung wesentlich höher ausgeprägt als bei den zunächst verbal beurteilten Schüler*innen desselben Leistungsniveaus. Es ist dementsprechend davon auszugehen, dass Noten insbesondere bei gut bewerteten Grundschüler*innen zu einer stärkeren Fokussierung auf extrinsische Anreize führen und lernförderlichere Motivationsformen damit potenziell zurückdrängen (Valtin & Wagner 2002, S. 127).

Dass Noten auch für Schüler*innen der Sekundarstufe einen starken extrinsischen Anreiz darstellen, verdeutlichen beispielsweise die Ergebnisse einer 2006 von Minde mit etwas mehr als 200 Gymnasiast*innen durchgeführten Querschnittstudie. Im Rahmen dieser Studie wurden die teilnehmenden Schüler*innen im Anschluss an die Mitteilung ihrer mündlichen Note dazu befragt, inwiefern verschiedene intrinsische und extrinsische Anreize ihre Beteiligung im Unterricht motivieren. Entsprechend der üblichen Rückmeldepraxis ihrer Lehrkräfte erhielt in etwa ein Drittel der teilnehmenden Schüler*innen nur eine Ziffernnote, ein weiteres Drittel eine Ziffernnote mit einem kurzen erklärenden Kommentar und die verbleibenden Schüler*innen gaben zunächst eine Selbsteinschätzung in Form einer Note ab, bevor die Lehrkräfte ihnen ihre tatsächliche Note mitteilten und kurz erläuterten (Minde 2007, S. 57ff.). Die Note stellt über alle drei Gruppen hinweg den wichtigsten Grund für die Beteiligung im Unterricht dar. So gaben in den Gruppen mit reiner Notenbekanntgabe und vorheriger Selbsteinschätzung 82 Prozent der Schüler*innen an, sich wegen der Note am Unterricht zu beteiligen, und in der Gruppe mit kommentierten Noten waren es 70 Prozent (Minde 2007, S. 114).

Die Bedeutung von Lob und Tadel der Eltern als weiterer extrinsischer Beteiligungsgrund fiel bei den Schüler*innen mit reiner Notenvergabe am höchsten aus und bei Schüler*innen mit vorheriger Selbsteinschätzung am geringsten. Dies könnte darauf hinweisen, dass die tradierte Beurteilungskultur die Motivation von Schüler*innen dann besonders ungünstig beeinflusst, wenn sie in ihrer Reinform zum Einsatz kommt und nicht durch zusätzliche Rückmeldeformate und partizipative Elemente erweitert wird (Minde 2007, S. 81f.).

Darauf weisen auch die von Minde berichteten Ergebnisse zur intrinsischen Motivation hin, die in Bezug auf den Spaß erfasst wurde, die die Schüler*innen bei der Beteiligung im Unterricht empfinden. Während lediglich 41 Prozent der reinen Benotungsgruppe dem entsprechenden Item zustimmten, waren es in der Gruppe mit kommentierten Noten 55 Prozent und in der Gruppe mit vorangehender Selbsteinschätzung 73 Prozent (Minde 2007, S. 114). Die intrinsische Motivation der Schüler*innen fiel dementsprechend besser aus, je weiter sich das Rückmeldeformat von den charakteristischen Merkmalen der tradierten Beurteilungskultur in ihrer Reinform entfernte.

Die Ergebnisse des Hamburger LeiHS-Projekts sprechen ebenfalls dafür, dass die tradierte Beurteilungskultur mit Noten die Motivation von Schüler*innen der Sekundarstufe eher ungünstig beeinflusst. Im Rahmen dieses Projekts wurde unter anderem ein Vergleich der Schulunlust von 520 Schüler*innen der 6. Klasse vorgenommen, die in der 5. Klasse entweder mit Notenzeugnissen oder Berichtzeugnissen beurteilt wurden (Vollstädt & Jachmann 2002, S. 142f.). Bei den bereits in der 5. Klasse benoteten Schüler*innen fiel die Schulunlust signifikant höher aus als bei den Schüler*innen mit vorheriger Verbalbeurteilung. Besonders große Unterschiede traten dabei in Bezug auf die Items „*Ich gehe sehr gern zur Schule.*“ und „*Es gibt in der Schule eigentlich viele Dinge, die mir Spaß machen.*“ zutage, die in Kombination mit drei weiteren zur Erfassung der Schulunlust eingesetzt wurden. Während in der Gruppe der verbalbeurteilten Schüler*innen fast 65 Prozent diesen beiden Aussagen zustimmen, waren es in der Gruppe der mit Noten bewerteten Schüler*innen nur 41 Prozent (Vollstädt & Jachmann 2002, S. 146). Auch wenn neben der Leistungsbeurteilung höchstwahrscheinlich noch weitere Merkmale der beteiligten Schulen das Antwortverhalten der Lernenden beeinflusst haben, sprechen diese Ergebnisse dafür, dass Noten die emotionale und motivationale Lernausgangslage von Schüler*innen beeinträchtigen.

4.4 Beitrag zur Selbstkonzeptentwicklung der Schüler*innen

Zusätzlich zu den beiden bereits betrachteten Anforderungen besteht eine dritte darin, dass eine lernförderliche Beurteilungskultur die Schüler*innen bei der Entwicklung eines differenzierten, realistischen und positiven Selbstkonzepts unterstützen sollte. Inwiefern die tradierte Beurteilungskultur diese Anforderung erfüllen kann, soll im Rahmen dieses Kapitels aus theoretischer Sicht sowie unter Hinzunahme empirischer Ergebnisse beurteilt werden.

In der geringen Informationsqualität der tradierten Beurteilungskultur, die in Kapitel 4.2 bereits ausführlicher beschrieben wurde, ist dabei auch im Zusammenhang mit der Selbstkonzeptentwicklung der Schüler*innen eine wesentliche Einschränkung zu sehen. Dadurch, dass die tradierte Beurteilungskultur den Schüler*innen erstens nur wenige und zweitens eher einseitige, undifferenzierte und nicht durchgängig zutreffende Informationen zur Verfügung stellt, wird den Schüler*innen in dieser Beurteilungskultur keine geeignete Grundlage für die Entwicklung eines differenzierten und realistischen Selbstkonzepts geboten (Winter 2016, S. 55f.). Die übermittelten Informationen sind durch den sozialen Vergleich und die Defizitorientierung der tradierten Beurteilungskultur zudem bereits mit einer Wertung versehen, die für den weitaus größten Teil der Schüler*innen ungünstig ausfällt und ihnen dementsprechend auch die Entwicklung eines positiven Selbstkonzepts erschwert.

Zusätzlich dazu wird die Entwicklung eines differenzierten, realistischen und positiven Selbstkonzepts allen Schüler*innen dadurch erschwert, dass sie in der tradierten Beurteilungskultur nicht zu einer differenzierten Auseinandersetzung mit ihrer eigenen Person angeregt und in der Entwicklung ihrer Selbstbeurteilungskompetenz unterstützt werden.

Im Gegensatz dazu legt die tradierte Beurteilungskultur den Schüler*innen eine Beurteilungsweise ihrer eigenen Person nahe, die in Kapitel 3.2.4 bereits als besonders ungünstig für die Selbstkonzeptentwicklung identifiziert wurde. Wie an derselben Stelle bereits aufgezeigt wurde, ist davon auszugehen, dass Schüler*innen dazu tendieren, bei der Beurteilung ihrer eigenen Person die Aspekte und Maßstäbe besonders zu berücksichtigen, die bei der Beurteilung ihrer schulischen Leistungen durch die Lehrkräfte besonders stark gewichtet werden. In der tradierten Beurteilungskultur sind dies der soziale Vergleich, der defizitorientierte Abgleich der Leistungen der Schüler*innen mit einem hohen allgemeingültigen Ideal sowie die nicht erfolgreiche Lernbemühungen kaum anerkennende Ergebnisorientierung.

Die tradierte Beurteilungskultur wird zudem von einer wenig differenzierten Bewertung der Leistungen von Schüler*innen in Form von Noten geprägt und es gibt Hinweise darauf, dass dieser Umgang mit den Leistungen der Schüler*innen dazu führt, dass sich diese selbst ebenfalls eher pauschal beurteilen und nur wenig differenzierte Vorstellungen über ihre eigene Person entwickeln (Winter 2016, S. 55f.). Die tradierte Beurteilungskultur verleitet die Schüler*innen in diesem Zusammenhang auch dazu, ihre Leistungen eher eindimensional entweder als Erfolg oder als Misserfolg zu bewerten, und in Kombination mit der geringen Fehlertoleranz steigt dadurch das Risiko, dass sich die Schüler*innen selbst stark negativ bewerten, wenn sie nicht die von ihnen erwünschten Ergebnisse erzielen. Dieser ungünstige Effekt wird vermutlich noch dadurch verstärkt, dass die Schüler*innen durch die Rückwärtsgewandtheit der tradierten Beurteilungskultur und der für sie charakteristischen Abfolge von Unterrichteinheiten und Prüfungen kaum eine Möglichkeit dazu sehen, einmal erbrachte Leistungen zu verbessern und ihr vermeintliches Versagen auszugleichen.

Die Wahrscheinlichkeit, dass die Schüler*innen unter dem Einfluss der tradierten Beurteilungskultur ein positives Selbstkonzept entwickeln, wird des Weiteren durch die mangelnde Berücksichtigung ihrer individuellen Voraussetzungen reduziert. Die Vernachlässigung der individuellen Bezugsnorm und der Verzicht auf eine differenzierte Gestaltung der Leistungsanforderungen schränken dabei insbesondere die Möglichkeiten der leistungsschwächeren Schüler*innen ein, sich selbst als kompetent zu erleben und eine realistisch-optimistische Einschätzung ihrer eigenen Wirksamkeit zu entwickeln. Doch auch für die Selbstkonzeptentwicklung der anderen Schüler*innen ist es als ungünstig zu betrachten, dass die tradierte Beurteilungskultur individuelle Lernfortschritte kaum sichtbar macht. Zusätzlich dazu kann die undifferenzierte Gestaltung der tradierten Leistungsbeurteilung neben der Überforderung der schwächeren Schüler*innen auch eine Unterforderung der Lernenden am oberen Ende des Leistungsspektrums zufolge haben. Erhalten sie dadurch nicht die Herausforderung, die sie für die Entwicklung einer positiven Selbstwirksamkeitserwartung benötigen, kann dies auch ihre Selbstkonzeptentwicklung beeinträchtigen.

Aus theoretischer Sicht ist dementsprechend insgesamt davon auszugehen, dass die tradierte Beurteilungskultur auch die dritte Anforderung an eine lernförderliche Beurteilungskultur nicht erfüllen kann. Sie trägt nicht gezielt dazu bei, dass die Schüler*innen ein differenziertes, realistisches und positives Selbstkonzept entwickeln, und steht der Entwicklung eines solchen Selbstkonzepts in mehrfacher Hinsicht sogar entgegen.

Empirisch wurde der Einfluss der tradierten Beurteilungskultur auf das Selbstkonzept von Schüler*innen bisher noch nicht hinreichend geklärt. So liegen aktuell nur vergleichsweise wenige empirische Ergebnisse zum Zusammenhang zwischen der schulischen Leistungsbeurteilung und der Selbstkonzeptentwicklung von Schüler*innen vor, die in ihrer Aussagekraft zudem teilweise eingeschränkt sind. Eine wesentliche Ursache dafür ist vermutlich darin zu sehen, dass die Untersuchung des Einflusses der schulischen Leistungsbeurteilung im komplexen Wirkungsgeflecht der Schule eine größere Herausforderung darstellt. Wie in Kapitel 3.3.4 bereits herausgestellt, wirken neben der Leistungsbeurteilung noch zahlreiche weitere schulische, außerschulische und personenbezogene Faktoren auf die Selbstkonzeptentwicklung von Schüler*innen ein und erschweren dadurch die Ermittlung des Einflusses der jeweiligen Beurteilungskultur. Zusätzlich dazu werden für die Beurteilung des Einflusses der tradierten Leistungsbeurteilung auf die Selbstkonzeptentwicklung Vergleichsdaten von Schüler*innen aus anderen Beurteilungssystemen benötigt. Die Ergebnisse, zu denen empirische Untersuchungen in diesem Zusammenhang führen, hängen dementsprechend ebenfalls von der Qualität der zum Vergleich herangezogenen Alternativen ab.

Dies gilt es unter anderem bei der Interpretation der Ergebnisse des NOVARA-Projekts zur Entwicklung des Fähigkeitsselbstkonzepts von der 2. bis zur 4. Klasse zu berücksichtigen. Wie in Kapitel 4.3 bereits herausgestellt, sind die im Rahmen dieses Projekts als Alternative zu Noten betrachteten Verbalbeurteilungen zu einem Teil mit denselben Einschränkungen verbunden wie die tradierte Leistungsbeurteilung. So finden individuelle Lernprozesse beispielsweise auch in diesen Verbalbeurteilungen kaum Beachtung und ihr Gehalt an lernförderlichen Informationen geht nur in geringem Umfang über den der reinen Ziffernnoten hinaus. Dies kann eine Ursache dafür sein, dass sich im NOVARA-Projekt keine bedeutsamen Unterschiede in Bezug darauf gezeigt haben, wie hoch Schüler*innen mit Noten oder Verbalbeurteilungen ihre Fähigkeiten in verschiedenen Fächern durchschnittlich einschätzen.

Im Rahmen einer Querschnittstudie, die von Zeinz und Köller im Schuljahr 2003/04 mit etwas mehr als 2.300 Zweitklässler*innen durchgeführt wurde, fielen die Mittelwerte für das mathematische Selbstkonzept von Schüler*innen mit Noten und Verbalbeurteilungen ebenfalls nahezu identisch aus. Bei einer noch differenzierteren Analyse, in die das über standardisierte Tests ermittelte Leistungsniveau der einzelnen Schüler*innen sowie ihrer jeweiligen Klassen einbezogen wurde, wurden allerdings deutliche Unterschiede zwischen den beiden Untersuchungsgruppen sichtbar (Zeinz & Köller 2006, S. 184ff.).

So fiel das mathematische Selbstkonzept der besonders starken und schwachen Schüler*innen in schwachen Klassen ohne Benotung jeweils nur leicht höher aus als das der Schüler*innen desselben Leistungsniveaus in starken Klassen ohne Benotung. Der Fischteicheffekt war bei einem Verzicht auf Noten dementsprechend nur gering ausgeprägt (Zeinz & Köller 2006, S. 186ff.).

In der Gruppe der benoteten Schüler*innen zeigten sich in Abhängigkeit vom individuellen und kollektiven Leistungsniveau hingegen größere Selbstkonzeptunterschiede. So fiel das Selbstkonzept von starken Schüler*innen in starken Klassen unter dem Einfluss der Notengebung deutlich geringer aus als das der starken Schüler*innen in leistungsschwachen Klassen. Der Unterschied zwischen den Mittelwerten dieser beiden Schülergruppen desselben Leistungsniveaus war dabei sogar größer als der Unterschied zwischen den starken Schüler*innen in starken Klassen und den schwachen Schüler*innen in schwachen Klassen. Das Selbstkonzept dieser letztgenannten Gruppe ist zudem deutlich höher ausgeprägt als das der schwachen Schüler*innen in schwachen Klassen (Zeinz & Köller 2006, S. 186ff.).

Insgesamt sprechen diese Ergebnisse dafür, dass Noten den Fischteicheffekt verstärken und dementsprechend zu einer stärkeren Fokussierung auf soziale Vergleichsprozesse führen. Dadurch wird vor allem das Selbstkonzept von schwachen Schüler*innen in starken Klassen reduziert. In schwachen Klassen fällt das Selbstkonzept der schwachen und vor allem der starken Schüler*innen bei der Vergabe von Noten höher aus als bei verbalen Beurteilungen. Dies ist allerdings nur bedingt vorteilhaft, da das Selbstkonzept dieser Schüler*innen mit zunehmender Höhe tendenziell weniger realistisch ausfällt. Wie in Kapitel 3.3.4 bereits erläutert, lässt sich am ehesten anhand von inhaltlichen Kriterien beurteilen, inwiefern das Selbstkonzept von Schüler*innen realistisch ausgeprägt ist. Dass sich die Selbstkonzepte der Schüler*innen, die dieselben inhaltlichen Anforderungen auf vergleichbare Weise bewältigen konnten, bei der Vergabe von Noten stärker unterscheiden, weist dementsprechend darauf hin, dass Noten eher zur Entwicklung wenig realistischer Vorstellungen führen.

Dies ist auch ausgehend von den Studienergebnissen zu erwarten, die in Kapitel 4.2 bereits im Zusammenhang mit der Informationsqualität der tradierten Beurteilungskultur berichtet wurden. Sie haben übereinstimmend gezeigt, dass Noten den Kompetenzstand von Schüler*innen zu einem großen Teil nicht angemessen widerspiegeln. Als Informationsgrundlage für die Entwicklung eines realistischen Selbstkonzepts sind sie dementsprechend weitgehend ungeeignet.

4.5 Zusammenfassende Beurteilung der tradierten Beurteilungskultur

Die einzelnen Abschnitte dieses Kapitels zusammenführend lässt sich abschließend festhalten, dass die tradierte Beurteilungskultur die Anforderungen an eine lernförderliche Beurteilungskultur größtenteils nicht erfüllt. Sie verhilft den Schüler*innen, ihren Eltern und Lehrkräften insgesamt nur zu wenigen Informationen und diese sind zudem eher undifferenziert und einseitig sowie inhaltlich nur eingeschränkt aussagekräftig, zutreffend und verständlich. Zusätzlich dazu schafft die tradierte Beurteilungskultur für die Entwicklung der intrinsischen Motivation und der Lernzielorientierung in verschiedener Hinsicht ungünstige Voraussetzungen und stärkt entgegen der entsprechenden Anforderung an eine lernförderliche Beurteilungskultur vielmehr die extrinsische Motivation und die Leistungszielorientierung. Sie unterstützt die Schüler*innen außerdem kaum dabei, ein differenziertes, realistisches und positives Selbstkonzept zu entwickeln, und steht der Entwicklung eines solchen Selbstkonzepts in einigen Aspekten sogar entgegen. Zur Förderung der nachhaltigen Kompetenzerweiterung von Schüler*innen ist die tradierte Beurteilungskultur dementsprechend weitgehend ungeeignet.

Zusätzlich dazu deutet sich in diesem Kapitel bereits an, dass die tradierte Beurteilungskultur neben ihren pädagogischen auch ihre gesellschaftlichen Aufgaben nur unzureichend erfüllen kann. So ist die tradierte Beurteilungskultur aufgrund ihrer geringen Informationsqualität beispielsweise auch nicht als Grundlage für eine sinnvolle und gerechte Vergabe von Ausbildungs-, Studien- und Arbeitsplätzen geeignet (Middendorf 2012, S. 12; Scheerer 2012, S. 50). Durch den Ausschluss der Schüler*innen von der Evaluation ihrer eigenen Leistungen trägt sie außerdem nicht dazu bei, dass die Schüler*innen die Fähigkeiten und Bereitschaften entwickeln, die sie brauchen, um ihre Rolle als Bürger*innen in einer demokratisch organisierten Gesellschaft verantwortungsvoll auszuüben. Und schließlich ist es für die Gesellschaft auch insgesamt als nachteilig zu betrachten, wenn die Schüler*innen durch die tradierte Beurteilungskultur in ihrer Kompetenzentwicklung hinter ihrem Potenzial zurückbleiben.

Die tradierte Beurteilungskultur ist somit sowohl aus pädagogischer als auch aus gesellschaftlicher Sicht mit zahlreichen Einschränkungen verbunden, die die Verwirklichung der übergeordneten Ziele der Institution Schule behindern. Dies wirft die Frage auf, welche alternativen Gestaltungsformen der schulischen Leistungsbeurteilung zur Verwirklichung dieser Ziele noch besser geeignet sind.

5. Das Potenzial der alternativen Leistungsbeurteilung

Unter dem Oberbegriff der alternativen Leistungsbeurteilung werden vielfältige Beurteilungsansätze und -konzepte zusammengefasst, die in Abgrenzung zur tradierten Beurteilungskultur entwickelt wurden. Während sich diese Ansätze und Konzepte in ihren methodischen Ausdrucksformen unterscheiden, sind sie in der Regel auf dieselben übergeordneten Ziele ausgerichtet und weisen dieselben grundlegenden Merkmale auf. Diese Ziele und Merkmale werden im ersten Abschnitt dieses Kapitels überblicksartig dargestellt, um eine erste Beurteilung des lernförderlichen Potenzials der alternativen Leistungsbeurteilung vorzubereiten. Diese Beurteilung wird anschließend zunächst separat für vier verschiedene Formen der alternativen Leistungsbeurteilung vorgenommen, die aktuell besonders viel diskutiert werden und in der schulischen Praxis zunehmend mehr zum Einsatz kommen. Es handelt sich dabei um Verbalbeurteilungen, Beurteilungsraster, Lernentwicklungsgespräche und Portfolios. Diese alternativen Beurteilungsformen werden zunächst jeweils in ihrer grundlegenden Konzeption vorgestellt, bevor eine differenzierte Betrachtung ihrer Chancen, Einschränkungen und Gelingensbedingungen aus theoretischer und sofern möglich auch aus empirischer Sicht erfolgt. Ausgehend davon wird in diesem Kapitel abschließend eine erste zusammenfassende Beurteilung darüber vorgenommen, inwiefern die alternative Leistungsbeurteilung die Anforderungen an eine lernförderliche Beurteilungskultur erfüllen und die Schüler*innen bei der nachhaltigen Erweiterung ihrer Kompetenzen unterstützen kann.

5.1 Ziele und Merkmale der alternativen Leistungsbeurteilung

Alternative Beurteilungskonzepte, die in Abgrenzung zur tradierten Beurteilungskultur entwickelt wurden, sehen einen grundlegend anderen Umgang mit den Leistungen der Schüler*innen vor. Sie zielen dementsprechend nicht nur auf eine Veränderung der Form der schulischen Leistungsbeurteilung ab, sondern auf die Etablierung einer alternativen Beurteilungskultur. Die übergeordneten Ziele und Merkmale dieser Kultur sollen im Rahmen dieses Kapitels zunächst idealtypisch dargestellt werden, bevor in den folgenden Abschnitten diskutiert wird, inwiefern verschiedene alternative Beurteilungsformate diese tatsächlich erfüllen können.

Im Gegensatz zur tradierten Beurteilungskultur soll die alternative Leistungsbeurteilung in erster Linie dem Lernen der Schüler*innen dienen. Im Sinne einer systematischen pädagogischen Diagnose verfolgt die alternative Leistungsbeurteilung vorrangig das Ziel, den Kompetenzstand und die Lernvoraussetzungen der Schüler*innen zu analysieren und darüber eine gezielte Unterstützung ihrer individuellen

Lernentwicklung zu ermöglichen (Marx 2020, S. 61). Lernen wird dabei mit einer nachhaltigen Erweiterung der Kompetenzen der Schüler*innen gleichgesetzt.

Im Einklang damit wird auch die Leistung der Schüler*innen in Ansätzen zur alternativen Gestaltung der schulischen Leistungsbeurteilung kompetenzorientiert definiert. Das Leistungsverständnis der alternativen Leistungsbeurteilung entspricht dabei dem erweiterten Leistungsbegriff, der in Kapitel 2.3 bereits erläutert wurde. Im Sinne dieses Leistungsbegriffs sollen im Rahmen einer alternativen Beurteilungskultur Fähigkeiten und Bereitschaften aus vielfältigen Kompetenzbereichen als Leistungen anerkannt werden (Sacher 2014, S. 222). Von der einseitigen Fokussierung der tradierten Beurteilungskultur auf bestimmte Leistungsbereiche wenden sich alternative Beurteilungsansätze dementsprechend bewusst ab. Anders als in der tradierten Beurteilungskultur sollen in einer alternativen Beurteilungskultur zudem sowohl Lernergebnisse als auch Lernprozesse Berücksichtigung finden.

Die alternative Leistungsbeurteilung wird somit von einer Kombination der Produkt- und Prozessorientierung charakterisiert und soll zusätzlich dazu auch vorrangig prozessbegleitend erfolgen, damit sie unmittelbar für das Lernen der Schüler*innen wirksam werden kann (Winter 2015, S. 18f). In Ansätzen zur alternativen Gestaltung der schulischen Leistungsbeurteilung steht das formative Assessment also im Vordergrund (Marx 2020, S. 61).

In diesem Zusammenhang ist die alternative Leistungsbeurteilung auch als zukunftsorientiert zu bezeichnen, da die Analyse des bisherigen und aktuellen Lernens der Schüler*innen vor allem ihre weitere Kompetenzentwicklung unterstützen soll (Marx 2020, S. 61; Winter 2016, S. 87ff.).

Zusätzlich dazu liegt der Fokus der alternativen Leistungsbeurteilung auf den Stärken der Schüler*innen und nicht wie in der tradierten Beurteilungskultur auf ihren vermeintlichen Defiziten (Winter 2015, S. 18). Verbesserungsbedarfe und Fehler werden trotzdem auch in einer alternativen Beurteilungskultur thematisiert; anders als in der tradierten Beurteilungskultur werden diese allerdings als natürlicher Teil eines längerfristigen Lernprozesses und als Anknüpfungspunkte für das weitere Lernen der Schüler*innen angesehen (Sacher 2014, S. 238). In diesem Zusammenhang besteht ein weiteres Ziel der alternativen Leistungsbeurteilung darin, den Schüler*innen zu vermitteln, dass sie noch vorhandene Schwierigkeiten überwinden und ihre Fähigkeiten erweitern können, wenn sie sich darum bemühen. Mit den entsprechenden Bemühungen der Schüler*innen soll in einer alternativen Beurteilungskultur wie mit ihren Leistungen insgesamt ein wertschätzender Umgang gepflegt werden (Winter 2016, S. 77).

Als ein weiteres Zeichen von Wertschätzung kann es angesehen werden, dass die Schüler*innen im Rahmen einer alternativen Beurteilungskultur an der Evaluation ihrer eigenen Leistungen mitwirken dürfen. Anders als in einer erweiterten Form der tradierten Beurteilungskultur ist dabei eine echte und umfangreiche Partizipation der Schüler*innen an der Evaluation ihrer eigenen Leistungen vorgesehen (Winter 2015, S. 17). In diesem Sinne wird die Leistungsbeurteilung in den meisten Entwürfen einer alternativen Beurteilungskultur zu einer gemeinsamen Aufgabe der Lernenden und Lehrenden erklärt (Jürgens & Lissmann 2015, S. 82).

Da die Schüler*innen und ihre Lehrkräfte diese Aufgabe nur im wechselseitigen Austausch gemeinsam erfüllen können, wendet sich die alternative Leistungsbeurteilung auch von der einseitigen Kommunikationsrichtung der tradierten Beurteilungskultur ab. In einer alternativen Beurteilungskultur soll diese einem differenzierten und wertschätzenden Dialog auf Augenhöhe weichen, in dem die Schüler*innen und Lehrkräfte ihre Einschätzungen abgleichen, möglicherweise vorhandenen Unterschieden auf den Grund gehen und das weitere Lernen der Schüler*innen gemeinsam planen (Jürgens & Lissmann 2015, S. 82; Sacher 2014, S. 259ff.; Winter 2016, S. 77). Zu einem vergleichbaren Austausch sollen die Schüler*innen im Rahmen vieler alternativer Beurteilungskonzepte auch untereinander angeregt werden und bestimmte Formen der alternativen Leistungsbeurteilung beziehen schließlich auch die Eltern phasenweise in den Dialog über das Lernen und Leisten ihrer Kinder ein.

Wie sich in den vorherigen Absätzen bereits andeutet, besteht ein weiteres Anliegen der alternativen Leistungsbeurteilung darin, die Schüler*innen zu einer vertieften Auseinandersetzung mit ihrem eigenen Lernen anzuregen und ihre Selbstbeurteilungskompetenz zu fördern (Brouër 2014, S. 29).

Zusätzlich zu den bereits beschriebenen Merkmalen und Zielen ist für die alternative Leistungsbeurteilung eine Kombination der individuellen und der kriterialen Bezugsnorm charakteristisch. Anders als in der tradierten Beurteilungskultur wird dabei im Rahmen der kriterialen Bezugsnorm kein Abgleich der individuellen Leistungen der Schüler*innen mit hohen allgemeingültigen Standards angestrebt; stattdessen bietet die kriteriale Bezugsnorm in einer alternativen Beurteilungskultur inhaltliche Kategorien, anhand derer die individuelle Lernentwicklung der Schüler*innen reflektiert und beurteilt werden kann. Die individuelle Bezugsnorm soll im Rahmen einer alternativen Beurteilungskultur idealerweise in einer Form zum Einsatz kommen, die die Schüler*innen ihre eigenen Lernfortschritte deutlich erkennen lässt (Sacher 2014, S. 197).

Die individuellen Voraussetzungen und Kompetenzstände der Schüler*innen werden des Weiteren auch bei der Gestaltung von Prüfungen berücksichtigt, die auch in der alternativen Beurteilungskultur durchgeführt werden, um über die Beobachtungen im alltäglichen Unterrichtsgeschehen hinaus Informationen über die Kompetenzentwicklung der Schüler*innen zu gewinnen. Anders als in der tradierten Beurteilungskultur werden diese Prüfungssituationen differenziert gestaltet, sodass die Schüler*innen beispielsweise zwischen verschiedenen Aufgabenformaten oder Aufgaben mit unterschiedlichem Schwierigkeitsgrad wählen können. Zusätzlich dazu soll in der alternativen Beurteilungskultur auch darüber eine bessere Passung der Leistungsanforderungen zu den Voraussetzungen der Lernenden erreicht werden, dass neben Tests und Klassenarbeiten vielfältige weitere Produktformate als Leistungsnachweise anerkannt werden (Sacher 2014, S. 224f.; Winter 2015, S. 18f.).

Schließlich unterscheidet sich die alternative Leistungsbeurteilung auch in Bezug auf ihre Kommunikationsformate von der tradierten Beurteilungskultur. Da die Vergabe von Ziffernnoten dem größten Teil der bereits beschriebenen Merkmale und Zielsetzung der alternativen Leistungsbeurteilung widerspricht, werden im Rahmen von alternativen

Beurteilungssystemen notenfreie Kommunikationsformate wie Verbalbeurteilungen, Beurteilungsraster oder Gespräche bevorzugt (Marx 2020, S. 59ff.).

Wie dieses Kapitel zeigt, stimmen die Merkmale der alternativen Beurteilungskultur weitgehend mit denen überein, die in Kapitel 3 in Hinblick auf die Informationsqualität, die Motivation und die Selbstkonzeptentwicklung als besonders vorteilhaft identifiziert wurden. Aus theoretischer Sicht ist dementsprechend davon auszugehen, dass eine alternative Beurteilungskultur mit diesen Merkmalen die Kompetenzentwicklung von Schüler*innen in besonderem Maße unterstützen kann und damit ihrer übergeordneten Zielsetzung gerecht wird.

Inwiefern alternative Beurteilungsformen in der schulischen Praxis tatsächlich eine lernförderliche Wirkung entfalten, hängt allerdings wesentlich davon ab, wie sie konkret ausgestaltet und in ein Beurteilungssystem eingebunden werden. Zusätzlich zu den besonderen Chancen alternativer Beurteilungsformate sollen daher im Folgenden auch ihre Herausforderungen und Gelingensbedingungen differenziert betrachtet werden.

5.2 Verbalbeurteilungen

Als Verbalbeurteilungen werden alternative Beurteilungsformate bezeichnet, in deren Rahmen schriftlich in Textform zum Lern- und Leistungsstand der Schüler*innen Stellung genommen wird. Inhaltlich sind Verbalbeurteilungen grundsätzlich für vielfältige Aspekte des Lernens und Leistens von Schüler*innen offen. Sie können sich auf die Leistungen der Lernenden in einzelnen Fächern beziehen oder auch auf fächerübergreifende Aspekte wie das Arbeits- und Sozialverhalten der Schüler*innen ausgerichtet werden. Variationsmöglichkeiten bestehen bei der Gestaltung von Verbalbeurteilungen des Weiteren in Bezug darauf, ob diese vollkommen frei formuliert, aus vorgefertigten Textbausteinen zusammengesetzt oder aus einer Kombination von freien Formulierungen und standardisierten Bausteinen gebildet werden (Sacher 2014, S. 171). In diesem Zusammenhang können auch die Differenziertheit und der Umfang von Verbalbeurteilungen variieren. Zusätzlich dazu lassen sich verbale Beurteilungen grundsätzlich sowohl mit der individuellen als auch mit der sozialen Bezugsnorm kombinieren und können von unterschiedlichen Formen der kriterialen Bezugsnorm ausgehen. Im deutschen Schulsystem werden Verbalbeurteilungen bisher größtenteils von Lehrkräften verfasst; von Schüler*innen in Textform vorgenommene Einschätzungen ihrer eigenen Leistungen oder der anderer Lernender sind jedoch ebenfalls als Verbalbeurteilungen anzusehen.

In Bezug auf die Gestaltung von Verbalbeurteilungen bestehen somit vielfältige Variationsmöglichkeiten und im Folgenden soll genauer geprüft werden, inwiefern und insbesondere unter welchen Voraussetzungen verbale Beurteilungen dazu geeignet sind, die drei zentralen Anforderungen an eine lernförderliche Beurteilungskultur zu erfüllen.

Chancen, Herausforderungen und Gelingensbedingungen aus theoretischer Sicht

Eine erste bedeutsame Chance von Verbalbeurteilungen liegt in ihrer großen inhaltlichen Offenheit. Anders als Noten lassen verbale Beurteilungen die Kommunikation vielfältiger inhaltlich aussagekräftiger und differenzierter Informationen zu. Neben Informationen zur bisherigen Lernentwicklung der Schüler*innen können dabei auch Hinweise für das weitere Lernen der Schüler*innen mitgeteilt werden (Winter 2015, S. 210f.). Mit Hilfe von verbalen Beurteilungen ist es somit möglich, qualitativ hochwertige Informationen zu vermitteln und darüber auch die Motivation, das Selbstkonzept und die Lernentwicklung von Schüler*innen positiv zu beeinflussen.

Damit dies tatsächlich gelingt, ist es allerdings notwendig, dass die inhaltliche Offenheit der verbalen Beurteilungen auch tatsächlich auf eine lernförderliche Weise genutzt wird (Schwarzer 1979, S. 65). Das bedeutet zunächst, dass bei der Formulierung der Verbalbeurteilungen möglichst vielfältige Aspekte der Lernprozesse und -ergebnisse der Schüler*innen berücksichtigt werden sollten. Eine besondere Herausforderung besteht in diesem Zusammenhang darin, die Leistungen der Schüler*innen zwar differenziert, aber dennoch auf besonders bedeutsame Aspekte fokussiert abzubilden. In Bezug auf die Motivation und die Selbstkonzeptentwicklung der Lernenden ist es des Weiteren empfehlenswert, bei der Formulierung von verbalen Beurteilungen einen Fokus auf die individuellen Lernfortschritte und Stärken der Schüler*innen zu legen und auch Wertschätzung für Lernbemühungen zum Ausdruck zu bringen, die noch nicht zum gewünschten Ergebnis geführt haben. Verbesserungsbedarfe sollten in Verbalbeurteilungen ebenfalls angesprochen werden, dies allerdings auf eine möglichst einfühlsame und konstruktive Weise sowie mit konkreten Hinweisen für das weitere Lernen der Schüler*innen versehen. Es empfiehlt sich außerdem, die Schüler*innen zur Überwindung von noch vorhandenen Lernschwierigkeiten zu ermutigen und Vertrauen darin auszudrücken, dass sie ihre Kompetenzen erfolgreich erweitern können (Winter 2015, S. 216f.).

Wie sich im vorherigen Absatz bereits andeutet, sind verbale Beurteilungen für die Lernentwicklung von Schüler*innen vor allem dann als förderlich anzusehen, wenn sie prozess- und produktorientiert sowie zukunfts- und stärkenorientiert formuliert werden. Sie sollten zusätzlich dazu von der Kombination der individuellen Bezugsnorm mit inhaltlichen Kriterien geleitet werden, die unter verschiedenen Gesichtspunkten bereits als besonders vorteilhaft für das Lernen der Schüler*innen identifiziert wurde.

Von eindimensional wertenden, stark am sozialen Vergleich ausgerichteten und überwiegend defizitorientierten Verbalbeurteilungen ist hingegen kaum eine förderlichere Wirkung zu erwarten als von tradierten Beurteilungsformaten, da derartige Beurteilungen im Wesentlichen in Worten gefassten Noten entsprechen. Sie sind dabei mit einem noch größeren Risiko verbunden, die Schüler*innen persönlich zu verletzen, und können deren Befinden und Lernen so unter Umständen noch stärker beeinträchtigen als reine Ziffernnoten (Winter 2015, S. 212).

Zusätzlich dazu sind verbale Beurteilungen für Schüler*innen nicht per se besser verständlich als Noten und können so auch unbeabsichtigt wenig lernförderliche Botschaften vermitteln. Um dem entgegenzuwirken, empfehlen Sacher und Winter in verbalen Beurteilungen eher einfache und kurze Sätze zu bilden sowie von indirekten Aussagen und doppelten Verneinungen abzusehen (Sacher 2014, S. 175f.; Winter 2015, S. 216ff.). Eine weitere Möglichkeit, die Verständlichkeit von verbalen Beurteilungen zu erhöhen, besteht darin, sie vor der Weitergabe an die eigentlichen Empfänger*innen von anderen Personen in einem vertraulichen Rahmen gegenlesen zu lassen. Da Verständnisschwierigkeiten und Fehlinterpretationen durch diese vorbeugenden Maßnahmen allein noch nicht ausgeschlossen werden können, erscheint es schließlich besonders wichtig, verbale Beurteilungen mit den Empfänger*innen selbst durchzugehen oder ihnen zumindest die Möglichkeit zu bieten, Nachfragen dazu zu stellen (Sacher 2014, S. 167; Winter 2015, S. 215). Insbesondere bei jüngeren Schüler*innen könnte in diesem Zusammenhang eine direkte Begleitung beim Lesen der Verbalbeurteilung zur Sicherung des richtigen Verständnisses hilfreich sein (Marx 2020, S. 69).

Sowohl für die Verständlichkeit verbaler Beurteilungen als auch in Hinblick auf die Motivation und die Selbstkonzeptentwicklung der Schüler*innen wäre es des Weiteren empfehlenswert, einen möglichst transparenten Umgang mit den Verbalbeurteilungen zu pflegen. In diesem Sinne sollte für die Schüler*innen, deren Leistungen beurteilt werden, selbst ersichtlich sein, welche Aspekte ihres Lernens in die Beurteilung einfließen und nach welchen Kriterien diese beurteilt werden (Winter 2015, S. 215). Besonders vorteilhaft erscheint es in diesem Zusammenhang, die Schüler*innen in einer ihnen verantwortungsvoll zuzutrauenden Weise an der Entwicklung und Auswahl der Beurteilungskriterien zu beteiligen. Eine solche Beteiligung kann sowohl die Transparenz der endgültigen Beurteilung erhöhen als auch die Beurteilungskompetenz der Schüler*innen fördern und ihnen eine motivationsförderliche Partizipationsmöglichkeit bieten.

Insgesamt scheinen verbale Beurteilungen allerdings nur bedingt als Grundlage für eine partizipative und wechselseitig kommunikative Gestaltung der schulischen Leistungsbeurteilung geeignet zu sein. Dies ist zunächst darauf zurückzuführen, dass verbale Beurteilungen wie bereits angedeutet hohe Anforderungen erfüllen müssen, um für das Lernen der sie empfangenden Schüler*innen tatsächlich hilfreich zu sein und diese nicht zu verletzten. Das Verfassen von verbalen Beurteilungen stellt dementsprechend eine anspruchsvolle und verantwortungsvolle Aufgabe dar, die die Schüler*innen ohne eine gezielte Unterstützung überfordern kann. Eine sinn- und verantwortungsvolle Beteiligung der Schüler*innen an der Formulierung von verbalen Beurteilungen setzt dementsprechend eine gezielte Förderung der dafür benötigten Kompetenzen voraus. Insbesondere dann, wenn die Schüler*innen die Leistungen anderer Lernender beurteilen sollen, schließt dies auch eine Sensibilisierung für die emotionale Wirkung ein, die die Beurteilung auf die jeweiligen Empfänger*innen haben kann. Des Weiteren empfiehlt es sich insbesondere jüngeren und/oder mit verbalen Beurteilungen unerfahrenen Schüler*innen konkrete Hilfestellungen wie geeignete Satzbausteine oder Leitfragen für die Fremd- oder Selbstbeurteilung an die Hand zu geben.

Wie die Schüler*innen werden auch die Lehrkräfte durch verbale Beurteilungen in verschiedener Hinsicht vor Herausforderungen gestellt. So stellt das Verfassen von qualitativ hochwertigen verbalen Beurteilungen auch für sie eine besonders anspruchsvolle Aufgabe dar. Eine weitere Voraussetzung für den gelungenen Einsatz verbaler Beurteilungen besteht somit darin, dass die Lehrkräfte dafür in ihrer universitären und schulischen Ausbildung sowie im Rahmen von berufsbegleitenden Fortbildungen ausreichend qualifiziert werden (Birkel & Tarnai 2018, S. 911). Darüber hinaus kann die Qualität von verbalen Beurteilungen auch durch verschiedene Formen der Kooperation an den einzelnen Schulen profitieren, wenn Lehrkräfte ihre Beurteilungen beispielsweise wie oben bereits erwähnt gegenlesen oder gemeinsame Grundsätze für verbale Beurteilungen an ihrer jeweiligen Schule entwickeln (Winter 2015, S. 215).

Zusätzlich dazu hängt das Gelingen verbaler Beurteilungen davon ab, dass die Schüler*innen oder die Lehrkräfte ausreichend Zeit dafür erhalten, diese zu verfassen. Für die Lehrkräfte, die verbale Beurteilungen in der Regel für gesamte Klassen formulieren müssen, ist dieses Beurteilungsformat mit einem besonders hohen Arbeits- und Zeitaufwand verbunden (Sacher 2014, S. 168). Insbesondere dann, wenn die Lehrkräfte dafür in anderen Bereichen keinen zeitlichen Ausgleich erhalten, ist das Risiko besonders hoch, dass sie auf vorgefertigte Textbausteine zurückgreifen, die in Bezug auf die individuelle Lernentwicklung der Schüler*innen nur wenig aussagekräftig sind (Winter 2015, S. 211).

Ausreichend Zeit wird des Weiteren auch dafür benötigt, sicherzustellen, dass verbale Beurteilungen von den jeweiligen Empfänger*innen richtig verstanden werden. Dazu geeignete Verfahren wie die bereits erwähnte Lesebegleitung oder gemeinsame Besprechung der verbalen Beurteilung sind wie deren Formulierung mit einem höheren Zeitaufwand verbunden. Dies gilt insbesondere dann, wenn es um umfangreiche und für den weiteren Bildungsweg der Schüler*innen besonders bedeutsame Verbalbeurteilungen wie Berichtszeugnisse zum Halb- oder Schuljahresende geht.

Eine wesentliche Einschränkung der genannten Möglichkeiten zur Sicherung des Textverständnisses besteht darin, dass sie in der Regel erst dann zum Einsatz kommen, wenn die endgültige Formulierung der jeweiligen verbalen Beurteilung bereits feststeht. Einen echten Abgleich der Fremd- und Selbsteinschätzung durch die Lehrkräfte und die Schüler*innen sehen sie dementsprechend eher nicht vor. Dass die Lehrkräfte auf einen solchen Abgleich konsequenterweise mit einer zusätzlichen Aufwand bedeutenden Überarbeitung ihrer bereits verfassten Beurteilungen reagieren müssten, könnte sie tendenziell sogar eher davon abhalten, einen wechselseitigen Dialog mit ihren Schüler*innen zu suchen. Zusätzlich dazu kann eine bereits von den Lehrkräften schriftlich fixierte Beurteilung auch die Bereitschaft der Schüler*innen zu einem wechselseitigen Austausch reduzieren, da sie ihnen suggeriert, dass die Einschätzung der Lehrkräfte unabhängig von ihrer eigenen Einschätzung bereits feststeht.

Vor diesem Hintergrund erscheint es sinnvoller, die Lernenden bereits zu einem früheren Zeitpunkt am Beurteilungsprozess zu beteiligen und einen Abgleich der Selbst- und Fremdeinschätzung durch die Schüler*innen und die Lehrkräfte vorzunehmen. Auf diese Weise können wertvolle Informationen, die nur den Schüler*innen zugänglich sind, in die endgültige Formulierung der Beurteilung einfließen und deren Informationsqualität potenziell steigern. Zusätzlich dazu kann die frühzeitige Beteiligung der Lernenden auch ihre Selbstbeurteilungskompetenz und ihre Motivation fördern. Eine Voraussetzung für eine positive motivationale Wirkung besteht dabei darin, dass die Selbsteinschätzung der Schüler*innen bei der endgültigen Formulierung tatsächlich Berücksichtigung findet.

Eine Möglichkeit, dies zu gewährleisten, besteht darin, dass die Schüler*innen und Lehrkräfte gemeinsam im Gespräch aushandeln, welche Aspekte in die verbale Beurteilung aufgenommen werden sollen, oder diese sogar gemeinsam formulieren. Für die Schüler*innen könnte diese weitreichende Beteiligung besonders motivierend sein und auch die Informationsqualität und die Selbstbeurteilungskompetenz würde von dieser Form der Einbindung der Schüler*innen in besonderem Maße profitieren. Auf der anderen Seite ist sie jedoch auch mit einem besonders hohen Zeitaufwand verbunden, der in der schulischen Praxis kaum zu realisieren scheint. Es gilt zudem zu hinterfragen, ob der Mehrwert eines differenzierten Gesprächs und einer verbalen Beurteilung über ein reines Gespräch hinausgeht und den höheren zeitlichen Aufwand, der mit der Formulierung der Verbalbeurteilung verbunden ist, rechtfertigt. Für die Lernentwicklung der Schüler*innen scheint eine weniger ausführliche Fixierung der Gesprächsinhalte beispielsweise in Form eines stichpunktartigen Protokolls kaum weniger vorteilhaft zu sein und auch andere zur Schulgemeinschaft gehörende Personen wie andere Lehrkräfte oder Eltern könnten darüber größtenteils vermutlich ausreichend informiert werden. Hilfreich scheint eine Ausformulierung der Gesprächsinhalte in erste Linie für Empfänger*innen außerhalb der jeweiligen Schule zu sein.

Der vergleichsweise hohe Zeitaufwand, der mit der Formulierung von qualitativ hochwertigen Verbalbeurteilungen einhergeht, stellt auch insofern eine Einschränkung dar, als dass er den Abstand zwischen der eigentlichen Lernsituation und der darauf bezogenen Beurteilung erhöht. Wie an früherer Stelle bereits herausgestellt, ist ein prozessbegleitendes formatives Assessment in mehrfacher Hinsicht als besonders förderlich für die Lernentwicklung der Schüler*innen anzusehen. Wenn die Lehrkräfte und die Schüler*innen jedoch zunächst eine längere Zeit für die Formulierung einer verbalen Beurteilung verwenden müssen, reduziert sich die Wahrscheinlichkeit, dass die in dieser Form vorgenommene Beurteilung noch für den jeweiligen Lernprozesses wirksam werden kann (Winter 2015, S. 212). Insbesondere dann, wenn die Schüler*innen selbst eine verbale Beurteilung verfassen, kann dies ihren eigentlichen Lernprozess stärker unterbrechen als eine weniger zeitintensive Form der Selbsteinschätzung beispielsweise mit Hilfe eines Kompetenzrasters.

Die vorherigen Ausführungen zusammenfassend lässt sich festhalten, dass verbale Beurteilungen einen großen Teil der Anforderungen an eine lernförderliche Beurteilungskultur potenziell erfüllen können. Ihr tatsächlicher Beitrag zur Lernentwicklung der Schüler*innen hängt allerdings wesentlich davon ab, wie sie konkret ausgestaltet und in eine Lern- und Beurteilungskultur eingebunden werden. Den potenziellen Chancen verbaler Beurteilungen steht des Weiteren eine Reihe bedeutsamer Herausforderungen gegenüber und es deutet sich an, dass das Gelingen verbaler Beurteilungen eine Kombination mit anderen Beurteilungsformaten wie Lernentwicklungsgesprächen voraussetzt. Das Potenzial verbaler Beurteilungen ist dementsprechend differenziert zu betrachten.

Empirische Ergebnisse zum lernförderlichen Potenzial von verbalen Beurteilungen

Zu einem ähnlichen Ergebnis hat auch das bereits im vorherigen Kapitel beschriebene NOVARA-Projekt zum Vergleich von Noten und Verbalbeurteilungen im Grundschulbereich geführt. Wie in Kapitel 4.3 bereits beschrieben, hat sich die Lernfreude von Schüler*innen mit Verbalbeurteilungen vom Beginn der 2. bis zum Anfang der 4. Klasse positiver entwickelt als bei Schüler*innen mit reiner Benotung, wobei die Unterschiede zwischen beiden Untersuchungsgruppen eher ein geringes Ausmaß angenommen haben (Valtin & Wagner 2002, S. 116). In Bezug auf die durchschnittliche Höhe des Fähigkeitsselbstkonzepts haben sich zwischen beiden Untersuchungsgruppen keine bedeutsamen Unterschiede gezeigt. Valtin und Wagner führen dies selbst darauf zurück, dass das über tradierte Beurteilungsformen hinausgehende Potenzial der Verbalbeurteilungen von den beteiligten Lehrkräften nur in geringem Umfang genutzt wurde. Eine Ausrichtung auf die individuellen Lernprozesse und Stärken der Schüler*innen wurde so beispielsweise kaum vorgenommen und auch die unterlassene Beteiligung der Schüler*innen an der Beurteilung ist als eine mögliche Ursache für die geringen Unterschiede im Vergleich zu den benoteten Schüler*innen anzusehen (Valtin & Wagner 2002, S. 137). Positiv hervorzuheben gilt es allerdings, dass die verbalen Beurteilungen trotz ihrer Einschränkungen keine ungünstigere Wirkung entfaltet haben.

Eine noch eindeutigere positive Wirkung haben verbale Beurteilungen in der von Zeinz und Köller zum Fischteicheffekt durchgeführten Untersuchung gezeigt, die in Kapitel 4.4 ebenfalls bereits beschrieben wurde. Im Rahmen dieser Studie fiel der Fischteicheffekt in den Klassen mit verbalen Beurteilungen deutlich geringer aus als in den zum Vergleich herangezogenen Klassen mit Noten (Zeinz & Köller 2006, S. 186f.). Es ist dementsprechend davon auszugehen, dass sich Schüler*innen bei verbaler Beurteilung weniger stark auf soziale Vergleiche fokussieren, was sowohl für ihre Motivation als auch für ihre Selbstkonzeptentwicklung als vorteilhaft anzusehen ist und darüber auch ihren Lernerfolg steigern kann.

Eine lernförderliche Wirkung von Verbalbeurteilungen lassen auch die Ergebnisse des Hamburger LeiHS-Projekts erwarten. Im Rahmen dieses ebenfalls bereits zitierten Projekts wurden neben zahlreichen Schüler*innen fast 640 Lehrkräfte verschiedener Schulformen zu ihrer Einstellung zu Notenzeugnissen, Notenzeugnissen mit verbalen Ergänzungen und verbalen Berichtzeugnissen befragt (Jachmann & Tillmann 2002, S. 31). Eine deutliche Mehrheit dieser Lehrkräfte sieht vor allem in dem höheren Informationsgehalt verbaler Beurteilungen eine wesentliche Chance dieses alternativen Beurteilungsformats. So stimmten 75 Prozent von ihnen beispielweise der Aussage zu, dass die Leistungen von Schüler*innen mit Hilfe von Berichtzeugnissen differenzierter beurteilt werden können als mit Noten, und 70 Prozent waren der Meinung, dass die Stärken und Schwächen der Schüler*innen in verbalen Beurteilungen besser zum Ausdruck gebracht werden können. Fast 60 Prozent der befragten Lehrkräfte sahen des Weiteren einen Vorteil darin, dass Eltern mit Hilfe verbaler Beurteilungen besser darüber informiert werden können, wie sie die Lernentwicklung ihres Kindes selbst unterstützen können. Zusätzlich dazu gaben 65 Prozent der Teilnehmenden an, dass sie durch verbale Beurteilungen dazu angeregt werden, sich den einzelnen Schüler*innen noch intensiver zuzuwenden, was sowohl in Bezug auf die Informationsqualität als auch die Qualität der Beziehungen zwischen den Lehrenden und Lernenden als vorteilhaft anzusehen ist. 70 Prozent der befragten Lehrkräfte schrieben verbalen Beurteilungen im Zusammenhang mit der Information über die Stärken der Schüler*innen schließlich auch eine positive motivationale Wirkung zu (Jachmann & Tillmann 2002, S. 39).

Für die am Hamburger LeiHS-Projekt beteiligten Lehrkräfte sind verbale Beurteilungen somit mit weitreichenden Vorteilen verknüpft. Auf der anderen Seite bestätigten die Lehrkräfte, die tatsächlich praktische Erfahrungen mit verbalen Beurteilungen hatten, allerdings auch, dass diese tatsächlich mit einem ausgesprochen hohen Zeitaufwand verbunden sein können. So gaben 27 Prozent von ihnen an, dass sie für das Verfassen der Berichtzeugnisse für ein Halbjahr mehr als 40 Stunden gebraucht hätten. Die Spannweite der von diesen Lehrkräften berichteten Stundenzahlen ist dabei ausgesprochen hoch und einige von ihnen gaben an, sogar mehr als 100 Stunden Arbeitszeit in die Verbalbeurteilungen investiert zu haben (Jachmann & Tillmann 2002, S. 55f.). Die Länge der Arbeitszeit wirkte sich allerdings nicht negativ auf die Einstellung zu Verbalbeurteilungen aus und Jachmann und Tillmann folgern daraus, dass die verbale Beurteilungen befürwortenden Lehrkräfte den hohen Arbeitsaufwand angesichts der Vorteile dieses Beurteilungsformats in Kauf nehmen (Jachmann & Tillmann 2002, S. 69).

Neben der Annahme eines hohen zeitlichen Aufwands bestätigt ein Teil der im Rahmen des LeiHS-Projekts befragten Lehrkräfte auch die Befürchtung, dass verbale Beurteilungen von den Empfänger*innen anders interpretiert werden könnten als von den Verfasser*innen beabsichtigt. Dem entsprechenden Item stimmten insgesamt 46 Prozent der befragten Lehrkräfte zu und weitere 40 Prozent entschieden sich für die Antwortmöglichkeit „*teils – teils*“ (Jachmann & Tillmann 2002, S. 40). Dies unterstreicht die Wichtigkeit der Maßnahmen zur Sicherung des Textverständnisses, die im Vorherigen bereits als eine Voraussetzung für den lernförderlichen Einsatz verbaler Beurteilungen beschrieben wurden.

Zusätzlich zu reinen Notenzeugnissen wurden die Lehrkräfte im Rahmen des LeiHS-Projekts auch zur Möglichkeit einer Kombination von Notenzeugnissen mit verbalen Kommentaren befragt. Dabei gaben 75 Prozent von ihnen an, dass sie kommentierte Notenzeugnisse reinen Notenzeugnissen vorziehen würden, wenn die Vergabe von Noten verpflichtend wäre. Etwas mehr als 85 Prozent der befragten Lehrkräfte waren zudem der Meinung, dass schriftliche Kommentare Notenzeugnisse verständlicher machen könnten (Jachmann & Tillmann 2002, S. 43). Diese Ergebnisse unterstreichen erneut, dass eine deutliche Mehrheit der teilnehmenden Lehrkräfte in verbalen Beurteilungen ein größeres Potenzial als in einer reinen Notenvergabe sieht. Dafür scheint wiederum insbesondere der höhere Informationsgehalt verbaler Beurteilungen ausschlaggebend zu sein.

Die Ergebnisse der ebenfalls im Rahmen des LeiHS-Projekts vorgenommenen Befragung von etwas mehr als 1.300 Eltern sprechen dafür, dass der höhere Informationsgehalt verbaler Beurteilungen auch für diese Zielgruppe der schulischen Leistungsbeurteilung einen besonderen Vorteil darstellt. Die Einschätzung des Informationsgehalts verbaler Zeugnisse fällt deutlich und signifikant höher aus als die Beurteilung des Informationsgehalts von reinen Notenzeugnissen. Geringere, aber dennoch deutliche und signifikante Unterschiede zugunsten der reinen Verbalbeurteilungen zeigen sich auch im Vergleich zu Notenzeugnissen mit Kommentarbogen. Diejenigen Eltern, die reine Berichtzeugnisse erhielten, fühlten sich dementsprechend am besten über die Stärken und die Übungsbedarfe sowie das Arbeits- und Sozialverhalten und die Lernfortschritte ihrer Kinder informiert (Lütgert & Jachmann 2002, S. 78).

Zusätzlich dazu fiel auch die Akzeptanz der jeweiligen Zeugnisform bei den Eltern mit Berichtzeugnissen signifikant höher aus als bei den anderen beiden Beurteilungsformaten. Sie stimmten der Aussage, dass das Zeugnis ihrer Kinder ihren Erwartungen entspräche, etwas stärker zu als die Eltern mit reinen oder kommentierten Notenzeugnissen und schätzten vor allem die Akzeptanz des Zeugnisses durch ihre Kinder deutlich und signifikant höher ein. Sie gaben außerdem zu einem deutlich größeren Ausmaß an, dass sich ihr Kind über sein Zeugnis gefreut habe (Lütgert & Jachmann 2002, S. 86).

Signifikante Unterschiede, die als förderlich für das Lernen der Schüler*innen anzusehen sind, zeigen sich auch in Bezug auf die Reaktionen der Eltern auf die verschiedenen Zeugnisformen. So deutet sich in den von Lütgert und Jachmann berichteten Ergebnissen an, dass Eltern ihre Kinder nach der Vergabe von Berichtzeugnissen signifikant weniger unter Druck setzten, zukünftig mehr im Unterricht mitzuarbeiten und mehr für bestimmte Fächer zu tun, als nach der Vergabe von reinen oder kommentierten Notenzeugnissen. Stattdessen ermutigten Eltern ihre Kinder bei Berichtzeugnissen stärker und belohnten diese weitaus nachhaltiger (Lütgert & Jachmann 2002, S. 87).

Zusätzlich zu den Eltern und Lehrkräften wurden im Rahmen des LeiHS-Projekts schließlich auch etwas mehr als 1.450 Schüler*innen der 6., 8. und 10. Klassenstufe zu ihrer Einstellung zu verschiedenen Zeugnisformaten befragt. Etwas mehr als die Hälfte dieser Schüler*innen gab an, dass sie sich für ein Notenzeugnis mit Kommentarbogen entscheiden würden, wenn sie zwischen diesem Zeugnisformat, einem reinen Notenzeugnis und einem reinen Berichtzeugnis wählen dürften. Von den verbleibenden Schüler*innen präferierten fast 40 Prozent ein reines Notenzeugnis und lediglich sieben Prozent eine ausschließlich verbale Beurteilung. Der größere Teil der befragten Schüler*innen scheint somit einen Vorteil in verbalen Beurteilungselementen zu sehen, möchte auf eine Einschätzung in Form von Noten gleichzeitig aber nicht verzichten (Vollstädt & Jachmann 2002, S. 131).

Auch wenn sich die Schüler*innen mehrheitlich eine Kombination aus Noten und verbalen Rückmeldungen wünschen, sprechen weitere Teilergebnisse des LeiHS-Projekts dafür, dass sie von reinen Berichtzeugnissen stärker profitieren als von einer solchen Kombination oder Noten allein. So war die Schulunlust, die in einer Teilstichprobe von 520 Schüler*innen der 6. Klasse erfasst wurde, bei den Schüler*innen, die zuvor verbal beurteilt wurden, wie in Kapitel 4.4 bereits geschildert geringer ausgeprägt als bei benoteten Schüler*innen mit oder ohne verbale Kommentare. Insbesondere der Anteil der Schüler*innen, die ihrer eigenen Angabe nach gerne zur Schule gehen und die Schule mit positiven Assoziationen verbinden, fiel dabei bei vorheriger Verbalbeurteilung deutlich und signifikant höher aus (Vollstädt & Jachmann 2002, S. 146).

Es ist anzunehmen, dass diese Unterschiede nicht nur auf die jeweiligen Zeugnisformate zurückzuführen sind, sondern vielmehr aus dem Zusammenspiel dieser Formate mit weiteren bedeutsamen Elementen der Lernkultur an den beteiligten Schulen resultieren. Diese Annahme wird dadurch unterstützt, dass die Schüler*innen mit Berichtzeugnissen die Lernkultur an ihren Schulen signifikant positiver beurteilten als die Schüler*innen mit den notenumfassenden Zeugnisformaten. Die Schüler*innen mit verbaler Beurteilung waren so beispielsweise stärker davon überzeugt, dass man die Leistungsanforderungen an ihrer Schule bewältigen kann, wenn man sich darum bemüht. Sie schätzten außerdem die Unterstützung durch ihre Lehrkräfte deutlich positiver ein als die benoteten Schüler*innen und gaben insbesondere an, dass sie sowohl bei Lernschwierigkeiten als auch bei der Weiterentwicklung ihrer bereits gut ausgeprägten Fähigkeiten mit Tipps und Hinweisen von ihren Lehrkräften unterstützt würden. Zusätzlich dazu hatten Schüler*innen mit verbaler Beurteilung stärker den Eindruck, dass ihre Lehrkräfte sich darum bemühten, niemanden zu überfordern und ihren Unterricht mit verschiedenen Formen der Differenzierung auf die Voraussetzungen der Lernenden abzustimmen. Und schließlich schätzten Schüler*innen mit Berichtszeugnissen den Umgang mit ihren Leistungen transparenter ein als Schüler*innen mit reinen oder kommentierten Notenzeugnissen (Vollstädt & Jachmann 2002, S. 150). Diese Ergebnisse weisen darauf hin, dass reine Verbalbeurteilungen besser dazu beitragen können, eine positive Lernkultur zu etablieren als reine oder kommentierte Notenzeugnisse.

5.3 Beurteilungsraster

Bei Beurteilungsrastern handelt es sich um ein schriftliches Beurteilungsformat in Tabellenform. Die Zeilen eines solchen Rasters enthalten typischerweise verbal ausformulierte Beurteilungskriterien, während die Spalten Ausprägungen des Erfüllungsgrads der jeweiligen Kriterien abbilden. Aussagen über die zu beurteilenden Leistungen werden bei der Verwendung dieses Beurteilungsformats getroffen, indem bestimmte Felder innerhalb des Rasters markiert werden (Andrade 2000, S. 14; Jürgens & Lissmann 2015, S. 121).

Variationsmöglichkeiten bei der Anlage von Beurteilungsrastern bestehen zunächst in der Anzahl der Abstufungen zur Einschätzung des Erreichungsgrads der einzelnen Kriterien sowie in der Gestaltung dieser abgestuften Auswahlmöglichkeiten. In Bezug auf diesen letztgenannten Aspekt lässt sich zwischen Beurteilungsrastern unterscheiden, in denen jede Abstufung auf das entsprechende Kriterium abgestimmt verbal ausformuliert wird, und zwischen solchen, in denen die zu markierenden Felder selbst leer sind und allgemeinen Qualitätsangaben entsprechenden Spaltenüberschriften wie *vollkommen erreicht* oder *kaum erreicht* unterstellt werden (Jürgens & Lissmann 2015, S. 121ff.). Zusätzlich dazu variiert die Gestaltung von Beurteilungsrastern danach, auf welche Aspekte des Lernens und Leistens der Schüler*innen sie sich inhaltlich beziehen. Grundsätzlich kann mit Hilfe von Beurteilungsrastern sowohl eine Einschätzung von Produkten als auch Prozessen vorgenommen werden und neben dem Aneignungsgrad von bestimmten Wissensinhalten können auch Kompetenzen in Rasterform beurteilt werden (Winter 2015, S. 147f.). Die Formulierung der Kriterien und Niveaustufenbeschreibungen wird des Weiteren davon geprägt, ob die Raster zur Fremd- oder zur Selbstbeurteilung eingesetzt werden, was beides potenziell möglich ist (Jürgens & Lissmann 2015, S. 125).

Chancen, Herausforderungen und Gelingensbedingungen aus theoretischer Sicht

Eine erste bedeutsame Chance von Beurteilungsrastern liegt darin, dass über dieses Beurteilungsformat potenziell differenzierte inhaltlich aussagekräftige Informationen transportiert werden können, die sich auf verschiedene Aspekte des Lernens und Leistens der Schüler*innen beziehen (Andrade 2000, S. 13ff.; Winter 2016, S. 302).

Der tatsächliche Informationsgehalt von Beurteilungsrastern hängt allerdings wesentlich von ihrer konkreten Ausgestaltung ab (Winter 2015, S. 134). Als besonders gering ist er dann einzustufen, wenn die inhaltlichen Kriterien nur aus einzelnen wenig spezifischen Worten wie „*Mitarbeit im Unterricht*“ bestehen und für alle Kriterien nur dieselben allgemeinen Qualitätsangaben zur Auswahl gestellt werden. Die Beurteilung der Leistungen der Schüler*innen in einem solchen Raster entspricht in diesem Fall einer versteckten Benotung und geht lediglich insofern über die Vergabe von reinen Ziffernnoten hinaus, als dass die Bewertung in verschiedene Inhaltsbereiche untergliedert wird (Winter 2015, S. 146). Die Verständlichkeit und Nachvollziehbarkeit der Beurteilung wird dadurch ebenfalls nur geringfügig erhöht. Um das Potenzial von Beurteilungsrastern zur Kommunikation lernförderlicher Informationen zu nutzen, ist es somit empfehlenswert, sowohl die Beurteilungskriterien als auch die einzelnen Abstufungen differenzierter auszuformulieren.

Eine erste Herausforderung besteht in diesem Zusammenhang darin, ein angemessenes Verhältnis zwischen einer differenzierten Beschreibung der Leistungen der Schüler*innen und einem von ihnen mit ihren jeweiligen Voraussetzungen noch zu bewältigendem Umfang des Rasters zu finden. Insbesondere bei jüngeren Schüler*innen empfiehlt es sich, die einzelnen Formulierungen sowie das Raster insgesamt kurz zu halten und auf besonders wichtige Aspekte zu reduzieren, um eine Überforderung der Lernenden zu vermeiden und ihre Bereitschaft zum sorgfältigen Lesen des Rasters zu erhalten (Jürgens & Lissmann 2015, S. 126).

In Bezug auf beides ist es des Weiteren von entscheidender Bedeutung, dass die verbalen Elemente des Beurteilungsrasters in einer für die Schüler*innen verständlichen Weise formuliert werden. Dazu kann es beispielsweise beitragen, komplexe Kompetenzen in mehrere Aussagen zu überführen, die konkret angeben, was Schüler*innen auf einer bestimmten Niveaustufe bereits können, und dadurch für die Lernenden besser greifbar sind (Jürgens & Lissmann 2015, S. 125; Krille 2014, S. 18). Bei einer solchen Operationalisierung handelt es sich allerdings um eine ausgesprochen anspruchsvolle Aufgabe, die eine ausreichende Qualifizierung der Lehrkräfte voraussetzt. Ihr Gelingen kann außerdem dadurch begünstigt werden, dass Lehrkräfte gemeinsam an der Entwicklung von Kompetenzrastern arbeiten (Jürgens & Lissmann 2015, S. 126; Winter 2015, S. 149).

Zusätzlich dazu ist es unter verschiedenen Gesichtspunkten zu empfehlen, auch die Schüler*innen an der Entwicklung von Beurteilungsrastern zu beteiligen (Jürgens & Lissmann 2015, S. 125). Eine solche Beteiligung kann sowohl die Verständlichkeit des Rasters erhöhen als auch die Motivation und die Beurteilungskompetenz der Schüler*innen fördern.

Beurteilungsraster scheinen des Weiteren besonders gut dazu geeignet, die Schüler*innen zu einer differenzierten Beurteilung ihrer eigenen Leistungen sowie derer ihrer Mitschüler*innen anzuregen. Im Vergleich zu verbalen Beurteilungen sind sie für die Schüler*innen leichter handhabbar und zudem mit einem geringeren zeitlichen Aufwand verbunden. Bei einer geeigneten Gestaltung lenken Beurteilungsraster die Aufmerksamkeit der Schüler*innen zudem auf Aspekte, die für ihr Lernen wirklich relevant sind, und können sie auch dadurch bei der Selbst- oder Fremdbeurteilung unterstützen (Jürgens & Lissmann 2015, S. 125; Winter 2016, S. 302).

Als Grundlage für den Abgleich von Selbst- und Fremdeinschätzungen scheinen Beurteilungsraster ebenfalls besonders gut geeignet zu sein, da Gemeinsamkeiten und Unterschiede bei dieser Visualisierungsform leicht zu erkennen sind (Winter 2015, S. 151). Über die Gründe, die zu diesen Gemeinsamkeiten und Unterschieden geführt haben, enthalten die Beurteilungsraster selbst allerdings keine Informationen und es ist daher notwendig, sie durch weitere Beurteilungsformate zu ergänzen. Als besonders vorteilhaft ist dabei eine Ergänzung durch ein Gespräch anzusehen, da der Abgleich der Fremd- und Selbsteinschätzung in diesem Rahmen flexibler und authentischer erfolgen kann als beispielsweise in einem Austausch schriftlicher Kommentare. Ein persönliches Gespräch ist im Vergleich dazu zudem weniger zeitintensiv und mit dem Vorteil verbunden, dass das gegenseitige Verständnis besser sichergestellt werden kann (Winter 2016, S. 312).

Während die leichte Vergleichbarkeit von Beurteilungsrastern auf der einen Seite greifbare Anknüpfungspunkte für einen Dialog bietet, befördert sie auf der anderen Seite tendenziell auch einen wertenden sozialen Vergleich der Schüler*innen untereinander. Wie eingangs bereits angedeutet, ähnelt das grundlegende Prinzip der Beurteilungsraster dem der Benotung. So werden die Leistungen der Schüler*innen bei der Verwendung von Beurteilungsrastern ebenfalls in eine einheitliche Qualitätsskala von schwach bis sehr gut eingeordnet. Dies verleitet die Schüler*innen dazu, untereinander zu vergleichen, wie weit links oder rechts sich ihre Markierungen im Beurteilungsraster befinden, und sich darüber einen Eindruck davon zu verschaffen, inwiefern sie besser oder schlechter sind als der Rest ihrer Klasse. Es ist dementsprechend davon auszugehen, dass Kompetenzraster einen wertenden sozialen Vergleich stärker befördern als weniger leicht vergleichbare Beurteilungsformen wie frei formulierte verbale Beurteilungen. Das Risiko, dass Beurteilungsraster in dieser Hinsicht ähnlich wie Noten wirken, ist dann besonders groß, wenn die einzelnen Abstufungen nicht ausformuliert, sondern mit notenähnlichen Qualitätsangaben überschrieben werden.

Dass die Leistungen aller Schüler*innen in Beurteilungsrastern auf einer einheitlichen Qualitätsskala eingeordnet werden, schränkt auch ihre Eignung zur individuellen Förderung der Lernenden ein. Auf die Motivation und das Selbstkonzept leistungsschwächerer Schüler*innen wird sich eine wiederholte Markierung der schwächsten Niveaustufen so höchstwahrscheinlich ähnlich ungünstig auswirken wie die wiederholte Vergabe schlechter Noten. Eine Möglichkeit, diese Einschränkung zu überwinden, würde theoretisch darin bestehen, die einzelnen Abstufungen des Rasters nicht auszuformulieren und Markierungen danach zu setzen, inwiefern die von den Schüler*innen gezeigten Leistungen an ihren individuellen Voraussetzungen gemessen als positiv anzusehen sind. Ein solches Vorgehen wäre allerdings sehr subjektiv und praktisch insgesamt nur schwer zu realisieren. Es könnte außerdem zu Missverständnissen und Unstimmigkeiten führen, da bei schwächeren Leistungen unter Umständen dieselben oder sogar noch bessere Felder in der Tabelle markiert werden müssten als bei besseren. Für eine Umsetzung der individuellen Bezugsnorm sind Beurteilungsraster dementsprechend als weitgehend ungeeignet anzusehen.

Für die individuelle Lernentwicklung der Schüler*innen ist es des Weiteren als ungünstig zu betrachten, dass über Beurteilungsraster allein keine individuell abgestimmten Hinweise für das weitere Lernen der Schüler*innen kommuniziert werden können. Es ist zwar möglich, neben der Beschreibung der einzelnen Niveaustufen auch direkt Hinweise auf weiterführende Aufgaben und Übungsmöglichkeiten in die Auswahlfelder eines Kompetenzrasters einzutragen (Winter 2015, S. 144); dieselben Hinweise werden allerdings nicht für alle Schüler*innen der jeweiligen Stufe gleichermaßen hilfreich sein, da sie mit großer Wahrscheinlichkeit aus unterschiedlichen Gründen eine ähnliche Leistung gezeigt haben. Für die individuelle Lernentwicklung der einzelnen Schüler*innen hilfreiche Hinweise können dementsprechend nur dann kommuniziert werden, wenn Beurteilungsraster durch frei formulierte verbale Anmerkungen oder ein persönliches Gespräch ergänzt werden.

Eine weitere Einschränkung von Beurteilungsrastern besteht in diesem Zusammenhang darin, dass sie den Blick auf die individuellen Lernfortschritte und Leistungen der Schüler*innen tendenziell eher einengen. Sie führen dazu, dass sowohl die Lehrkräfte als auch die Lernenden vor allem diejenigen Aspekte des Lernens und Leistens der Schüler*innen wahrnehmen, die in dem zum jeweiligen Zeitpunkt relevanten Beurteilungsraster enthalten sind (Jürgens & Lissmann 2015, S. 126; Winter 2016, S. 302). Dies ist insbesondere dann problematisch, wenn das jeweilige Beurteilungsraster eher einseitig auf bestimmte Beurteilungsbereiche wie kognitive Leistungen fokussiert ist. Doch auch differenzierte und vielseitige Beurteilungsraster werden kaum alle Aspekte abbilden, zu denen potenziell für die individuelle Kompetenzentwicklung der Schüler*innen relevante Informationen gewonnen werden können. Für sich alleingenommen lassen Beurteilungsraster zusätzlich auch keine Kommunikation von Informationen zu, die über ihre allgemeingültige Formulierung hinausgehen und nicht von Anfang an vorgesehen sind. Wenn individuell bedeutsame Informationen aufgrund dieser Einschränkungen unberücksichtigt bleiben, kann dies sowohl die Informationsqualität der Leistungsbeurteilung als auch die Motivation und die Selbstkonzeptentwicklung der Schüler*innen beeinträchtigen.

In Bezug darauf gilt es auch weitere Aspekte der grundlegenden Ausrichtung von Beurteilungsrastern kritisch zu hinterfragen. Als ein Vorteil von Beurteilungsrastern wird es mitunter beschrieben, dass diese den Fokus vor allem darauf legen, was die Schüler*innen bereits können oder erreicht haben. Vor allem Kompetenzraster, die Formulierungen mit dem Verb *können* enthalten, werden in diesem Zusammenhang als Ausdruck einer die Schüler*innen motivierenden und ermutigenden Stärkenorientierung angesehen. In Abhängigkeit davon, wie sie konkret ausgestaltet und eingesetzt werden, können Beurteilungsraster auf der anderen Seite allerdings auch defizitorientiert auf die Schüler*innen wirken. Dies ist beispielsweise dann der Fall, wenn die mit *können* formulierten Kriterien mit negativen Qualitätsstufen wie *stimmt nicht* kombiniert werden (Winter 2015, S. 151f.). Eine lernförderlichere Wirkung ist in dieser Hinsicht von Beurteilungsrastern zu erwarten, in denen jede Abstufung so ausformuliert ist, dass sie eine von den Schüler*innen der jeweiligen Stufe bereits erlernte Fähigkeit zum Ausdruck bringt.

Auch in derartigen Beurteilungsrastern spiegeln die besten Stufen in der Regel allerdings einen als ideal empfundenen Lern- und Leistungsstand wider, der von einem großen Teil der Schüler*innen kaum zu erreichen ist. Sie können die Aufmerksamkeit der Lernenden ähnlich wie die tradierte Beurteilungskultur dementsprechend vor allem darauf lenken, was sie noch nicht können oder erreicht haben. In vergleichbarer Weise können Beurteilungsraster dazu führen, dass auch die Lehrkräfte bei der Beurteilung vor allem prüfen, inwiefern die Leistungen ihrer Schüler*innen negativ von dem hohen Ideal abweichen. Es besteht somit die Gefahr, dass Beurteilungsraster die Schüler*innen und die Lehrkräfte zu einer ähnlich defizitorientierten Betrachtungsweise verleiten wie die tradierte Beurteilungskultur und dadurch für das weitere Lernen der Schüler*innen in verschiedener Hinsicht ungünstige Voraussetzungen schaffen.

Dadurch, dass Beurteilungsraster defizitorientiert wirken können und zudem stark standardisiert sind, bieten sie den Lehrkräften oder auch den Schüler*innen untereinander nur geringe Möglichkeiten dazu, Wertschätzung und ein aufrichtiges Interesse zum Ausdruck zu bringen. Wenn Beurteilungsraster nicht durch individuelle Kommentare oder persönliche Gespräche ergänzt werden, tragen sie somit nicht dazu bei, dass sich die Schüler*innen als sozial eingebunden erleben können (Winter 2016, S. 317). Sie können dem Empfinden von sozialer Eingebundenheit zudem dadurch entgegenstehen, dass sie wie oben bereits beschrieben tendenziell einen wertenden sozialen Vergleich befördern. Für die Förderung der intrinsischen Motivation über das Erleben von sozialer Eingebundenheit erscheinen Beurteilungsraster dementsprechend eher ungeeignet.

Sowohl für die Motivation als auch für die Selbstkonzeptentwicklung der Schüler*innen ist es des Weiteren als ungünstig zu betrachten, dass Beurteilungsraster nur bedingt dazu geeignet sind, längerfristige Lernprozesse abzubilden. Lernfortschritte können zwar durch den wiederholten Einsatz desselben Beurteilungsrasters sichtbar gemacht werden; insbesondere Beurteilungsraster, die mit den Schüler*innen gemeinsam auf spezifische Aufgaben und Lernsituationen bezogen entwickelt werden, sind angesichts der kontinuierlichen Progression des Unterrichts jedoch nur für einen vergleichsweise kurzen Zeitraum passend.

Innerhalb dieses Zeitraums können sie allerdings leichter im Sinne eines prozessbegleitenden formativen Assessments eingesetzt werden als beispielsweise verbale Beurteilungen. Dies ist vor allem darauf zurückzuführen, dass sowohl Fremd- als auch Selbsteinschätzungen mit Hilfe von Beurteilungsrastern vergleichsweise schnell vorgenommen werden können und die im Vordergrund stehenden Lernprozesse dadurch weniger unterbrechen. Eine Einschränkung von Beurteilungsrastern ist aber auch in diesem Zusammenhang darin zu sehen, dass sie keine Informationen darüber bieten, warum eine bestimmte Einschätzung getroffen wurde und wie die Schüler*innen davon ausgehend bei ihrem weiteren Lernen vorgehen können. Dementsprechend ist es notwendig, Beurteilungsraster im Rahmen eines formativen Assessments mit anderen Beurteilungsformaten zu kombinieren.

Empirische Ergebnisse zum lernförderlichen Potenzial von Beurteilungsrastern

Empirische Ergebnisse, anhand derer sich beurteilen ließe, inwiefern Beurteilungsraster die drei zentralen Anforderungen an eine lernförderliche Beurteilungskultur erfüllen können, liegen im deutschsprachigen Raum bisher kaum vor. Ansatzweise aufschlussreich erscheint in diesem Zusammenhang lediglich eine von Möller und Machts in Kooperation mit dem schleswig-holsteinischen Ministerium für Bildung, Wissenschaft und Kultur und dem Institut für Qualitätsentwicklung an Schulen in Schleswig-Holstein durchgeführte Evaluationsstudie zu Kompetenzastern, deren Ergebnisse 2016 auf dem Kieler Schulleitungssymposium vorgestellt wurden. In die Auswertung dieser Studie konnten die Daten von 467 Schüler*innen der 4. Jahrgangsstufe, 202 Eltern und 57 Lehrkräfte von 8 verschiedenen Schulen einbezogen werden (Möller & Machts 2016, S. 19).

Die Befragung der Eltern und Lehrkräfte konzentrierte sich vorrangig auf die Verständlichkeit der Kompetenzraster für überfachliche Kompetenzen und neun Unterrichtsfächer. Diese wurden im Durschnitt von 93 Prozent der befragten Eltern und 70 Prozent der teilnehmenden Lehrkräfte als verständlich oder eher verständlich eingestuft. In Bezug auf die Fächer Mathematik und Musik wählten allerdings nur 33 bzw. 45 Prozent der Lehrkräfte die entsprechenden Antwortoptionen aus und schätzten die Verständlichkeit der entsprechenden Kompetenzraster damit deutlich geringer ein als die Eltern, bei denen sich eine Zustimmung von 77 Prozent und 93 Prozent verzeichnen ließ. In den verbleibenden Fächern schätzten die Lehrkräfte die Verständlichkeit ebenfalls überwiegend geringer ein als die Eltern (Möller & Machts 2016, S. 23). Dies könnte darauf zurückzuführen sein, dass die Lehrkräfte die Erfahrung gemacht haben, dass die Eltern und die Schüler*innen die Kompetenzraster mitunter anders verstehen als von ihnen intendiert. Aus den freien Textantworten der Lehrkräfte geht des Weiteren hervor, dass einige von ihnen die Kompetenzbeschreibungen für den Grundschulbereich für zu abstrakt hielten, und auch einzelne Eltern mahnten die Verwendung abstrakter Fachbegriffe an (Möller & Machts 2016, S. 35).

Neben der Verständlichkeit der Kompetenzraster wurde des Weiteren in Bezug auf die Fächer Deutsch und Mathematik untersucht, inwiefern die Markierungen in den Rastern sowie die Noten der Schüler*innen ihren Leistungen in standardisierten Leistungstests für diese Fächer entsprechen. Die Korrelationen zwischen der Testleistung auf der einen und den Kompetenzrastern oder Noten auf der anderen Seite fielen dabei nahezu identisch aus und lagen für das Fach Deutsch bei .61 und .56 und für das Fach Mathematik bei .66 und .68 (Möller & Machts 2016, S. 46). Bedeutsame Unterschiede in Bezug auf die Informationsqualität von Kompetenzrastern und Noten haben sich in dieser Hinsicht somit nicht gezeigt.

Neben der Informationsqualität von Kompetenzrastern haben Möller und Machts auch den Zusammenhang zwischen diesem alternativen Beurteilungsformat und dem Selbstkonzept der Schüler*innen in verschiedenen Fächern untersucht. Aus den von ihnen berichteten Ergebnissen geht dabei allerdings lediglich hervor, dass in Form von Kompetenzrastern abgegebene Einschätzungen ähnlich stark mit dem Selbstkonzept der Schüler*innen korrelieren wie Noten (Möller & Machts 2016, S. 41).

In anderen Ländern und insbesondere im angloamerikanischen Sprachraum wurden Beurteilungsraster bereits umfangreicher untersucht. In einer Review zum formativen Nutzen von Beurteilungsrastern führen Panadero und Jonsson insgesamt 21 englischsprachige Studien unterschiedlicher Qualität und Aussagekraft zusammen. Sie kommen dabei zu dem Ergebnis, dass Beurteilungsraster auf verschiedenen Wegen auf die Lernentwicklung von Schüler*innen und Studierenden einwirken und diese potenziell positiv beeinflussen können. Inwiefern Beurteilungsraster tatsächlich eine lernförderliche Wirkung entfalten können, hängt allerdings auch Panadero und Jonsson zufolge von ihrer konkreten Ausgestaltung und Nutzung ab (Panadero & Jonsson 2013, S. 16f.)

Aus einem Teil der in die Review einbezogenen Studien geht zunächst hervor, dass Beurteilungsraster die Transparenz der Leistungsbeurteilung erhöhen können, wenn sie mit den Lernenden geteilt und nicht ausschließlich von den Lehrenden verwendet werden (Panadero & Jonsson 2013, S. 17). Beurteilungsraster können Schüler*innen somit über relevante Qualitätskriterien informieren und darüber bei der Bewältigung verschiedener Lern- und Leistungssituationen unterstützen.

Das alleinige Aushändigen eines Beurteilungsrasters scheint dabei allerdings noch keine oder allenfalls nur sehr geringe Auswirkungen auf die Leistungen von Schüler*innen zu haben. Stattdessen konnten positive Auswirkungen in erster Linie dann beobachtet werden, wenn Beurteilungsraster in den Unterricht eingebunden und gemeinsam besprochen wurden. Dies spricht unter anderem dafür, dass ausreichend Zeit in die Einführung von Beurteilungsrastern und die Arbeit damit investiert werden sollte (Panadero & Jonsson 2013, S. 17ff.).

Ausreichend Zeit wird Panadero und Jonsson zufolge auch für die Umsetzung der in Beurteilungsrastern enthaltenen Kriterien benötigt. Wie oben bereits erwähnt, können Beurteilungsraster die Transparenz der Leistungsbeurteilung erhöhen und so auch

Ängste reduzieren, die aus unklaren Leistungsanforderungen resultieren. Eine derart positive Wirkung ist allerdings nur dann zu erwarten, wenn Beurteilungsraster rechtzeitig vor der jeweiligen Beurteilungssituation bekannt gegeben werden. Ist dies nicht der Fall, können Beurteilungsraster Ängste verstärken, Stress hervorrufen und darüber das Lernen von Schüler*innen und Studierenden beeinträchtigen (Panadero & Jonsson 2013, S. 17f.).

Besonders groß ist diese Gefahr dann, wenn kurzzeitig bekanntgegebene Kriterien von den Lernenden zusätzlich als schwer zu erfüllen angesehen werden. Ein lernförderlicher Einsatz von Beurteilungsrastern setzt somit auch eine Abstimmung der Kriterien auf den jeweiligen Lernstand der Schüler*innen und die im Unterricht erfolgte Vorbereitung auf die jeweilige Leistungssituation voraus. Wenn diese Abstimmung gelingt, können Beurteilungsraster den Lernenden ein Gefühl von Sicherheit und Kontrollierbarkeit vermitteln (Panadero & Jonsson 2013, S. 17f.).

Die von Panadero und Jonsson berichteten Ergebnisse bekräftigen des Weiteren die bereits aus theoretischer Sicht getroffene Annahme, dass Beurteilungsraster vorrangig dann eine lernförderliche Wirkung entfalten, wenn sie von den Schüler*innen zur Selbstbeurteilung und ferner auch als Grundlage für Peer-Feedback-Verfahren genutzt werden (Panadero & Jonsson 2013, S. 19f.). Eine Kombination mit derartigen metakognitiven Aktivitäten ist somit ebenfalls empfehlenswert.

Mehrere Studien, bei denen sich Schüler*innen selbst mit Hilfe von Beurteilungsrastern einschätzten, liefern Hinweise darauf, dass Beurteilungsraster potenziell auch die Selbstwirksamkeit von Lernenden steigern können (Panadero & Jonsson 2013, S. 11). Die entsprechenden Effekte sind allerdings eher gering ausgeprägt und zum Teil von weiteren Faktoren abhängig. So konnten Panadero, Alonso-Tapia und Huertas beispielsweise nur bei einer Gruppe von jugendlichen Schüler*innen Selbstwirksamkeitszuwächse beobachten, die zusätzlich zur Selbsteinschätzung mit Beurteilungsrastern auch eine prozessorientierte Rückmeldung erhalten haben (Panadero, Alonso-Tapia und Huertas 2012, S. 17f.).

Wie sich Beurteilungsraster auf die Motivation von Schüler*innen auswirken können, wurde schließlich auch international noch nicht hinreichend untersucht. Panadero und Jonsson äußern allerdings die Einschätzung, dass Beurteilungsraster eher die extrinsische Motivation und die Leistungszielorientierung fördern als die Motivation für das Lernen selbst (Panadero & Jonsson 2013, S. 18f.).

5.4 Lernentwicklungsgespräche

Gespräche über die Lernentwicklung von Schüler*innen stellen ein weiteres alternatives Beurteilungsformat dar. Sie werden von den Schüler*innen und ihren Lehrkräften geführt und können auch die Beteiligung der Eltern der jeweiligen Lernenden vorsehen. Inhaltlich umfassen Lernentwicklungsgespräche typischerweise einen Abgleich der Selbst- und Fremdeinschätzung durch die Schüler*innen und Lehrkräfte, einen darauf aufbauenden Dialog über die Ziele für das weitere Lernen der Schüler*innen und die Planung zur Umsetzung dieser Ziele geeigneter Maßnahmen. Die wichtigsten Ergebnisse von Lernentwicklungsgesprächen werden in der Regel protokolliert oder in Form einer Lernvereinbarung für die darauffolgende Zeit schriftlich festgehalten (Winter 2015, S. 224).

Die Häufigkeit und die Dauer von Lernentwicklungsgesprächen können ebenso variiert werden wie ihre thematischen Schwerpunkte. Sie können außerdem sowohl gesondert für einzelne Unterrichtsfächer als auch fächerübergreifend geführt werden. Von der Entscheidung darüber hängt es des Weiteren ab, ob Lernentwicklungsgespräche von den Lehrkräften einzelner Fächer oder den Klassenlehrkräften der jeweiligen Schüler*innen geführt werden (Winter 2015, S. 230).

Chancen, Herausforderungen und Gelingensbedingungen aus theoretischer Sicht

Eine erste besondere Chance von Lernentwicklungsgesprächen besteht darin, dass sie sowohl die Gewinnung als auch die Kommunikation qualitativ hochwertiger Informationen zulassen. Grundsätzlich sind Lernentwicklungsgespräche vielfältigen Aspekten des Lernens und Leistens der Schüler*innen gegenüber offen und bieten zudem die Möglichkeit, diese auf eine differenzierte und inhaltlich aussagekräftige Weise zu besprechen (Winter 2015, S. 222ff.). Der für dieses Beurteilungsformat charakteristische Abgleich von Fremd- und Selbsteinschätzung kann allen Beteiligten zudem potenziell zu realistischeren und zutreffenderen Erkenntnissen verhelfen. Dazu trägt es ebenfalls bei, dass durch die Beteiligung der Schüler*innen Informationen erschlossen werden, die den Lehrkräften allein nicht zugänglich sind. Darüber hinaus können alle Beteiligten in einem persönlichen Gespräch besonders gut sicherstellen, dass ihre Äußerungen tatsächlich verstanden werden, und bei eigenen Verständnisschwierigkeiten Nachfragen stellen (Sacher 2014, S. 260). Zusätzlich dazu lassen Beurteilungsgespräche schließlich die gemeinsame Entwicklung und Kommunikation von Hinweisen für das weitere Lernen der Schüler*innen zu.

In Bezug auf die Erfüllung der ersten Anforderung an eine lernförderliche Beurteilungskultur haben Lernentwicklungsgespräche somit ein besonders großes Potenzial. Inwiefern sie dieses tatsächlich auf eine lernförderliche Weise entfalten, hängt allerdings wie bei den bereits betrachteten Beurteilungsformaten von ihrer konkreten praktischen Umsetzung ab.

Ein Lernentwicklungsgespräch auf eine Weise zu führen, die allen Beteiligten zu einem Zugewinn an lernförderlichen Informationen verhilft, stellt eine ausgesprochen anspruchsvolle Aufgabe dar und setzt bei den Schüler*innen, Eltern und Lehrkräften umfangreiche Kompetenzen voraus (Marx 2020, S. 72; Winter 2015, S. 227). Von besonderer Bedeutung ist es dabei, dass die Beteiligten bereit und in der Lage sind, möglichst offen, vorwurfsfrei und konstruktiv miteinander zu kommunizieren. Sie benötigen dazu auch ausreichende sprachliche Fähigkeiten und falls diese aufgrund eines Migrationshintergrunds noch nicht vorhanden sein sollten, kann es hilfreich sein, Dolmetscher*innen mit der jeweiligen Herkunftssprache hinzuziehen. Der vorgesehene Abgleich der Selbst- und Fremdeinschätzung durch die Schüler*innen und Lehrkräfte setzt des Weiteren voraus, dass diese über eine möglichst gut ausgeprägte Beurteilungskompetenz verfügen.

Damit Lernentwicklungsgespräche die Lernentwicklung der Schüler*innen tatsächlich unterstützen können, ist es folglich notwendig, dass die Lehrkräfte dafür ausreichend qualifiziert werden. Es ist dabei auch in diesem Zusammenhang empfehlenswert, die Förderung der entsprechenden Kompetenzen bereits in der universitären Phase der Lehramtsausbildung zu beginnen, in der praktischen Phase fortzusetzen und zudem berufsbegleitend im Rahmen von Fortbildungsveranstaltungen zu ermöglichen. Zusätzlich dazu können auch verschiedene Formen der Kooperation im Kollegium die Gesprächsqualität steigern. Dies ist beispielsweise dann möglich, wenn sich die Lehrkräfte gegenseitig hospitieren und Rückmeldung zu ihrer Gesprächsführung geben oder gemeinsam Konzepte dafür entwickeln, wie die Schüler*innen auf die Gespräche vorbereitet werden können (Winter 2015, S. 233).

Eine gezielte Unterstützung der Schüler*innen ist für das Gelingen von Lernentwicklungsgesprächen besonders wichtig, da diese Gespräche auch für die Lernenden selbst wie bereits erwähnt eine Herausforderung darstellen. Damit sie diese Herausforderung meistern können, sollten die Schüler*innen bereits vor den Gesprächen zu einer Auseinandersetzung mit ihrem eigenen Lernen angeregt und bei der Entwicklung ihrer Selbstbeurteilungskompetenz unterstützt werden. Dabei können andere alternative Beurteilungsformate wie Beurteilungsraster als Hilfestellung dienen (Winter 2015, S. 230ff.). Des Weiteren gilt es, auch die kommunikativen Fähigkeiten der Schüler*innen zu fördern und ihnen insbesondere die Gelegenheiten dazu zu bieten, das Sprechen über verschiedene Aspekte ihres Lernens und Leistens zu üben. Dies ist sowohl in kurzen Einzelgesprächen der Schüler*innen mit ihren Lehrkräften als auch im Rahmen von Peer-Feedback-Verfahren oder gemeinsamen Reflexionsphasen mit der gesamten Lerngruppe möglich.

Eine weitere Voraussetzung dafür, dass in den Lernentwicklungsgesprächen ein produktiver Austausch stattfinden kann, besteht darin, dass sich die Schüler*innen und Lehrkräfte inhaltlich auf die konkrete Gesprächssituation vorbereiten und eine geeignete Grundlage dafür schaffen. Diese Grundlage sollte möglichst schriftlich fixiert oder in anderer Form sichtbar sein, damit sich alle Beteiligten im Gespräch daran orientieren und konkret darauf beziehen können. Dies lässt sich beispielsweise mit Hilfe von Beurteilungsrastern realisieren, die im Vorfeld von den Schüler*innen und Lehrkräften ausgefüllt werden (Winter 2015, S. 230). Des Weiteren können auch von den Schüler*innen erstellte Portfolios als authentische Gesprächsgrundlage genutzt werden (Sacher 2014, S. 260).

Zusätzlich dazu werden als Grundlage für fächerübergreifende Lernentwicklungsgespräche Informationen von den Lehrkräften benötigt, die nicht selbst an den Gesprächen beteiligt sind. Diese können ebenfalls über andere alternative Beurteilungsformate wie Beurteilungsraster oder verbale Beurteilungen eingeholt werden. Sie sollten außerdem zumindest kurz besprochen werden, um sicherzustellen, dass die das Gespräch führenden Lehrkräfte die Rückmeldungen ihrer Kolleg*innen richtig verstehen und weitergeben können (Winter 2015, S. 230).

Wie sich in den vorherigen Absätzen bereits andeutet, ist es des Weiteren notwendig, ausreichend Zeit in die Vorbereitung von Lernentwicklungsgesprächen zu investieren. Für die Durchführung der Gespräche wird ebenfalls vergleichsweise viel Zeit benötigt, da eine differenzierte Auseinandersetzung mit der Lernentwicklung der Schüler*innen in weniger als 20 Minuten kaum möglich scheint und vermutlich sogar noch mehr Zeit in Anspruch nimmt (Hackmann 1997, S. 1; Winter 2015, S. 230). Zusätzlich dazu kann auch die Nachbereitung der Lernentwicklungsgespräche ein höheres Maß an Zeit erfordern, wenn es beispielsweise nicht möglich ist, die Gesprächsinhalte begleitend zum Gespräch in der vorgesehenen Form zu dokumentieren. Eine lernförderliche Umsetzung von Lernentwicklungsgesprächen setzt somit voraus, dass ausreichend Zeit für ihre Vorbereitung, Durchführung und Nachbereitung zur Verfügung gestellt wird.

Damit Lernentwicklungsgespräche das Lernen der Schüler*innen möglichst umfangreich unterstützen können, ist es zudem besonders wichtig, dass sie tatsächlich im Sinne ihrer eigentlichen Konzeption umgesetzt werden und den Schüler*innen echte Partizipationsmöglichkeiten bieten. Dies setzt beispielsweise voraus, dass die Lehrkräfte die Schüler*innen als gleichberechtigte Gesprächspartner*innen anerkennen und bei ihrer eigenen Rückmeldung auf die Selbsteinschätzung der Schüler*innen Bezug nehmen (Marx 2020, S. 71; Winter 2015, S. 227). Sie sollten ihnen außerdem in einem verantwortungsvoll zuzutrauenden Rahmen Mitbestimmungsmöglichkeiten in Bezug auf die Ziele und die nächsten Schritte für ihr Lernen bieten. Werden Lernentwicklungsgespräche in diesem Sinne wahrhaft partizipativ umgesetzt, so ist davon eine besonders positive Wirkung sowohl auf ihre Informationsqualität als auch auf die Motivation und das Selbstkonzept der Schüler*innen zu erwarten.

Das Gleiche gilt auch für eine konsequente Umsetzung der Ausrichtungsmerkmale, die in der grundlegenden Konzeption von Lernentwicklungsgesprächen bereits angelegt sind. Lernentwicklungsgespräche sind grundsätzlich prozess- und zukunftsorientiert konzeptioniert und orientieren sich in erster Linie an der individuellen Bezugsnorm in Kombination mit inhaltlichen Kriterien. Von dieser grundlegenden Orientierung ausgehend lassen sie sich zudem besonders gut mit einem stärkenorientierten Umgang mit den Leistungen der Schüler*innen vereinen (Winter 2015, S. 252f.). Lernentwicklungsgespräche bieten somit die besondere Chance, die Leistungsbeurteilung auf eine Weise auszurichten, die für das Lernen von Schüler*innen in Kapitel 3 in mehrfacher Hinsicht als besonders vorteilhaft identifiziert wurde.

Damit diese Chance tatsächlich zum Tragen kommt, ist es allerdings notwendig, dass die Schüler*innen, Eltern und Lehrkräfte im Gespräch tatsächlich diesen lernförderlichen Prinzipien folgen. Dazu kann die Gesprächsgrundlage einen wichtigen Beitrag leisten, wenn sie selbst anhand dieser Prinzipien gestaltet wird und die Aufmerksamkeit der Beteiligten so beispielsweise unmittelbar auf die Stärken oder Fortschritte der Lernenden lenkt. Für die Verwirklichung der Prozess- und Zukunftsorientierung ist zudem eine Lernvereinbarung als eine besonders geeignete Hilfestellung anzusehen.

Von besonderer Bedeutung ist in diesem Zusammenhang des Weiteren ein konstruktiver und einfühlsamer Umgang mit den Verbesserungsbedarfen und Fehlern der

Schüler*innen (Winter 2015, S. 233). Wie in Kapitel 5.2 bereits herausgestellt, können verbale Äußerungen das Befinden von Schüler*innen potenziell noch stärker beeinträchtigen als reine Ziffernnoten. Sie sollten daher in Lernentwicklungsgesprächen wie in verbalen Beurteilungen mit Bedacht gewählt werden.

Dies ist auch als eine Voraussetzung dafür anzusehen, dass Lernentwicklungsgespräche die Beziehungen zwischen allen Beteiligten fördern können. In Hinblick darauf haben Lernentwicklungsgespräche von den bisher betrachteten Beurteilungsformaten das größte Potenzial, da sie einen persönlichen und wechselseitigen Austausch ermöglichen. Durch diesen Austausch können die Schüler*innen, Eltern und Lehrkräfte zunächst ein besseres gegenseitiges Verständnis entwickeln und falsche Vorstellungen ausräumen, die ihr Verhältnis andernfalls belasten würden. Im persönlichen Gespräch ist es den Lehrkräften und den Eltern des Weiteren am besten möglich, den Schüler*innen ein echtes Interesse und Wertschätzung entgegenzubringen (Winter 2015, S. 222ff.). Als ein Ausdruck von Wertschätzung ist es außerdem anzusehen, dass die Schüler*innen im Rahmen von Lernentwicklungsgesprächen an der Evaluation ihrer eigenen Leistungen und der Planung ihres weiteren Lernens mitwirken dürfen. Lernentwicklungsgespräche sind somit in mehrfacher Hinsicht dazu geeignet, die Qualität der Beziehungen zwischen den Beteiligten zu steigern und den Schüler*innen ein motivationsförderliches Gefühl von sozialer Eingebundenheit zu vermitteln.

Dazu trägt es ebenfalls bei, dass Lernentwicklungsgespräche nicht auf einen sozialen Vergleich der Schüler*innen untereinander ausgerichtet sind und dafür auch keine leicht vergleichbare Grundlage wie Beurteilungsraster oder Noten bieten. Es ist daher davon auszugehen, dass sie sich auch auf die Beziehungen zwischen den Lernenden tendenziell positiv auswirken.

Eine Möglichkeit diese positive Wirkung noch zu verstärken, besteht darin, die Schüler*innen bei der Vorbereitung der Lernentwicklungsgespräche zu einer gegenseitigen Unterstützung anzuregen. Dies ist beispielsweise in der Form möglich, dass sich die Schüler*innen bei der Auswahl einer geeigneten Gesprächsgrundlage beraten oder sich diese vor dem Gespräch mit ihren Eltern und Lehrkräften gegenseitig vorstellen und dazu eine Rückmeldung geben (Hackmann 1997, S. 1). Neben der sozialen Eingebundenheit können solche Kooperationsformen zugleich auch die Beurteilungskompetenz der Schüler*innen fördern und die Nervosität reduzieren, die die Lernenden mitunter vor den Gesprächen mit ihren Eltern und Lehrkräften verspüren.

Schließlich ist davon auszugehen, dass das Gelingen von Lernentwicklungsgesprächen von den bisher betrachteten alternativen Beurteilungsformaten am stärksten von den Kompetenzen und Einstellungen aller Beteiligten abhängig ist, da dieses Format die kompetente und konstruktive Mitwirkung sowohl der Lehrkräfte als auch der Schüler*innen und der Eltern erfordert.

Empirische Ergebnisse zum lernförderlichen Potenzial von Lernentwicklungsgesprächen

Empirische Anhaltspunkte für die Beurteilung des lernförderlichen Potenzials von Lernentwicklungsgesprächen bietet bisher vor allem eine von Häbig an drei Hamburger Gymnasien durchgeführte Mixed-Methods-Studie. Im Rahmen dieser Studie wurden fast 270 Schüler*innen der 8. Klassenstufe schriftlich dazu befragt, wie sie die 15- bis 30-minütigen Lernentwicklungsgespräche wahrnehmen, an denen sie ergänzend zur Vergabe von Noten einmal pro Schuljahr gemeinsam mit ihren Eltern teilnehmen. Zu diesen Gesprächen gaben des Weiteren auch die Klassenlehrkräfte der Schüler*innen und die didaktischen Leitungen der drei Gymnasien in leitfadengestützten Interviews eine Einschätzung ab (Häbig 2018, S. 160ff.).

Aus den Antworten der befragten Schüler*innen geht zunächst hervor, dass diese in den Lernentwicklungsgesprächen nur in geringem Umfang neue und für ihr weiteres Lernen hilfreiche Informationen bekommen. So fühlte sich eine leichte Mehrheit der Schüler*innen durch die Lernentwicklungsgespräche nur darüber besser informiert, wie sie eine bessere Note erhalten könnten. Hinweise, die sich direkt auf ihr Lernen beziehen, scheinen die Schüler*innen hingegen nur zum Teil erhalten zu haben, da sich das Verhältnis von zustimmenden und ablehnenden Antworten auf ein entsprechendes Item vollständig ausgleicht. Eine Mehrheit der befragten Schüler*innen gab außerdem an, dass sie keine Tipps dazu erhalten hätten, wie sie ihr Lernen noch positiver gestalten und erleben könnten. Zusätzlich dazu nahm der größte Teil der Schüler*innen im Zusammenhang mit den Lernentwicklungsgesprächen keinen Erkenntnisgewinn in Bezug auf ihre Stärken wahr (Häbig 2018, S. 250f.). In Bezug auf den Gehalt an lernförderlichen Informationen konnte das Potenzial von Lernentwicklungsgesprächen bei der gewählten Gestaltungsform somit nur zum Teil ausgeschöpft werden und es deutet sich an, dass die Kombination mit Noten dazu beigetragen hat.

Diese Kombination scheint auch die Motivation der Schüler*innen auf eine Weise beeinflusst zu haben, die für ihr weiteres Lernen eher ungünstig ist. Im Anschluss an ihre Lernentwicklungsgespräche war die Mehrheit der Schüler*innen vor allem dazu motiviert, im Unterricht mehr mitzuarbeiten (Häbig 2018, S. 306). Sie wollten also in erster Linie eine bessere Leistung zeigen, was dafür spricht, dass die Leistungsmotivation der Schüler*innen durch das Beurteilungssystem der teilnehmenden Schulen stärker gefördert wird als die Lernmotivation. In dieselbe Richtung weist auch das Ergebnis, dass nur eine knappe Mehrheit der Schüler*innen den Lernentwicklungsgesprächen eine positive Wirkung auf ihre Motivation für das Lernen selbst zuschreibt (Häbig 2018, S. 305).

Auf der anderen Seite waren aus Sicht der Schüler*innen mehrere Voraussetzungen gegeben, die in Kapitel 3.2 als förderlich für ihre Motivationsentwicklung identifiziert wurden. So hatten die befragten Schüler*innen mehrheitlich das Gefühl, dass sich ihre Lehrkräfte wirklich für ihre Meinung interessierten, sie respektierten und mit ihnen auf Augenhöhe kommunizierten. Sie boten den Lernenden außerdem die Möglichkeit, eigene Entscheidungen zu treffen, und regten sie dazu an, selbst zur Überwindung von

Herausforderungen aktiv zu werden (Häbig 2018, S. 248ff.). Das Verhalten der Lehrkräfte kann damit als eher autonomieunterstützend und förderlich für das Erleben von sozialer Eingebundenheit charakterisiert werden. Es lässt außerdem eine Mitbestimmung durch die Schüler*innen zu.

Allerdings wurde die Partizipation der Schüler*innen in den beteiligten Klassen nicht vollkommen konsequent umgesetzt. Den 45 Prozent der Achtklässler*innen, die ihre Lernziele ihrer eigenen Angabe nach selbst formuliert haben, stehen so 27 Prozent gegenüber, die von einer alleinigen Vorgabe der Ziele durch ihre Lehrkräfte berichteten. Weitere 21 Prozent gaben an, dass sie die Lernziele mit ihren Lehrkräften gemeinsam formuliert hätten (Häbig 2018, S. 299f.). Auch wenn die Anzahl der an der Lernzielformulierung beteiligten Schüler*innen damit überwiegt, konnte ein nicht unerheblicher Teil der Befragten keinen Einfluss auf die Ziele für ihr weiteres Lernen nehmen.

Dass die Partizipationsmöglichkeiten der Schüler*innen zum Teil eingeengt wurden, deutet sich auch in ihrer Einschätzung der Gesprächsanteile der verschiedenen Beteiligten an. Aus Sicht der Schüler*innen hatten die Lehrkräfte mit fast der Hälfte der Gesprächszeit den größten Redeanteil und sie mit fast einem Drittel den zweithöchsten. Die verbleibende Gesprächszeit wurde von den Eltern eingenommen (Häbig 2018, S. 244).

Aufschlussreich ist in diesem Zusammenhang auch die Tatsache, dass die befragten Schüler*innen mehrheitlich nicht den Eindruck hatten, dass die Lernentwicklungsgespräche und vor allem ihre eigenen Äußerungen in diesen Gesprächen ihre Noten negativ oder positiv beeinflussen könnten (Häbig 2018, S. 247, S. 305). Dies weist daraufhin, dass die Selbsteinschätzung der Lernenden zumindest ihrer eigenen Meinung nach nicht bei der Beurteilung ihrer Leistungen durch die Lehrkräfte berücksichtigt wird. Eine echte Möglichkeit zur Partizipation an der Evaluation ihrer eigenen Leistungen nehmen die Schüler*innen dementsprechend auch in dieser Hinsicht nicht wahr, was neben der Kombination mit Noten dazu beigetragen haben kann, dass sie sich durch die Lernentwicklungsgespräche nicht noch stärker zum Lernen motiviert fühlten.

In Bezug auf das Selbstkonzept der Lernenden findet sich in den von Häbig berichteten Ergebnissen lediglich die Information, dass die auf einer Skala von 1 bis 4 erfasste schulbezogene Selbstwirksamkeit mit einem Mittelwert von 2,9 überwiegend positiv ausgeprägt ist (Häbig 2018, S. 235). Da kein Vergleich mit Schüler*innen ohne Lernentwicklungsgespräche vorgenommen wurde, lässt sich davon ausgehend jedoch nicht auf den Beitrag dieser Gespräche zur Selbstkonzeptentwicklung der Schüler*innen schließen.

In Hinblick auf weitere Chancen und Herausforderungen von Lernentwicklungsgesprächen lässt sich abschließend noch hervorheben, dass die meisten Schüler*innen die Atmosphäre in den Gesprächen positiv einschätzten und auch die Teilnahme ihrer Eltern mehrheitlich positiv bewerteten (Häbig 2018, S. 247ff.). Eine leichte Mehrheit der befragten Lernenden gab des Weiteren an, dass sich die Lernentwicklungsgespräche positiv auf die Beziehungen zwischen ihren Eltern und Lehrkräften auswirken könnten. Eine Verbesserung ihrer eigenen Beziehung zu ihren Lehrkräften nahmen die Schüler*innen mehrheitlich hingegen nicht wahr (Häbig 2018, S. 305). Ein kleiner Teil der Achtklässler*innen berichtete außerdem, dass das Gespräch bei ihnen Nervosität hervorgerufen hätte, was die Bedeutung einer ihnen Sicherheit gebenden Vorbereitung unterstreicht. In den Antworten einiger weiterer Schüler*innen deutet sich außerdem an, dass die zeitliche Organisation von Lernentwicklungsgesprächen wie bereits angenommen eine Herausforderung sein kann. Die entsprechenden Äußerungen bezogen sich dabei vor allem auf ein Nicht-Einhalten der Gesprächszeiten durch die Lehrkräfte und längere Wartezeiten (Häbig 2018, S. 279).

Die ebenfalls befragten Lehrkräfte der drei Hamburger Gymnasien sahen die zeitliche Organisation auch übereinstimmend als Problem an und kritisierten insbesondere den Mangel an zeitlichen Ressourcen für die Lernentwicklungsgespräche (Häbig 2018, S. 202). Dieser würde unter anderem dazu beitragen, dass die Gespräche nicht angemessen nachbereitet werden könnten (Häbig 2018, S. 199). Zusätzlich dazu zeigte sich bei der Befragung der Lehrkräfte, dass an allen drei Schulen Konzepte zur systematischen Umsetzung und Evaluation der Lernzielvereinbarungen fehlten (Häbig 2018, S. 197).

Diesen Herausforderungen stehen aus Sicht der interviewten Lehrkräfte auf der anderen Seite allerdings auch weitreichende Chancen gegenüber. Sie schätzten dabei insbesondere die Möglichkeit, sich in den Lernentwicklungsgesprächen den einzelnen Schüler*innen zuwenden zu können, und sahen in den Gesprächen selbst einen hohen Eigenwert. Zusätzlich dazu haben die Lehrkräfte die Erfahrung gemacht, dass die Schüler*innen durch die Lernentwicklungsgespräche tatsächlich bei der Erweiterung selbstregulativer Kompetenzen wie der Fähigkeit zur Selbstreflexion oder Zielsetzung unterstützt werden. Darüber hinaus wurde von den Lehrkräften einer Schule auch das bessere Kennenlernen der Schüler*innen als eine besondere Chance der Lernentwicklungsgespräche beschrieben (Häbig 2018, S. 202). Neben den bereits antizipierten Herausforderungen bestätigten die von Häbig befragten Lehrkräfte somit auch einige im Vorherigen bereits beschriebene Chancen von Lernentwicklungsgesprächen.

Für das lernförderliche Potenzial dieses Gesprächsformats sprechen auch die Ergebnisse einer Untersuchung von Hackmann, Kenworthy und Nibbelink, die bereits in den 1990er-Jahren an der Center Middle School in Kansas im US-Bundesstaat Illinois durchgeführt wurde. An dieser weiterführenden Schule wurden bereits etablierte Gespräche zwischen Eltern und Lehrkräften in den Klassenstufen 7 und 8 durch sogenannte *student-led conferences* ersetzt. Dabei handelt es sich um von den Schüler*innen geleitete Gespräche mit den Eltern und Lehrkräften, die an der genannten Schule der grundlegenden Konzeption von Lernentwicklungsgesprächen folgend ausgestaltet werden. Sie finden zweimal pro Schuljahr statt und dauern pro Schüler*in ungefähr 20 Minuten. Als Gesprächsgrundlage werden die individuellen Ziele, die sich die Schüler*innen zu Beginn des jeweiligen Schuljahresabschnitts gesetzt haben, Übersichten über ihre Noten und Dokumente ihres Lernens genutzt (Hackmann, Kenworthy & Nibbelink 1998, S. 35ff.).

Im Anschluss an eine Begrüßungsphase beginnen die Lernentwicklungsgespräche an der Center Middle School in Kansas damit, dass die Schüler*innen mit Bezug zu den von ihnen im Vorwege zusammengestellten Materialien eine eigene Einschätzung ihrer Lernentwicklung der Verwirklichung ihrer Lernziele abgeben. Ausgehend davon beraten alle Beteiligten gemeinsam über sinnvolle nächste Lernschritte und bei Bedarf auch über konkrete Unterstützungsmöglichkeiten durch die Eltern und Lehrkräfte. Der zweite Teil des Gesprächs ist dann der Auseinandersetzung mit dem Notenbild der Schüler*innen gewidmet. Die Lernenden geben dabei wiederum zunächst eine eigene Einschätzung dazu ab, warum sie aus ihrer Sicht bestimmte Noten erhalten haben und wie sie sich davon ausgehend verbessern können. Anschließend werden gemeinsam gegebenenfalls weitere Ursachen für das Zustandekommen der Noten der Schüler*innen ergründet und die Noten festgelegt, die die Schüler*innen im folgenden Schuljahresabschnitt in den einzelnen Fächern anstreben werden. Die Gespräche enden schließlich mit einer Zusammenfassung der wichtigsten Gesprächsinhalte durch die Schüler*innen (Hackmann, Kenworthy & Nibbelink 1998, S. 37).

Wie sich in der Beschreibung des typischen Gesprächsablaufs bereits andeutet, weisen die *student-led conferences* an der Center Middle School in Kansas einige zentrale Merkmale einer alternativen Beurteilungskultur auf. Sie sind sowohl prozess- als auch zukunftsorientiert angelegt und bieten den Schüler*innen als Leiter*innen der Gespräche echte und weitreichende Partizipationsmöglichkeiten. Sie ermöglichen es den Lernenden außerdem, mit ihren Eltern und ihren Lehrkräften in einen wechselseitigen Dialog über ihre Lern- und Leistungsentwicklung einzutreten. Zu einer differenzierten Auseinandersetzung mit derselben werden die Schüler*innen sowohl in den Gesprächen selbst als auch im Vorwege in einem Seminarfach angeregt, das zur Förderung überfachlicher Kompetenzen wie der für die Gesprächsführung benötigten dient. In diesem Fach üben die Schüler*innen unter anderem auch mit verteilten Rollen für ihre Gespräche, sodass im Rahmen des Konzepts der Schule auch der Austausch unter den Lernenden gefördert wird (Hackmann, Kenworthy & Nibbelink 1998, S. 36). Lediglich die Kombination mit Noten stimmt nicht mit den übergeordneten Zielen und Merkmalen einer alternativen Beurteilungskultur überein.

Von den beteiligten Schüler*innen, Eltern und Lehrkräften wird die Einführung der Lernentwicklungsgespräche Hackmann, Kenworthy und Nibbelink zufolge ausgesprochen positiv bewertet und mit einer Reihe von Vorteilen verbunden. Von den 365 von ihnen befragten Schüler*innen der 7. und 8. Klassenstufe schätzen so beispielsweise 96 Prozent die Gespräche als hilfreich oder sogar sehr hilfreich ein. Von den 358 Eltern, die sich an der Befragung beteiligt haben, wählten 93 Prozent die entsprechenden Antwortoptionen. Für die Lehrkräfte werden keine vergleichbaren quantitativen Daten berichtet; auch in dieser Gruppe soll die Unterstützung für die Lernentwicklungsgespräche aber hoch ausgeprägt gewesen sein (Hackmann, Kenworthy & Nibbelink 1998, S. 38).

Die frei formulierten Kommentare der Schüler*innen, Eltern und Lehrkräfte enthalten des Weiteren Hinweise darauf, dass die Lernentwicklungsgespräche in der beschriebenen Form Teile der drei zentralen Anforderungen an eine lernförderliche Beurteilungskultur erfüllen können. Einigen Befragten zufolge würden die Schüler*innen in den Gesprächen so beispielsweise Hinweise dazu erhalten, wie sie bei der Verbesserung ihrer Fähigkeiten und Leistungen vorgehen können, und für die Eltern wird ein Vorteil in einem besseren Einblick in das schulische Lernen ihrer Kinder gesehen.

Das bessere Verständnis, was daraus resultiert, würde auch Konflikte zwischen Schüler*innen und Eltern reduzieren. Und auch insgesamt verbessere sich die Qualität der Kommunikation und Kooperation zwischen allen Beteiligten durch die gemeinsamen Gespräche. Die Schüler*innen scheinen des Weiteren ihre weitreichenden Partizipationsmöglichkeiten zu schätzen, die möglicherweise zur positiven Wirkung beigetragen, die einige Befragte den Gesprächen zuschreiben. Schließlich soll auch das Selbstvertrauen der Schüler*innen durch den veränderten Umgang mit ihren schulischen Leistungen gestärkt worden sein (Hackmann, Kenworthy & Nibbelink 1998, S. 38f.).

Das Beispiel der *student-led conferences* an der Center Middle School in Kansas zeigt somit, dass es bei einer geeigneten Gestaltung und Einbettung von Lernentwicklungsgesprächen in das pädagogische Konzept einer Schule gelingen kann, zentrale Merkmale einer alternativen Beurteilungskultur zu realisieren. Die von Hackmann, Kenworthy und Nibbelink berichteten Ergebnisse weisen außerdem darauf hin, dass Lernentwicklungsgespräche zur Erfüllung der drei zentralen Anforderungen an eine lernförderliche Beurteilungskultur beitragen können. Die Aussagekraft der entsprechenden Ergebnisse wird allerdings dadurch eingeschränkt, dass weder die Motivation noch das Selbstkonzept der Schüler*innen direkt erfasst wurden. Inwiefern die Lernentwicklungsgespräche tatsächlich zu einer Verbesserung der Motivation und des Selbstvertrauens der Schüler*innen geführt haben, lässt sich daher nicht beurteilen.

5.5 Portfolios

Neben den bereits betrachteten Beurteilungsformaten wird Portfolios in Ansätzen zur alternativen Leistungsbeurteilung ein besonderes Potenzial zugeschrieben (Brouër 2014, S. 157; Winter 2016, S. 212). Bei einem Portfolio handelt es sich in diesem Zusammenhang um „eine zielgerichtete Sammlung von Arbeiten, welche die individuellen Bemühungen, Fortschritte und Leistungen der/des Lernenden auf einem oder mehreren Gebieten zeigt. Die Sammlung muss die Beteiligung der/des Lernenden an der Auswahl der Inhalte, Kriterien für die Auswahl, der Festlegung der Beurteilungskriterien sowie Hinweise auf die Selbstreflexion einschließen“ (Paulson, Paulson & Meyer 1991, S. 60 nach Häcker 2006, S. 36).

Über diese grundlegenden Anforderungen hinaus bestehen bei der konkreten Anlage der Portfolios und der Portfolioarbeit vielfältige Gestaltungsspielräume. So können grundsätzlich vielfältige verschiedene Lernprodukte in Portfolios aufgenommen werden und darauf abgestimmt kann auch die Form der Portfolios variiert werden (Brouër 2014, S. 159; Winter 2016, S. 198f.). Neben Ordnern oder Mappen bieten sich dabei auch Kartons oder digitale Formate an. Zusätzlich dazu können Portfolios sowohl speziell auf einzelne Kompetenzbereiche, Themen oder Fächer bezogen als auch fächerübergreifend angelegt werden. Weitere Variationsmöglichkeiten bestehen zudem in Bezug auf den Umfang und die Art der Mitbestimmungsmöglichkeiten der Schüler*innen.

Chancen, Herausforderungen und Gelingensbedingungen aus theoretischer Sicht

Aus dieser großen Offenheit und der grundlegenden Konzeption von Portfolios ergeben sich für die Lernentwicklung der Schüler*innen weitreichende Chancen. Inwiefern diese tatsächlich auf eine lernförderliche Weise genutzt werden können, hängt allerdings wesentlich von der konkreten Gestaltung und Einbindung von Portfolios in die schulische Leistungsbeurteilung ab.

Dadurch, dass Portfolios für vielfältige Aspekte des Lernens und Leistens der Schüler*innen offen sind, können sie eine umfassende und vielseitige Informationsgrundlage für die Beurteilung der Leistungen der Lernenden bieten. Sie haben somit das Potenzial, den Schüler*innen, Eltern und Lehrkräften im Sinne der ersten Anforderung an eine lernförderliche Beurteilungskultur zu qualitativ hochwertigen Informationen zu verhelfen.

Die Entfaltung dieses Potenzials setzt zunächst voraus, dass im Rahmen des schulischen Lernens tatsächlich vielfältige Produkte entstehen, die in Bezug auf die individuelle Lernentwicklung der Schüler*innen aussagekräftig sind (Winter 2016, S. 201). Die Informationsqualität von Portfolios hängt in dieser Hinsicht wesentlich von der Gestaltung der sie umgebenden Lernkultur ab und wird insbesondere durch eine vielseitige, differenzierte und phasenweise geöffnete Unterrichtsgestaltung begünstigt.

Für die vielfältigen Produkte, die bei einer solchen Unterrichtsgestaltung entstehen können, sollten auch die Portfolios selbst offen sein, damit sie die Lernentwicklung der Schüler*innen möglichst umfassend abbilden. Restriktive Vorgaben, die nur sehr wenige oder einseitige Produkte zulassen, gilt es dementsprechend zu vermeiden. Zusätzlich dazu sollte auch die äußere Form des Portfolios so gewählt werden, dass sie die Produktauswahl und damit auch den potenziellen Informationsgewinn nicht zu stark einschränkt. Dies lässt sich mit Hilfe von mehrdimensionalen Behältnissen wie Kartons tendenziell noch besser realisieren als mit Ordnern oder Mappen, wobei auch in diese Stellvertreter wie Fotos oder Datenträger aufgenommen werden können.

Sowohl in Bezug auf die Informationsqualität als auch die Motivation und die Selbstkonzeptentwicklung der Schüler*innen ist eine weitere Chance von Portfolios darin zu sehen, dass sie die Lernenden zu einer reflexiven Auseinandersetzung mit ihrem eigenen Lernen anregen (Häcker 2006, S. 35). Portfolios sind dementsprechend dazu geeignet, die Selbstbeurteilungskompetenz der Schüler*innen zu fördern und den Lernenden zu einer differenzierten Kenntnis ihrer eigenen Fähigkeiten und Lernvoraussetzungen zu verhelfen (Brouër 2014, S. 158; Jürgens & Lissmann 2015, S. 119).

Damit diese Chance tatsächlich auf eine lernförderliche Weise genutzt werden kann, ist es allerdings notwendig, dass die Schüler*innen bei der Portfolioarbeit ausreichend Unterstützung durch ihre Lehrkräfte und gegebenenfalls auch durch andere Lernende erfahren. Eine Unterstützung durch die Lehrkräfte ist dabei beispielsweise über andere alternative Beurteilungsformate wie Beurteilungsraster möglich, die die Schüler*innen bei der anspruchsvollen Aufgabe der Selbstbeurteilung unterstützen, und auch selbst mit in die Portfolios aufgenommen werden können (Jürgens & Lissmann 2015, S. 117). Leitfragen und Vorgaben, die den Schüler*innen Orientierung bieten, ohne sie zu stark einzuschränken, sind in diesem Zusammenhang ebenfalls als hilfreich zu betrachten. Über diese Hilfestellungen hinaus ist des Weiteren eine die Portfolioarbeit begleitende Beratung durch die Lehrkräfte sowie eine Unterstützung der Schüler*innen untereinander als eine Voraussetzung für einen lernförderlichen Einsatz von Portfolios anzusehen (Winter 2015, S. 166).

Auch insgesamt hängt die lernförderliche Wirkung von Portfolios wesentlich davon ab, inwiefern sie in wechselseitig kommunikative Strukturen eingebettet werden (Winter 2015, S. 217). Für sich alleingenommen ermöglichen Portfolios nur die Kommunikation in eine Richtung, von den sie erstellenden Schüler*innen an die Lehrkräfte, andere Lernende oder weitere potenzielle Empfänger*innen wie die Eltern. Ein wechselseitiger Dialog, der in Kapitel 3 bereits in mehrfacher Hinsicht als besonders lernförderlich identifiziert wurde, lässt sich dementsprechend nur dann realisieren, wenn Portfolios durch weitere Kommunikationsformate ergänzt werden. Dabei erscheinen Lernentwicklungsgespräche auf der Grundlage von Portfolios aufgrund der im vorherigen Abschnitt beschriebenen Chancen besonders vorteilhaft.

Wie sich in den beiden vorherigen Absätzen bereits andeutet, setzt ein lernförderlicher Einsatz von Portfolios zur Leistungsbeurteilung die Investition von ausreichend Zeit voraus. Diese wird einerseits für die Portfolioarbeit selbst als auch für die ergänzenden Kommunikationsformate benötigt (Jürgens & Lissmann 2015, S. 120).

Eine weitere Chance von Portfolios besteht darin, dass sie die individuelle Lernentwicklung der Schüler*innen in den Mittelpunkt stellen und damit eine Verwendung der individuellen Bezugsnorm in Kombination mit inhaltlichen Kategorien sowohl ermöglichen als auch anregen. Sie laden außerdem zu einer prozessorientierten Betrachtungsweise des Lernens der Schüler*innen ein und können zusätzlich dazu zukunfts- und stärkenorientiert angelegt werden (Brunner 2006, S. 73f.; Häcker 2006, S. 16). Mit Hilfe von Portfolios lässt sich die Leistungsbeurteilung somit auf eine Weise ausrichten, die sowohl für die Informationsqualität als auch für die Motivation und die Selbstkonzeptentwicklung als besonders förderlich identifiziert wurde.

Zusätzlich dazu sind Portfolios als Instrument und Grundlage für ein formatives Assessment geeignet. Bei einem prozessbegleitenden Einsatz können sie sowohl den Lernenden als auch ihren Lehrkräften zu Erkenntnissen verhelfen, die unmittelbar für das weitere Lernen der Schüler*innen wirksam werden können (Marx 2020, S. 63).

Der tatsächliche Erkenntnisgewinn der Lehrkräfte wird dabei allerdings wesentlich von der Qualität ihrer Beziehungen zu den Lernenden sowie von ihrer Beurteilungsintention beeinflusst. Dabei werden die Schüler*innen ihren Lehrkräften am ehesten dann einen offenen und ehrlichen Einblick in ihr Lernen bieten, wenn sie das Gefühl haben, dass sie ihren Lehrkräften vertrauen können und dass diese ihnen in erster Linie helfen wollen. Haben die Schüler*innen im Gegensatz dazu den Eindruck, dass ihre Lehrkräfte sie auf der Grundlage ihres Portfolios vor allem bewerten wollen, schränkt dies ihre Offenheit und Ehrlichkeit insbesondere in Bezug auf Lernschwierigkeiten tendenziell eher ein (Holzkamp 1997, S. 199f.; Rihm 2006, S. 55f.). Dadurch steigt die Gefahr, dass die Lehrkräfte ein unrealistisches oder einseitiges Bild von den Leistungen der Lernenden entwickeln und diesen infolgedessen nicht die Unterstützung bieten können, die sie tatsächlich benötigen.

In diesem Zusammenhang ist auch ein grundlegendes Vertrauen der Lehrkräfte den Schüler*innen gegenüber als eine Voraussetzung für das Gelingen einer portfoliobasierten Leistungsbeurteilung anzusehen. Ein solches Vertrauen erhöht zunächst die Wahrscheinlichkeit, dass die Lehrkräfte die ihnen von den Schüler*innen gebotenen Informationen tatsächlich anerkennen und bei ihrer eigenen Beurteilung berücksichtigen. Es ist außerdem eine zentrale Voraussetzung dafür, dass die Lehrkräfte ihren Schüler*innen im Rahmen der Portfolioarbeit echte und weitreichende Partizipationsmöglichkeiten bieten und darüber die Motivation und die Selbstkonzeptentwicklung der Schüler*innen fördern. Das Vertrauen der Lehrkräfte den Schüler*innen gegenüber kann wiederum wie das Vertrauen in die entgegengesetzte Richtung durch eine Zurückstellung der Bewertungsabsicht gefördert werden.

Zusätzlich dazu setzt die Portfolioarbeit nicht nur vertrauensvolle und positive Beziehungen zwischen den Lehrenden und Lernenden voraus, sondern kann diese auch fördern (Rihm 2006, S. 59). Dies gilt insbesondere dann, wenn Portfolios in der oben bereits beschriebenen Weise in einen wechselseitigen Dialog eingebettet werden, der ein besseres gegenseitiges Verständnis ermöglicht und ein echtes Interesse der Lehrkräfte an der individuellen Lernentwicklung der Schüler*innen erkennen lässt. In dieser Hinsicht können Portfolios auch das Erleben von sozialer Eingebundenheit fördern und damit zu einer positiven Motivationsentwicklung der Schüler*innen beitragen (Winter 2016, S. 216).

Die Beziehungen der Schüler*innen untereinander können ebenfalls von einer portfoliobasierten Leistungsbeurteilung profitieren. Eine beziehungsförderliche Wirkung ist dabei vor allem dann zu erwarten, wenn der Fokus der Portfoliogestaltung und -beurteilung tatsächlich auf der individuellen Lernentwicklung liegt und die Schüler*innen zu einem differenzierten inhaltlichen Vergleich ihrer Fähigkeiten und Leistungen anregt. Portfoliobasierte Peer-Feedback-Verfahren haben in diesem Zusammenhang ein besonderes Potenzial, da sie anstatt eines Wettbewerbs eher die Kooperation unter den Schüler*innen fördern und ihnen ein besseres gegenseitiges Kennenlernen ermöglichen.

Empirische Ergebnisse zum lernförderlichen Potenzial von Portfolios als Teil der schulischen Beurteilungskultur

Von den vergleichsweise wenigen Studien, die Portfolios bisher gezielt als Instrument der schulischen Leistungsbeurteilung untersucht haben, ist eine von Grittner anhand des Schulversuchs einer reformpädagogisch ausgerichteten Berliner Grundschule durchgeführte Untersuchung für das aktuelle Vorhaben besonders aufschlussreich (Grittner 2009, S. 174). Im Rahmen des Schulversuchs wurden die Zeugnisse zum Ende des Schuljahres in den jahrgangsübergreifend unterrichteten Klassenstufen 4 bis 6 durch 30-minütige Portfoliogespräche ersetzt, die eine 20-minütige Portfolio-Präsentation durch die Schüler*innen sowie eine anschließende Besprechung durch alle Beteiligten umfassten. Zu diesen Beteiligten zählten neben den einzelnen Lernenden mindestens ihre Eltern und zwei Lehrkräfte. Weitere Schüler*innen und andere Familienmitglieder konnten von den ihr Portfolio präsentierenden Lernenden eingeladen werden, sodass bis zu 10 Personen an den einzelnen Gesprächen beteiligt sein konnten. Mitschüler*innen waren an den meisten Gesprächen beteiligt, da die Schüler*innen dazu verpflichtet wurden, neben ihrem eigenen mindestens ein weiteres Gespräch zu besuchen. Die Vorbereitung auf die Portfoliogespräche erfolgte in dafür fest vorgesehenen Portfoliostunden sowie in den an der Projektschule etablierten Freiarbeitszeiten. Innerhalb dieser Zeitfenster arbeiteten die Schüler*innen sowohl allein als auch gemeinsam an ihren Portfolios und erhielten von ihren Lehrkräften Unterstützung und Beratung (Grittner 2009, S. 87ff.).

Mit dem Ziel, die Chancen und Einschränkungen dieser Form der portfoliobasierten Leistungsbeurteilung genauer zu ergründen, wurden insgesamt etwas mehr als 150 Schüler*innen der 4. bis 6. Klassenstufe sowie 70 ihrer Eltern schriftlich befragt und 8 beteiligte Lehrkräfte mündlich interviewt (Grittner 2009, S. 96ff.).

Die daraus hervorgehenden Ergebnisse bestätigen die Annahme, dass kommunikativ eingebettete Portfolios sowohl den Lernenden als auch ihren Eltern und Lehrkräften zu lernförderlichen Erkenntnissen verhelfen können. Insbesondere über die Stärken der Schüler*innen fühlten sich alle Befragungsgruppen durch die Portfolioarbeit und die Portfoliogespräche gut informiert. Die Lehrkräfte gaben außerdem an, dass sie durch den Portfolioeinsatz auch Fähigkeiten der Schüler*innen erkannt hätten, die sich ihnen im Unterricht sonst nicht zeigten. Die meisten Schüler*innen nahmen des Weiteren wie die Lehrkräfte einen Informationsgewinn in Bezug auf ihre Übungsbedarfe wahr und waren der Meinung, während der Vorbereitung der Portfoliogespräche und der Gespräche selbst Hinweise dazu zu erhalten, wie sie sich verbessern können. Zusätzlich dazu gaben alle Befragungsgruppen mehrheitlich an, dass die Lernprozesse der Schüler*innen durch die Portfolioarbeit verdeutlicht werden (Grittner 2009, S. 174ff.). Insgesamt wurde die Informationsqualität der portfoliobasierten Leistungsbeurteilung somit positiv eingeschätzt.

In Bezug auf einzelne Aspekte nahmen die verschiedenen Befragungsgruppen allerdings auch Informationslücken wahr. Anders als eine deutliche Mehrheit der Eltern und Lehrkräfte hatte ein Großteil der Schüler*innen so beispielsweise den Eindruck, durch die Portfolioarbeit und -gespräche keine Informationen über ihr Arbeitsverhalten zu gewinnen. In Bezug auf soziale und fachbezogene Kompetenzen berichteten die Schüler*innen und Eltern mehrheitlich ebenfalls keinen Informationsgewinn und diese Kompetenzbereiche wurden im Rahmen der portfoliobasierten Leistungsbeurteilung an der Projektschule scheinbar insgesamt nur in geringem Umfang thematisiert (Grittner 2009, S. 177ff.). Auch wenn Portfolios grundsätzlich vielfältigen Aspekten des Lernens und Leistens der Schüler*innen gegenüber offen sind, scheint es dementsprechend tatsächlich eine Herausforderung zu sein, diese mit diesem alternativen Beurteilungsformat umfassend abzubilden.

Positiv bestätigen die Ergebnisse von Grittner die Annahme, dass sich die Leistungsbeurteilung mit Hilfe von Portfolios auf eine lernförderliche Weise ausrichten lässt. So sprechen die Antworten der befragten Schüler*innen und Eltern dafür, dass es den Lehrkräften im Einklang mit den von ihnen geäußerten pädagogischen Überzeugungen gelungen ist, die individuelle Bezugsnorm in den Vordergrund zu stellen und wertende soziale Vergleiche nur in geringem Umfang vorzunehmen oder anzuregen. Zusätzlich dazu geht aus dem Antwortverhalten aller Befragungsgruppen hervor, dass die Lernprozesse und Stärken der Schüler*innen im Rahmen der portfoliobasierten Leistungsbeurteilung an der Projektschule besondere Aufmerksamkeit erfahren haben. Die Ergebnisse der Schüler*innenbefragung sprechen des Weiteren dafür, dass es im Rahmen des Schulversuchs mit Hilfe von Portfolios gelungen ist, die Leistungsbeurteilung formativ anzulegen (Grittner 2009, S. 174ff.).

Die Verwirklichung dieser Ausrichtungsmerkmale hat vermutlich dazu beigetragen, dass sowohl die Schüler*innen als auch die Eltern und Lehrkräfte die Portfolioarbeit als motivationsförderlich eingestuft haben. Die Mehrheit aller drei Befragungsgruppen ging in diesem Zusammenhang vor allem davon aus, dass die gewählte Form der portfoliobasierten Leistungsbeurteilung die Schüler*innen ermutigen und zu einer Weiterentwicklung ihrer Fähigkeiten anregen kann (Grittner 2009, S. 174).

Eine motivationsförderliche Wirkung des alternativen Beurteilungskonzepts ist des Weiteren auch angesichts der weitreichenden Partizipationsmöglichkeiten zu erwarten, die die Schüler*innen im Rahmen des Schulversuchs erhalten haben. Diese bestanden sowohl in inhaltlichen als auch methodischen Wahlmöglichkeiten und wurden von den Schüler*innen wie die Möglichkeit zum selbstbestimmten Lernen insgesamt besonders geschätzt. Auch darüber, ihre Leistungen selbst beurteilen zu können, äußerten sich die befragten Schüler*innen positiv (Grittner 2009, S. 179).

Die Antworten der befragten Schüler*innen, Eltern und Lehrkräfte enthalten ebenfalls Hinweise darauf, dass die Selbstbeurteilungskompetenz der Lernenden von der portfoliobasierten Leistungsbeurteilung profitiert. So stimmte die Mehrheit der Schüler*innen und Eltern der Aussage zu, dass die Lernenden durch die Portfolioarbeit in der Lage seien, sich selbst einzuschätzen. In den Antworten der Lehrkräfte deutet sich an, dass diese die Portfolioarbeit ebenfalls als eine Übungsmöglichkeit für die Selbstbeurteilungskompetenz ansehen, gleichzeitig aber auch beobachten, dass die Selbsteinschätzung nicht allen Lernenden gelingt (Grittner 2009, S. 177f.). Die von Grittner berichteten Ergebnisse unterstreichen damit, dass eine gezielte Unterstützung der Lernenden bei der Selbstbeurteilung notwendig ist, damit die Portfolioarbeit ihr darauf bezogenes Potenzial erfüllen kann.

Das Selbstkonzept der Schüler*innen wurde im Zusammenhang mit dem Berliner Schulversuch nicht explizit untersucht. Die von den Beteiligten wahrgenommene Förderung der Selbstbeurteilungskompetenz, die weitreichenden Partizipationsmöglichkeiten und die beschriebenen Ausrichtungsmerkmale legen jedoch die Vermutung nahe, dass dieses System die Selbstkonzeptentwicklung der Lernenden unterstützen könnte.

Eindeutigere Aussagen lassen sich schließlich in Bezug auf zwei weitere Herausforderungen der Leistungsbeurteilung mit Portfolios treffen, die im Vorherigen bereits aus theoretischer Sicht beschrieben wurden. So haben sowohl die befragten Schüler*innen als auch die Lehrkräfte bestätigt, dass die Portfolioarbeit mit einem erhöhten Arbeits-

und Zeitaufwand verbunden sein kann. Ein kleiner, aber dennoch bedeutsamer Teil der Schüler*innen gab außerdem an, dass die Gespräche für sie mit größerer Nervosität verbunden seien (Grittner 2009, S. 180). Besonders unangenehm scheint es einigen von ihnen dabei zu sein, sich vor ihren Mitschüler*innen in dieser Form präsentieren zu müssen (Grittner 2009, S. 129). Beides spricht dafür, den Kreis der Gesprächsteilnehmer*innen auf die ihr Portfolio präsentierenden Schüler*innen, ihre Eltern und einzelne Lehrkräfte zu beschränken. Zusätzlich dazu unterstreichen die Befunde zur Nervosität erneut die Wichtigkeit von gesprächsvorbereitenden Maßnahmen wie Übungsgesprächen, die den Schüler*innen Sicherheit geben.

Eine weitere Studie, die für die Beurteilung des lernförderlichen Potenzials von Portfolios hilfreich erscheint, wurde von Ziegler von der Universität Lincoln im US-Bundesstaat Nebraska aus zum Europäischen Portfolio der Sprachen durchgeführt. Die grundlegende Konzeption dieses Portfolios wurde im Rahmen einer Initiative des Europarats entwickelt und umfasst drei zentrale Elemente, die als Sprachenpass, Sprachenbiographie und Dossier bezeichnet werden (Ziegler 2014, S. 923). Im Sprachenpass halten die Schüler*innen dabei in erster Linie fest, welche Sprachen sie lernen und welches Niveau sie dabei aus ihrer eigenen Sicht bereits erreicht haben. Im Rahmen von Aktivitäten zur Sprachenbiographie legen die Schüler*innen Ziele für ihr weiteres Sprachenlernen fest und dokumentieren und reflektieren ihre Annäherung daran ebenso wie weitere für sie wichtige sprachliche und interkulturelle Erfahrungen. Im Dossier legen die Schüler*innen schließlich Produkte ihres Lernens ab, die aus ihrer Sicht besonders gut veranschaulichen, welche sprachlichen Fähigkeiten sie bereits beherrschen und wie sich diese im zeitlichen Verlauf entwickelt haben (Little, Gouillier & Hughes 2011, S. 7).

Mit diesen drei verschiedenen Elementen soll das Europäische Sprachenportfolio Schüler*innen aus pädagogischer Sicht vor allem zum selbstregulierten Lernen anregen und dafür relevante Eigenschaften und Kompetenzen fördern (Ziegler 2014, S. 923).

Inwiefern diese Zielsetzung bei der praktischen Arbeit mit dem Sprachenportfolio im Englischunterricht erfüllt wird, hat Ziegler im Rahmen einer Mixed-Methods-Studie an sechs sächsischen Schulen mit einem Schwerpunkt auf motivationale und selbstbezogene Voraussetzungen selbstregulierten Lernens untersucht. Während der quasiexperimentell angelegten quantitativen Phase dieser Studie wurden dafür relevante Variablen von 318 Schüler*innen der 4. bis 9. Klassenstufe mit Portfolioerfahrung und von 257 Schüler*innen ohne Erfahrungen mit dem Europäischen Sprachenportfolio erhoben. Die Schüler*innen der Experimentalgruppe wurden zudem wie die zwölf sie unterrichtenden Englischlehrer*innen zu ihren Erfahrungen und ihrer Zufriedenheit mit dem Sprachenportfolio befragt (Ziegler 2014, S. 924ff.). Um über die letztgenannten Aspekte noch differenziertere Erkenntnisse und hilfreiche Hinweise für die Interpretation der quantitativen Daten zu gewinnen, wurden im Rahmen des qualitativen Teils der Untersuchung 21 Schüler*innen und vier Lehrer*innen interviewt (Ziegler 2014, S. 927).

Die Ergebnisse, die mit Hilfe dieser methodischen Vorgehensweise gewonnen werden konnten, weisen zunächst darauf hin, dass Portfolios Schüler*innen zu wertvollen

Erkenntnissen verhelfen können, wenn sie wie das Europäische Sprachenportfolio zur lernbegleitenden Selbstbeurteilung und -reflexion genutzt werden. So berichteten fast alle interviewten Schüler*innen, dass ihnen das Sprachenportfolio dabei helfen würde, zu erkennen, was sie bereits können und was mögliche Ziele für ihr weiteres Lernen sind. Die interviewten Lehrer*innen gaben ebenfalls an, dass das Sprachenportfolio den Schüler*innen dabei helfen würde, sich selbst einzuschätzen und darüber Erkenntnisse über ihre eigenen Fähigkeiten sowie über deren Entwicklung zu gewinnen. Aus Sicht der interviewten Lehrer*innen würde das Sprachenportfolio zudem dazu beitragen, Lernprozesse sichtbar zu machen (Ziegler 2014, S. 932).

Die Ergebnisse der von Ziegler durchgeführten Untersuchung unterstützen somit die Annahme, dass Portfolios Schüler*innen zu lernförderlichen Informationen verhelfen und in der entsprechenden Anforderung enthaltene Qualitätskriterien zumindest auf diese Zielgruppe bezogen erfüllen können. Inwiefern auch die Lehrer*innen durch die Nutzung des Europäischen Sprachenportfolios einen besseren Einblick in die Lernvoraussetzungen ihrer Schüler*innen gewinnen, wird von Ziegler ebenso wie ein möglicher Informationsgewinn für die Eltern nicht betrachtet.

In Bezug auf die Motivation der Schüler*innen legt Ziegler hingegen differenzierte Ergebnisse vor, die übereinstimmend darauf hinweisen, dass die Portfolioarbeit die intrinsische Motivation und die Lernzielorientierung von Schüler*innen fördern kann. Dafür spricht zunächst, dass die Lernzielorientierung in der mit dem Sprachenportfolio arbeitenden Experimentalgruppe signifikant höher ausgeprägt ist als in der Kontrollgruppe. Innerhalb der Experimentalgruppe weisen wiederum diejenigen Schüler*innen eine höhere Lernzielorientierung auf, die von ihren Lehrer*innen im Unterricht häufiger zur Arbeit mit dem Sprachenportfolio angeregt werden (Ziegler 2014, S. 928f.). Dieser Befund unterstützt zunächst die Annahme, dass die Lernzielorientierung von der Portfolioarbeit beeinflusst wird, und weist zugleich darauf hin, dass Portfolios als Instrumente zur Selbstbeurteilung aus motivationaler Sicht vorrangig dann lernförderlichere Voraussetzungen schaffen können, wenn sie regelmäßig im Unterricht genutzt werden.

Neben der Häufigkeit der Nutzung scheint des Weiteren auch die Einstellung der Schüler*innen zur Portfolioarbeit für die Entfaltung des motivationsförderlichen Potenzials dieses alternativen Beurteilungsformats von Bedeutung zu ein, da Ziegler eine mittelstarke positive Korrelation zwischen der Lernzielorientierung und der Einstellung ermitteln konnte (Ziegler 2014, S. 929). Auch wenn dieser Zusammenhang potenziell in beide Richtungen gehen kann und nicht kausaler Natur sein muss, scheint es vor diesem Hintergrund empfehlenswert, die Portfolioarbeit so zu gestalten, dass sie von den Schüler*innen als sinnvoll wahrgenommen und möglichst positiv erlebt werden kann. Dafür scheint es wiederum unter anderem wichtig zu sein, dass die Lehrer*innen der Portfolioarbeit gegenüber selbst positiv eingestellt sind und die Schüler*innen dies auch spüren lassen.

In den Klassen der Experimentalgruppe scheint die Förderung einer positiven Einstellung zur portfoliobasierten Selbstbeurteilung insgesamt zu gelingen. Die Schüler*innen dieser Gruppe beurteilen das Sprachenportfolio mehrheitlich positiv und geben so beispielsweise größtenteils an, dass sie gerne damit arbeiten. Etwas mehr als die Hälfte der interviewten Schüler*innen berichtet zudem, dass ihnen die Arbeit mit dem Sprachenportfolio Freude bereiten würde (Ziegler 2014, S. 930f.). Dies könnte ein Hinweis darauf sein, dass das Sprachenportfolio zur Förderung der mit Freude assoziierten intrinsischen Motivation beiträgt.

Für eine motivationsförderliche Wirkung des Sprachenportfolios spricht den grundlegenden Annahmen des Erwartungs-Wert-Modells folgend des Weiteren, dass die Schüler*innen der Experimentalgruppe Aufgaben zum Sprachenlernen einen signifikant höheren Wert beimessen als die Schüler*innen der Kontrollgruppe (Ziegler 2014, S. 929).

Die interviewten Lehrer*innen nehmen das Europäische Sprachenportfolio ebenfalls als motivierend für ihre Schüler*innen wahr. Motivationsförderlich würde das Portfolio ihnen zufolge unter anderem dadurch wirken, dass es die Lernprozesse und -fortschritte der Schüler*innen wie oben bereits erwähnt sichtbar macht (Ziegler 2014, S. 932).

Diese Leistung des Sprachenportfolios scheint im Einklang mit den theoretischen Vorüberlegungen auch zu einer vorteilhaften Selbstkonzeptentwicklung der Schüler*innen beizutragen. Die interviewten Lehrer*innen berichten in diesem Zusammenhang, dass es die Schüler*innen mit Stolz füllen würde, anhand ihres Portfolios auf ihre bisherige Lernentwicklung zurückzublicken (Ziegler 2014, S. 932). In dieser Beobachtung deutet sich an, dass die Portfolioarbeit bei einer geeigneten Gestaltung tatsächlich zur Entwicklung eines positiven Selbstkonzepts beitragen kann.

Noch aussagekräftiger sprechen dafür die von Ziegler erhobenen quantitativen Daten zur schulbezogenen Selbstwirksamkeit. Wie die Lernzielorientierung ist diese Variable in der Experimentalgruppe mit Portfolioarbeit signifikant höher ausgeprägt als in der Kontrollgruppe. Innerhalb der Experimentalgruppe weisen wiederum diejenigen Schüler*innen eine höhere schulbezogene Selbstwirksamkeit auf, die im Unterricht häufiger mit dem Sprachenportfolio arbeiten (Ziegler 2014, S. 928f.). Auch zur Selbstkonzeptentwicklung scheint die Selbstbeurteilung mit Portfolios somit vorrangig dann beizutragen, wenn sie regelmäßig in den Unterricht integriert wird. Dann ist vermutlich auch der Erkenntnisgewinn der Schüler*innen größer, der die Entwicklung differenzierter und zutreffender Vorstellungen über die eigene Person unterstützt.

Eine wichtige Voraussetzung für die Entwicklung des lernförderlichen Potenzials von Portfolios scheint somit wie aus theoretischer Sicht bereits angenommen in verschiedener Hinsicht tatsächlich in der Investition von ausreichend Zeit zu bestehen. Der Sorge, dass dadurch Zeit für das eigentliche fachliche Lernen verloren gehen könnte, hält eine interviewte Lehrkraft entgegen, dass die Portfolioarbeit ihrer Erfahrung nach sowohl die Qualität als auch die Geschwindigkeit des Sprachenlernens steigern würde. Die für die portfoliobasierte Selbstbeurteilung genutzte Zeit würde sich deshalb aus ihrer Sicht um ein Vielfaches auszahlen (Ziegler 2014, S. 932).

Als eine zweite zentrale Voraussetzung für das Gelingen der Portfolioarbeit sehen die interviewten Lehrkräfte eine ausreichende Ausbildung und Qualifikation der Lehrenden dafür an. Sie hätten selbst über zwei Schuljahre hinweg eine Ausbildung speziell zum Sprachenportfolio erhalten und fühlten sich dadurch dazu befähigt, das Portfolio stimmig in ihren Unterricht einzubetten und die Arbeit damit sinnvoll auszugestalten (Ziegler 2014, S. 932).

Inwiefern das Europäische Portfolio der Sprachen über die selbstbeurteilende Nutzung durch die Schüler*innen hinaus in die Beurteilungssysteme der betrachteten Schulen eingebunden wurde, wird von Ziegler nicht betrachtet. Es lässt sich daher nicht beurteilen, inwiefern die von ihm berichteten Effekte in einem Zusammenhang mit anderen Elementen und Merkmalen der jeweiligen Beurteilungskultur stehen.

5.6 Erste Beurteilung des Potenzials der alternativen Leistungsbeurteilung

Auf der Grundlage der differenzierten Betrachtung verschiedener alternativer Beurteilungsformate soll in diesem Kapitel abschließend eine erste Beurteilung des Potenzials der alternativen Leistungsbeurteilung vorgenommen werden.

Die alternative Leistungsbeurteilung wird von dem Ziel geleitet, in erster Linie für das Lernen der Schüler*innen förderlich zu sein, und soll im Einklang damit Merkmale aufweisen, die in Kapitel 3 unter verschiedenen Gesichtspunkten als besonders vorteilhaft für die Kompetenzentwicklung der Schüler*innen identifiziert wurden. Verschiedene alternative Beurteilungsformate können diesen Merkmalen größtenteils entsprechen und lassen daher aus theoretischer Sicht eine hohe Informationsqualität sowie eine positive Wirkung auf die Motivation und die Selbstkonzeptentwicklung der Schüler*innen erwarten. Das lernförderliche Potenzial der alternativen Leistungsbeurteilung ist dementsprechend als hoch einzustufen und geht deutlich über das der tradierten Beurteilungskultur hinaus.

Die Entfaltung dieses Potenzials ist in der schulischen Praxis allerdings an verschiedene Voraussetzungen geknüpft. Wie sich in diesem Kapitel deutlich gezeigt hat, ist der Einsatz notenfreier Beurteilungsformate allein noch kein Garant dafür, dass sich die schulische Leistungsbeurteilung positiver auf die Lernentwicklung der Schüler*innen auswirkt als die tradierte Beurteilungskultur. Stattdessen kommt es darauf an, dass alternative Beurteilungsformate den Merkmalen einer alternativen Beurteilungskultur entsprechend ausgestaltet und stimmig in die Lernkultur der jeweiligen Schule eingebettet werden. Je nachdem, wie erfolgreich dies gelingt, können zwischen den Polen einer rein tradierten und einer vollkommen alternativen Beurteilungskultur verschiedene Zwischenformen unterschieden werden. Als besonders vorteilhaft sind dabei Beurteilungssysteme anzusehen, die verschiedene Beurteilungsformate miteinander kombinieren, da keines der in diesem Kapitel betrachteten Formate für sich alleingenommen alle Anforderungen an eine lernförderliche Beurteilungskultur erfüllen kann. Eine Kombination von Lernentwicklungsgesprächen und Portfolios erscheint in diesem Zusammenhang wiederum besonders vielversprechend, da diese beiden Beurteilungsformate eine lernförderliche Ausrichtung und Gestaltung der schulischen Leistungsbeurteilung tendenziell besser zulassen als verbale Beurteilungen und Beurteilungsraster.

Der aktuelle Forschungsstand zu alternativen Beurteilungsformaten weist aktuell in verschiedener Hinsicht bedeutsame Lücken auf, sodass sich die in diesem Kapitel vorgenommene Beurteilung zum Teil nur auf theoretische Annahmen stützen konnte. Im deutschen und insbesondere im angloamerikanischen Sprachraum liegen zwar bereits Studien zu alternativen Beurteilungsformaten vor; nur wenige von ihnen fokussieren allerdings den Informationsgehalt dieser Formate oder ihren Einfluss auf die Motivation und das Selbstkonzept von Schüler*innen. Die Aussagekraft der zum letztgenannten Aspekt bereits vorhandenen Studienergebnisse wird außerdem dadurch eingeschränkt, dass diese fast ausschließlich auf querschnittlich erhobenen Daten beruhen. Es fällt des Weiteren auf, dass Lernentwicklungsgespräche und Portfolios als Teil der schulischen Leistungsbeurteilung bisher weniger intensiv untersucht worden sind als verbale Beurteilungen und Beurteilungsraster. Im Rahmen der deutschen Forschung haben alternative Beurteilungsformate in der Sekundarstufe bisher zudem deutlich weniger Beachtung erfahren als in der Primarstufe.

Ein weiteres wichtiges Thema, das bisher noch nicht gezielt untersucht worden zu sein scheint, ist der Übergang zwischen alternativen Beurteilungsformaten und Noten. Da alternative Beurteilungsformate Noten unter den aktuellen rechtlichen Rahmenbedingungen an staatlichen Schulen maximal bis zu den Abschlussjahrgängen ersetzen können, werden die meisten alternativ beurteilten Schüler*innen früher oder später den Übergang zu Noten erleben. Mit diesem Übergang kann sich der Umgang mit den Leistungen der Schüler*innen grundlegend in eine Richtung verändern, die für ihre Lernentwicklung als wenig vorteilhaft identifiziert wurde. Es erscheint daher empfehlenswert, wissenschaftlich zu untersuchen, wie sich Übergänge zwischen alternativen Beurteilungsformaten und Noten auf Schüler*innen auswirken und auf eine Weise gestaltet werden können, die potenziell negativen Folgen entgegenwirkt.

6. Die Projektschule und ihr System der Leistungsbeurteilung

Um einen Beitrag dazu zu leisten, die im vorherigen Kapitel aufgezeigten Lücken im Forschungsstand zu schließen, wurde über mehrere Jahre hinweg ein eigenes Forschungsprojekt zur alternativen Leistungsbeurteilung durchgeführt. Im Vordergrund stand dabei das Anliegen, zu überprüfen, inwiefern alternative Beurteilungsformate die zentralen Anforderungen an eine lernförderliche Beurteilungskultur in der schulischen Praxis erfüllen können.

Dieses Anliegen wurde anhand eines Schulversuchs der Anne-Frank-Schule Bargteheide verfolgt, der aus theoretischer Sicht besonders gut dazu geeignet scheint, die Anforderungen an eine lernförderliche Beurteilungskultur zu erfüllen. Er beruht auf einer Kombination aus Lernentwicklungsgesprächen und Portfolios und ermöglicht damit den Gewinn neuer Erkenntnisse in Bezug auf zwei Beurteilungsformate, die aus theoretischer Sicht ein besonders lernförderliches Potenzial besitzen und bisher nur in geringem Umfang darauf bezogen wissenschaftlich untersucht wurden. Dadurch, dass das neue Beurteilungssystem an der Anne-Frank-Schule mit einem neuen 5. Jahrgang aufwachsend eingeführt wurde, bot sich zudem die Chance, es mit dem vorherigen Beurteilungssystem der Schule vergleichend zu untersuchen. Dieses auslaufende System basiert auf einer Kombination aus Kompetenzrastern und verbalen Beurteilungen und lässt so eine Erweiterung des Forschungsstands auch in Bezug auf diese alternativen Beurteilungsformate zu. Die Entscheidung für die Durchführung einer Studie an der Anne-Frank-Schule wurde vor dem Hintergrund des Mangels an Studien zur alternativen Leistungsbeurteilung in der Sekundarstufe des Weiteren auch dadurch begünstigt, dass es sich bei dieser Schule um eine weiterführende Schule handelt. Es bestand außerdem die Möglichkeit, über mehrere Jahre hinweg mit der Anne-Frank-Schule zu kooperieren und anhand ihres Schulversuchs so bisher weitgehend fehlende Längsschnittdaten zur alternativen Leistungsbeurteilung zu gewinnen.

In diesem Kapitel sollen die Anne-Frank-Schule und ihr Beurteilungssystem zunächst vorgestellt werden, bevor davon ausgehend in Kapitel 7 eine Konkretisierung der Forschungsfragen vorgenommen wird. Der Methodik, die zur Untersuchung dieser Forschungsfragen gewählt wurde, ist Kapitel 8 gewidmet. In Kapitel 9 werden die gewonnenen Ergebnisse zunächst beschrieben, bevor sie in Kapitel 10 in Hinblick auf die übergeordneten Forschungsfragen interpretiert werden. Für Kapitel 11 ist eine Diskussion der empirischen Ergebnisse vor dem Hintergrund des theoretischen Teils dieser Arbeit sowie eine Reflexion des gewählten Studiendesigns vorgesehen. Impulse für die weitere wissenschaftliche Untersuchung und die praktische Erprobung alternativer Beurteilungsformate bietet davon ausgehend schließlich Kapitel 12.

6.1 Kurzvorstellung der Anne-Frank-Schule Bargteheide

Die Anne-Frank-Schule Bargteheide ist eine im Süden von Schleswig-Holstein gelegene Gemeinschaftsschule mit gymnasialer Oberstufe und gebundenem Ganztagsbetrieb. Sie ist von der 5. bis zur 13. Klassenstufe vierzügig und wird von etwas mehr als 850 Schüler*innen besucht. Das Kollegium der Anne-Frank-Schule besteht aus 75 Lehrer*innen verschiedener Laufbahnen.

Zusätzlich zur Anne-Frank-Schule gibt es in der Kleinstadt Bargteheide noch eine weitere Gemeinschaftsschule mit gymnasialer Oberstufe sowie zwei Gymnasien und ein Förderzentrum, mit dem die Anne-Frank-Schule bei der Betreuung von Schüler*innen mit besonderem Förderbedarf kooperiert.

Das Schulprogramm der Anne-Frank-Schule orientiert sich an dem Leitbild des reformpädagogischen Schulverbunds *Blick über den Zaun*, dem sie angehört. Im Sinne dieses Leitbilds hat die Unterstützung der Schüler*innen bei der Entfaltung ihres individuellen Potenzials an der Anne-Frank-Schule einen besonders hohen Stellenwert. Sie soll unter anderem über vielfältige Formen der Binnendifferenzierung und den Unterricht ergänzende AG- und Enrichment-Angebote gewährleistet werden. Zur individuellen Förderung der Schüler*innen trägt es des Weiteren bei, dass die Schüler*innen an der Anne-Frank-Schule in besonderem Maße zum selbstorganisierten Lernen angeregt und befähigt werden. Dies geschieht sowohl im fachgebundenen Unterricht als auch im Rahmen von fest im Stundenplan verankerten Freiarbeitsfächern wie Forschen und Üben, in denen die Schüler*innen projektartig an selbstgewählten Themen arbeiten und gezielt bei der Erweiterung ihrer methodischen Kompetenzen unterstützt werden. Die Förderung der sozialen Kompetenzen und der Demokratiefähigkeit der Schüler*innen ist an der Anne-Frank-Schule ebenfalls ein wichtiges Ziel. Im Einklang damit erhalten die Schüler*innen an dieser Schule weitreichende Partizipationsmöglichkeiten und können sozial verantwortliches und demokratisches Handeln beispielsweise im Klassenrat üben (Anne-Frank-Schule Bargteheide 2017)[1].

Die Schulentwicklung hat an der Anne-Frank-Schule ebenfalls einen hohen Stellenwert und wird von den Lehrkräften, Schüler*innen und Eltern mit einem besonders großen Engagement betrieben. Im Vordergrund steht dabei das Ziel, den Schüler*innen zunehmend bessere Lern- und Entwicklungsbedingungen zu bieten. Von diesem Ziel wird auch der bereits erwähnte Schulversuch zur dialogbasierten Leistungsbeurteilung mit Portfolios geleitet.

Im Jahr 2013 wurde die pädagogische Arbeit der Anne-Frank-Schule mit dem Hauptpreis des Deutschen Schulpreises ausgezeichnet.

1 Genauere Informationen zum pädagogischen Konzept der Anne-Frank-Schule Bargteheide sind unter dem folgenden Link auf der Homepage der Schule zu finden: https://www.anne-frank-schule-bargteheide.de/schulprogramm/.

6.2 Vorheriges Beurteilungssystem

Im Einklang mit dem zuvor beschriebenen Schulprogramm wurde an der Anne-Frank-Schule bereits vor dem aktuellen Schulversuch von der Möglichkeit Gebrauch gemacht, in den unteren Klassenstufen auf die Vergabe von Noten zu verzichten. Stattdessen kam eine Kombination verschiedener alternativer Beurteilungsformate zum Einsatz, die in diesem Kapitel vorgestellt werden soll.

Bis zum Beginn des aktuellen Schulversuchs erhielten die Schüler*innen der Anne-Frank-Schule bis zur Mitte der 7. Jahrgangsstufe kompetenzorientierte Zeugnisse mit Kompetenzrastern und verbalen Beurteilungen. Konkret umfassten diese Zeugnisse einen kurzen verbalen Bericht zur allgemeinen Lernentwicklung der Schüler*innen, Kompetenzraster für die Fächer Deutsch, Englisch, Mathematik, Naturwissenschaften und Weltkunde sowie verbale Beurteilungen für die verbleibenden Fächer Sport, Musik, Kunst und Religion. Die Leistungen der Schüler*innen in den in Jahrgang 7 beginnenden Wahlpflichtfächern wurden ebenfalls größtenteils verbal beurteilt. Die einzige Ausnahme bildet das Fach Technik, für das ebenfalls ein Kompetenzraster eingeführt wurde. Alle Kompetenzraster wurden von den Lehrkräften der Anne-Frank-Schule selbst entwickelt und vom Institut für Qualitätsentwicklung an Schulen Schleswig-Holstein für besonders gelungen befunden.

Trotzdem kamen diese Raster und verbalen Beurteilungen für die einzelnen Unterrichtsfächer im vorherigen Beurteilungssystem der Anne-Frank-Schule nur bis zum Beginn der Notenvergabe im Halbjahr 7.2 zum Einsatz. Ab diesem Zeitpunkt erhielten die Schüler*innen notenbasierte Zeugnisse, die lediglich durch einen verbalen Bericht zum allgemeinen Arbeits- und Sozialverhalten ergänzt wurden.

Insgesamt ähnelt das vorherige Beurteilungssystem der Anne-Frank-Schule stärker der tradierten Beurteilungspraxis als einer alternativen Beurteilungskultur. Diese Einschätzung ist zunächst darauf zurückzuführen, dass eine systematische Beteiligung der Lernenden an der Evaluation ihrer eigenen Leistungen in diesem System nicht vorgesehen war. Die Kompetenzraster boten außerdem keine Möglichkeit, individuell bedeutsame Rückmeldungen und Hinweise zu kommunizieren. In den verbal beurteilten Fächern war dies theoretisch möglich; eine Sichtung zufällig ausgewählter Zeugnisse zeigt allerdings, dass von dieser Möglichkeit nur eingeschränkt Gebrauch gemacht wurde. Aus Gesprächen mit Schüler*innen und Lehrkräften der Anne-Frank-Schule geht des Weiteren hervor, dass die Kompetenzraster von den Lernenden und ihren Eltern zumindest teilweise wie eine Notenvergabe wahrgenommen wurden. Die in den Rastern enthaltenen Kompetenzformulierungen waren zudem nicht für alle Schüler*innen und Eltern verständlich und auch von den Lehrkräften wurden die Raster teilweise unterschiedlich ausgelegt.

6.3 Aktueller Schulversuch

Die zuvor genannten Einschränkungen des vorherigen Beurteilungssystems der Anne-Frank-Schule waren dafür ausschlaggebend, dass der aktuelle Schulversuch zur alternativen Leistungsbeurteilung mit Lernentwicklungsgesprächen und Portfolios in die Wege geleitet wurde. Seine Vorbereitung und vor allem seine konkrete Ausgestaltung sollen im Rahmen dieses Kapitels dargestellt werden.

Einen wichtigen Impuls für die Entwicklung des aktuellen Beurteilungssystems der Anne-Frank-Schule setzte im Schuljahr 2011/12 ein Hospitationsbesuch mehrerer Lehrkräfte an der Helene-Lange-Schule in Wiesbaden. Diese pädagogisch ähnlich ausgerichtete Schule setzte zu diesem Zeitpunkt bereits Lernentwicklungsgespräche und Portfolios zur Leistungsbeurteilung ein und regte damit auch den Einsatz dieser beiden Beurteilungsformate an der Anne-Frank-Schule in Bargteheide an. Ein darauf basierendes Beurteilungskonzept wurde von Lehrkräften, Schüler*innen und Eltern auf mehreren Schulentwicklungstagen sowie in einem eigens zu diesem Zweck eingerichteten Arbeitskreis Portfolio gemeinsam entwickelt und im Mai 2014 fast einstimmig von der Schulkonferenz angenommen. Im Sommer desselben Jahres stimmte auch das Ministerium für Bildung, Wissenschaft und Kultur dem geplanten Vorhaben zu, sodass der Schulversuch im Schuljahr 2014/15 begonnen werden konnte.

Eine Genehmigung des neuen Beurteilungssystems als Schulversuch war vor allem deshalb notwendig, weil in diesem System von der 5. bis zur 7. Klasse vollständig auf schriftliche Zeugnisse verzichtet wird. Als Zeugnisersatz finden zum Ende des ersten Halbjahres sowie zum Schuljahresende 30-minütige Lernentwicklungsgespräche auf der Grundlage von Portfolios statt. Diese Gespräche werden jeweils von einer Schülerin oder einem Schüler, den beiden Klassenlehrkräften der jeweiligen Klasse und mindestens einem Elternteil geführt. Bei Schüler*innen mit anerkanntem Förderstatus nimmt zusätzlich die betreuende Förderlehrkraft an den Gesprächen teil, die für diese Schüler*innen auf 45 Minuten ausgeweitet werden können.

Nach einer kurzen Begrüßungs- und Aufwärmphase beginnen die Lernentwicklungsgespräche mit einer Selbsteinschätzung der Lernenden anhand ihrer Portfolios bzw. einer portfolioähnlichen Gesprächsgrundlage im Halbjahr 5.1. Im Anschluss daran können bei Bedarf Nachfragen durch die Klassenlehrkräfte oder Eltern gestellt werden, bevor die Klassenlehrkräfte auf die Selbsteinschätzung der Schüler*innen eingehen und ihnen mit Bezug dazu ihre eigene Einschätzung und die der anderen Lehrkräfte der Klasse auf eine wertschätzende und stärkenorientierte Weise mitteilen. Ab dieser Phase sollte das Gespräch in einen wechselseitigen Dialog über die Lernentwicklung der Schüler*innen in den einzelnen Fächern sowie die Entwicklung ihres Arbeits- und Sozialverhaltens übergehen, in dem ein echter Abgleich der Fremd- und Selbsteinschätzung erfolgt und möglicherweise zutage tretende Unterschiede ergründet werden. Aus dem Dialog über die bisherige Lernentwicklung der Schüler*innen werden anschließend zwei bis drei individuell besonders bedeutsame Ziele für ihr weiteres Lernen abgeleitet. Diese Ziele sollen idealerweise von den Schüler*innen selbst aufgestellt und bei Bedarf mit der Unterstützung der Lehrkräfte ausformuliert werden.

Sie werden in einer wie ein Vertrag gestalteten Lernvereinbarung für das kommende Halbjahr schriftlich festgehalten und zum Gesprächsende von allen Beteiligten unterzeichnet. Zusätzlich dazu werden auch die zentralen Gesprächsinhalte von den Klassenlehrkräften protokolliert.

Die Grundlage für das erste Gespräch dieser Art bildet im Halbjahr 5.1 ein von den Schüler*innen individuell ausgestaltetes Containerschiff. Den Umriss eines solchen Schiffs erhalten die Schüler*innen rechtzeitig vor dem Gespräch auf einem A3-Blatt mit dem Auftrag, in diese Vorlage vier bis sechs Container einzuzeichnen und jeweils die Hälfte von ihnen mit ihren besonderen Stärken und ihren Verbesserungsbedarfen zu beschriften. Die Schüler*innen sollen sich dabei in erster Linie auf ihr fächerübergreifendes Arbeits- und Sozialverhalten beziehen, dürfen aber auch eine besondere fachbezogene Stärke in ihr Containerschiff aufnehmen. Zusätzlich dazu können die Schüler*innen im Halbjahr 5.1 auf freiwilliger Basis auch ein Produkt aus einem Unterrichtsfach vorstellen, auf das sie besonders stolz sind. Die Reduktion der Gesprächsgrundlage auf das Containerschiff und ein freiwilliges Produkt wurde gewählt, um die Schüler*innen anschaulich und schrittweise an die für sie anspruchsvolle Aufgabe der Selbsteinschätzung heranzuführen.

Ab dem Halbjahr 5.2 bildet dann ein umfangreicheres Lernentwicklungsportfolio die Gesprächsgrundlage. In dieses Portfolio sollen die Schüler*innen jedes Halbjahr für jedes Unterrichtsfach ein Produkt ihres Lernens einfügen. Falls ein Produkt ihrer Meinung nach nicht ausreicht, um für sie besonders bedeutsame Lernfortschritte zu veranschaulichen, dürfen die Lernenden für einzelne Fächer auch mehrere ähnliche Produkte in ihr Portfolio aufnehmen. Dieses hat an der Anne-Frank-Schule die Form einer Sammelmappe im A2-Format und scheint dadurch eher auf papierbasierte Produkte wie Plakate ausgerichtet zu sein. Die Schüler*innen dürfen jedoch auch vielfältige weitere Produkte wie Audioaufnahmen, Videoaufnahmen oder Werkstücke in ihren Portfoliogesprächen präsentieren und für diese Stellvertreter wie Fotos in ihre Portfoliomappen einfügen. Zu jedem Produkt enthält das Portfolio auch eine Selbsteinschätzung der Schüler*innen. Diese kann entweder als Text ausformuliert, stichpunktartig festgehalten oder beispielsweise in Form einer Lernlandkarte mit einer Kombination aus graphischen und schriftlichen Elementen abgebildet werden.

Für die Arbeit an ihrem Portfolio und die Vorbereitung der Portfoliogespräche erhalten die Schüler*innen im Fach Forschen und Üben sowie vereinzelt auch in anderen Unterrichtsfächern Zeit. Sie werden dabei von ihren Lehrkräften unterstützt und beraten sowie dazu angeregt, sich gegenseitig bei der Produktauswahl und Einschätzung ihrer Leistungen zu unterstützen. Hilfestellungen erhalten die Schüler*innen darüber hinaus in Form von Satzbausteinen, Beurteilungsrastern und vereinfachten Reflexionsfragen. Zusätzlich dazu üben die Schüler*innen die Vorstellung ihrer Produkte und Selbsteinschätzung vor den offiziellen Lernentwicklungsgesprächen in Kleingruppen und geben sich dazu gegenseitig eine Rückmeldung.

Die Klassenlehrkräfte bereiten sich ebenfalls gezielt auf die Portfoliogespräche vor. Dadurch, dass sie zwar einen großen Teil, aber nicht alle Unterrichtsfächer in ihrer Klasse abdecken, ist es notwendig, dass sie sich vor den Gesprächen eine Rückmeldung des restlichen Klassenkollegiums einholen. Dafür wird ein einheitliches Rückmeldeformular genutzt, das die Klassenlehrkräfte auch selbst ausfüllen. Es sieht eine freie verbale Rückmeldung zu den fachlichen Leistungen der Schüler*innen und eine Bewertung verschiedener Aspekte ihres Arbeits- und Sozialverhaltens mit Symbolen von - - bis + + vor. Die Klassenlehrkräfte fassen die in diesem Format abgegebenen Rückmeldungen übersichtlich zusammen und heben dabei besondere Stärken und Verbesserungsbedarfe der Schüler*innen hervor. Mit Hilfe dieser Übersicht wird ungefähr zwei Wochen vor den Portfoliogesprächen in einer 60-minütigen Zeugniskonferenz über die Lernentwicklung aller Schüler*innen einer Klasse gesprochen. Die Klassenlehrkräfte haben in diesem Rahmen die Möglichkeit, sicherzustellen, dass sie die Rückmeldungen der anderen Lehrkräfte der Klasse richtig verstanden haben, und können gegebenenfalls weitere Informationen einholen. Die anderen Lehrkräfte erhalten durch die Zeugniskonferenz einen Einblick in die Lernentwicklung der Schüler*innen in den anderen Fächern und können auch über weitere wichtige Themen wie familiäre oder gesundheitliche Probleme der Kinder informiert werden. Zusätzlich dazu bietet die Zeugniskonferenz den Lehrkräften einer Klasse die Möglichkeit, gemeinsam Tipps oder Vorschläge für Zielvereinbarungen zu entwickeln, die bei Bedarf im Gespräch an die jeweiligen Schüler*innen weitergebeben werden können.

Zu den vorbereitenden Aufgaben der Klassenlehrkräfte gehört es des Weiteren die Termine für die Lernentwicklungsgespräche zu organisieren. Für diese Gespräche werden die Klassenlehrkräfte einen ganzen Tag sowie einen Vormittag und einen Nachmittag von anderen Verpflichtungen freigestellt und innerhalb dieser Zeitfenster können sie ihre Gesprächstermine in Absprache mit den Eltern flexibel anordnen.

In der beschriebenen Form wird die dialogbasierte Leistungsbeurteilung mit Portfolios an der Anne-Frank-Schule bis zum Ende der 7. Klassenstufe praktiziert. Zu Beginn des 8. Jahrgangs erfolgt für die Schüler*innen dann der verpflichtende Übergang zu Noten. Mit diesem Übergang sollten die Lernentwicklungsgespräche und die Portfolioarbeit zunächst enden; kurz bevor der erste Portfoliojahrgang diesen Übergang erlebt hat, wurde allerdings im Mai 2017 auf Vorschlag der Klassenlehrkräfte dieses Jahrgangs beschlossen, die Gespräche und die Portfolioarbeit in einer abgewandelten Form parallel zu Noten fortzusetzen. Von den reinen Portfoliogesprächen unterscheiden sich die fortgesetzten Gespräche dadurch, dass in ihnen nur noch Produkte aus drei Fächern präsentiert und auch die Noten der Schüler*innen thematisiert werden. Die anderen Gesprächselemente und die organisatorischen Rahmenbedingungen bleiben nach dem Übergang zu Noten dieselben.

Insgesamt weist das dialog- und portfoliobasierte Beurteilungssystem der Anne-Frank-Schule zahlreiche Merkmale einer alternativen Beurteilungskultur auf. So sieht es anders als das vorherige Beurteilungssystem der Schule eine umfassende Partizipation der Schüler*innen an der Evaluation ihrer eigenen Leistungen und eine gezielte Förderung ihrer Selbstbeurteilungskompetenz vor. Es ist zusätzlich dazu stärken-, prozess- und zukunftsorientiert angelegt und grundsätzlich für vielfältige Aspekte der individuellen Lernentwicklung der Schüler*innen offen. Im Einklang mit der übergeordneten Zielsetzung der alternativen Leistungsbeurteilung scheint das neue

Beurteilungssystem der Anne-Frank-Schule außerdem vorrangig darauf ausgerichtet zu sein, die Schüler*innen bei einer nachhaltigen Erweiterung ihrer Kompetenzen zu unterstützen.

Aus theoretischer Sicht ist davon auszugehen, dass das alternative Beurteilungssystem der Anne-Frank-Schule mit diesen Merkmalen besonders förderliche Voraussetzungen für die Entwicklung der Motivation und des Selbstkonzepts von Schüler*innen schaffen kann.

7. Konkretisierung der Forschungsfragen

Der zuvor beschriebene Schulversuch der Anne-Frank-Schule Bargteheide bietet im Sinne des im vorherigen Kapitel benannten Anliegens die Möglichkeit, wissenschaftlich zu untersuchen, inwiefern eine aus theoretischer Sicht vielversprechende Kombination aus Lernentwicklungsgesprächen und Portfolios die Anforderungen an eine lernförderliche Beurteilungskultur erfüllen kann. In Bezug auf welche Forschungsfragen diese Möglichkeit genutzt werden soll, wird im Rahmen dieses Kapitels konkretisiert.

Im theoretischen Teil dieser Arbeit wurden drei zentrale Anforderungen an eine lernförderliche Beurteilungskultur hergeleitet, die sich auf die Informationsqualität der Leistungsbeurteilung sowie auf ihren Einfluss auf die Motivation und das Selbstkonzept der Schüler*innen beziehen. Da die Lernenden selbst im Fokus dieser Arbeit stehen, wird der Schwerpunkt des vorliegenden Forschungsprojekts auf die Untersuchung des Beitrags der Leistungsbeurteilung zur Motivations- und Selbstkonzeptentwicklung von Schüler*innen gelegt. Für diese Schwerpunktsetzung spricht außerdem, dass eine differenzierte und tiefgehende empirische Untersuchung der Informationsqualität der dialogbasierten Leistungsbeurteilung mit Portfolios eine komplexe qualitative Teilstudie erforderlich machen würde, die im Rahmen dieser Arbeit nicht leistbar wäre.

Den beiden Anforderungen zur Motivation und zum Selbstkonzept wird des Weiteren auch deshalb ein größeres Gewicht beigemessen als der Anforderung zur Informationsqualität, weil sie bisher im Zusammenhang mit Lernentwicklungsgesprächen und Portfolios weniger intensiv untersucht wurden. Für ihre Favorisierung spricht es außerdem, dass die Anne-Frank-Schule die Durchführung einer mehrjährigen Studie sowie einen direkten Vergleich zwischen einem eher tradierten und einem alternativen Beurteilungssystem ermöglicht. Während beides für eine Untersuchung der Informationsqualität der dialogbasierten Leistungsbeurteilung mit Portfolios nicht unbedingt erforderlich ist, ist darin für die Untersuchung ihrer Wirkung auf die Motivation und das Selbstkonzept der Lernenden eine besondere Chance zu sehen. Die Entscheidung, diese Chance zu nutzen, wurde schließlich auch dadurch begünstigt, dass der Schulleitung der Anne-Frank-Schule ebenfalls besonders an der Erhebung motivationaler und selbstbezogener Variablen gelegen war.

Aus theoretischer Sicht scheint die dialogbasierte Leistungsbeurteilung mit Portfolios zudem besonders gut dazu geeignet zu sein, die Motivation der Schüler*innen auf eine lernförderliche Weise zu beeinflussen, da sie ihren Bedürfnissen nach Selbstbestimmung, Kompetenzerleben und sozialer Eingebundenheit entgegenkommt. Sie kann außerdem potenziell dazu beitragen, dass die Schüler*innen eine realistisch-optimistische Erwartungshaltung entwickeln und in ihrem Lernen selbst einen hohen Wert sehen. Mit dem Ziel zu überprüfen, ob das alternative Beurteilungssystem der Anne-Frank-Schule diese positiven Erwartungen erfüllen kann, wird aus der zweiten zentralen Anforderung an eine lernförderliche Beurteilungskultur die folgende Forschungsfrage abgeleitet:

1) Inwiefern kann die dialogbasierte Leistungsbeurteilung mit Portfolios dazu beitragen, die intrinsische Motivation und die Lernzielorientierung der Schüler*innen zu fördern und gegenüber der extrinsischen Motivation und der Leistungszielorientierung zu stärken?

Bei der Beantwortung dieser Frage wird im weiteren Verlauf dieser Arbeit zu berücksichtigen sein, dass die intrinsische Motivation und die Lernzielorientierung wie in Kapitel 3.2.3 bereits beschrieben im Laufe der Schulzeit aus entwicklungspsychologischen Gründen tendenziell abnehmen. Eine grundsätzliche Abnahme dieser motivationalen Variablen schließt dementsprechend nicht aus, dass die dialogbasierte Leistungsbeurteilung mit Portfolios die zweite Anforderung an eine lernförderliche Beurteilungskultur erfüllen kann.

Vergleichbare Entwicklungstendenzen gilt es auch bei der Untersuchung der dritten Anforderung an eine lernförderliche Beurteilungskultur zu beachten. Sie besagt, dass ein lernförderliches Beurteilungssystem die Schüler*innen bei der Entwicklung eines differenzierten, realistischen und positiven Selbstkonzepts unterstützen sollte, und auch dazu scheint die dialogbasierte Leistungsbeurteilung mit Portfolios aus theoretischer Sicht besonders gut geeignet zu sein. Diese Einschätzung ist zunächst darauf zurückzuführen, dass dieses alternative Beurteilungskonzept den Schüler*innen potenziell zu zahlreichen qualitativ hochwertigen Informationen über ihre eigene Person verhelfen kann. Es sieht außerdem eine weitreichende Partizipation der Schüler*innen an der Leistungsbeurteilung und eine Förderung ihrer Selbstbeurteilungskompetenz vor. Zusätzlich dazu weist die dialogbasierte Leistungsbeurteilung mit Portfolios grundlegende Ausrichtungsmerkmale wie die individuelle Bezugsnorm oder die Stärkenorientierung auf, die in Kapitel 3.3.4 ebenfalls als besonders vorteilhaft für die Selbstkonzeptentwicklung von Schüler*innen identifiziert wurden.

Um zu überprüfen, ob die dialogbasierte Leistungsbeurteilung mit Portfolios ausgehend von diesen Voraussetzungen tatsächlich positiv zur Selbstkonzeptentwicklung der Schüler*innen beitragen kann, wurde aus der dritten Anforderung an eine lernförderliche Beurteilungskultur die folgende Forschungsfrage abgeleitet:

2) Inwiefern ist die dialogbasierte Leistungsbeurteilung mit Portfolios dazu geeignet, die Schüler*innen bei der Entwicklung eines differenzierten und positiven Selbstkonzepts zu unterstützen?

Inwiefern die dialogbasierte Leistungsbeurteilung mit Portfolios den Schüler*innen zusätzlich dazu auch zu einem realistischen Selbstkonzept verhilft, scheint objektiv kaum messbar zu sein. Deswegen wurde dieser Aspekt der dritten Anforderung an eine lernförderliche Beurteilungskultur bei der Formulierung der zweiten Forschungsfrage ausgeklammert.

Damit ein alternatives Beurteilungssystem die Lernentwicklung von Schüler*innen nachhaltig positiv beeinflussen kann, sollte es sowohl die zentralen Anforderungen an eine lernförderliche Beurteilungskultur erfüllen als auch darüber hinaus für alle Beteiligten mit einem Mehrwert verbunden und praktisch umsetzbar sein. Ausgehend von dieser Feststellung soll im vorliegenden Forschungsprojekt die folgende Fragestellung untersucht werden:

3) Inwiefern sehen die beteiligten Schüler*innen, Eltern und Lehrkräfte die dialogbasierte Leistungsbeurteilung mit Portfolios als vorteilhaft an?

Diese Frage zielt darauf ab, zu erfassen, welche Vorteile, Schwierigkeiten und Verbesserungsbedarfe die verschiedenen Beteiligten im Zusammenhang mit dem Schulversuch der Anne-Frank-Schule wahrnehmen, und sie kann einen wertvollen Beitrag zur Interpretation der unmittelbar in Bezug auf die beiden zuvor genannten Forschungsfragen gewonnenen Daten leisten. Bisherige Forschungsergebnisse und theoretische Annahmen legen wie in Kapitel 5 beschrieben nahe, dass alternative Beurteilungsformate die Motivation und das Selbstkonzept von Schüler*innen vor allem dann positiv beeinflussen, wenn sie im Sinne der Merkmale einer alternativen Beurteilungskultur umgesetzt werden. Durch die Untersuchung der dritten Forschungsfrage kann eingeschätzt werden, inwiefern dies im Rahmen des Schulversuchs der Anne-Frank-Schule tatsächlich gelingt. Sie ermöglicht es außerdem, Erkenntnisse über die Informationsqualität der dialogbasierten Leistungsbeurteilung mit Portfolios zu gewinnen und den Forschungsstand zu Chancen, Herausforderungen und Gelingensbedingungen alternativer Beurteilungssysteme zu erweitern. Zusätzlich dazu kann die Untersuchung der dritten Forschungsfrage auch eine differenzierte Grundlage für die Weiterentwicklung des an der Anne-Frank-Schule erprobten Beurteilungssystems bieten.

Eine vierte und letzte Forschungsfrage soll sich schließlich auf den Übergang von der rein dialogbasierten Leistungsbeurteilung mit Portfolios zu Noten beziehen. Wie in Kapitel 5 bereits herausgestellt, liegen bisher keine Studienergebnisse zum Übergang zwischen alternativen Beurteilungsformaten und Noten vor. Da ein solcher Übergang spätestens in den höheren Klassenstufen verbindlich ist und die Lernenden erheblich beeinflussen kann, wird im Rahmen des geplanten Forschungsprojekts eine erste explorative Untersuchung dieses Übergangs angestrebt. Sie wird von der folgenden Fragestellung geleitet:

4) Wie beurteilen die am Schulversuch beteiligten Schüler*innen, Eltern und Lehrkräfte das Gelingen des Übergangs von der rein dialogbasierten Leistungsbeurteilung mit Portfolios zu Noten?

8. Methode

Dieses Kapitel beginnt mit einer Vorstellung und Begründung des übergeordneten Forschungsdesigns, bevor die methodische Vorgehensweise bei der Befragung der Schüler*innen, der Lehrkräfte und Eltern in drei weiteren Teilkapiteln näher erläutert wird. Diese Teilkapitel sind zunächst darauf ausgerichtet, die Konzeption und Konstruktion der Erhebungsinstrumente für die jeweilige Befragungsgruppe transparent zu machen. Sie sollen außerdem einen Überblick über den Ablauf der Untersuchung bieten und über die zur Aufbereitung und Auswertung der gewonnenen Daten gewählten Verfahren informieren.

8.1 Übergeordnetes Forschungsdesign

Um die vier zuvor genannten Forschungsfragen in einer aussagekräftigen Form beantworten zu können, wurde das vorliegende Forschungsvorhaben als eine quasi-experimentelle Längsschnittstudie mit einer wiederholten Befragung der am Schulversuch der Anne-Frank-Schule beteiligten Schüler*innen, Eltern und Lehrkräfte konzipiert. Eine wiederholte Befragung der Schüler*innen wurde zunächst als notwendig empfunden, da sich die Eignung der dialogbasierten Leistungsbeurteilung mit Portfolios zur Förderung der Motivation und des Selbstkonzepts der Schüler*innen vielmehr an ihrer langfristigen als ihrer kurzzeitigen Wirkung bemisst. Auf der Grundlage einer einzelnen Befragung der Schüler*innen wäre eine zufriedenstellende Beantwortung der ersten und zweiten Forschungsfrage dementsprechend nicht möglich. Auch die Eltern und Lehrkräfte wiederholt zu befragen, kann für die Beantwortung der ersten beiden Forschungsfragen hilfreich sein und ist insbesondere in Hinblick auf die dritte Forschungsfrage empfehlenswert. Die Einschätzungen dieser beiden Gruppen zu unterschiedlichen Zeitpunkten des Projektverlaufs können so mit dazu beitragen, die Entwicklung der Motivation und des Selbstkonzepts der Schüler*innen im jeweiligen Projektabschnitt zu erklären. Sie lassen außerdem Veränderungen im Projektverlauf erkennen und ermöglichen darüber eine differenziertere Beantwortung der dritten Forschungsfrage als eine einmalige Befragung. Lediglich in Bezug auf die Beurteilung des Übergangs zu Noten durch die Beteiligten scheint keine wiederholte Befragung notwendig zu sein.

Für die wiederholte Befragung der Schüler*innen wurde in Hinblick auf die erste und zweite Forschungsfrage ein quasi-experimentelles Design gewählt. Im komplexen Wirkungsgeflecht des Lern- und Lebensraums Schule ist ein solches Design als die beste Möglichkeit anzusehen, zu einer begründeten Einschätzung der Wirkung einzelner Maßnahmen zu gelangen (Bortz & Döring 2016a, S. 199f.), und darauf zielen die beiden Forschungsfragen zur Motivation und zum Selbstkonzept der Schüler*innen ab.

Die Schüler*innen des ersten Jahrgangs mit dialogbasierter Leistungsbeurteilung an der Anne-Frank-Schule wurden als Treatmentgruppe in das quasi-experimentelle Design einbezogen, da sie zu Beginn des geplanten Forschungsprojekts landesweit die einzigen waren, die an dem zu untersuchenden Beurteilungssystem teilhatten. Als Kontrollgruppe wurden Schüler*innen benötigt, die einen anderen Umgang mit ihren Leistungen erlebten, abgesehen davon aber unter möglichst ähnlichen Rahmenbedingungen lernten wie die Treatmentgruppe. Eine Kontrollgruppe an einer anderen Schule schien diese Voraussetzung nicht erfüllen zu können, da sich die besondere Lernkultur der Anne-Frank-Schule in verschiedener Hinsicht von der anderer Schulen unterscheidet. Infolgedessen könnten Unterschiede, die sich zwischen der Motivations- und Selbstkonzeptentwicklung der Treatmentgruppe an der Anne-Frank-Schule und einer externen Kontrollgruppe zeigten, durch zahlreiche andere Faktoren verursacht werden als die jeweilige Gestaltung der Leistungsbeurteilung. Ein entsprechender Vergleich würde somit nur eine sehr geringe Validität aufweisen. Es wurde deshalb beschlossen, die vorliegende Untersuchung auf die Anne-Frank-Schule zu beschränken und auch als Kontrollgruppe Schüler*innen dieser Schule auszuwählen.

Als besonders aussagekräftig wurde dabei ein Vergleich der Treatmentgruppe mit den Schüler*innen des letzten Jahrgangs angesehen, der noch das vorherige Beurteilungssystem der Anne-Frank-Schule mit Kompetenzrastern und verbalen Beurteilungen erlebte. Die schulischen Rahmenbedingungen dieses Jahrgangs unterschieden sich nur in Bezug auf die Leistungsbeurteilung systematisch von denen der Treatmentgruppe, sodass signifikante Unterschiede zwischen den beiden aufeinanderfolgenden Jahrgängen mit einer gewissen Berechtigung auf den anderen Umgang mit den Leistungen der Lernenden zurückgeführt werden können. Um diese besondere Chance zu nutzen, wurden die Schüler*innen des letzten Jahrgangs mit dem vorherigen, nicht partizipativen Beurteilungssystem als Kontrollgruppe in die quasi-experimentelle Untersuchung einbezogen.

Für die interne Validität dieser Untersuchung ist es als vorteilhaft zu betrachten, dass eine grundlegende Vergleichbarkeit der Treatment- und der Kontrollgruppe dadurch gegeben ist, dass die Schulleitung der Anne-Frank-Schule bei der Aufnahme der Schüler*innen beider Jahrgänge denselben Kriterien gefolgt ist. Es ist dementsprechend davon auszugehen, dass sich das Geschlechterverhältnis, die Anteile von Schüler*innen mit Hauptschul-, Realschul- und Gymnasialprognose sowie die Anzahl von Lernenden mit anerkanntem Förderstatus und Hochbegabung in beiden Untersuchungsgruppen sehr ähnlich sind.

Zu erfassen, inwiefern sich die Schüler*innen beider Untersuchungsgruppen zu Beginn ihrer Zeit an der Anne-Frank-Schule auch in Bezug auf motivationale und selbstbezogene Variablen ähnlich waren, wäre für die Beantwortung der ersten beiden Forschungsfragen ebenfalls hilfreich gewesen. So hätte eine Erhebung dieser Variablen zu einem Zeitpunkt, als die verschiedenen Beurteilungssysteme der Anne-Frank-Schule noch nicht auf die Schüler*innen einwirken konnten, die Sicherheit erhöhen können, mit der im weiteren Projektverlauf möglicherweise zutage tretende Unterschiede auf den anderen Umgang mit den Leistungen der Schüler*innen zurückgeführt werden dürfen. Da eine Kooperation mit der Anne-Frank-Schule erst im Oktober 2014 eingegangen werden konnte, als beide Untersuchungsgruppen die Schule bereits seit einiger Zeit besuchten, war es allerdings nicht möglich, die interne Validität der Untersuchung auf diesem Weg zu erhöhen.

Es wurde daher beschlossen, zum nächstmöglichen Zeitpunkt im Januar 2015 mit der Erhebung motivationaler und selbstbezogener Variablen in beiden Untersuchungsgruppen zu beginnen und diese in einem halbjährlichen Rhythmus fortzusetzen, um bedeutsame Entwicklungstendenzen zu erfassen. Die Schüler*innen der Treatmentgruppe befanden sich im Januar 2015 in der Mitte des 5. Schuljahres und es wurde geplant, ihre Befragung bis zum Ende ihres 8. Schuljahres fortzusetzen, um die Entwicklung ihrer Motivation und ihres Selbstkonzepts über den gesamten Zeitraum der rein dialogbasierten Leistungsbeurteilung mit Portfolios und im ersten Jahr nach dem Übergang zu Noten abzubilden. Vergleichsdaten der Kontrollgruppe schienen für die Beantwortung der ersten und zweiten Forschungsfrage lediglich für die Klassenstufen notwendig zu sein, in denen die Leistungen der Treatmentgruppe ausschließlich alternativ beurteilt werden. Dementsprechend wurde die Entscheidung getroffen, die Motivations- und Selbstkonzeptentwicklung der Kontrollgruppe vom Ende des Halbjahres 6.1 bis zum Ende des Halbjahres 7.2 zu erfassen. Für das 5. Schuljahr konnten keine Daten der Kontrollgruppe erhoben werden, da die Schüler*innen dieses Jahrgangs zu Projektbeginn bereits den Übergang in die 6. Klasse vollzogen hatten.

In Hinblick auf die dritte und vierte Forschungsfrage wurde für das 8. Schuljahr der Treatmentgruppe des Weiteren eine Befragung der zugehörigen Schüler*innen zur dialogbasierten Leistungsbeurteilung mit Portfolios sowie zum Übergang zu Noten geplant. Für die Befragung zum alternativen Beurteilungskonzept der Anne-Frank-Schule wurde dieser vergleichsweise späte Zeitpunkt gewählt, damit die Schüler*innen bei der Beurteilung der dialogbasierten Leistungsbeurteilung auf einen möglichst großen Erfahrungsschatz zurückgreifen und Vergleiche mit dem notenbasierten Beurteilungssystem ziehen können. In Bezug auf die Befragung zum Übergang bot sich lediglich das 8. Schuljahr an, da die Schüler*innen der Treatmentgruppe in diesem Schuljahr zum ersten Mal benotet werden.

Zusätzlich zur Befragung der Schüler*innen ist für die differenzierte Beantwortung der dritten Forschungsfrage wie oben bereits erwähnt eine wiederholte Befragung der Eltern und Lehrkräfte notwendig. Es wurde dabei beschlossen, nur die Eltern der Treatmentgruppe in die Untersuchung einzubeziehen, da diese die einzigen sind, die die dialogbasierte Leistungsbeurteilung mit Portfolios über den gesamten Versuchszeitraum hinweg erleben. In Bezug auf die Lehrkräfte der Anne-Frank-Schule wurde keine vergleichbare Einschränkung vorgenommen, da das Gelingen des Schulversuchs von der Unterstützung des Kollegiums insgesamt abhängig und alle Lehrkräfte perspektivisch als Klassen- oder Fachlehrkräfte in die Umstellung der Beurteilungskultur eingebunden sein werden. Um mögliche Veränderungen in der Einstellung der Lehrkräfte und Eltern zur dialogbasierten Leistungsbeurteilung mit Portfolios zu erfassen, wurde geplant, diese beiden Gruppen einmal zu Beginn des Schulversuchs, zur Mitte des Erhebungzeitraums und vor dem Übergang der Treatmentgruppe zum Notensystem zu befragen.

Für das erste Jahr nach diesem Übergang wurde in Hinblick auf die vierte Forschungsfrage noch eine weitere Befragung der Eltern und Klassenlehrkräfte der Treatmentgruppe geplant. Eine Beschränkung auf den Kreis der Klassenlehrkräfte wurde in diesem Zusammenhang gewählt, da diese Lehrkräfte am besten über den Übergang ihrer Klassen zum Notensystem Auskunft geben können. Sie sind zusätzlich dazu die einzigen Lehrkräfte, die im Erhebungszeitraum parallel zur Notenvergabe die abgewandelten Portfoliogespräche führen, und auch deshalb für die Beurteilung des Übergangs zu Noten besonders wichtig. Um die Erfahrungen der Klassenlehrkräfte und Eltern mit den ersten Gesprächen dieser Art ebenfalls zu erfassen, wurde beschlossen, die Befragung dieser beiden Gruppen zum Übergang auf den Beginn des 2. Halbjahres des 8. Schuljahres der Treatmentgruppe zu legen.

Schließlich wurde geplant, alle zuvor genannten Befragungen mit Online-Fragebögen durchzuführen, die neben einer kleinen Anzahl offener Fragen vor allem geschlossene Items umfassen. Die Favorisierung geschlossener Items lag dadurch nahe, dass das zuvor beschriebene Studiendesign die wiederholte Befragung einer größeren Gruppe von Schüler*innen, Eltern und Lehrkräften vorsieht und eine leichte Vergleichbarkeit der meisten darüber gewonnenen Daten erfordert. Auf der anderen Seite war es insbesondere in Bezug auf die dritte und vierte Forschungsfrage jedoch auch notwendig, individuelle Antworten zu ermöglichen, und darin liegt die Entscheidung für den Einsatz einer kleinen Anzahl offener Items begründet. Die Entscheidung, die verschiedenen Befragungen online über die vom Institut für Qualitätsentwicklung an Schulen bereitgestellte Befragungsplattform LeOniE durchzuführen, wurde vor allem getroffen, um den Aufwand der Datenaufbereitung zu reduzieren. Es wurde außerdem angenommen, dass die Bereitschaft der Schüler*innen dazu, denselben Fragebogen wiederholt auszufüllen, beim Einsatz eines Online-Fragebogens höher ausfällt als bei einer papierbasierten Befragung.

Um eine möglichst hohe Passung der Erhebungsinstrumente zu den Forschungsfragen und dem Schulversuch der Anne-Frank-Schule zu erreichen, wurden diese selbst entwickelt. Wie dabei vorgegangen wurde und welche Items Eingang in die verschiedenen Fragebögen gefunden haben, wird in den folgenden Abschnitten näher erläutert.

8.2 Methodische Vorgehensweise bei der Befragung der Schüler*innen

Aus dem vorherigen Teilkapitel zum Forschungsdesign geht bereits hervor, dass das aktuelle Forschungsprojekt die wiederholte Befragung einer größeren Gruppe von Schüler*innen vorsieht. Dabei soll ein Fragebogen zum Einsatz kommen, der vorrangig darauf ausgerichtet ist, die Entwicklung der Motivation und des Selbstkonzepts der Lernenden über mehrere Schuljahre hinweg zu erfassen. Damit die Ausprägung dieser Variablen zu den einzelnen Zeitpunkten vergleichbar ist, wird derselbe Fragebogen in den ersten Jahren des Erhebungszeitraums wiederholt in beiden Untersuchungsgruppen zum Einsatz kommen. Von den Schüler*innen der Treatmentgruppe soll dieser Fragebogen auch im letzten Jahr des Erhebungszeitraums bearbeitet werden, dies allerdings in

Hinblick auf die dritte und vierte Forschungsfrage in zwei unterschiedlich erweiterten Versionen, die zusätzliche Items zum Übergang zum Notensystem beziehungsweise zur Beurteilung der dialogbasierten Leistungsbeurteilung mit Portfolios enthalten.

Insgesamt kommen im aktuellen Forschungsprojekt somit drei leicht unterschiedliche Varianten des Fragebogens für die Schüler*innen zum Einsatz: Die Hauptvariante A wird von den Schüler*innen der Treatmentgruppe vom 5. bis zum 7. Schuljahr und von der Kontrollgruppe in der 6. und 7. Klassenstufe bearbeitet. Zusätzlich dazu kommt in der Treatmentgruppe im Halbjahr 8.1 die erweiterte Variante B und im Halbjahr 8.2 die erweiterte Variante C zum Einsatz.

Im Folgenden soll nun zunächst erläutert werden, wie bei der Konstruktion der grundlegenden Version des Fragebogens für die Schüler*innen vorgegangen wurde und welche methodischen Entscheidungen im Einklang mit der oben genannten Zielsetzung getroffen wurden. In Anlehnung daran wird anschließend offengelegt, wie die relevanten Variablen im Kern aller Varianten des Fragebogens operationalisiert und in Items überführt wurden, die für Schüler*innen der entsprechenden Altersgruppe verständlich sind. In den beiden darauffolgenden Abschnitten wird dann vorgestellt, auf welche Weise und mit welchen Items der grundlegende Fragebogen in den Varianten B und C erweitert wird. Im Anschluss daran erfolgt eine gemeinsame Beschreibung des Einsatzes dieser verschiedenen Fragebögen im Untersuchungsablauf, bevor die Verfahren der Datenaufbereitung und -auswertung im letzten Abschnitt dieses Kapitels offengelegt werden.

8.2.1 Grundversion des Fragebogens

Für das vorliegende Forschungsprojekt wurde zunächst eine grundlegende Fragebogenvariante benötigt, die dazu geeignet ist, motivationale und selbstbezogene Variablen einer größeren Gruppe von Schüler*innen der 5. bis 8. Klassenstufe wiederholt zu erfassen. Wie diese Fragebogenvariante konzeptioniert und ausgestaltet wurde, soll im Rahmen dieses Kapitels näher erläutert werden.

Die Beantwortung der ersten beiden Forschungsfragen erfordert die wiederholte Erfassung verschiedener motivationaler und selbstbezogener Variablen. Zu diesen Variablen zählen zunächst die intrinsische und die extrinsische Motivation sowie die Lernzielorientierung und die Leistungsorientierung, die in der ersten Forschungsfrage bereits explizit erwähnt wurden. In Hinblick auf die zweite Forschungsfrage wurde zunächst beschlossen, die fünf selbstbezogenen Variablen zu erfassen, die in Kapitel 3.3 bereits als besonders bedeutsam für die Lernentwicklung von Schüler*innen identifiziert wurden. Es handelt sich dabei um das akademische Selbstkonzept, das Fähigkeitsselbstkonzept und das Selbstwertgefühl sowie um die allgemeine und schulbezogene Selbstwirksamkeitserwartung. Zusätzlich dazu wurde auch das Wissen der Schüler*innen über ihre eigenen Interessen als selbstbezogene Variable in die Untersuchung einbezogen, da sich die Schulleitung der Anne-Frank-Schule in Bezug darauf ebenfalls eine positive Wirkung der dialogbasierten Leistungsbeurteilung erhoffte. Ebenfalls auf Wunsch der Schulleitung der Projektschule sollten des Weiteren auch das schulische Wohlbefinden und die Qualität der Lehrer-Schüler-Beziehung wiederholt erfasst werden. Um sowohl die Beantwortung der ersten beiden Forschungsfragen dieses Projekts als auch die Wünsche der Schulleitung der Anne-Frank-Schule zu erfüllen, wurde somit beschlossen, insgesamt zwölf verschiedene Variablen bei den halbjährlichen Befragungen der Schüler*innen zu erfassen.

Damit der Fragebogen einen für die Schüler*innen zu bewältigenden Umfang trotz dieser vergleichsweise hohen Variablenanzahl nicht überschreitet, wurde die Anzahl der Items pro Variable auf fünf maximal begrenzt und ein Umfang von drei Items als besonders erstrebenswert angesehen.

Wie im vorherigen Teilkapitel bereits erläutert, sollte der Fragebogen für die Schüler*innen größtenteils aus geschlossenen Items bestehen, um eine gute Vergleichbarkeit zwischen den verschiedenen Untersuchungsgruppen und Befragungszeitpunkten herzustellen. Geschlossene Items wurden zusätzlich dazu auch deshalb gewählt, weil sie sowohl bei ihrer Bearbeitung durch die Schüler*innen als auch bei ihrer Auswertung mit einem geringeren Zeitaufwand verbunden sind.

Die geschlossenen Items wurden konkret als vierstufige Ratingskalen konzipiert, da Ratingskalen für die Erfassung der interessierenden Variablen besonders gut geeignet und gebräuchlich sind. Ein besonderer Vorteil von Ratingskalen besteht in Bezug auf die statistische Auswertung der gewonnen Daten zudem darin, dass diese als intervallskaliert betrachtet werden dürfen und so eine größere Anzahl an Auswertungsverfahren zulassen als Antwortformate auf Nominal- oder Ordinalskalenniveau (Wirtz & Nachtigall 2012, S. 53). Eine gerade Anzahl von Abstufungen wurde vor allem gewählt, um einem zur Mitte tendierenden Antwortverhalten entgegenzuwirken und darüber aussagekräftigere Ergebnisse zu erhalten. Die Entscheidung für vier Antwortoptionen liegt in dem Wunsch begründet, die zu untersuchenden Variablen zwar differenziert zu erfassen, insbesondere die jüngeren Schüler*innen zugleich aber auch nicht mit einer noch feineren Abstufung zu überfordern. Damit sich die verschiedenen Antwortoptionen möglichst dicht am Sprachgebrauch der Schüler*innen bewegen, wurden die Formulierungen *„stimmt überhaupt nicht“* (1), *„stimmt nicht“* (2), *„stimmt eher“* (3) und *„stimmt genau“* (4) zur Bezeichnung der verschiedenen Abstufungen gewählt. Die Zahlen in Klammern geben an, welcher Zahlenwert den jeweiligen Antwortoptionen bei der Datenaufbereitung und -auswertung zugeordnet wurde.

Für die Beantwortung der ersten und zweiten Forschungsfrage ist es des Weiteren notwendig, bei der statistischen Auswertung zuordnen zu können, welche Antworten bei den verschiedenen Befragungen von denselben Schüler*innen abgegeben wurden. Um eine solche Nachverfolgung individueller Entwicklungsverläufe zu ermöglichen, wurde beschlossen, allen Schüler*innen eine verschlüsselte Identifikationsnummer bestehend aus den drei Buchstaben *„afs“* und einer dreistelligen Zahl zuzuordnen. Um die Anonymität der Schüler*innen zu gewährleisten, wurde diese Zuordnung von einer Lehrkraft der Anne-Frank-Schule vorgenommen, die keinen Zugriff auf die Befragungsdaten hat.

Im Anschluss an eine den gängigen Konventionen in einer altersangemessenen Weise entsprechenden Einleitung beginnt der Fragebogen für die Schüler*innen mit der

Abfrage der Identifikationsnummer. Der darauffolgende Aufwärmteil des Fragebogens erfasst mit dem Alter und dem Geschlecht der Lernenden zunächst allgemeine Angaben und leitet anschließend mit drei offenen Fragen zu den Fähigkeiten und Interessen der Schüler*innen zum Hauptteil über. Diese drei offenen Fragen lauten:

Itemlabel	Itemformulierung
Stärken	Was kannst du bereits gut?
Übungsbedarfe	Was kannst du noch nicht so gut?
Interessen	Was interessiert dich?

Tabelle 1: Offene Fragen zu den Stärken, Übungsbedarfen und Interessen der Schüler*innen

Der Hauptteil der Grundversion des Fragebogens für die Schüler*innen umfasst dann insgesamt 39 Items zu den zwölf oben genannten Variablen. Die Operationalisierung der neun Variablen, die bereits im theoretischen Teil dieser Arbeit betrachtet wurden, wurde von den dort aufgestellten Definitionen geleitet. Sofern es möglich war, wurden für ihre Erfassung Skalen aus großangelegten Studien wie PISA oder IGLU übernommen, deren Qualität bereits geprüft wurde. Es war allerdings nicht durchgängig möglich auf bereits vorhandene Skalen zurückzugreifen, da bereits vorhandenen Skalen teilweise zu umfangreich waren, ein als nicht mehr zeitgemäß anzusehendes Verständnis vom schulischen Lernen widerspiegelten oder insbesondere bei den selbstbezogenen Variablen nicht der im theoretischen Teil begründeten weitgefassten Selbstkonzeptdefinition entsprachen. Diese Einschränkungen konnten zum Teil durch eine Kürzung oder Adaption der bereits vorhandenen Skalen überwunden werden. In Bezug auf einzelne Variablen war eine Eigenkonstruktion jedoch die einzige Möglichkeit, eine Passung zu den vertretenen Definitionen und den spezifischen Anforderungen des vorliegenden Projekts zu erreichen.

Zur Qualitätssicherung wurde der auf diese Weise zusammengestellte Fragebogen kurz vor Untersuchungsbeginn mit Hilfe von Fünftklässler*innen einer anderen schleswig-holsteinischen Gemeinschaftsschule getestet. Im Anschluss an diese Testung mussten lediglich zwei Items entfernt werden, da sie sich nicht als ausreichend trennscharf erwiesen hatten.

Im Anschluss an diese grundlegenden Vorbemerkungen zur Konzeption des Fragebogens für die Schüler*innen, soll nun genauer vorgestellt werden, welche Skalen zur Erfassung der zwölf genannten Variablen in die Grundversion des Fragebogens für die Schüler*innen aufgenommen wurden.

Intrinsische Motivation

Die intrinsische Motivation der Schüler*innen soll über eine Skala erfasst werden, die 2001 im Zuge der Internationalen Grundschul-Lese-Untersuchung (IGLU) eingesetzt wurde (Bos et al. 2001). Sie erfasst im Einklang mit der in Kapitel 3.2.1 aufgestellten Definition, inwiefern die Schüler*innen im Unterricht mitarbeiten, weil sie etwas lernen möchten oder weil sie die Mitarbeit selbst mit positiven Empfindungen verbinden. Als besonders vorteilhaft wird es zudem angesehen, dass diese Skala lediglich aus drei Items besteht und für eine vierstufige Ratingskala konzipiert wurde, die der für diese Studie vorgesehenen gleicht.

Angesichts dieser Vorteile wurde die aus den folgenden drei Items bestehende Skala (α = .76)[2] in ihrem ursprünglichen Wortlaut in den Fragebogen für die Schüler*innen ausgenommen:

Itemlabel	Itemformulierung
INTMO01	Ich arbeite im Unterricht mit, weil ich Spaß habe, immer mehr dazuzulernen.
INTMO02	Ich arbeite im Unterricht mit, weil ich immer alles verstehen möchte.
INTMO03	Ich arbeite im Unterricht mit, weil ich manche Themen spannend finde.

Tabelle 2: Skala zur Erfassung der intrinsischen Motivation der Schüler*innen

Extrinsische Motivation

Die extrinsische Motivation wurde im Rahmen der zuvor erwähnten IGLU-Erhebung im Jahr 2001 ebenfalls erfasst (Bos et al. 2001). Um eine möglichst große Parallelität zu erreichen, wurde diese Skala als Grundlage für die Erfassung der extrinsischen Motivation ausgewählt. Sie entspricht dem in Kapitel 3.2.1 bereits beschriebenen Verständnis, dass eine extrinsische Motivation dann vorliegt, wenn Schüler*innen im Unterricht mitarbeiten, um darüber mit ihrer Mitarbeit inhaltlich nicht unmittelbar verbundene Konsequenzen wie Anerkennung oder Lob zu erhalten. In ihrer ursprünglichen Version enthält die Skala zur extrinsischen Motivation allerdings auch ein Item zu Noten, das aufgrund der Notenfreiheit im größten Teil des Erhebungszeitraums für die vorliegende Untersuchung nicht geeignet ist. Es wurde deshalb durch ein selbst entwickeltes Item ersetzt, das den für viele Schüler*innen potenziell bedeutsamen extrinsischen Anreiz der Zufriedenheit ihrer Eltern mit ihren schulischen Leistungen umfasst.

Zur Erfassung der extrinsischen Motivation der Schüler*innen wurde dementsprechend die folgende Skala (α = .82) vorgesehen:

Itemlabel	Itemformulierung
EXTMO01	Ich arbeite im Unterricht mit, damit mich alle für einen guten Schüler bzw. eine gute Schülerin halten.
EXTMO02	Ich arbeite im Unterricht mit, damit mich mein Lehrer oder meine Lehrerin lobt.
EXTMO03	Ich arbeite im Unterricht mit, damit meine Eltern mit mir zufrieden sind.

Tabelle 3: Skala zur Erfassung der extrinsischen Motivation der Schüler*innen

2 Um die Reliabilität der verwendeten Skalen einschätzen zu können, wurde auf der Grundlage der zu ihrem jeweils ersten Einsatzpunkt erhobenen Daten Cronbachs Alpha als Maß der internen Konsistenz berechnet.

Ab dem Übergang der Treatmentgruppe zu Noten sollte der zuvor ausgeklammerte Aspekt der Noten ebenfalls erfasst werden, um zu prüfen, inwiefern dieses tradierte Beurteilungsformat mit seiner Einführung für die zuvor rein alternativ beurteilten Schüler*innen zu einem bedeutsamen extrinsischen Anreiz wird. In Anlehnung an die IGLU-Skala zur extrinsischen Motivation wurde deshalb das folgende Item zur extrinsischen Motivation formuliert:

Itemlabel	Itemformulierung
EXTMO04	Ich arbeite im Unterricht vor allem mit, weil ich eine gute Note bekommen möchte.

Tabelle 4: Item zur Erfassung der extrinsischen Motivation durch Noten

Um die Vergleichbarkeit mit den vorherigen Befragungen und den Werten der Kontrollgruppe nicht zu beeinträchtigen, sollte dieses Item bei der statistischen Auswertung nicht mit den anderen drei Items zur extrinsischen Motivation verrechnet, sondern separat betrachtet werden.

Lernzielorientierung

Die Lernzielorientierung wurde in Kapitel 3.2.1 bereits als die Ausrichtung des eigenen Handelns auf das Ziel definiert, die eigenen Kompetenzen zu erweitern (Spinath 2011, S. 49). Zur Erfassung der so verstandenen Lernzielorientierung wurden drei Items aus einer Skala ausgewählt, die im Rahmen des Projekts Förderung von Selbstwirksamkeit und Selbstbestimmung im Jahr 2009 eingesetzt wurden (Jerusalem et al. 2009, S. 35). Das vierte Item dieser Skala wurde nicht übernommen, da es anstelle der Lernzielorientierung eher erfasst, inwiefern die Schüler*innen gerne an herausfordernden Aufgaben arbeiten.

Es sind dementsprechend lediglich die folgenden drei Items, die in ihrem originalen Wortlaut als Skala zur Erhebung der Lernzielorientierung (α = .85) in den Fragebogen für die Schüler*innen aufgenommen wurden:

Itemlabel	Itemformulierung
LERZO01	Ich strenge mich in der Schule an, weil ich etwas dazulernen möchte.
LERZO02	Ich beteilige mich am Unterricht, damit ich möglichst viel lerne.
LERZO03	Ich arbeite im Unterricht mit, weil ich neue Dinge lernen möchte.

Tabelle 5: Skala zur Erfassung der Lernzielorientierung der Schüler*innen

Leistungszielorientierung

Zur Erfassung der Leistungszielorientierung wurde ebenfalls eine Skala aus dem Projekt Förderung der Selbstwirksamkeit und Selbstbestimmung im Unterricht ausgewählt (Jerusalem et al. 2009, S. 35), um wie bei der intrinsischen und der extrinsischen Motivation eine möglichst hohe Parallelität zu erreichen. Anders als bei der Lernzielorientierung entsprechen alle vier Items dieser Skala dem Verständnis der Leistungszielorientierung als Ausrichtung des eigenen Verhaltens auf das Ziel, einen positiven Eindruck der eigenen Kompetenz zu erwecken oder einen negativen zu vermeiden (Spinath 2011, S. 49). Eines dieser Items erwies sich bei der Testung des Fragebogens vor Projektbeginn allerdings als wenig trennscharf, sodass es vor der ersten Befragung an der Anne-Frank-Schule aus dem Fragebogen für die Schüler*innen entfernt wurde.

Die Skala zur Leistungszielorientierung ($\alpha = .85$) wird dementsprechend aus den folgenden drei Items gebildet, die bei der Testung im Vorwege bestehen konnten:

Itemlabel	**Itemformulierung**
LEIZO01	In der Schule achte ich darauf, dass mich die anderen für besonders fähig halten.
LEIZO02	Im Unterricht versuche ich, den anderen zu zeigen, wie gut ich bin.
LEIZO03	Ich beteilige mich am Unterricht, um zu zeigen, dass ich klüger bin als die meisten anderen in der Klasse.

Tabelle 6: Skala zur Erfassung der Leistungszielorientierung der Schüler*innen

Akademisches Selbstkonzept

Das akademische Selbstkonzept umfasst im Sinne der in Kapitel 3.3.1 bereits aufgestellten Definition alle Vorstellungen von Schüler*innen über ihre schulischen Leistungen und schulrelevanten Fähigkeiten sowie ihre affektiv gefärbte Beurteilung derselben (Ehm 2014, S. 4). Letztere scheinen für das Anliegen der vorliegenden Untersuchung besonders relevant zu sein und es wurde daher beschlossen, das akademische Selbstkonzept der Schüler*innen vor allem in Bezug auf seine affektiv-evaluative Komponente zu erfassen. Zur Erfassung dieser Komponente wurde eine Skala aus der Begleiterhebung zum PISA-Haupttest im Jahr 2000 (Kunter et al. 2002) am ehesten, aber dennoch nicht vollkommen geeignet angesehen. Es wurde daher beschlossen, in Anlehnung an diese aus dem *Self Description Questionnaire* ins Deutsche überführte Skala, drei eigene Items zur Erfassung des akademischen Selbstkonzepts zu entwickeln.

Diese Items haben der Qualitätsprüfung vor Projektbeginn standgehalten und wurden deshalb in der folgenden Form als Skala zur Erfassung des akademischen Selbstkonzepts ($\alpha = .67$) in den Fragebogen für die Schüler*innen aufgenommen:

Itemlabel	Itemformulierung
ASK01	In den meisten Tests und Klassenarbeiten bin ich gut.
ASK02	Ich kann gut lernen.
ASK03	Ich bin mit meinen Leistungen in der Schule zufrieden.

Tabelle 7: Skala zur Erfassung des akademischen Selbstkonzepts der Schüler*innen

Fähigkeitsselbstkonzept

Für die Erfassung des Fähigkeitsselbstkonzepts konnte keine geeignete Skala ausfindig gemacht werden, was vor allem darauf zurückzuführen ist, dass diese Variable meistens auf bestimmte Unterrichtsfächer bezogen untersucht wird. Da diese Arbeit von einem allgemeinen Erkenntnisinteresse geleitet wird, wurde daher entschieden, eine eigene Skala mit drei Items zu entwickeln, die im Sinne der in Kapitel 3.3.1 aufgestellten Definition des Fähigkeitsselbstkonzepts sowohl das Wissen der Schüler*innen über ihre eigenen Fähigkeiten als auch ihre Beurteilung derselben erfasst.

Die zu diesem Zweck konzipierte Skala ($\alpha = .61$) konnte die Testung im Vorwege bestehen und umfasst die folgenden drei Items:

Itemlabel	Itemformulierung
FSK01	Ich weiß genau, was ich richtig gut kann.
FSK02	Ich bin stolz darauf, was ich alles kann.
FSK03	Ich bin mit dem, was ich kann, zufrieden.

Tabelle 8: Skala zur Erfassung des Fähigkeitsselbstkonzepts der Schüler*innen

Selbstwertgefühl

In Anlehnung an Moschner und Dickhäuser wird das Selbstwertgefühl im Rahmen dieser Arbeit als die affektiv gefärbte Bewertung der eigenen Person insgesamt verstanden (Moschner & Dickhäuser 2010, S. 760). Dieser Definition kommt eine aus drei Items bestehende Skala am nächsten, die im Rahmen der ersten Erhebungswelle der Studie zur Entwicklung von Ganztagsschulen eingesetzt wurde (Quellenberg 2009). Sie enthält allerdings auch ein Item, das sich nicht auf die Bewertung der eigenen Person insgesamt bezieht und das deshalb durch eine der genannten Definition besser entsprechende Eigenkonstruktion ersetzt wurde. Die verbleibenden beiden Items konnten in ihrem originalen Wortlaut übernommen werden.

Zur Erfassung des Selbstwertgefühls wurde somit ebenfalls eine aus drei Items bestehende Skala ($\alpha = .74$) eingesetzt:

Itemlabel	Itemformulierung
SWG01	Ich bin mit mir selbst zufrieden.
SWG02	Ich finde mich gut so, wie ich bin.
SWG03	Ich finde mich selbst ganz in Ordnung.

Tabelle 9: Skala zur Erfassung des Selbstwertgefühls der Schüler*innen

Allgemeine Selbstwirksamkeitserwartung

Die allgemeine Selbstwirksamkeitserwartung wurde im theoretischen Teil dieser Arbeit in Anlehnung an Jerusalem und Schwarzer als das Ausmaß definiert, zu dem Menschen davon überzeugt sind, herausfordernde Situationen aus eigener Kraft heraus erfolgreich bewältigen zu können (Jerusalem & Schwarzer 2002, S. 35). Eine dieser Definition entsprechende Skala wurde von Jerusalem und Schwarzer selbst entwickelt und daher als Grundlage für die Erfassung der allgemeinen Selbstwirksamkeitserwartung im vorliegenden Projekt genutzt (Schwarzer & Jerusalem 2001). Für dieses Projekt wurde diese aus sieben Items bestehende Skala in ihrer Gesamtheit allerdings als zu umfangreich empfunden. Es wurde daher beschlossen, zwei besonders aussagekräftige Items dieser Skala zu übernehmen und die in den verbleibenden Items enthaltenen Aspekte in zwei selbst entwickelten Items zusammenzuführen. Zusätzlich dazu war es notwendig, eines der übernommenen Items leicht zu adaptieren, um es für Schüler*innen der 5. bis 8. Klasse sprachlich besser verständlich zu machen.

Von diesen Überlegungen ausgehend wurde schließlich eine aus den folgenden vier Items bestehende Skala zur allgemeinen Selbstwirksamkeitserwartung ($\alpha = .68$) in den Fragebogen für die Schüler*innen aufgenommen:

Itemlabel	Itemformulierung
ASWE01	Die Lösung schwieriger Probleme gelingt mir immer, wenn ich mich darum bemühe.
ASWE02	Wenn ich mich richtig anstrenge, kann ich all das schaffen, was ich will.
ASWE03	Wenn ich ein Problem habe, kann ich dafür selbst eine Lösung finden.
ASWE04	Auch wenn etwas plötzlich anders läuft, als ich gedacht habe, kann ich gut damit umgehen.

Tabelle 10: Skala zur Erfassung der allgemeinen Selbstwirksamkeitserwartung der Schüler*innen

Schulbezogene Selbstwirksamkeitserwartung

Die schulbezogene Selbstwirksamkeitserwartung spiegelt das Ausmaß wieder, zu dem Schüler*innen sich selbst dazu in der Lage sehen, schulische Anforderungen erfolgreich zu bewältigen und über ihr eigenes Verhalten für sie wünschenswerte Lern- und Leistungsergebnisse herbeizuführen (Jerusalem & Satow 1999, S. 15). Eine von Jerusalem und Satow selbst entwickelte Skala entspricht dieser Definition, allerdings nicht der Gestaltung der Lernkultur an der Anne-Frank-Schule und beinhaltet zudem Formulierungen mit Noten. Es wurde deshalb vorgezogen, aus der genannten Definition drei eigene Items abzuleiten, die sich auf die Überzeugung der Schüler*innen darüber beziehen, verschiedene Herausforderungen im Zusammenhang mit ihrem schulischen Lernen zu meistern.

Von diesen Items erwies sich eins bei der Testung vor Projektbeginn nur als wenig aussagekräftig und trennscharf, sodass letztendlich nur die folgenden beiden Items als Skala zur Erfassung der schulbezogenen Selbstwirksamkeit ($\alpha = .62$) in den Fragebogen für die Schüler*innen aufgenommen werden konnten:

Itemlabel	Itemformulierung
SSWE01	Wenn ich mich anstrenge, kann ich auch das lernen, was ich bis jetzt noch nicht so gut konnte.
SSWE02	Wenn ich mir Mühe gebe, kann ich auch die schwierigen Unterrichtsthemen verstehen.

Tabelle 11: Skala zur Erfassung der schulbezogenen Selbstwirksamkeitserwartung der Schüler*innen

Wissen über die eigenen Interessen

Als weitere Facette des Selbstkonzepts der Schüler*innen sollte auf Wunsch der Schulleitung der Anne-Frank-Schule das Wissen der Lernenden über ihre eigenen Interessen erfasst werden. Diese Variable ist unter anderem für die berufliche Zukunft der Schüler*innen sowie auch für ihre Nutzung der ihnen an der Anne-Frank-Schule gebotenen Wahlmöglichkeiten und Freiräume als bedeutsam anzusehen. Um zu erfassen, inwiefern die Schüler*innen bereits besondere Interessen entwickelt oder entdeckt haben, wurde eine Skala mit den folgenden drei Items ($\alpha = .74$) entwickelt:

Itemlabel	Itemformulierung
WISS_INT01	Es gibt etwas, was mich richtig interessiert.
WISS_INT02	Mich interessieren manche Dinge ganz besonders.
WISS_INT03	Ich weiß genau, was mich interessiert.

Tabelle 12: Skala zur Erfassung des Wissens der Schüler*innen über ihre eigenen Interessen

Lehrer-Schüler-Beziehung

Eine Skala zur Qualität der Beziehungen zwischen den Schüler*innen und ihren Lehrkräften wurde ebenfalls vorrangig auf Wunsch der Schulleitung der Anne-Frank-Schule in die Grundversion des Fragebogens für die Lernenden aufgenommen. Aufschlussreich könnte diese Variable auch in Bezug auf die Motivationsentwicklung der Schüler*innen sein, da sie mit dem Erleben sozialer Eingebundenheit in einem Zusammenhang steht. Zusätzlich dazu könnte sich die Qualität der Beziehungen zwischen den Schüler*innen und den Lehrkräften auch für das Gelingen der dialogbasierten Leistungsbeurteilung mit Portfolios aus Sicht dieser beiden Gruppen als relevant erweisen. Von besonderer Bedeutung scheint in diesem Zusammenhang ausgehend von den in Kapitel 5 beschriebenen Gelingensbedingungen der alternativen Leistungsbeurteilung die Frage zu sein, inwiefern die Schüler*innen den Eindruck haben, dass sie ihren Lehrkräften vertrauen können. Um diesen Aspekt sowie die soziale Eingebundenheit abzudecken, wurden zwei Items selbst formuliert und mit drei Items einer Skala kombiniert, die im Rahmen von PISA 2000 eingesetzt wurde (Kunter et al. 2002).

Zur Erfassung der Qualität der Lehrer-Schüler-Beziehung wurde so die aus den folgenden fünf Items bestehende Skala ($\alpha = .77$) in den Fragebogen für diese Zielgruppe aufgenommen:

Itemlabel	Itemformulierung
LSB01	Wir können unseren Lehrern und Lehrerinnen voll vertrauen.
LSB02	Den meisten Lehrern und Lehrerinnen ist es wichtig, dass wir wirklich etwas lernen.
LSB03	Die Lehrer und Lehrerinnen behandeln die Schüler und Schülerinnen fair.
LSB04	Wenn ein Schüler oder eine Schülerin zusätzliche Hilfe braucht, bekommt er oder sie diese von seinen oder ihren Lehrern und Lehrerinnen.
LSB05	Die meisten Lehrer und Lehrerinnen interessieren sich für das, was die Schüler und Schülerinnen zu sagen haben.

Tabelle 13: Skala zur Einschätzung der Qualität der Lehrer-Schüler-Beziehung durch die Schüler*innen

Schulisches Wohlbefinden

Zusätzlich zu den beiden vorhergenannten Variablen sollte auch das schulische Wohlbefinden vorrangig auf Wunsch der Schulleitung der Anne-Frank-Schule erfasst werden. In Anlehnung an Hascher wird diese Variable als ein Zustand definiert, in „dem positive Emotionen und Kognitionen gegenüber der Schule, den Personen in der Schule und dem schulischen Kontext bestehen und gegenüber negativen Emotionen und Kognitionen dominieren“ (Hascher 2004, S. 148). Eine im Rahmen der Studie Pädagogische EntwicklungsBilanzen eingesetzte Skala entspricht dieser Definition weitgehend (Gerecht et al. 2007), wurde mit sieben Items in ihrer Gesamtheit allerdings für das aktuelle Vorhaben als zu umfangreich angesehen. Es wurde deshalb beschlossen, lediglich drei Items aus dieser Skala zu übernehmen und ein weiteres selbst zu formulieren, das mehrere in den verbleibenden Items enthaltene Aspekte kombiniert.

Für die Erhebung des schulischen Wohlbefindens wurde somit eine Skala ($\alpha = .75$) vorgesehen, die aus den folgenden vier Items besteht:

Itemlabel	Itemformulierung
WOHL01	Ich finde meine Schule sehr einladend und freundlich.
WOHL02	Ich fühle mich in meiner Schule wohl.
WOHL03	In unserer Schule sieht es nett aus.
WOHL04	In meiner Klasse fühle ich mich wohl.

Tabelle 14: Skala zur Erfassung des schulischen Wohlbefindens der Schüler*innen

8.2.2 Erweiterte Fragebogenvariante B

Die erweiterte Fragebogenvariante B wurde vorrangig in Hinblick auf die Beantwortung der Forschungsfrage zum Übergang konzipiert. Sie umfasst alle Elemente und Items der im vorherigen Kapitel beschriebenen Grundversion des Fragebogens und zusätzlich dazu vier geschlossene Items, die auf eine erste Beurteilung des Übergangs zu Noten zum Ende des ersten Halbjahres der Treatmentgruppe in Jahrgang 8 ausgerichtet sind.

Mit der Einführung der Noten wandelt sich der Umgang mit den Leistungen der Schüler*innen in verschiedener Hinsicht grundlegend und mit Hilfe eines geschlossenen Items soll deshalb zunächst erfasst werden, inwiefern den Schüler*innen die Umstellung zu Noten schwergefallen ist. Von besonderem Interesse ist im Zusammenhang mit der Gestaltung des Übergangs des Weiteren, inwiefern die Schüler*innen die Beibehaltung der Lernentwicklungsgespräche begrüßen. Zusätzlich dazu ist es für das Gelingen dieses Übergangs bedeutsam, inwiefern die Noten aus Sicht der Schüler*innen zu den Rückmeldungen passen, die sie in den vorherigen Portfoliogesprächen bekommen haben. Um diese Aspekte in einer leicht vergleichbaren Form zu erfassen, wurden zunächst drei geschlossene Items formuliert und als vierstufige Ratingskalen mit den bereits bekannten Antwortoptionen von „*stimmt überhaupt nicht*“ bis „*stimmt genau*“ konzipiert.

Diese drei Items zum Übergang haben den folgenden Wortlaut:

Itemlabel	Itemformulierung
ÜBG01	Die Umstellung vom Portfolio zu Noten ist mir schwergefallen.
ÜBG02	Meine Noten passen zu den Rückmeldungen, die ich früher in den Portfoliogesprächen bekommen habe.
ÜBG03	Ich finde es gut, dass wir mit unseren Klassenlehrern und Eltern weiter Gespräche über unsere Fähigkeiten und Leistungen führen.

Tabelle 15: Items zur Beurteilung des Übergangs zu Noten durch die Schüler*innen

Im Sinne einer differenzierten Beantwortung der dritten Forschungsfrage wurde ergänzend zum Item ÜBG02 ein weiteres geschlossenes Item mit drei Antwortoptionen formuliert, das erfasst, in welche Richtung die Noten der Schüler*innen von ihren eigenen Vorstellungen und Erwartungen abweichen:

Itemlabel	Itemformulierung
ÜBG04	Meine Noten im letzten Halbjahr waren … – deutlich besser, als ich erwartet habe. – ungefähr genauso, wie ich erwartet habe. – deutlich schlechter, als ich erwartet habe.

Tabelle 16: Item zur Passung zwischen den Noten und den Erwartungen der Schüler*innen

8.2.3 Erweiterte Fragebogenvariante C

Die erweiterte Fragebogenvariante C wurde dafür vorgesehen, zum Ende des 8. Schuljahres differenziert zu erfassen, wie die Schüler*innen die dialogbasierte Leistungsbeurteilung mit Portfolios und die Vergabe von Noten beurteilen. Sie umfasst neben allen Elementen und Items der Grundversion des Fragebogens für die Schüler*innen 21 geschlossene Items im bereits bekannten Ratingskalenformat und drei offene Fragen zu verschiedenen thematischen Schwerpunkten, die insbesondere für die Beantwortung der dritten und vierten Forschungsfrage relevant sind, aber auch für die Interpretation der Daten zur Motivations- und Selbstkonzeptentwicklung hilfreich sein können. Diese thematischen Schwerpunkte und die dafür selbst entwickelten Items sollen im Folgenden vorgestellt werden.

Partizipation

Über die erweiterte Fragebogenvariante C soll zunächst erfasst werden, inwiefern die Schüler*innen der Treatmentgruppe die ihnen im Rahmen der dialogbasierten Leistungsbeurteilung mit Portfolios gebotenen Partizipationsmöglichkeiten als solche wahrnehmen und schätzen. Wie in Kapitel 5 bereits deutlich wurde, hängt die lernförderliche Wirkung alternativer Beurteilungsformate von dem Ausmaß ab, zudem eine echte Partizipation der Schüler*innen gelingt. Dabei ist es insbesondere für die Motivation der Schüler*innen von Bedeutung, inwiefern sie sich selbst als beteiligt erleben. Um zu erfassen, wie die Schüler*innen der Treatmentgruppe die ihnen gebotenen Partizipationsmöglichkeiten beurteilen, wurde deshalb eine Skala mit den beiden folgenden Items ($\alpha = .77$) entwickelt:

Itemlabel	Itemformulierung
PART01	Ich finde es gut, dass wir selbst entscheiden können, worüber in den Portfoliogesprächen gesprochen wird.
PART02	Ich finde es gut, dass wir in den Portfoliogesprächen unsere eigene Meinung vertreten können und nicht nur eine Rückmeldung von den Lehrkräften bekommen.

Tabelle 17: Skala zur Beurteilung der Partizipationsmöglichkeiten durch die Schüler*innen

Zu diesen Aussagen können die Schüler*innen wie zu allen anderen geschlossenen Items der erweiterten Fragebogenvariante C in dem ihnen bereits bekannten vierstufigen Ratingskalenformat von „*stimmt überhaupt nicht*“ bis „*stimmt genau*“ Stellung nehmen.

Informationsqualität

Die Schüler*innen der Treatmentgruppe sollten im Rahmen der erweiterten Fragebogenvariante C des Weiteren die Möglichkeit erhalten, die Informationsqualität der dialogbasierten Leistungsbeurteilung mit Portfolios zu beurteilen. Auch wenn die entsprechende Anforderung an eine lernförderliche Beurteilungskultur zugunsten der vier anderen Forschungsfragen etwas zurückgestellt wurde, wird die Einschätzung der Informationsqualität für das Gelingen des alternativen Beurteilungssystems als besonders bedeutsam empfunden. Die Rückmeldungen der Schüler*innen zur Informationsqualität können zudem insbesondere für die Interpretation der Daten zur Entwicklung der motivationalen und selbstbezogenen Variablen hilfreich sein. In Anlehnung an die in der ersten Anforderung an eine lernförderliche Beurteilungskultur zusammengefassten Qualitätskriterien wurden daher die folgenden sechs Items formuliert und als Skala zur Informationsqualität ($\alpha = .90$) in die erweiterte Fragebogenvariante C aufgenommen:

Itemlabel	Itemformulierung
INFO01	Durch die Portfolioarbeit und die Portfoliogespräche habe ich noch besser erkannt, was meine Stärken sind und was ich gut kann.
INFO02	In den Portfoliogesprächen habe ich erfahren, was ich noch üben sollte.
INFO03	In den Portfoliogesprächen habe ich Hinweise und Tipps dazu bekommen, wie ich mich noch weiter verbessern kann.
INFO04	Nach den Portfoliogesprächen habe ich mich meistens gut darüber informiert gefühlt, wie die Lehrerinnen und Lehrer meine Leistungen einschätzen.
INFO05	Meine Klassenlehrkräfte haben ihre Rückmeldungen in den Portfoliogesprächen so formuliert, dass ich sie gut verstehen konnte.
INFO06	Die Rückmeldungen, die ich in den Portfoliogesprächen von meinen Lehrkräften bekommen habe, waren für mich hilfreich.

Tabelle 18: Skala zur Beurteilung der Informationsqualität durch die Schüler*innen

Kompetenzerwerb

Durch die aktive Beteiligung der Schüler*innen an der Evaluation ihrer eigenen Leistung kann die dialogbasierte Leistungsbeurteilung mit Portfolios potenziell die Selbstbeurteilungskompetenz der Lernenden fördern und darüber auch ihre Motivations- und Selbstkonzeptentwicklung positiv beeinflussen. Zusätzlich dazu können Lernentwicklungsgespräche auch die Fähigkeit und Bereitschaft der Schüler*innen dazu fördern, sich selbst zu präsentieren und über ihre eigenen Leistungen zu sprechen. Um zu erfassen, inwiefern die dialogbasierte Leistungsbeurteilung mit Portfolios diese Chance aus Sicht der Schüler*innen tatsächlich erfüllen kann, wurde die folgende, aus drei Items bestehende Skala (α = .80) in die erweiterte Fragebogenvariante C integriert:

Itemlabel	Itemformulierung
KOMP01	Durch die Portfoliogespräche habe ich gelernt, mich selbst und meine eigenen Leistungen noch besser einzuschätzen.
KOMP02	Durch die Portfoliogespräche habe ich gelernt, mich selbst noch besser zu präsentieren.
KOMP03	Durch die Portfoliogespräche habe ich gelernt, noch besser über meine eigenen Fähigkeiten und Leistungen zu sprechen.

Tabelle 19: Skala zur Beurteilung des Kompetenzerwerbs durch die Schüler*innen

Unterstützung durch die Klassenlehrkräfte

Zusätzlich zu den bereits genannten Aspekten scheint auch die von den Schüler*innen wahrgenommene Unterstützung durch ihre Klassenlehrkräfte in mehrfacher Hinsicht für die Beantwortung der übergeordneten Forschungsfragen relevant zu sein. Sie ist zunächst als ein Teil der sozialen Eingebundenheit anzusehen, die der Selbstbestimmungstheorie zufolge eine zentrale Voraussetzung für die Entwicklung der intrinsischen Motivation darstellt. In Kapitel 5 wurde außerdem bereits verdeutlicht, dass eine erfolgreiche Beteiligung der Schüler*innen eine angemessene Unterstützung durch ihre Lehrkräfte voraussetzt. Mit Hilfe einer Skala aus den drei folgenden selbstentwickelten Items (α = .80) sollte deshalb erfasst werden, inwiefern sich die Schüler*innen im Rahmen der dialogbasierten Leistungsbeurteilung mit Portfolios in verschiedener Hinsicht unterstützt fühlen:

Itemlabel	Itemformulierung
UKL01	Meine Klassenlehrkräfte haben mich meistens gut bei der Vorbereitung auf die Portfoliogespräche unterstützt.
UKL02	Meine Klassenlehrkräfte haben mir dabei geholfen, die Ziele aus meinen Lernvereinbarungen zu erreichen.
UKL03	Meinen Klassenlehrkräften war es wichtig, dass wir unsere Lernvereinbarungen tatsächlich erfüllen.

Tabelle 20: Skala zur Beurteilung der Klassenlehrkräfteunterstützung durch die Schüler*innen

Globale Beurteilung der Portfolioarbeit

Als erste Grundlage für die Beantwortung der dritten Forschungsfrage sollte über die erweiterte Fragebogenvariante C des Weiteren erfasst werden, inwiefern die Schüler*innen der Treatmentgruppe die dialogbasierte Leistungsbeurteilung mit Portfolios insgesamt als vorteilhaft ansehen. Zu diesem Zweck wurden die folgenden drei Items selbst formuliert und als Skala zur globalen Beurteilung des alternativen Beurteilungssystems ($\alpha = .81$) eingesetzt:

Itemlabel	Itemformulierung
GBU01	Ich finde es insgesamt gut, dass ich in den letzten Jahren regelmäßig mit meinen Eltern und Lehrkräften über meine Leistungen sprechen konnte.
GBU02	Es ist sinnvoll, dass Schülerinnen und Schüler von der 5. bis zur 7. Klasse ein Portfolio führen.
GBU03	An unserer Schule sollten Schülerinnen und Schüler auch zukünftig von der 5. bis zur 7. Klasse ein Portfolio anlegen und Portfoliogespräche führen.

Tabelle 21: Skala zur Gesamtbeurteilung der dialogbasierten Leistungsbeurteilung durch die Schüler*innen

Offene Fragen zu Vor- und Nachteilen sowie Verbesserungsbedarfen

Die drei geschlossenen Items zur globalen Beurteilung der dialogbasierten Leistungsbeurteilung mit Portfolios wurden durch drei offene Fragen ergänzt, um eine noch differenzierte Beantwortung der dritten Forschungsfrage zu ermöglichen und nicht antizipierte Aspekte zu erfassen, die auch für die Beantwortung der anderen Forschungsfragen relevant sein können. Diese Fragen beziehen sich auf die von den Schüler*innen wahrgenommen Vorteile und Einschränkungen des alternativen Beurteilungssystems. Sie wurden folgendermaßen formuliert und jeweils mit einem freien Textfeld versehen:

Itemlabel	Itemformulierung
Vorteile	Welche Vorteile haben das Portfolio und die Portfoliogespräche deiner Meinung nach?
Nachteile	Was hat dir an der Portfolioarbeit und den Portfoliogesprächen bisher nicht gefallen?
Verbesserungs-vorschläge	Gibt es etwas, was die Schule bei der Gestaltung der Portfolioarbeit und der Portfoliogespräche verbessern sollte? Falls ja, erkläre in dem folgenden Textfeld bitte deine Verbesserungsvorschläge.

Tabelle 22: Offene Fragen zu den von den Schüler*innen wahrgenommenen Vor- und Nachteilen und Verbesserungsbedarfen der dialogbasierten Leistungsbeurteilung mit Portfolios

Beurteilung der Noten

Abgeschlossen wird die Erweiterung des Fragebogens schließlich von vier Items zum Notensystem, die erneut dem bereits beschrieben Ratingskalenformat folgen. Das erste dieser Items soll erfragen, wie die Schüler*innen die Einführung der Noten allgemein bewerten. Die verbleibenden drei Items beziehen sich konkret auf die jeweils eigenen

Noten der Schüler*innen und erfassen, inwiefern diese als gerecht und nachvollziehbar empfunden werden. Dies ist sowohl für sich alleingenommen als auch in Bezug auf die Entwicklung der Motivation und das Selbstkonzept der Schüler*innen von Interesse, da der Einfluss der Noten auf diese Variablen vermutlich von ihrer wahrgenommenen Qualität abhängt. In Anbetracht dessen wurde schließlich die folgende, aus vier Items bestehende Skala ($\alpha = .79$) in die Fragebogenvariante C aufgenommen:

Itemlabel	Itemformulierung
NOT01	Ich finde es gut, dass wir ab der 8. Klasse Noten bekommen.
NOT02	Die Noten, die ich in diesem Schuljahr bekommen habe, sind fast alle gerecht.
NOT03	Meine Noten geben wirklich das wieder, was ich in der Schule geleistet habe.
NOT04	Ich verstehe bei den meisten Noten, warum ich sie bekommen habe.

Tabelle 23: Skala zur Beurteilung der Noten durch die Schüler*innen

8.2.4 Ablauf der Untersuchung

Im Anschluss an die Vorstellung des übergeordneten Forschungsdesigns und der Erhebungsinstrumente für die Schüler*innen soll in diesem Kapitel der Ablauf der Untersuchung in Bezug auf die verschiedenen Befragungen der Schüler*innen beschrieben werden.

Dabei lässt sich gleich zu Beginn herausstellen, dass die quasi-experimentelle Längsschnittstudie mit Messwiederholung in allen wesentlichen Aspekten so wie geplant umgesetzt werden konnte. Von der Mitte des Schuljahres 2014/15 bis zum Ende des Schuljahres 2017/18 wurden an der Anne-Frank-Schule in Bargteheide jeweils zum Halbjahresende acht Befragungen der Schüler*innen durchgeführt. Sie fanden zu den folgenden Terminen statt, die ihrer chronologischen Reihenfolge nach als die Messzeitpunkte t_1 bis t_8 bezeichnet werden:

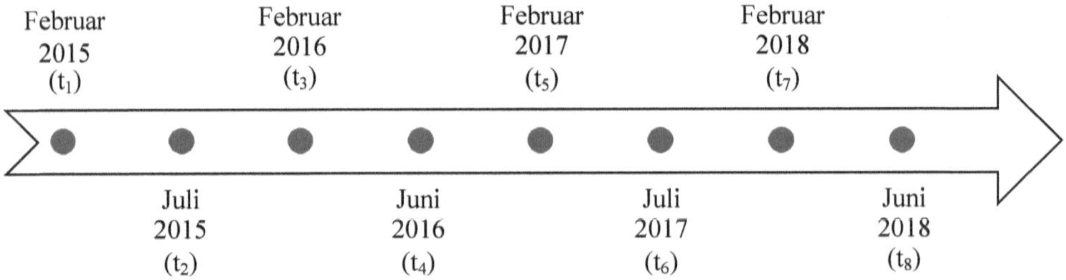

Abbildung 1: Übersicht über die Befragungstermine der Schüler*innen

Die Schüler*innen der Treatmentgruppe wurden wie geplant zu allen acht Zeitpunkten und somit von der Mitte ihres 5. bis zum Ende ihres 8. Schuljahres befragt. Die Schüler*innen der Kontrollgruppe wurden wie vorgesehen zu den Messzeitpunkten t_1 bis t_4 und damit von der Mitte ihres 6. Schuljahres bis zum Ende ihres 7. Schuljahres befragt. Kurz vor dem Übergang der Treatmentgruppe zu Noten wurde zudem beschlossen, auch die Befragung der Kontrollgruppe über die 7. Jahrgangsstufe hinaus fortzusetzen. Nachdem die Befragung dieser Untersuchungsgruppe im Februar 2017 wie ursprünglich geplant ausgesetzt wurde, wurde sie dementsprechend ab dem Messzeitpunkt t_6 fortgesetzt.

Um die Kommunikation über die Befragungsergebnisse zu erleichtern, werden die Ergebnisse der ungeraden Messzeitpunkte als die Ergebnisse des ersten Schulhalbjahres und die der geraden Messzeitpunkte als die Ergebnisse für das zweite Schulhalbjahr bezeichnet. Auch wenn die Befragungen im Februar erst kurz nach dem Ende des ersten Schulhalbjahres durchgeführt wurden, spiegeln die zu diesem Zeitpunkt erhobenen Werte die Entwicklung in der ersten Schuljahreshälfte wider und lassen die gewählte Zuordnung daher zulässig erscheinen.

Die folgende Tabelle zeigt, welche Schulhalbjahre die verschiedene Messzeitpunkte im Sinne dieser Zuordnung für die Schüler*innen der Treatmentgruppe und der Kontrollgruppe repräsentieren. Sie gibt außerdem die Zeitpunkte an, zu denen die beiden erweiterten Fragebogenvarianten B und C in der Treatmentgruppe eingesetzt wurden:

Messzeitpunkt	t_1	t_2	t_3	t_4	t_5	t_6	t_7	t_8
Halbjahr für die Treatmentgruppe	5.1	5.2	6.1	6.2	7.1	7.2	8.1 (B)	8.2 (C)
Halbjahr für die Kontrollgruppe	6.1	6.2	7.1	7.2	(8.1)	8.2	9.1	9.2

Tabelle 24: Zuordnung der Messzeitpunkte zu den Schulhalbjahren der beiden Untersuchungsgruppen

Konkret durchgeführt wurden die Befragungen beider Untersuchungsgruppen klassenweise in den Computerräumen der Anne-Frank-Schule. Zu Beginn der Befragungen erhielten die Schüler*innen zunächst eine kurze mündliche Einweisung, bevor sie von ihren Klassenlehrkräften mit ihren Identifikationsnummern ausgestattet wurden. Für die anschließende Bearbeitung der Online-Fragebögen haben die Schüler*innen durchschnittlich ungefähr 20 Minuten benötigt.

In den beiden auf die eigentlichen Befragungstermine folgenden Wochen wurde jeweils ein gemeinsamer Nachholtermin für fehlende Schüler*innen aus allen Klassen organisiert, um für alle Halbjahre möglichst vollständige Datensätze zu erhalten.

8.2.5 Verfahren der Datenaufbereitung und -auswertung

Im letzten Abschnitt dieses Teilkapitels sollen nun schließlich die Verfahren offengelegt werden, die zur Aufbereitung und Auswertung der gewonnenen Daten gewählt wurden. Dabei wird zunächst die Vorgehensweise bei der Aufbereitung und Auswertung der halbjährlich erhobenen Variablen erläutert, bevor der Umgang mit den in erster Linie für die Beantwortung der dritten und vierten Forschungsfrage erfassten Daten der Treatmentgruppe dargestellt wird.

Für die Beantwortung der beiden Forschungsfragen zur Motivation und zum Selbstkonzept ist es erforderlich, zu überprüfen, inwiefern sowohl innerhalb als auch zwischen den beiden Untersuchungsgruppen signifikante Veränderungen und Unterschiede bestehen. Dazu sind bei dem gewählten Studiendesign und intervallskalierten Datenniveau verschiedene varianzanalytische Verfahren geeignet. Mit Hilfe von einfaktoriellen Varianzanalysen mit Messwiederholung kann geprüft werden, inwiefern innerhalb der einzelnen Gruppen signifikante Unterschiede zwischen den zu den verschiedenen Messzeitpunkten erhobenen Werten bestehen (Bortz & Schuster 2010, S. 285). Zweifaktorielle Varianzanalysen mit Messwiederholung ermöglichen es, signifikante Unterschiede zwischen den beiden Untersuchungsgruppen auf Signifikanz zu überprüfen. Sowohl die einfaktoriellen als auch die zweifaktorielle Varianzanalysen sollten auf der Grundlage der Skalenmittelwerte für die vier motivationalen und sechs selbstbezogenen Variablen durchgeführt werden.

Zu den Voraussetzungen für die einfaktorielle Varianzanalyse mit Messwiederholung zählen die Kriterien der Sphärizität sowie bei kleinen Stichproben das Kriterium der Normalverteilung der Werte. Das Kriterium der Normalverteilung konnte in beiden Untersuchungsgruppen vernachlässigt werden, da sowohl die Treatmentgruppe als auch die Kontrollgruppe mehr als 30 Schüler*innen umfassen. Die Voraussetzung der Sphärizität wurde mit Hilfe des dazu geeigneten Mauchly-Tests geprüft und als gegeben angesehen, wenn dieser Test keine statistische Signifikanz auswies. Wenn dieser Test signifikant ausfiel, wurden die Freiheitsgerade durch Multiplikation mit dem Korrekturfaktor ε angepasst und beim Test der Innersubjekteffekte die korrigierten Werte nach Greenhouse-Geisser ($\varepsilon < .75$) oder Huynh Feldt ($\varepsilon > .75$) herangezogen, um die statistische Signifikanz der Veränderungen innerhalb der beiden Untersuchungsgruppen zu beurteilen (Laerd Statistics 2018). Beim Test der Innersubjekteffekte wurde den gängigen Konventionen entsprechend ein Signifikanzniveau von $\alpha = .05$ angesetzt.

Zusätzlich zu den Voraussetzungen der einfaktoriellen Varianzanalyse mit Messwiederholung muss bei der zweifaktoriellen Varianzanalyse mit Messwiederholung das Kriterium der Varianzhomogenität erfüllt sein (Rasch et al. 2010, S. 8ff.). Dieses Kriterium wurde mit dem Boxschen Test sowie dem Levene-Test geprüft und als gegeben angesehen, wenn beide Tests bei einem Signifikanzniveau von $\alpha = .05$ kein signifikantes Ergebnis auswiesen. Anschließend wurde anhand der Ergebnisse des Tests der Innersubjekteffekte beurteilt, inwiefern sich die Entwicklungsverläufe der beiden Untersuchungsgruppen auf einem Signifikanzniveau von $\alpha = .05$ signifikant unterscheiden. Anhand der Ergebnisse des Tests der Zwischensubjekteffekte wurde ermittelt, inwiefern in Bezug auf das Niveau der Skalenmittelwerte zwischen der Treatmentgruppe und der Kontrollgruppe statistisch signifikante Unterschiede bestehen. Dafür wurde ebenfalls ein Signifikanzniveau von $\alpha = .05$ herangezogen.

Für die statistische Validität wäre es des Weiteren grundsätzlich erstrebenswert, neben der Signifikanz der zwischen den beiden Untersuchungsgruppen beobachteten Unterschiede auch ein aussagekräftiges Maß der Effektgröße zu ermitteln und in die

Interpretation der Untersuchungsergebnisse einzubeziehen. Im Rahmen von quasi-experimentellen Längsschnittstudien, die zweifaktorielle Varianzanalysen mit Messwiederholungen erfordern, scheint dies allerdings deutlich herausfordernder zu sein als bei weniger komplexen Studiendesigns.

Eine erste Schwierigkeit ergibt sich in diesem Zusammenhang daraus, dass SPSS lediglich das partielle Eta-Quadrat (η_p^2) ausgibt, das über unterschiedlich angelegte Studien von einigen Autor*innen als weniger vergleichbar eingestuft wird als das generalisierte Eta-Quadrat (Bortz & Döring 2016b, S. 817). Während das partielle und das generalisierte Eta-Quadrat bei einfaktoriellen Varianzanalysen als identisch zu betrachten sind (Lakens 2013), muss das partielle Eta-Quadrat bei mehrfaktoriellen Varianzanalysen zunächst in das generalisierte überführt werden. Dies war anhand der gewonnenen Daten mit Hilfe der zur Verfügung stehenden Mittel nicht möglich, sodass lediglich das partielle Eta-Quadrat bestimmt werden konnte.

Eine zweite Schwierigkeit besteht zudem darin, sinnvolle Referenzwerte oder Vergleichsdaten für die Interpretation der ermittelten Effektgrößen ausfindig zu machen. Bortz und Döring empfehlen, sich bei der Interpretation von Effektgrößenmaßen sowohl an anerkannten Referenzwerten für kleine, mittlere und große Effekte als auch an den Effektgrößen zu orientieren, die bereits in ähnlichen Untersuchungen aus demselben Themenbereich bestimmt wurden. Zusätzlich dazu sehen sie es für eine sinnvolle Interpretation als unerlässlich an, auch unter inhaltlichen Gesichtspunkten abzuwägen, welche Ausprägung der Effektgröße im jeweiligen Kontext als bedeutsam anzusehen ist (Bortz & Döring 2016, S. 819f.).

Bei der Interpretation des Eta-Quadrats wird zumeist den Referenzwerten von Cohen gefolgt, die kleine Effekte bei .01, mittlere Effekte bei .06 und große Effekte bei .14 ansetzen (Cohen 1992). Im Kontext der schulischen Leistungsbeurteilung ist beispielsweise auch Ziegler im Rahmen seiner Studie zum Europäischen Sprachenportfolio dieser Systematik gefolgt (Ziegler 2014, S. 928). Er hat allerdings eine Querschnittstudie durchgeführt, sodass die von ihm ermittelten Effektgrößenmaße im Sinne der von Bortz und Döring ausgesprochenen Empfehlung nur eingeschränkt zum Vergleich mit den Ergebnissen der vorliegenden Studie geeignet sind. Studien, die mit der vorliegenden quasi-experimentellen Längsschnittstudie vergleichbar wären, scheinen speziell zum Thema der schulischen Leistungsbeurteilung noch nicht durchgeführt worden zu sein.

Unter inhaltlichen Gesichtspunkten wird in Anbetracht der Vielzahl der schulischen und außerschulischen Faktoren, die zusätzlich zu Leistungsbeurteilung auf die Motivation und das Selbstkonzept von Schüler*innen einwirken können, davon ausgegangen, dass bedeutsame Effekte auch dann vorliegen, wenn das partielle Eta-Quadrat nur geringe Werte annimmt.

Ausgehend von diesen Überlegungen und in Ermangelung eines noch besser geeigneten Referenzsystems werden die Referenzwerte von Cohen als die beste Orientierungsmöglichkeit für die Interpretation des Eta-Quadrats angesehen. Da sie jedoch nicht explizit für das gewählte Untersuchungsdesign vorgesehen wurden und sich eher auf das generalisierte als das partielle Eta-Quadrat beziehen, können sie dennoch nur unter Vorbehalt und mit verbleibenden Unsicherheiten auf die gewonnenen Daten angewendet werden. Es wurde daher beschlossen, das partielle Eta-Quadrat im

Ergebnisteil dieser Arbeit zwar zu berichten, in der Interpretation aber von einer Einordnung der Effekte in den kleinen, mittleren und großen Bereich abzusehen.

In die zur Bestimmung von signifikanten Unterschieden und Effektgrößen vorgesehenen varianzanalytischen Verfahren können nur Schüler*innen einbezogen werden, für die zu allen Messzeitpunkten Werte für die relevanten motivationalen, selbstbezogenen und zusätzlich regemäßig erfassten Variablen vorliegen. Bei einem größeren Teil der Schüler*innen fehlten trotz der durchgeführten Nachholtermine zu mindestens einem Befragungstermin die benötigten Daten. All diese Schüler*innen von der Analyse auszuschließen, hätte dementsprechend eine deutliche Verkleinerung der beiden Stichproben sowie eine Verringerung der Aussagekraft der Ergebnisse der vorliegenden Studie bedeutet. Es wurde daher beschlossen, die fehlenden Werte für Schüler*innen, die zu maximal zwei Messzeitpunkten nicht erreicht werden konnte, mit Hilfe des *Expectation-Maximization*-Algorithmus (EM-Algorithmus) zu imputieren (Charan 2011). Dieses Imputationsverfahren wurde dabei nicht auf die einzelnen Items, sondern auf die Mittelwerte der zwölf Skalen angewendet. Die Mittelwerte der fehlenden Schüler*innen für diese Skalen wurden innerhalb der beiden Untersuchungsgruppen mit dem EM-Algorithmus jeweils auf der Basis der vorhandenen Daten geschätzt. In diese Schätzung wurden auch das Alter und das Geschlecht der Schüler*innen einbezogen, um die Qualität der Imputation zu erhöhen. Auf diese Weise konnte für beide Gruppen ein vollständigerer Datensatz für die regelmäßig erfassten Variablen geschaffen werden.

Dieser Datensatz wurde als Grundlage für die Berechnung von Mittelwerten und Standardabweichungen für die Skalen zu den zwölf regelmäßig erfassten Variablen der Schüler*innen sowie für die beschriebenen varianzanalytischen Verfahren genutzt. Die folgende Tabelle bietet eine Übersicht darüber, von welchen Messzeitpunkten und Halbjahren Daten der beiden Untersuchungsgruppen in die einfaktoriellen und die zweifaktoriellen Varianzanalysen mit Messwiederholung einbezogen werden konnten:

	G	5.1	5.2	6.1	6.2	7.1	7.2	8.1	8.2
Messzeitpunkte einfaktorielle Varianzanalysen	**TG**	t_1	t_2	t_3	t_4	t_5	t_6	t_7	t_8
	KG			t_1	t_2	t_3	t_4		t_6
Messzeitpunkte zweifaktorielle Varianzanalysen	**TG**			t_3	t_4	t_5	t_6		t_8
	KG			t_1	t_2	t_3	t_4		t_6

Tabelle 25: Übersicht über die in die varianzanalytischen Verfahrenen einbezogenen Messzeitpunkte

Ausgehend von den Anforderungen der varianzanalytischen Verfahren wurden bei der Aufbereitung der halbjährlich erhobenen quantitativen Daten wie bereits angedeutet zunächst die Daten von denjenigen Schüler*innen ausgeschlossen, die zu drei oder mehr Messzeitpunkten trotz der Nachholtermine nicht befragt werden konnten. Zusätzlich dazu wurden die Daten von Schüler*innen entfernt, die bei allen Items dieselbe Antwortoption gewählt haben, obwohl sich diese inhaltlich teilweise ausschließen. Anschließend wurden die Skalenmittelwerte in der bereits beschriebenen Weise mit dem EM-Algorithmus vervollständigt.

Auf die einzelnen Items der wiederholt eingesetzten Skalen wurde dieser Algorithmus nicht angewendet, da sich deren möglichst realitätsnahe Vervollständigung noch anspruchsvoller gestaltet und diese einzelnen Items zudem nicht für die varianzanalytischen Verfahren benötigt werden. Da sie dennoch für die Beantwortung der ersten beiden Forschungsfragen hilfreich sein können, wurden auch für die einzelnen Items Mittelwerte und Standardabweichungen für die verschiedenen Messzeitpunkte berechnet. Als Grundlage dafür wurden die Daten der Schüler*innen verwendet, die am jeweiligen Messzeitpunkt teilgenommen und insgesamt nicht mehr als zwei Messzeitpunkte verpasst haben.

Bei der Aufbereitung der Daten zur Beurteilung der dialogbasierten Leistungsbeurteilung mit Portfolios und des Übergangs zu Noten schien es nicht notwendig, Schüler*innen von der Analyse auszuschließen, da ihre Antworten zu diesen beiden thematischen Schwerpunkten unabhängig von ihren vorherigen Fehlzeiten für das vorliegende Forschungsvorhaben hilfreich sein können.

Für die quantitativen Daten zum alternativen Beurteilungssystem sowie zum Übergang zu Noten wurden zunächst erneut Mittelwerte und Standardabweichungen berechnet. Zusätzlich dazu wurde auch die absolute und relative Häufigkeit der vier Antwortoptionen von *„stimmt überhaupt nicht“* bis *„stimmt genau“* ermittelt.

Alle deskriptiven Analysen wurden wie die varianzanalytischen Verfahren mit SPSS 23 durchgeführt.

Zusätzlich zu den quantitativen Daten wurden mit den Textantworten der Schüler*innen der Treatmentgruppe zu den offenen Fragen nach den Vorteilen, Einschränkungen und Verbesserungsbedarfen der dialogbasierten Leistungsbeurteilung auch qualitative Daten gewonnen. Bei der Auswertung dieser Daten wurde dem Prinzip der induktiven qualitativen Inhaltsanalyse gefolgt. So wurden aus den Antworten der Schüler*innen zunächst relevante Kategorien abgeleitet und anschließend zusammenfassend ausgezählt, wie viele Äußerungen auf die verschiedenen Kategorien entfallen (Gläser-Zikuda 2011, S. 112ff.). Diese Vorgehensweise wurde einer deduktiven Analyse vorgezogen, um möglichst vielfältigen und auch nicht antizipierten Äußerungen der Schüler*innen gegenüber offen zu bleiben. Bei der späteren Auswertung der Ergebnisse der induktiven qualitativen Inhaltsanalyse gilt es zu berücksichtigen, dass die absolute Anzahl der Nennungen die der Schüler*innen übertreffen kann, da diese die Möglichkeit hatten, mehrere verschiedene Aspekte in ihren freien Antworten anzusprechen.

8.3 Methodische Vorgehensweise bei der Befragung der Lehrkräfte

Zusätzlich zu den Schüler*innen sollen auch die Lehrkräfte der Anne-Frank-Schule zu ausgewählten Zeitpunkten des Forschungsprojekts zur dialogbasierten Leistungsbeurteilung befragt werden. Die Gründe dafür wurden im Zusammenhang mit dem Forschungsdesign im Teilkapitel 8.1 bereits dargelegt. In diesem Abschnitt wurde ebenfalls bereits herausgestellt, dass auch die Befragung der Lehrkräfte über verschiedene Online-Fragebögen erfolgen soll. Insgesamt werden dabei drei verschiedene Fragebögen zum Einsatz kommen, von denen sich zwei nur leicht voneinander unterschieden. Sie sollen daher als Variante A und Variante B des Lehrkräftefragebogens bezeichnet werden, der sich an alle Lehrer*innen der Anne-Frank-Schule richtet. Der dritte Fragebogen ist hingegen nur für die Klassenlehrkräfte der Treatmentgruppe gedacht und thematisch auf den Übergang zum Notensystem fokussiert. Im Folgenden sollen diese verschiedenen Erhebungsinstrumente nun zunächst in ihrer Zielsetzung sowie in ihrer inhaltlichen und methodischen Ausgestaltung vorgestellt werden. Im Anschluss daran erfolgt dann eine Beschreibung des Ablaufs der Untersuchung in Bezug auf die Befragung der Lehrkräfte, bevor die Verfahren der Datenaufbereitung und -auswertung für diese Zielgruppe abschließend erläutert werden.

Die beiden Varianten des Lehrkräftebogens sind beide auf das Ziel ausgerichtet, die Einstellung der Lehrkräfte der Anne-Frank-Schule zur dialogbasierten Leistungsbeurteilung mit Portfolios einzuholen. Dabei soll die Variante A vor dem Beginn der eigentlichen Portfolioarbeit eingesetzt werden, um die Erwartungen zu erfassen, mit denen die Lehrkräfte dem neuen Beurteilungssystem entgegensehen. Die Variante B des Fragebogens soll hingegen zur Mitte und zum Ende der Erprobungsphase der rein dialogbasierten Leistungsbeurteilung zum Einsatz kommen, um zu erheben, welche Erfahrungen die Lehrkräfte zwischenzeitlich mit diesem System gemacht haben und inwiefern sich ihre Einstellung dazu verändert hat. Damit insbesondere in Bezug auf diesen letzten Aspekt sinnvolle Aussagen getroffen werden können, wurde beschlossen, in beiden Varianten den gleichen Kern von Items einzusetzen und auch den sie umgebenden Rahmen so weit wie möglich beizubehalten. Im Einklang damit unterscheiden sich die beiden Versionen des Fragebogens vorrangig darin, dass einzelne Items passend zum jeweiligen Einsatzzeitpunkt leicht umformuliert wurden und dass in der Variante B einige wenige neue Items hinzukommen. Um eine doppelte Beschreibung gleichbleibender Elemente des Fragebogens zu vermeiden, soll daher wie bei den Erhebungsinstrumenten für die Schüler*innen zunächst die Grundversion des Lehrkräftefragebogens ausführlicher beschrieben werden, bevor anschließend lediglich die Unterschiede in der Variante B herausgestellt werden.

8.3.1 Variante A des Lehrkräftefragebogens

Im Einklang mit den gängigen Konventionen beginnt auch der Fragebogen für die Lehrkräfte mit einer kurzen Einleitung, die die Teilnehmenden über die Ziele der Befragung, die Weiterverwendung ihrer Daten und die Gestaltung der folgenden Fragen informiert. Die Einleitung sichert den Lehrkräften außerdem die anonyme Behandlung ihrer Daten zu.

Dass diese Anonymität tatsächlich gewährleistet wird, wird als eine wesentliche Voraussetzung dafür angesehen, dass die Lehrkräfte ihre Ansichten in der Befragung offen und ehrlich kundtun können, und es wurde daher bewusst auf die Vergabe von Identifikationsnummern für die Lehrkräfte verzichtet. Wie der Fragebogen für die Schüler*innen beginnt allerdings auch der für die Lehrkräfte mit mehreren Aufwärmfragen, die allgemeine Angaben wie das Alter, das Geschlecht oder auch die Unterrichtsfächer der Teilnehmenden erfassen. Die Lehrkräfte werden außerdem darum gebeten, anzugeben, ob sie als Klassenlehrkraft oder Fachlehrkraft in den Portfolioklassen eingesetzt sind oder selbst noch keine unmittelbaren Erfahrungen mit dem alternativen Beurteilungssystem haben. Diese freiwilligen Angaben ermöglichen sowohl eine genauere Beschreibung der Stichprobe als auch eine noch differenziertere Auswertung der Befragungsergebnisse.

Im Kern des Fragebogens der Variante A stehen zunächst neun Items, die als vierstufige Ratingskalen konzipiert wurden. Sie fordern die Lehrkräfte dazu auf, über die Antwortmöglichkeiten *„trifft überhaupt nicht zu“* (1), *„trifft eher nicht zu“* (2), *„trifft eher zu“* (3) und *„trifft völlig zu“* (4) ihre Zustimmung zu einzelnen Aussagen auszudrücken, die sich auf besonders relevante Aspekte der geplanten dialogbasierten Leistungsbeurteilung mit Portfolios beziehen. Das Format derartiger Ratingskalen wurde auch für die Lehrkräftebefragung in erster Linie deshalb ausgewählt, weil es besonders gut zur vergleichbaren Erfassung der Meinung größerer Befragungsgruppen geeignet ist.

Inhaltlich erschien es bei der Konstruktion des Fragebogens besonders wichtig zu erfassen, inwiefern die Lehrkräfte die dialogbasierte Leistungsbeurteilung mit Portfolios als sinnvoll betrachten. Zusätzlich dazu sollte erfasst werden, in welchem Ausmaß die Lehrkräfte die Portfolioarbeit als vorteilhaft für die Schüler*innen, deren Eltern und für sich selbst ansehen. Und schließlich ist es ebenfalls von Interesse, ob die Lehrkräfte die dialogbasierte Leistungsbeurteilung als Verbesserung gegenüber dem vorherigen Beurteilungssystem mit verbalen Beurteilungen und Kompetenzrastern wahrnehmen. All diese Aspekte werden die Einstellung der Lehrkräfte zur Portfolioarbeit höchstwahrscheinlich prägen und können daher zur Beantwortung der dritten Forschungsfrage beitragen. Zusätzlich dazu wird die an diesen Aspekten gemessene Haltung der Lehrkräfte vermutlich auch die Art und Weise beeinflussen, in der sie die alternative Leistungsbeurteilung umsetzen. Dies wird wiederum auch auf die Schüler*innen einen Einfluss haben und somit kann es auch für die Interpretation ihrer Befragungsdaten hilfreich sein, die Meinung der Lehrkräfte zur Portfolioarbeit zu erfassen.

Es ist offensichtlich, dass die dafür geeigneten Items genau auf die Leistungsbeurteilung an der Anne-Frank-Schule abgestimmt sein müssen. Daher wurden die folgenden neun Items allesamt selbst entwickelt:

Itemlabel	Itemformulierung
ELK01	Ich befürworte die Einführung der Portfolioarbeit in den jetzigen 5. Klassen.
ELK02	Die bisherigen Lernentwicklungsberichte durch Eltern-Lehrer-Schüler-Gespräche zu ersetzen ist nicht sinnvoll.
ELK03	Ich glaube nicht, dass die Portfolioarbeit eine Verbesserung gegenüber unserem bisherigen System zur Leistungsbeurteilung darstellt.
ELK04	Die Schülerinnen und Schüler werden von der Portfolioarbeit profitieren.
ELK05	Die Eltern der Schülerinnen und Schüler werden Vorteile von der Portfolioarbeit haben.
ELK06	Es ist gut, dass wir in den geplanten Portfoliogesprächen direkt mit den Eltern und den Schülerinnen und Schülern ihre Leistungen besprechen können.
ELK07	Es ist sinnvoll, die Schülerinnen und Schüler über mehrere Jahre hinweg ein Portfolio erstellen zu lassen.
ELK08	Für uns Lehrerinnen und Lehrer bringt die geplante Portfolioarbeit Vorteile mit sich.
ELK09	Die Zeit, die für die Portfolioarbeit aufgewendet wird, könnte besser für andere Dinge genutzt werden.

Tabelle 26: Items zur Beurteilung der dialogbasierten Leistungsbeurteilung mit Portfolios durch die Lehrkräfte (Fragebogenvariante A)

Wie aus dieser Tabelle bereits hervorgeht, wurden die Items ELK02, ELK03 und ELK09 negativ formuliert. Das bedeutet, dass eine geringe Zustimmung zu diesen Items eine positive Einstellung gegenüber der Portfolioarbeit signalisiert, und dies gilt es bei der späteren Interpretation der Befragungsergebnisse zu berücksichtigen. Ebenfalls in Hinblick auf die spätere Auswertung sei an dieser Stelle bereits angemerkt, dass die Beantwortung aller neun Items im Online-Fragebogen als optional eingestellt werden soll, da sich eventuell nicht alle Lehrkräfte zu allen Aspekten äußern können oder möchten.

Das Gleiche gilt auch für die beiden offenen Fragen, die den Lehrkräftefragbogen in der Variante A abschließen. Wie die voranstehende Übersicht bereits veranschaulicht, sind die darin enthaltenen neun Items bewusst allgemein gehalten worden, um die Einstellung der Lehrkräfte zum System der dialogbasierten Leistungsbeurteilung mit Portfolios insgesamt zu erfassen. Für eine differenzierte Beantwortung der dritten Forschungsfrage sowie die Interpretation der zur Motivations- und Selbstkonzeptentwicklung der Schüler*innen gewonnenen Daten werden ergänzend dazu jedoch auch Informationen darüber benötigt, welche konkreten Hoffnungen oder Befürchtungen die

Einstellung der einzelnen Lehrkräfte zu Beginn des Projekts individuell prägen. Es wurde daher beschlossen, zusätzlich zu den neun Items die folgenden zwei offenen Fragen in den Lehrkräftefragebogen der Variante A aufzunehmen:

Itemlabel	Itemformulierung
(erwartete) Vorteile	Welche Hoffnungen haben Sie an die Portfolioarbeit? Welche Vorteile versprechen Sie sich davon für die Schülerinnen und Schüler, deren Eltern und auch für Sie selbst?
(erwartete) Nachteile	Welche Befürchtungen haben Sie im Zusammenhang mit der Portfolioarbeit? Was könnte sich Ihrer Meinung nach als schwierig oder problematisch erweisen?

Tabelle 27: Offene Fragen zu den von den Lehrkräften antizipierten Vor- und Nachteilen der dialogbasierten Leistungsbeurteilung mit Portfolios

Diese beiden Fragen ermöglichen es den teilnehmenden Lehrkräften, ihre ganz individuellen Erwartungen in Bezug auf die Chancen und die möglichen Einschränkungen der dialogbasierten Leistungsbeurteilung frei zu äußern.

8.3.2 Variante B des Lehrkräftefragebogens

Wie die Fragebogenvariante A dient auch die Variante B vorrangig dazu, die Einstellung der Lehrkräfte zur dialogbasierten Leistungsbeurteilung mit Portfolios zu erfassen. Anders als die Variante A soll die Variante B allerdings zu zwei Zeitpunkten zum Einsatz kommen, an denen die Lehrkräfte bereits erste praktische Erfahrungen mit diesem alternativen System gemacht haben. Sie sind daher noch besser dazu in der Lage, über die Vor- und Nachteile dieses Systems Auskunft zu geben, und sollen dazu über eine Erweiterung der Fragebogenvariante A auch die Möglichkeit erhalten. Rein formal ergibt sich aus dem späteren Einsatz im Projektverlauf des Weiteren die Notwendigkeit, einzelne Items sprachlich leicht umzuformulieren. Welche Veränderungen dementsprechend am Lehrkräftefragebogen vorgenommen wurden, soll nun im Folgenden beschrieben werden.

Der Anfang des Fragebogens ist im Wesentlichen gleich geblieben. Die Einleitung wurde nur leicht verändert, um sie an den späteren Befragungszeitpunkt anzupassen, und der Einsatz in den Portfolioklassen wurde noch etwas differenzierter erfasst.

Auch im Hauptteil des Fragebogens, der nach wie vor aus einer Reihe von Ratingskalen besteht, wurden nur geringe Veränderungen vorgenommen. Alle neun Items der Fragebogenvariante A sind in der Variante B ebenfalls enthalten, fünf von ihnen wurden sprachlich allerdings leicht umformuliert, um dem späteren Einsatzzeitpunkt Rechnung zu tragen. Zusätzlich dazu wurden zwei weitere Items ergänzt, um noch genauer zu erfassen, inwiefern die Lehrkräfte die dialogbasierte Leistungsbeurteilung mit Portfolios anderen Beurteilungssystemen vorziehen und ob sie die Fortsetzung des alternativen Systems wünschen.

Es sind so die folgenden elf Items, die den Kern der Fragebogenvariante B bilden:

Itemlabel	Itemformulierung
ELK01b	Ich befürworte die Einführung der Portfolioarbeit in den 5. bis 7. Klassen.
ELK02b	Es ist nicht sinnvoll, die vorherigen Lernentwicklungsberichte in den Jahrgängen 5 bis 7 durch Eltern-Lehrer-Schüler-Gespräche zu ersetzen.
ELK03	Ich glaube nicht, dass die Portfolioarbeit eine Verbesserung gegenüber unserem bisherigen System zur Leistungsbeurteilung darstellt.
ELK04b	Die Schülerinnen und Schüler profitieren von der Portfolioarbeit.
ELK05b	Die Eltern der Schülerinnen und Schüler haben Vorteile von der Portfolioarbeit.
ELK06b	Es ist gut, dass wir in den geplanten Portfoliogesprächen direkt mit den Eltern und den Schülerinnen und Schülern ihre Leistungen besprechen können.
ELK07	Es ist sinnvoll, die Schülerinnen und Schüler über mehrere Jahre hinweg ein Portfolio erstellen zu lassen.
ELK08b	Für uns Lehrerinnen und Lehrer bringt die Portfolioarbeit Vorteile mit sich.
ELK09	Die Zeit, die für die Portfolioarbeit aufgewendet wird, könnte besser für andere Dinge genutzt werden.
ELK10	Meiner Meinung nach sollten die Leistungen der Schülerinnen und Schüler auch in den Jahrgängen 5 bis 7 mit Noten bewertet werden.
ELK11	An unserer Schule sollte die Portfolioarbeit auch zukünftig von der 5. bis zur 7. Klasse andere Formen der Leistungsbeurteilung ersetzen.

Tabelle 28: Items zur Beurteilung der dialogbasierten Leistungsbeurteilung mit Portfolios durch die Lehrkräfte (Fragebogenvariante B)

Zu diesen elf Items können sich die Lehrkräfte der Anne-Frank-Schule wie in der Fragebogenvariante A mit den vier Antwortmöglichkeiten von *„trifft überhaupt nicht zu“* bis *„trifft völlig zu“* positionieren. Die Beantwortung der einzelnen Items wurde dabei erneut als optional eingestellt.

Auch die offenen Fragen, die in der Fragebogenvariante B enthalten sind, können von den Lehrkräften der Anne-Frank-Schule auf einer freiwilligen Basis beantwortet werden. Wie die offenen Fragen in der Variante A zielen sie darauf ab, die Vorteile und Schwierigkeiten zu erfassen, die die Lehrkräfte im Zusammenhang mit der Portfolioarbeit sehen. Anders als zum ersten Befragungszeitpunkt können sie dann, wenn die Fragebogenvariante B zum Einsatz kommt, bereits auf konkrete Erfahrungen zurückgreifen und die Formulierung der beiden ersten offenen Fragen wurde dementsprechend angepasst. Es wurde außerdem noch eine dritte offene Frage nach den Verbesserungsvorschlägen der Lehrkräfte hinzugefügt, die sowohl für die vorliegende Untersuchung als auch für die Weiterentwicklung des alternativen Beurteilungssystems an der Anne-Frank-Schule wertvolle Hinweise liefern kann.

Angesichts dessen wurden schließlich die folgenden drei offenen Fragen in den erweiterten Fragebogen für alle Lehrkräfte der Anne-Frank-Schule aufgenommen:

Itemlabel	Itemformulierung
Vorteile	Welche Vorteile hat die Portfolioarbeit Ihrer Meinung nach für die Schülerinnen und Schüler, deren Eltern und auch für Sie selbst?
Nachteile	Welche Schwierigkeiten sehen Sie im Zusammenhang mit der Portfolioarbeit und den Portfoliogesprächen in den Jahrgängen 5 bis 7?
Verbesserungsvorschläge	Gibt es etwas, was bei der Umsetzung der Portfolioarbeit im Schulalltag oder der Durchführung der Portfoliogespräche verändert werden sollte? Falls ja, erläutern Sie bitte, was und welche Verbesserungswünsche oder -ideen Sie dazu konkret haben.

Tabelle 29: Offene Fragen zur Beurteilung der dialogbasierten Leistungsbeurteilung mit Portfolios durch die Lehrkräfte

8.3.3 Lehrkräftefragebogen zum Übergang

Zusätzlich zur dialogbasierten Leistungsbeurteilung mit Portfolios sollten die Klassenlehrkräfte in Hinblick auf die vierte Forschungsfrage auch zum Übergang zu Noten befragt werden. Im Rahmen dieses Kapitels wird dargelegt, wie bei der Konzeption des darauf ausgerichteten Fragebogens vorgegangen wurde und welche Items er umfasst.

Die Entwicklung dieses Fragebogens fand erst im Schuljahr 2017/18 und damit drei Jahre nach dem Beginn des aktuellen Forschungsprojekts statt, da erst zu diesem Zeitpunkt endgültig feststand, in welcher Form der Übergang der Treatmentgruppe zum Notensystem konkret gestaltet werden sollte. Dass der Fragebogen so erst projektbegleitend entwickelt wurde, hatte den Vorteil, dass einige Aspekte, die sich bei den vorherigen Befragungen als bedeutsam herausgestellt haben, direkt darin aufgegriffen werden konnten.

Der Lehrkräftefragebogen zum Übergang beginnt mit einer kurzen Einleitung, die die Klassenlehrkräfte der Treatmentgruppe mit allen relevanten Informationen zu den Zielen der Befragung, der Weiterverwendung ihrer Daten und dem Format der einzelnen Items ausstattet. Sie werden in der Einleitung außerdem darauf hingewiesen, dass sie wählen können, ob sie den Fragebogen allein oder gemeinsam mit ihrem Teampartner bzw. ihrer Teampartnerin bearbeiten möchten.

Die Möglichkeit der gemeinsamen Bearbeitung des Fragebogens zum Übergang wurde den Klassenlehrkräfteteams vor allem in der Hoffnung geboten, dass sie die einzelnen Fragen durch den Austausch miteinander noch differenzierter und aussagekräftiger beantworten können. Sie wurde außerdem als eine Chance zur Reduzierung des Arbeitsaufwands für die Klassenlehrkräfte angesehen und zu Beginn des Fragebogens wird zunächst abgefragt, ob sich die Klassenlehrkräfte tatsächlich zu einer gemeinsamen Beantwortung entschieden haben.

Darauf folgt dann der Hauptteil des Fragebogens mit Items zu verschiedenen Aspekten, die im Zusammenhang mit dem Übergang zu Noten als besonders bedeutsam empfunden wurden. Die erste dieser vier Items zielen parallel zur Befragung der

Schüler*innen darauf ab, zu erfassen, inwiefern die Klassenlehrkräfte den Übergang zu Noten insgesamt als gelungen ansehen und Schwierigkeiten wahrgenommen haben, die im Vorwege von einigen Eltern und Lehrkräften befürchtet wurden. Die entsprechenden Items lauten folgendermaßen:

Itemlabel	Itemformulierung
ÜGL01	Die Umstellung von der Leistungsbeurteilung mit Portfolios zu Noten ist unseren Schülerinnen und Schülern insgesamt gut gelungen.
ÜGL02	Der Übergang von der Leistungsbeurteilung mit Portfolios hat in unserer Klasse zu Schwierigkeiten geführt.
ÜGL03	Die Noten unserer Schülerinnen und Schüler passen im Wesentlichen zu dem Bild, das wir in den letzten Jahren durch die Portfoliogespräche von ihnen gewonnen haben.
ÜGL04	Durch die Portfoliogespräche haben viele Schülerinnen und Schüler aus unserer Klasse ein unrealistisches Bild von ihren Fähigkeiten und Leistungen entwickelt.

Tabelle 30: Items zur Beurteilung des Übergangs zu Noten durch die Klassenlehrkräfte

Alle vier Items wurden für die Beantwortung mit Hilfe der vierstufigen Ratingskala von *„trifft überhaupt nicht zu“* bis *„trifft völlig zu“* konzipiert, die den Klassenlehrkräften bereits aus den allgemeinen Befragungen aller Lehrkräfte bekannt sind.

Auch für die Items zum nächsten thematischen Schwerpunkt wurde dieses vorteilhafte Format gewählt. Es handelt sich dabei um die Erfahrungen der Lehrkräfte mit den Eltern-Lehrer-Schüler-Gesprächen, die unter anderem auf ihren Wunsch im 8. Jahrgang fortgesetzt wurden. In diesem Zusammenhang interessiert besonders, inwiefern diese Gespräche die Erwartungen erfüllen konnten, die die Klassenlehrkräfte im Vorhinein an sie gestellt haben, und inwiefern sie diese Gespräche nach ihrer erstmaligen Durchführung weiterhin als sinnvoll erachten. Zusätzlich dazu ist es für das aktuelle Forschungsprojekt von Interesse, ob die Gespräche durch die Vergabe von Noten für die Schüler*innen an Bedeutung verlieren.

Ausgehend von diesen Überlegungen wurden die folgenden vier Items zur Beurteilung der fortgesetzten Eltern-Lehrer-Schüler-Gespräche in den Lehrkräftefragebogen zum Übergang aufgenommen:

Itemlabel	Itemformulierung
ÜGL05	Es ist sinnvoll, dass wir im 8. Jahrgang weiterhin individuelle Gespräche mit allen Schülerinnen und Schülern und ihren Eltern führen.
ÜGL06	Die Eltern-Lehrer-Schüler-Gespräche helfen den Schülerinnen und Schülern, ihre Noten besser zu verstehen.
ÜGL07	Die Eltern-Lehrer-Schüler-Gespräche helfen den Eltern, die Noten ihrer Kinder besser zu verstehen.
ÜGL08	Unseren Schülerinnen und Schülern waren die Gespräche nach dem letzten Halbjahr deutlich weniger wichtig als ihre Zeugnisnoten.

Tabelle 31: Items zur Beurteilung der parallel zur Notenvergabe fortgesetzten Gespräche durch die Klassenlehrkräfte

Um auch nicht antizipierte Vorteile der fortgesetzten Gespräche sowie die Zielsetzung dieser Gespräche aus Sicht der Klassenlehrkräfte zu erfassen, wurden die vier geschlossenen Items um die folgende offene Frage ergänzt:

Itemlabel	Itemformulierung
Ziele der Gespräche	Welche Ziele beziehungsweise welche Funktion haben die Gespräche Ihrer Meinung nach im 8. Jahrgang?

Tabelle 32: Offene Frage zu den Zielen der parallel zur Notenvergabe fortgesetzten Gespräche

Der letzte Block des Fragebogens besteht aus drei weiteren offenen Fragen, die sich unmittelbar auf den Übergang zwischen den beiden Beurteilungssystemen beziehen und sowohl für die Beantwortung der dritten Forschungsfrage als auch für die Interpretation der motivationalen und selbstbezogenen Variablen der Schüler*innen relevant sind. Sie erfassen die individuellen Beobachtungen der Klassenlehrkräfte zu den Auswirkungen des Übergangs zu Noten sowie ihre Erfahrungen damit und lauten folgendermaßen:

Itemlabel	Itemformulierung
Veränderungen	Hat sich das Verhalten Ihrer Schülerinnen und Schüler durch den Übergang zu Noten deutlich verändert? Falls ja, inwiefern?
Schwierigkeiten	Welche Schwierigkeiten haben Sie beim Übergang von der Leistungsbeurteilung mit Portfolios zu Noten beobachtet?
Positive Erfahrungen	Haben Sie auch positive Erfahrungen mit der Einführung der Noten im 8. Jahrgang gemacht? Falls ja, welche?

Tabelle 33: Offene Fragen zu den Erfahrungen der Klassenlehrkräfte mit dem Übergang zu Noten

Falls die Klassenlehrkräfte noch weitere Beobachtungen oder Anmerkungen zum Übergang zwischen den Beurteilungssystemen anbringen möchten, haben sie dazu auch in diesem Fragebogen in einem freien Textfeld die Möglichkeit.

8.3.4 Ablauf der Lehrkräftebefragungen

Die verschiedenen Fragebögen, die in den vorherigen Abschnitten vorgestellt wurden, konnten tatsächlich in der Reihenfolge eingesetzt werden, wie es ausgehend vom übergeordneten Forschungsdesign geplant war. Bei der konkreten Durchführung einzelner Befragungen gab es allerdings kleinere Abweichungen, die in der folgenden Beschreibung des Ablaufs der Untersuchung aufgezeigt werden sollen.

Im Schuljahr 2014/15 erhielten alle Lehrkräfte der Anne-Frank-Schule wie geplant die Möglichkeit, den Lehrkräftefragebogen in der Variante A auszufüllen. Anders als ursprünglich geplant konnte diese Befragung aus organisatorischen Gründen allerdings erst im Juli 2015 durchgeführt werden und damit zu einem Zeitpunkt, zu dem die meisten Lehrkräfte bereits erste praktische Erfahrungen mit der dialogbasierten Leistungsbeurteilung gesammelt haben. Ursprünglich war es geplant gewesen, ihre Einstellung zur dialogbasierten Leistungsbeurteilung mit Portfolios vor den ersten Portfoliogesprächen zu erfassen, um ihre Erwartungen mit ihren tatsächlichen Erfahrungen vergleichen zu können. Für die Beantwortung der entsprechenden Forschungsfrage ist dies jedoch nicht unbedingt erforderlich gewesen und es könnte sogar von Vorteil sein, dass die Lehrkräfte bei der ersten Bearbeitung des Fragebogens bereits auf konkrete Erfahrungen zurückgreifen konnten.

Das Gleiche gilt auch für eine zweite Abweichung von der ursprünglichen Planung, die sich bei der Durchführung der ersten Lehrkräftebefragung nicht vermeiden ließ. Aus denselben organisatorischen Schwierigkeiten, die bereits angesprochen wurden, war es nicht möglich bereits die erste Befragung der Lehrkräfte über die Evaluationsplattform LeOniE durchzuführen und die Lehrkräfte der Anne-Frank-Schule erhielten die Fragebogenvariante A daher in einer gedruckten Version. Diese konnten sie auf freiwilliger Basis innerhalb von zwei Wochen ausfüllen und anonym abgeben. Auch wenn es noch wünschenswerter gewesen wäre, alle Befragungen einheitlich online durchzuführen, ist nicht davon auszugehen, dass diese Abweichung das Antwortverhalten der Lehrkräfte bedeutsam beeinflusst hat.

Die Befragungen der Lehrkräfte mit der Fragebogenvariante B beide konnten so wie geplant durchgeführt werden. Im November 2016 und im Juli 2017 erhielten alle Lehrkräfte der Anne-Frank-Schule so eine schriftliche Einladung dazu, den erweiterten Fragebogen online über die Evaluationsplattform LeOniE auszufüllen. Nachdem ihnen die Einladung mit dem Link zur Befragung ausgehändigt wurde, hatten die Lehrkräfte jeweils zwei Wochen Zeit, den Fragebogen zu bearbeiten. Wenige Tage vor dem Ende dieser Frist wurden sie in beiden Fällen noch einmal an die Befragung erinnert und um ihre Teilnahme gebeten, um möglichst zahlreiche Antworten zu erhalten.

Auch die Befragung der Klassenlehrkräfte konnte schließlich wie geplant erfolgen. Nachdem sie im Februar 2018 alle ihre ersten Gespräche im neuen Format geführt haben, wurden die Klassenlehrkräfte der Treatmentgruppe direkt Anfang März 2018 mit dem entsprechenden Fragebogen zum Übergang befragt. Diese Befragung wurde ebenfalls online über die genannte Plattform durchgeführt und die Klassenlehrkräfte hatten in diesem Fall eine Woche lang Zeit, den Online-Fragebogen gemeinsam in ihrem Team oder alleine zu bearbeiten. Kurz vor dem Ende dieser Frist wurden auch sie noch einmal an die Befragung erinnert, woraufhin sich noch mehr Klassenlehrkräfte beteiligt haben.

Überwiegend ist es somit gelungen, die Befragungen der Lehrkräfte der Anne-Frank-Schule so durchzuführen, wie es geplant war. Lediglich zum ersten Befragungszeitpunkt kam es zu zwei kleinen Abweichungen, die höchstwahrscheinlich ohne bedeutsame negative Konsequenzen geblieben sind. In der folgenden Übersicht ist abschließend noch einmal zusammengefasst, zu welchen Zeitpunkten die verschiedenen Fragebögen in welcher Form eingesetzt wurden und wer zur Teilnahme an den Befragungen eingeladen wurde:

	Juli 2015	November 2016	Juli 2017	März 2018
Teilnehmende	alle Lehrkräfte der AFS	alle Lehrkräfte der AFS	alle Lehrkräfte der AFS	Klassen-lehrkräfte der Treatmentgruppe
Fragebogen	Lehrkräfte-fragebogen Variante A	Lehrkräfte-fragebogen Variante B	Lehrkräfte-fragebogen Variante B	Fragebogen zum Übergang
Befragungs-form	papierbasiert	online	online	online

Tabelle 34: Übersicht über die verschiedenen Lehrkräftebefragungen

8.3.5 Datenaufbereitung und -auswertung

Im Anschluss an den Ablauf der verschiedenen Befragungen der Lehrkräfte der Anne-Frank-Schule sollen in diesem Kapitel die zur Aufbereitung und Auswertung der darüber gewonnenen Daten erläutert werden. Dabei wird zunächst die Befragung aller Lehrkräfte betrachtet, bevor die Vorgehensweise bei der Auswertung der Klassenlehrkräftebefragung zum Übergang thematisiert wird.

Bei der Aufbereitung und Auswertung der Ergebnisse der allgemeinen Lehrkräftebefragungen wurde im Wesentlichen derselben Vorgehensweise gefolgt wie bei der Befragung der Schüler*innen zur dialogbasierten Leistungsbeurteilung mit Portfolios und zum Übergang zu Noten. Wie bei den evaluativen Befragungen der Schüler*innen wurden so zunächst alle zu den verschiedenen Befragungszeitpunkten abgegebenen Antworten der Lehrkräfte berücksichtigt, da sie alle zur Beantwortung der übergeordneten Forschungsfragen dieses Projekts beitragen können.

Auf der Grundlage der Daten, die aus den als Ratingskalen konzipierten Items hervorgehen, wurden ebenfalls wie bei der evaluativen Befragung der Schüler*innen Mittelwerte und Standardabweichungen sowie absolute und relative Häufigkeiten berechnet. Alle statistischen Analysen wurden erneut mit SPSS 23 durchgeführt.

Bei der Auswertung der Textantworten der Lehrkräfte zu den offenen Fragen zu den Vorteilen, Einschränkungen und Verbesserungsbedarfen des alternativen Beurteilungssystems wurde erneut der Vorgehensweise der qualitativen induktiven Inhaltsanalyse gefolgt. Dafür waren dieselben Gründe ausschlaggebend, die in Kapitel 8.2.5 in Bezug auf die methodische Vorgehensweise bei der Auswertung der Antworten der Schüler*innen bereits benannt wurden.

Sowohl bei der Interpretation der quantitativen als auch der qualitativen Ergebnisse der allgemeinen Lehrkräftebefragungen gilt es zu berücksichtigen, dass zugunsten der Anonymität der Lehrkräfte auf Identifikationsnummern verzichtet wurde und so nicht beurteilt werden kann, inwiefern sich dieselben Lehrkräfte an den verschiedenen Befragungen beteiligt haben. Unterschiede zwischen den Ergebnissen der verschiedenen Befragungen können dementsprechend auch daraus resultieren, dass sich unterschiedliche Teile des Kollegiums der Anne-Frank-Schule an ihnen beteiligt haben.

Bei der Auswertung der Befragung der Klassenlehrkräfte der Treatmentgruppe zum Übergang zu Noten wurden erneut alle abgegebenen Antworten berücksichtigt. Aufgrund der kleinen Stichprobengröße von maximal acht Personen erschien es allerdings nicht sinnvoll, anhand der erhobenen quantitativen Daten Mittelwerte, Standardabweichungen und andere zentrale Kennwerte zu berechnen. Stattdessen sollen die Antworten der Klassenlehrkräfte in Kapitel 9.2.2 lediglich zusammenfassend beschrieben werden.

Das Gleiche gilt auch für die Textantworten der Klassenlehrkräfte der Treatmentgruppe, auf die das Verfahren der qualitativen Inhaltsanalyse aufgrund der geringen Stichprobengröße nicht sinnvoll anwendbar erschien.

8.4 Methodische Vorgehensweise bei der Befragung der Eltern

Im Anschluss an die methodische Vorgehensweise bei der Befragung der Schüler*innen und Lehrkräfte soll nun schließlich das Vorgehen bei der Befragung der Eltern der Treatmentgruppe dargelegt werden. Parallel zur Gliederung des vorherigen Kapitels werden auch in diesem Kapitel zunächst die beiden Fragebögen für die allgemeine Befragung der Eltern zur dialogbasierten Leistungsbeurteilung mit Portfolios vorgestellt, bevor die Konzeption des Fragebogens zum Übergang erläutert wird. Anschließend sollen der Ablauf der Befragungen der Eltern sowie die Vorgehensweise bei der Aufbereitung und Auswertung der darüber gewonnenen Daten offengelegt werden.

Da die Vorgehensweise bei der Befragung der Eltern der Treatmentgruppe in vieler Hinsicht dem Vorgehen bei der Befragung der anderen beiden Zielgruppen ähnelt, erfolgt die Darstellung in diesem Kapitel zum Teil verkürzt mit Verweis auf die Stellen, an denen die getroffenen methodischen Entscheidungen bereits ausführlicher erläutert wurden.

8.4.1 Variante A des Elternfragebogens

Der erste Fragebogen, der sich an die Eltern der Treatmentgruppe richtet, zielt darauf ab, ihre Einstellung zur dialogbasierten Leistungsbeurteilung mit Portfolios zu erfassen. Dass die Eltern diesem alternativen Beurteilungssystem möglichst positiv gegenüberstehen, ist gleichzeitig ein wünschenswertes Ziel sowie eine wesentliche Voraussetzung für das Gelingen der Portfolioarbeit. So wird sich die Einstellung der Eltern höchstwahrscheinlich auf die Qualität der Gespräche auswirken und auch die Einstellung der Schüler*innen zu diesem System beeinflussen. Und auch darüber hinaus hängt es vermutlich mit von der Einstellung der Eltern ab, ob die dialogbasierte Leistungsbeurteilung eine positive Wirkung auf ihr Kind entfalten kann.

Der erste Fragebogen für die Eltern der Treatmentgruppe beginnt mit einer kurzen Einleitung, in der sie darüber informiert werden, wer die Befragung mit welcher Zielsetzung durchführt, wie ihre Daten weiterverarbeitet werden und wie die anschließenden Fragen gestaltet sind. Auch die anonyme Behandlung ihrer Daten wird den Eltern unmittelbar in der Einleitung zugesichert, damit sie ihre eigene Meinung zur dialogbasierten Leistungsbeurteilung ohne Bedenken äußern können. Aus demselben Grund wurde auch darauf verzichtet, die Eltern mit einer Identifikationsnummer auszustatten, die die Zuordnung zu der entsprechenden Nummer ihrer Kinder ermöglicht. Eine solche Zuordnung hätte zwar potenziell interessante Erkenntnisse hervorbringen können; für das aktuelle Forschungsvorhaben wurden diese allerdings nicht unmittelbar benötigt und es würde deshalb als wichtiger angesehen, dass sich die Eltern der anonymen Behandlung ihrer Antworten vollkommen sicher sein können.

Auf die Einleitung des Elternfragebogens folgt ein kurzer Aufwärmteil mit Fragen zum Geschlecht der Teilnehmenden sowie zur Klasse ihres Kindes. Diese allgemeinen Angaben sind für die Beschreibung der Stichprobe hilfreich und können im Falle der Klasse des Kindes ebenfalls dazu beitragen, die erhobenen Daten noch differenzierter auszuwerten.

Den Kern des Elternfragebogens bilden dann ähnlich wie im Lehrkräftefragebogen insgesamt zehn Items, die als Ratingskalen mit den vier Antwortmöglichkeiten von *„trifft überhaupt nicht zu“* bis *„trifft völlig zu“* konzipiert wurden. Sie sollen die Einstellung der Eltern zur dialogbasierten Leistungsbeurteilung mit Portfolios insgesamt erfassen. Diese Einstellung wird wie im Lehrkräftefragebogen vorrangig daran gemessen, inwiefern die Eltern das alternative Beurteilungssystem als sinnvoll und vorteilhaft ansehen und es anderen Beurteilungsformen wie Noten oder rein schriftlichen Rückmeldungen vorziehen. Um diese Aspekte auf die Zielgruppe der Eltern abgestimmt zu erfassen, wurden sieben Items neu entwickelt und drei Items parallel zu denen Lehrkräftefragebogens formuliert.

Diese Items haben den folgenden Wortlaut:

Itemlabel	**Itemformulierung**
ELT01	Ich halte die von der Schule geplante Portfolioarbeit für sinnvoll.
ELT02	Ich finde es gut, dass mein Kind über die kommenden Schuljahre hinweg ein Talentportfolio erstellt.
ELT03	Mein Kind wird von der geplanten Portfolioarbeit bestimmt Vorteile haben.
ELT04	Ich finde es gut, dass die Leistungen meines Kindes nicht mit Noten beurteilt werden.
ELT05	Es ist gut, dass ich im Rahmen der geplanten Eltern-Lehrer-Schüler-Gespräche gemeinsam mit meinem Kind und seinen Lehrern über seine schulischen Leistungen sprechen kann.
ELT06	Es wäre besser, wenn ich nur schriftlich über die Leistungen meines Kindes informiert werden würde.
ELT07	Auch als Eltern werden wir Vorteile von der geplanten Portfolioarbeit haben.
ELT08	Mir wäre es lieber, wenn die Leistungen meines Kindes von der 5. bis zur 7. Klasse mit Noten beurteilt würden.
ELT09	Ich kann keinen Nutzen in der geplanten Portfolioarbeit erkennen.
ELT10	Ich würde es besser finden, wenn die Schule auf die Arbeit mit dem Portfolio verzichtet.

Tabelle 35: Items zur Beurteilung der dialogbasierten Leistungsbeurteilung mit Portfolios durch die Eltern (Fragebogenvariante A)

In Hinblick auf die spätere Auswertung soll an dieser Stelle bereits hervorgehoben werden, dass die Items ELT06, ELT08, ELT09 und ELT10 derart negativ formuliert wurden, dass die ablehnenden Antwortmöglichkeiten eine positive Einstellung der Eltern zur Portfolioarbeit signalisieren.

Was bei der Betrachtung der zehn Items ebenfalls bereits auffällt, ist, dass sie auf die Erwartungen der Eltern ausgerichtet sind. Wie der Lehrkräftefragebogen A soll auch die Variante A des Elternfragebogens die Einstellung erfassen, mit der die Eltern an die dialogbasierte Leistungsbeurteilung herangehen, bevor sie unmittelbare Erfahrungen mit den Portfoliogesprächen gesammelt haben. Dies wurde auch bei der Formulierung der offenen Fragen berücksichtigt, mit denen auch die Eltern die Möglichkeit erhalten sollen, ihre individuellen Erwartungen an die Portfolioarbeit mitzuteilen. Diese offenen Fragen wurden parallel zum Lehrkräftefragebogen folgendermaßen formuliert:

Itemlabel	Itemformulierung
(erwartete) Vorteile	Welche Hoffnungen haben Sie an die Portfolioarbeit? Welche Vorteile versprechen Sie sich davon für Ihre Kinder und auch für sich selbst?
(erwartete) Nachteile	Welche Befürchtungen haben Sie im Zusammenhang mit der Portfolioarbeit? Was könnte sich Ihrer Meinung nach als schwierig oder problematisch erweisen?

Tabelle 36: Offene Fragen zu den von den Eltern antizipierten Vor- und Nachteilen der dialogbasierten Leistungsbeurteilung mit Portfolios

8.4.2 Variante B des Elternfragebogens

Wie die Lehrkräfte sollen auch die Eltern im 6. und 7. Schuljahr der Treatmentgruppe mit einer erweiterten Fragebogenvariante B zu ihren Erfahrungen und ihrer Zufriedenheit mit der dialogbasierten Leistungsbeurteilung mit Portfolios befragt werden.

Die Einleitung des entsprechenden Fragebogens und die Fragen zu den allgemeinen Angaben stimmen weitgehend mit der Grundversion des Elternfragebogens überein und wurden nur leicht an den späteren Befragungszeitpunkt angepasst.

Das Gleiche gilt auch für die Items im Kern des Fragebogens. Inhaltlich sind alle zehn Items aus der Fragebogenvariante A erhalten geblieben, fünf von ihnen wurden allerdings leicht umformuliert, um sie noch besser an die späteren Einsatzzeitpunkte anzupassen. Zusätzlich dazu wurden zwei neue Items in den Fragebogen B aufgenommen, um explizit zu erfragen, ob die Eltern die Einführung der dialogbasierten Leistungsbeurteilung mit Portfolios bevorzugen und sich die Fortsetzung dieses Systems wünschen.

Es sind somit die folgenden zwölf Item die den Kern des erweiterten Elternfragebogens bilden:

Itemlabel	Itemformulierung
ELT01b	Ich halte die Portfolioarbeit für sinnvoll.
ELT02b	Ich finde es gut, dass mein Kind über mehrere Schuljahre hinweg ein Talentportfolio erstellt.
ELT03b	Mein Kind hat Vorteile von der Portfolioarbeit.
ELT04	Ich finde es gut, dass die Leistungen meines Kindes nicht mit Noten beurteilt werden.
ELT05	Es ist gut, dass ich im Rahmen der geplanten Eltern-Lehrer-Schüler-Gespräche gemeinsam mit meinem Kind und seinen Lehrern über seine schulischen Leistungen sprechen kann.
ELT06	Es wäre besser, wenn ich nur schriftlich über die Leistungen meines Kindes informiert werden würde.
ELT07b	Als Eltern haben wir Vorteile von der Portfolioarbeit.
ELT08	Mir wäre es lieber, wenn die Leistungen meines Kindes von der 5. bis zur 7. Klasse mit Noten beurteilt würden.
ELT09b	Ich kann keinen Nutzen in der Portfolioarbeit erkennen.
ELT10	Ich würde es besser finden, wenn die Schule auf die Arbeit mit dem Portfolio verzichtet.
ELT11	Ich befürworte die Einführung der Portfolioarbeit in den 5. bis 7. Klassen der Anne-Frank-Schule.
ELT12	An der Anne-Frank-Schule sollte auch zukünftig von der 5. bis zur 7. Klasse mit Portfolios und Portfoliogesprächen gearbeitet werden.

Tabelle 37: Items zur Beurteilung der dialogbasierten Leistungsbeurteilung mit Portfolios durch die Eltern (Fragebogenvariante B)

Zu diesen Items können die Eltern im bereits bekannten Format mit den vier Antwortmöglichkeiten von *„trifft überhaupt nicht zu“* bis *„trifft völlig zu“* ihre Zustimmung ausdrücken. Die Items werden dabei fast vollkommen in der Reihenfolge eingesetzt, in der sie in der Tabelle aufgeführt sind. Lediglich das Item ELT11 wurde aufgrund seiner inhaltlichen Ähnlichkeit zum Item ELT12 an eine frühere Stelle des erweiterten Fragebogens verschoben, sodass es dem Item ELT03b folgt.

Die zwölf genannten Items insgesamt werden wiederum von drei offenen Fragen gefolgt, die den Eltern die Möglichkeit bieten, sich individuell zu den Vorteilen und Schwierigkeiten zu äußern, die sie zwischenzeitlich an der dialogbasierten Leistungsbeurteilung beobachtet haben. Auch für konkrete Verbesserungsvorschläge ist an dieser Stelle des Fragebogens Platz. Weitgehend parallel zum Lehrkräftefragebogen wurden die drei offenen Fragen für die Eltern wie folgt formuliert:

Itemlabel	Itemformulierung
Vorteile	Welche Vorteile hat die Portfolioarbeit Ihrer Meinung nach für Ihr Kind und auch für Sie selbst?
Nachteile	Welche Schwierigkeiten gibt es Ihrer Meinung nach bei der Portfolioarbeit und den Portfoliogesprächen?
Verbesserungs-vorschläge	Gibt es etwas, was bei der Arbeit mit dem Portfolio und den Portfolio-gesprächen verändert werden sollte? Falls ja, erläutern Sie bitte, was und welche Verbesserungswünsche oder -ideen Sie dazu konkret haben.

Tabelle 38: Offene Fragen zur Beurteilung der dialogbasierten Leistungsbeurteilung mit Portfolios durch die Eltern

8.4.3 Elternfragebogen zum Übergang

Zusätzlich zu ihrer Einstellung zur dialogbasierten Leistungsbeurteilung mit Portfolios insgesamt, sollen auch die Eltern zum verpflichtenden Übergang zum Notensystem im 8. Jahrgang befragt werden. Für die Eltern ist dieser Übergang ebenso bedeutsam wie für ihre Kinder und es ist deshalb besonders wichtig, dass er auch für sie zufriedenstellend und erfolgreich gestaltet wird. Zusätzlich dazu können die Eltern eventuell auch noch wertvolle Hinweise dazu abgeben, wie sich die Umstellung der Leistungsbeurteilung auf ihre Kinder ausgewirkt hat. Das Ziel des zweiten Elternfragebogens ist es dementsprechend, die Meinung der Eltern zum Übergang zwischen den Systemen zu erfragen und potenziell hilfreiche Beobachtungen zu den Auswirkungen dieses Übergangs zu erfassen.

Wie der entsprechende Fragebogen für die Lehrkräfte wurde auch der Fragebogen für die Eltern erst im Schuljahr 2017/18 selbst entwickelt, da erst zu diesem Zeitpunkt endgültig abzusehen war, wie der Übergang zwischen den Beurteilungssystemen konkret gestaltet werden konnte. Dies hatte erneut den Vorteil, dass Aspekte in den Fragebogen aufgenommen werden konnten, die sich bei den vorherigen Befragungen als relevant herausgestellt hatten.

Der Fragebogen für die Eltern allerdings mit einer Einleitung, die alle relevanten Informationen zur Befragung enthält, und den gleichen Fragen zu den allgemeinen Angaben, die auch in den anderen Elternfragebögen enthalten sind. Daraufhin folgen parallel zum Lehrkräftefragebogen zunächst zwei Items, die die Eltern darum bitten, zu beurteilen, inwiefern der Übergang zwischen den beiden Beurteilungssystemen insgesamt gelungen ist. Sie wurden als vierstufige Ratingskalen konzipiert und lauten:

Itemlabel	Itemformulierung
ÜGE01	Meinem Kind ist die Umstellung von der Leistungsbeurteilung mit Portfolios zu Noten ohne Schwierigkeiten gelungen.
ÜGE02	Die Anne-Frank-Schule hat den Übergang vom Portfolio zu Noten gut gestaltet.

Tabelle 39: Items zur Beurteilung des Übergangs zu Noten durch die Eltern

Im Anschluss daran sollte geprüft werden, inwiefern sich die von einigen Eltern bei den vorherigen Befragungen geäußerte Befürchtung bewahrheitet hat, dass ihre Kinder durch die Portfolioarbeit ein falsches Bild von ihren Leistungen entwickelt haben könnten, und auch der Frage, ob die Eltern durch die Portfoliogespräche selbst ein derart unrealistisches Bild entwickelt haben, sollte nachgegangen werden. Zusätzlich dazu ist es für das vorliegende Forschungsvorhaben von Interesse, inwiefern die Eltern die Noten ihrer Kinder als nachvollziehbar und gerecht empfinden. Um diese beiden Aspekte zu erfassen, wurden daher die folgenden sechs Items entwickelt und in den Elternfragebogen zum Übergang aufgenommen:

Itemlabel	Itemformulierung
ÜGE03	Die Zeugnisnoten meines Kindes passen im Wesentlichen zu den Rückmeldungen, die wir in den letzten Portfoliogesprächen bekommen haben.
ÜGE04	Die Noten meines Kindes waren im ersten Halbjahr des 8. Jahrgangs … □ … deutlich besser, als ich erwartet habe. □ … ungefähr genauso, wie ich erwartet habe. □ … deutlich schlechter, als ich erwartet habe.
ÜGE05	Die Zeugnisnoten meines Kindes geben wirklich das wieder, was mein Kind in diesem Schuljahr geleistet hat.
ÜGE06	Die Noten, die mein Kind von seinen Lehrkräften bekommen hat, sind zum größten Teil gerecht.
ÜGE07	Durch die Portfoliogespräche der letzten Jahre hat mein Kind ein vollkommen falsches Bild von seinen eigenen Fähigkeiten und Leistungen entwickelt.
ÜGE08	Die Portfoliogespräche der letzten Jahre haben mir selbst ein vollkommen falsches Bild von den Fähigkeiten und Leistungen meines Kindes vermittelt.

Tabelle 40: Items zur Beurteilung der Noten und ihrer Passung zur vorherigen Rückmeldung durch die Eltern

Von diesen sechs Items sollen fünf mit Hilfe der bereits bekannten vier Antwortmöglichkeiten versehen werden, da sie von den Eltern so leicht zu bearbeiten sind und in der Auswertung gut miteinander verglichen werden können. Lediglich das zweite Item weicht von diesem Format ab, um noch differenzierter zu erfassen, in welcher Weise sich die Noten gegebenenfalls von den Erwartungen der Eltern unterscheiden.

Auch der nächste Abschnitt des Fragebogens zielt darauf ab, die Einschätzungen der Eltern möglichst differenziert zu erfassen. Inhaltlich ist er auf die Veränderungen ausgerichtet, die die Eltern nach der Einführung der Noten an ihren Kindern beobachtet haben. Um in dieser Hinsicht möglichst vielfältige und gegebenenfalls auch unerwartete Veränderungen erfassen zu können, beginnt dieser Abschnitt des Fragebogens mit der folgenden offenen Frage:

Itemlabel	Itemformulierung
Veränderungen	Hat die Einführung der Noten in diesem Schuljahr bei Ihrem Kind zu deutlichen Veränderungen geführt? Falls ja, zu welchen?

Tabelle 41: Offene Frage zu den von den Eltern mit Übergang zu Noten wahrgenommenen Veränderungen im Verhalten der Schüler*innen

In Hinblick auf die übergeordnete Zielsetzung ist es des Weiteren von besonderem Interesse, inwiefern sich die Motivation der Schüler*innen nach der Einführung von Noten verändert hat. Dies wird vorrangig über die Befragung der Schüler*innen selbst geprüft; es ist jedoch möglich, dass die Eltern in Bezug darauf ebenfalls hilfreiche Beobachtungen gemacht haben, die mit Hilfe der folgenden zwei Items erfasst werden sollen:

Itemlabel	Itemformulierung
ÜGE09	Inwiefern hat sich die Motivation Ihres Kindes durch die Einführung der Noten verändert? □ Sie hat sich für kurze Zeit verbessert und dann wieder verschlechtert. □ Sie hat sich nachhaltig verbessert. □ Sie hat sich im Vergleich zum letzten Schuljahr kaum verändert. □ Sie hat sich nachhaltig verschlechtert. □ Sie hat sich für kurze Zeit verschlechtert und dann wieder verbessert.
ÜGE10	Seitdem die Leistungen meines Kindes benotet werden, strengt es sich in der Schule sehr viel mehr an als vorher.

Tabelle 42: Items zu den von den Eltern mit dem Übergang zu Noten wahrgenommenen Veränderungen in der Motivation der Schüler*innen

Diese beiden Items werden den Eltern im Anschluss an die offene Frage auf einer separaten Seite des Online-Fragebogens präsentiert, um sie bei der Beantwortung der Frage zu den Veränderungen insgesamt nicht zu beeinflussen. Das zweite Item ist erneut für die Beantwortung auf der bekannten vierstufigen Ratingskala konzipiert, während das erstgenannte zur möglichst differenzierten Informationsaufnahme mit fünf verschiedenen Antwortmöglichkeiten versehen wurde.

Der folgende Abschnitt des Fragebogens konzentriert sich auf die Eltern-Lehrer-Schüler-Gespräche, die auf Wunsch der Klassenlehrkräfte im 8. Jahrgang fortgesetzt werden, um vermutete Nachteile des Notensystems auszugleichen und den Lernenden und ihren Eltern den Übergang zwischen den Beurteilungssystemen zu erleichtern. Inwiefern dies aus Sicht der Eltern tatsächlich gelingt, ist insbesondere für die Beantwortung der vierten Leitfrage des aktuellen Forschungsprojekts von besonderem Interesse. Deswegen wurden zunächst die fünf folgenden Items entwickelt, zu denen die Eltern mit den vier Antwortmöglichkeiten von *„trifft überhaupt nicht zu"* bis *„trifft völlig zu"* ihre Zustimmung ausdrücken können:

Itemlabel	Itemformulierung
ÜGE11	Es ist sinnvoll, die Eltern-Lehrer-Schüler-Gespräche im 8. Jahrgang fortzusetzen.
ÜGE12	Ich finde es gut, dass ich im Rahmen der Gespräche weiterhin mit meinem Kind und seinen Lehrkräften über seine schulischen Leistungen sprechen kann.
ÜGE13	Die Gespräche haben mir dabei geholfen, die Noten meines Kindes besser zu verstehen.
ÜGE14	Durch die Gespräche habe ich genauere Informationen zu den Leistungen und Fähigkeiten meines Kindes bekommen.
ÜGE15	In den Gesprächen habe ich Hinweise dazu bekommen, wie mein Kind seine Leistungen weiter verbessern kann.

Tabelle 43: Items zur Beurteilung der parallel zur Notenvergabe fortgesetzten Gespräche durch die Eltern

Ergänzt werden diese geschlossenen Items durch eine offene Frage, die es den Eltern ermöglicht, individuelle Verbesserungsvorschläge zur Gestaltung der Gespräche im 8. Jahrgang anzubringen. Die Antworten darauf können sowohl für das aktuelle Forschungsvorhaben als auch für die Weiterentwicklung des Beurteilungssystems der Anne-Frank-Schule hilfreich sein. Es ist angesichts dessen die folgende offene Frage, die den Abschnitt des Fragebogens zu den Eltern-Lehrer-Schülergesprächen abschließt:

Itemlabel	Itemformulierung
Verbesserungs-vorschläge	Haben Sie Verbesserungsvorschläge zur Gestaltung der Eltern-Lehrer-Schüler-Gespräche im 8. Jahrgang? Falls ja, welche?

Tabelle 44: Offene Frage zu den Verbesserungsvorschlägen der Eltern zu den parallel zur Notenvergabe fortgesetzten Gesprächen

Der Hauptteil des Elternfragebogens wird von zwei weiteren offenen Fragen abgeschlossen, die es den Eltern ermöglichen, sich individuell zu ihren positiven Erfahrungen und Schwierigkeiten mit dem Übergang zum Notensystem zu äußern. Diese wurden zum Teil vermutlich bereits durch einige geschlossene Items abgedeckt, es ist jedoch möglich, dass den Eltern auch nicht antizipierte Aspekte aufgefallen sind, und diese können mit Hilfe der beiden letzten offenen Fragen erfasst werden:

Itemlabel	Itemformulierung
positive Erfahrungen	Welche positiven Erfahrungen haben Sie im Zusammenhang mit dem Übergang vom Portfolio zu Noten gemacht?
Schwierig-keiten	Haben Sie in Bezug auf den Übergang von der Leistungsbeurteilung mit Noten zu Portfolios Schwierigkeiten beobachtet? Falls ja, welche?

Tabelle 45: Offene Fragen zu den Erfahrungen der Eltern mit dem Übergang zu Noten

8.4.4 Ablauf der Elternbefragungen

Im Anschluss an die Vorstellung der verschiedenen Erhebungsinstrumente soll nun der Ablauf der Elternbefragung beschrieben werden.

Dabei kann zunächst festgestellt werden, dass die Befragung der Eltern der Treatmentgruppe ist im Wesentlichen so wie geplant verlaufen. Lediglich in Bezug auf die erste Elternbefragung gab es zwei kleinere Abweichungen.

Wie die Lehrkräfte der Anne-Frank-Schule konnten auch die Eltern im Schuljahr 2014/15 erstmalig zur dialogbasierten Leistungsbeurteilung mit Portfolios befragt werden. Diese Befragung erfolgte ebenfalls wie bei den Lehrkräften aus organisatorischen Gründen erst im Juli 2015 mit einer gedruckten Version der Fragebogenvariante A, die die Eltern innerhalb von zwei Wochen anonym ausfüllen und abgeben konnten. Auch wenn dies ursprünglich anders geplant war, ist nicht davon auszugehen, dass diese Abweichungen das Gelingen des aktuellen Forschungsvorhabens nachhaltig beeinträchtigt haben. Wie bei den Lehrkräften könnte es sich sogar als vorteilhaft erweisen, dass die Eltern vor der ersten Beantwortung der Fragebogenvariante A bereits praktische Erfahrungen mit der dialogbasierten Leistungsbeurteilung gesammelt haben.

Die Fragebogenvariante B kam wie geplant parallel zur Lehrkräftebefragung im November 2016 und im Juli 2017 zum Einsatz. Zeitgleich mit den Lehrkräften wurden so auch die Eltern schriftlich zur Teilnahme an der Befragung eingeladen und mit einem Link ausgestattet, über den sie den Fragebogen für ihre Zielgruppe zwei Wochen lang online bearbeiten konnten. Da sich zu beiden Zeitpunkten anfänglich nur ein kleiner Teil der Eltern beteiligte, wurde diese Zielgruppe nach dem Ende der ersten Befragungswoche jeweils erneut um die Teilnahme an der Befragung gebeten.

Für die Durchführung der Elternbefragung zum Übergang wurde dieselbe Vorgehensweise gewählt wie für die vorherigen beiden Befragungen. Sie fand im März 2018 kurz nach den ersten Eltern-Lehrer-Schüler-Gesprächen im 8. Jahrgang wie geplant statt.

Es ist somit überwiegend gelungen, die Befragung der Eltern parallel zu denen der Lehrkräfte wie geplant durchzuführen, und der tatsächliche Ablauf der Untersuchung ist in der folgenden Tabelle noch einmal zusammengefasst:

Zeitpunkt	Juli 2015	November 2016	Juli 2017	März 2018
Teilnehmende	alle Eltern der Treatment-gruppe	alle Eltern der Treatment-gruppe	alle Eltern der Treatment-gruppe	alle Eltern der Treatment-gruppe
Fragebogen	Eltern-fragebogen Variante A	Eltern-fragebogen Variante B	Eltern-fragebogen Variante B	Eltern-fragebogen zum Übergang
Befragungs-form	papierbasiert	online	online	online

Tabelle 46: Übersicht über die verschiedenen Elternbefragungen

8.4.5 Datenaufbereitung und -auswertung

Im letzten Abschnitt dieses Teilkapitels soll nun offengelegt werden, wie bei der Aufbereitung und Auswertung der Daten vorgegangen wurde, die über die verschiedenen Befragungen der Elternschaft gewonnen wurden. Anders als bei den Lehrkräften ist es hierbei nicht notwendig, zwischen den allgemeinen Befragungen und den Befragungen zum Übergang zu differenzieren, da sich beide an die gleiche große Zielgruppe richten. Die folgenden Ausführungen werden daher nicht nach den verschiedenen Fragebogenvarianten, sondern nach den unterschiedlichen Arten von Items gegliedert, die bei den verschiedenen Befragungen der Eltern zum Einsatz kamen.

Wie bei der Befragung der Schüler*innen und Lehrkräfte zur dialogbasierten Leistungsbeurteilung mit Portfolios wurden auch bei der Auswertung der Elternbefragungen alle zum jeweiligen Zeitpunkt abgegebenen Antworten berücksichtigt. Durch den Verzicht auf die Vergabe einer Identifikationsnummer konnte dabei nicht beurteilt werden, inwiefern sich dieselben Eltern an den verschiedenen Befragungen beteiligt haben. Dies gilt es insbesondere bei der Auswertung und Interpretation der quantitativen Daten zu berücksichtigen.

Bei der Auswertung der Elternbefragungen wurden für die Items, die als vierstufige Ratingskalen konzipiert wurden, Maße der zentralen Tendenz und der Streuung sowie absolute und relative Häufigkeiten berechnet. Absolute und relative Häufigkeiten wurden zudem auch für die geschlossenen Items ermittelt, deren Antwortmöglichkeiten auf die jeweilige Aussage bezogen inhaltlich ausformuliert wurden.

Bei der Auswertung der offenen Fragen wurde aus den im Vorherigen bereits erläuterten Gründen erneut der induktiven Vorgehensweise der qualitativen Inhaltsanalyse gefolgt.

9. Beschreibung der Ergebnisse

Im Anschluss an die Vorstellung der methodischen Vorgehensweise sollen nun die Ergebnisse beschrieben werden, die mit Hilfe der verschiedenen Erhebungsinstrumente gewonnen werden konnten. Diese Beschreibung gliedert sich zunächst nach den verschiedenen beteiligten Gruppen in drei Teilkapitel, sodass nacheinander die Ergebnisse der Befragungen der Schüler*innen, der Lehrkräfte und schließlich der Eltern vorgestellt werden. Innerhalb dieser einzelnen Abschnitte erfolgt wiederum eine Gliederung anhand der verschiedenen Erhebungsinstrumente, die von der jeweiligen Gruppe bearbeitet wurden. Das Ziel der auf diese Weise differenzierten Beschreibung der Befragungsergebnisse besteht vorrangig darin, die anschließende Interpretation der Ergebnisse in Bezug auf die übergeordneten Forschungsfragen vorzubereiten.

9.1 Ergebnisse der Befragung der Schüler*innen

Im Einklang mit der voranstehenden Einleitung beginnt dieses Kapitel mit der Beschreibung der Ergebnisse, die aus den verschiedenen Befragungen der Schüler*innen hervorgehen. Den ersten größeren Abschnitt bilden dabei die Ergebnisse zu den motivationalen, selbstbezogenen und weiteren relevanten Variablen, die zu allen Messzeitpunkten und in beiden Untersuchungsgruppen erfasst wurden. Die beiden darauffolgenden Abschnitte sind wiederum der Beschreibung der Ergebnisse gewidmet, die über die zusätzlichen Items der Fragebogenvarianten B und C in der Treatmentgruppe gewonnen werden konnten.

9.1.1 Entwicklung der wiederholt erhobenen Variablen

Im Mittelpunkt der Befragung der Schüler*innen der Anne-Frank-Schule stand zweifelsohne die wiederholte Erfassung insgesamt zwölf verschiedener Variablen. Es handelt sich dabei zunächst um die vier motivationalen Variablen der intrinsischen und extrinsischen Motivation sowie der Lern- und Leistungszielorientierung. Sie werden von sechs selbstbezogenen Variablen ergänzt, zu denen das akademische Selbstkonzept und das Fähigkeitsselbstkonzept, die allgemeine und die schulbezogene Selbstwirksamkeitserwartung sowie das Selbstwertgefühl und das Wissen über die eigenen Interessen zu zählen sind. Die zwei verbleibenden Variablen werden schließlich vom Wohlbefinden und der wahrgenommenen Qualität der Lehrer-Schüler-Beziehung gebildet, die für das aktuelle Forschungsvorhaben ebenfalls relevant sein könnten.

In die Auswertung der Antworten zu diesen Variablen konnten insgesamt 178 Schüler*innen einbezogen werden, die an weniger als drei Messzeitpunkten gefehlt und die Befragung nicht offensichtlich unwahrheitsgemäß beantwortet haben. Von ihnen gehören jeweils 89 Schüler*innen zur Treatmentgruppe und zur Kontrollgruppe, sodass sich nach der Datenaufbereitung eine exakt gleiche Größe der beiden Untersuchungsgruppen ergeben hat. Die Schüler*innen beider Gruppen gehören jeweils vier verschiedenen Parallelklassen an, sodass die Stichprobe insgesamt Teilnehmende aus acht verschiedenen Klassen umfasst. Die Geschlechterverteilung und auch die altersmäßige Verteilung fallen in beiden Gruppen ausgesprochen ähnlich aus, wie der folgenden Übersicht zu entnehmen ist:

Gruppe	Anzahl (N)	Geschlecht		Alter (Ende 6.1)[3]	
		weiblich	männlich	M	SD
Treatment-gruppe	89	46%	54%	11,77	,554
Kontroll-gruppe	89	44%	56%	11,80	,546

Tabelle 47: Allgemeine Angaben zur Größe und Zusammensetzung der beiden Untersuchungsgruppen

Im Folgenden soll nun beschrieben werden, wie sich die zwölf genannten Variablen in der Treatment- und der Kontrollgruppe über den Erhebungszeitraum hinweg entwickeln.

3 Für diese Tabelle wurde nicht das durchschnittliche Alter der Schüler*innen zu einem bestimmten Messzeitpunkt ausgewählt, sondern das zu ihrem jeweiligen Ende des 1. Halbjahres im 6. Jahrgang. Das liegt vorrangig darin begründet, dass die Daten der beiden Gruppen aufgrund ihrer jahrgangsweisen Verschiebung nur nach Halbjahren und nicht nach Messzeitpunkten sinnvoll zu vergleichen sind.

Intrinsische Motivation

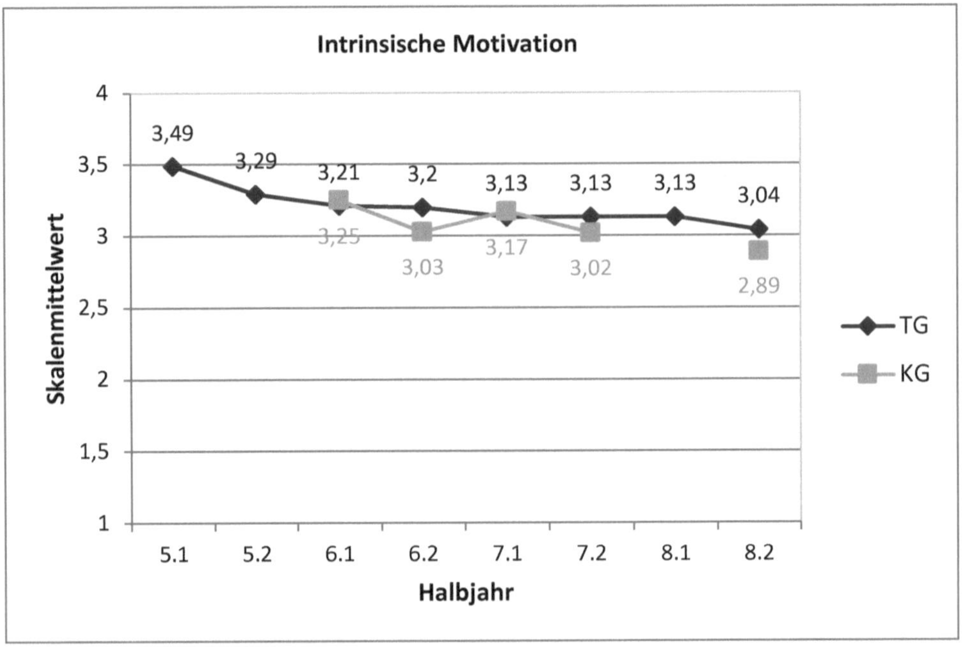

Abbildung 2: Vergleich der Entwicklung der intrinsischen Motivation in den beiden Untersuchungsgruppen

In Bezug auf die intrinsische Motivation befinden sich die Skalenmittelwerte der Treatmentgruppe durchgehend auf einem hohen Niveau. Über alle acht Messzeitpunkte hinweg liegen die Mittelwerte für diese Variable über 3,00 und damit im obersten Drittel aller möglichen Werte, die aufgrund der gewählten Skalierung nur zwischen 1,00 und 4,00 liegen können. Die Mittelwerte für die intrinsische Motivation bleiben von der 5. bis zum Ende der 8. Klassenstufe allerdings nicht vollkommen konstant. Stattdessen fällt der Skalenmittelwert im Halbjahr 5.1 mit 3,49 signifikant höher aus als die Werte aller weiteren Halbjahre. Mit einem Mittelwert von 3,29 ist die intrinsische Motivation im Halbjahr 5.2 zudem signifikant höher ausgeprägt als im Halbjahr 8.2, in dem die Treatmentgruppe einen Mittelwert von 3,04 erreicht. Insgesamt lässt sich somit eine leicht fallende Entwicklung der intrinsischen Motivation vom Beginn bis zum Ende des Erhebungszeitraums verzeichnen. In seiner Mitte bleiben die Skalenmittelwerte allerdings nahezu konstant, da die leichten deskriptiven Unterschiede von 5.2 bis 8.1 keine statistische Signifikanz erreichen und die Werte in drei Halbjahren sogar identisch ausfallen.

Dies sieht in der Kontrollgruppe anders aus. Auch die Skalenmittelwerte dieser Gruppe befinden sich insgesamt auf einem hohen Niveau, fallen im Halbjahr 8.2 allerdings mit 2,89 aus dem oberen Drittel der möglichen Werte heraus. Von 6.1 bis 7.2 liegen die Werte der Kontrollgruppe hingegen durchgehend über 3,00. Anders als bei der Treatmentgruppe ist die durchschnittliche Ausprägung der intrinsischen Motivation bei der Kontrollgruppe in diesem Zeitraum allerdings signifikanten Schwankungen unterworfen. So sinkt die intrinsische Motivation zunächst von 3,25 im Halbjahr 6.1 auf 3,03 im Halbjahr 6.2, bevor sie im Halbjahr 7.1 wieder auf 3,17 ansteigt. Nach der Einführung der Noten sinkt die intrinsische Motivation in der Kontrollgruppe dann im Halbjahr 7.2 erneut auf 3,02 ab und diese fallende Entwicklung setzt sich in 8.2 fort. Dass sich die Entwicklung der intrinsischen Motivation in der Kontrollgruppe damit signifikant von der der Treatmentgruppe unterscheidet, wird von der entsprechenden zweifaktoriellen Varianzanalyse bestätigt ($p=.04$, $\eta_p^2=.02$). In Bezug auf das Niveau, das die Skalenmittelwerte über den Vergleichszeitraum hinweg erreichen, hat diese Analyse keine signifikanten Unterschiede ergeben ($p=.34$, $\eta_p^2=.01$). Es gilt allerdings hervorzuheben, dass die Mittelwerte der Treatmentgruppe in drei von fünf Halbjahren rein deskriptivstatistisch höher ausfallen als die der Kontrollgruppe.

Extrinsische Motivation

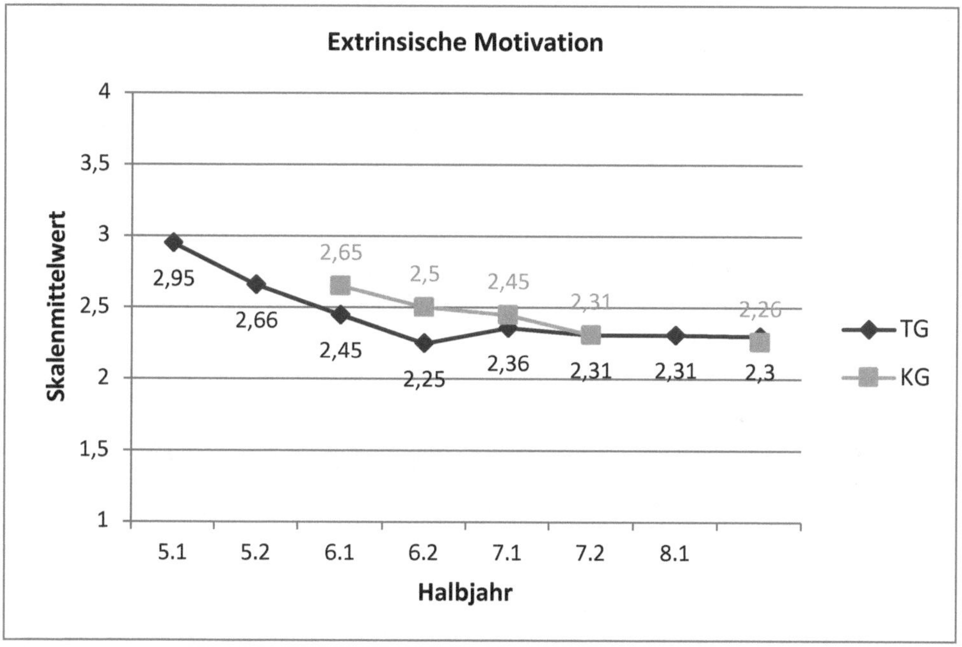

Abbildung 3: Vergleich der Entwicklung der extrinsischen Motivation in den beiden Untersuchungsgruppen

Die Mittelwerte für die extrinsische Motivation fallen bei der Treatmentgruppe durchgehend niedriger aus als die für die intrinsische Motivation. Anstatt im oberen Drittel befinden sich die Werte für die extrinsische Motivation so über alle acht Erhebungszeitpunkte hinweg im mittleren Bereich zwischen 2,95 und 2,25. Der höchste Wert wird dabei im Halbjahr 5.1 erreicht und der niedrigste im Halbjahr 6.2, wobei er sich nicht signifikant von den Werten der Halbjahre 6.1 und 7.1 bis 8.2 unterscheidet.

Tatsächlich bleiben somit auch die Mittelwerte der extrinsischen Motivation wie die der intrinsischen Motivation in der Treatmentgruppe von der 6. bis zum Ende der 8. Klassenstufe nahezu konstant. Eine weitere Gemeinsamkeit zur intrinsischen Motivation besteht darin, dass die Skalenmittelwerte für die extrinsische Motivation im 5. Schuljahr am deutlichsten absinken. Bei der extrinsischen Motivation ist diese sinkende Entwicklung allerdings noch sehr viel stärker ausgeprägt. So unterscheiden sich die Mittelwerte aus dem 5. Schuljahr nicht nur signifikant von allen späteren Zeitpunkten, sondern die extrinsische Motivation ist im Halbjahr 5.2 auch schon signifikant niedriger ausgeprägt als im Halbjahr 5.1.

In der Kontrollgruppe lässt sich ebenfalls eine signifikant sinkende Entwicklung der extrinsischen Motivation beobachten. Von der ersten Befragung dieser Gruppe in der Mitte ihres 6. Schuljahres bis hin zum Halbjahr 8.2 nehmen die Mittelwerte für diese motivationale Variable in der Kontrollgruppe kontinuierlich und signifikant von 2,65 auf 2,26 ab. Die Werte der Kontrollgruppe sinken damit in einem Zeitraum ab, in dem sie in der Treatmentgruppe bereits nahezu konstant bleiben, und die zweifaktorielle Varianzanalyse bestätigt, dass sich die Entwicklungsverläufe in den beiden Untersuchungsgruppen signifikant voneinander unterscheiden ($p=.02$, $\eta_p^2=.02$). In Bezug auf das Niveau der Skalenmittelwerte weist die entsprechende Varianzanalyse keine signifikanten Unterschiede aus ($p=.29$, $\eta_p^2=.01$), was darauf zurückzuführen sein kann, dass sich die Werte der beiden Gruppen über den Vergleichszeitraum hinweg angleichen. Rein deskriptiv fallen die Werte der Kontrollgruppe in den Halbjahren 6.1 bis 7.1 allerdings höher aus und das teilweise sogar deutlich. Während die extrinsische Motivation im Halbjahr 6.2 in der Treatmentgruppe nur einen Wert von 2,25 erreicht, liegt sie in der Kontrollgruppe bei 2,50.

Eine Besonderheit in Bezug auf die Erhebung der extrinsischen Motivation besteht wie in Kapitel 8.2 bereits herausgestellt darin, dass ab dem Eintritt der Treatmentgruppe in die 8. Jahrgangsstufe und damit in das Notensystem ein neues Item eingesetzt wurde. Es erfragt, inwiefern die Mitarbeit der Schüler*innen von dem extrinsischen Anreiz einer guten Note motiviert wird, und wurde von der Treatmentgruppe in den Halbjahren 8.1 und 8.2 beantwortet. Zu beiden Befragungszeitpunkten fiel die Zustimmung der teilnehmenden Schüler*innen zu diesem Item hoch aus, wie der folgenden Tabelle zu entnehmen ist:

Halbjahr	**N**	**Min**	**Max**	**Modus**	**M**	**SD**
8.1	82	2	4	3	3,35	,636
8.2	90	1	4	3	3,28	,735

Tabelle 48: Deskriptive Statistik zum Item EXTMO04

Der Mittelwert für das neue Item EXTMO04 fällt damit zu beiden Zeitpunkten deutlich höher aus als der Skalenmittelwert, der aus den ursprünglichen drei Items berechnet wurde und in den Halbjahren 8.1 und 8.2 bei 2,31 und 2,30 liegt. Die Vergleichbarkeit dieser Werte wird leicht dadurch eingeschränkt, dass die Skalenmittelwerte aus dem vervollständigten Datensatz hervorgehen, während die Mittelwerte des Einzelitems auf der Basis derjenigen Schüler*innen berechnet wurden, die an den jeweiligen Befragungsterminen tatsächlich teilgenommen haben. Dennoch sollte der deutliche Unterschied zwischen den Skalenmittelwerten und den Mittelwerten des Einzelitems in der Interpretation Berücksichtigung finden.

Lernzielorientierung

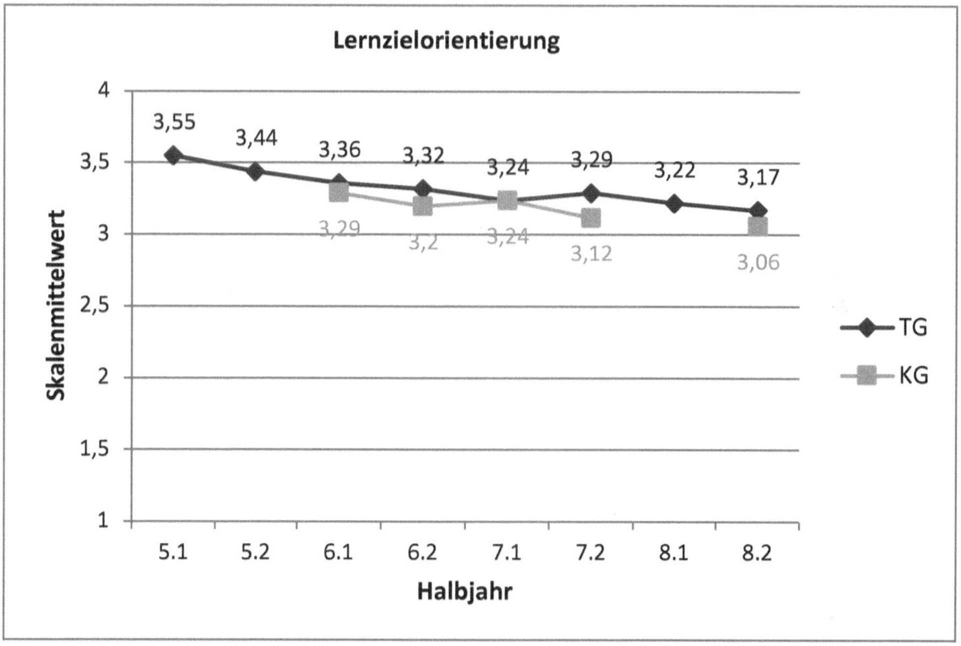

Abbildung 4: Vergleich der Entwicklung der Lernzielorientierung in den beiden Untersuchungsgruppen

Wie die intrinsische Motivation befindet sich auch die Lernzielorientierung in der Treatmentgruppe durchgehend auf einem hohen Niveau. Alle Mittelwerte der entsprechenden Skala liegen so zwischen 3,55 und 3,17 und damit im obersten Bereich aller möglichen Werte. Auch in Bezug auf ihre Entwicklung über die acht Messzeitpunkte hinweg sind die Lernzielorientierung und die intrinsische Motivation zu vergleichen. So sinken auch die Skalenmittelwerte für die Lernzielorientierung zunächst signifikant ab, bevor sie ab dem Halbjahr 6.1 nahezu konstant bleiben. Die einfaktorielle Varianzanalyse hat in diesem Zusammenhang ergeben, dass die Lernzielorientierung im Halbjahr 5.1 mit 3,55 signifikant höher ausfällt als in den Halbjahren 6.2 bis 8.2 und mit 3,44 im Halbjahr 5.2 signifikant über den Werten aus dem 8. Schuljahr liegt. Zwischen den Halbjahren 6.2 bis 8.2 lassen sich hingegen keine signifikanten Unterschiede, sondern nur kleinere deskriptive Abweichungen nachweisen.

In der Kontrollgruppe lassen sich in diesem Zeitraum hingegen leichte signifikante Veränderungen beobachten. So fällt die Lernzielorientierung mit 3,29 im Halbjahr 6.1 signifikant höher aus als zum Ende des 8. Schuljahres mit 3,06. Die Mittelwerte der verbleibenden drei Halbjahre befinden sich alle zwischen diesen beiden Werten, sodass die Kontrollgruppe in Bezug auf die Lernzielorientierung wie die Treatmentgruppe durchgehend hohe Werte erzielt. Rein deskriptiv betrachtet liegen diese Werte in fast allen vergleichbaren Halbjahren unter denen der Treatmentgruppe. Die einzige Ausnahme bildet das Halbjahr 7.1, in dem beide Gruppen den identischen Wert von 3,24 aufweisen. In den anderen vier Halbjahren übersteigen die Mittelwerte der Treatmentgruppe die der Kontrollgruppe um bis zu 0,17. Insgesamt sind die Niveauunterschiede zwischen den beiden Gruppen allerdings nicht signifikant ($p=.20$, $\eta_p^2=.01$) und auch signifikant unterschiedliche Entwicklungsverläufe weist die zweifaktorielle Varianzanalyse in Bezug auf die Lernzielorientierung nicht aus ($p=.43$, $\eta_p^2=.01$).

Leistungszielorientierung

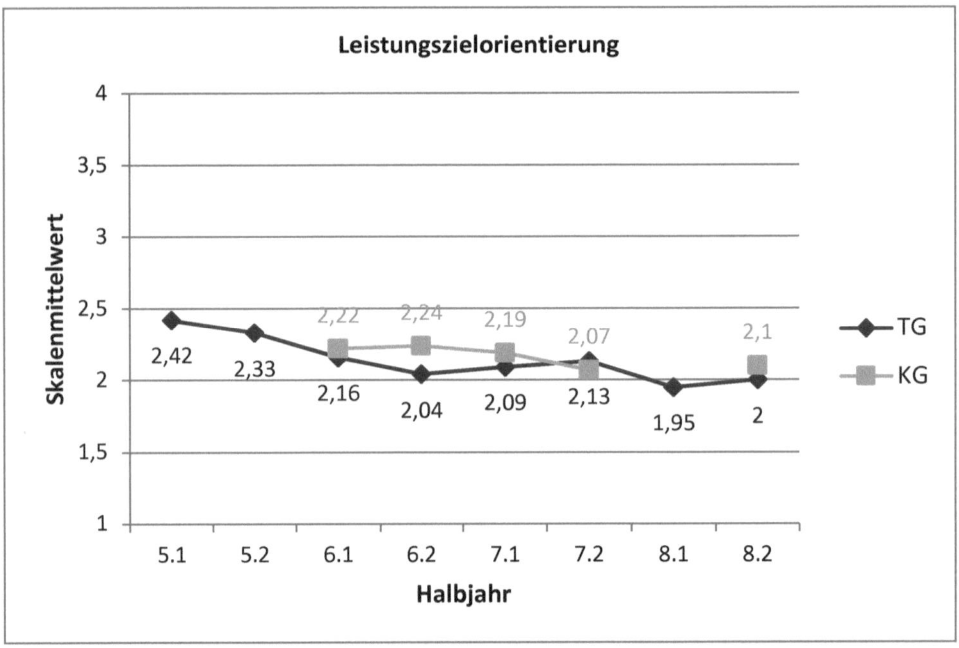

Abbildung 5: Vergleich der Entwicklung der Leistungszielorientierung in den beiden Untersuchungsgruppen

Die Leistungszielorientierung ist bei der Treatmentgruppe über alle acht Messzeitpunkte hinweg vergleichsweise niedrig ausgeprägt. Die entsprechenden Skalenmittelwerte liegen alle zwischen 2,42 und 1,95 und befinden sich damit allesamt in der unteren Hälfte der Skala. Der höchste Wert von 2,42 wird dabei direkt im Halbjahr 5.1 erreicht und der zweithöchste mit 2,33 im Halbjahr 5.2. Im ersten Jahr ihres Schulbesuchs an der

Anne-Frank-Schule fällt die Leistungszielorientierung bei den Schüler*innen der Treatmentgruppe somit am höchsten aus. Dass sie sich in dieser Hinsicht nicht nur rein deskriptiv von den späteren Befragungen unterscheiden, bestätigt die einfaktorielle Varianzanalyse zu dieser Variablen. Sie weist insgesamt eine signifikant fallende Entwicklung der Leistungszielorientierung aus und zeigt auf, dass sich der Mittelwert des Halbjahres 5.1 signifikant von allen Halbjahren der 6. bis 8. Jahrgangsstufe außer 7.2 unterscheidet. Auch der Mittelwert aus dem Halbjahr 5.2 liegt signifikant über denen aus den Halbjahren 6.2 und 7.1 sowie denen aus dem 8. Schuljahr. Die Unterschiede zwischen den Halbjahren 6.1 und 8.2 sind hingegen nicht signifikant. Es fällt allerdings auf, dass die Leistungszielorientierung vom Halbjahr 7.2 zum Halbjahr 8.1 von 2,13 auf 1,95 abfällt.

In der Kontrollgruppe lassen sich keine derart auffälligen Veränderungen beobachten. In den fünf Halbjahren, die mit der Treatmentgruppe vergleichbar sind, liegen die Skalenmittelwerte für die Leistungszielorientierung zwischen 2,24 und 2,07. Sie befinden sich somit ebenfalls durchgehend in der unteren Hälfte der möglichen Werte und unterscheiden sich nicht signifikant voneinander. Die Mittelwerte der Halbjahre 6.1 bis 7.1 liegen dabei mit 2,22 zum ersten Befragungszeitpunkt, 2,24 zum zweiten und 2,19 zum dritten sehr dicht beieinander und leicht höher als die der Halbjahre 7.2 und 8.2 mit 2,07 und 2,10. Deskriptiv betrachtet nimmt die Leistungszielorientierung somit auch in der Kontrollgruppe ab. Diese Veränderungen sind allerdings vergleichsweise gering und wie bereits erwähnt nicht statistisch signifikant. Auch im Vergleich zur Treatmentgruppe ergibt die Varianzanalyse keine signifikanten Unterschiede in Bezug auf die Entwicklung ($p=.18$, $\eta_p^2=.01$) und das Niveau der Leistungszielorientierung ($p=.46$, $\eta_p^2=.00$). Mit der Ausnahme des Halbjahres 7.2 fällt diese allerdings in der Kontrollgruppe durchgehend höher aus als in der Treatmentgruppe.

Akademisches Selbstkonzept

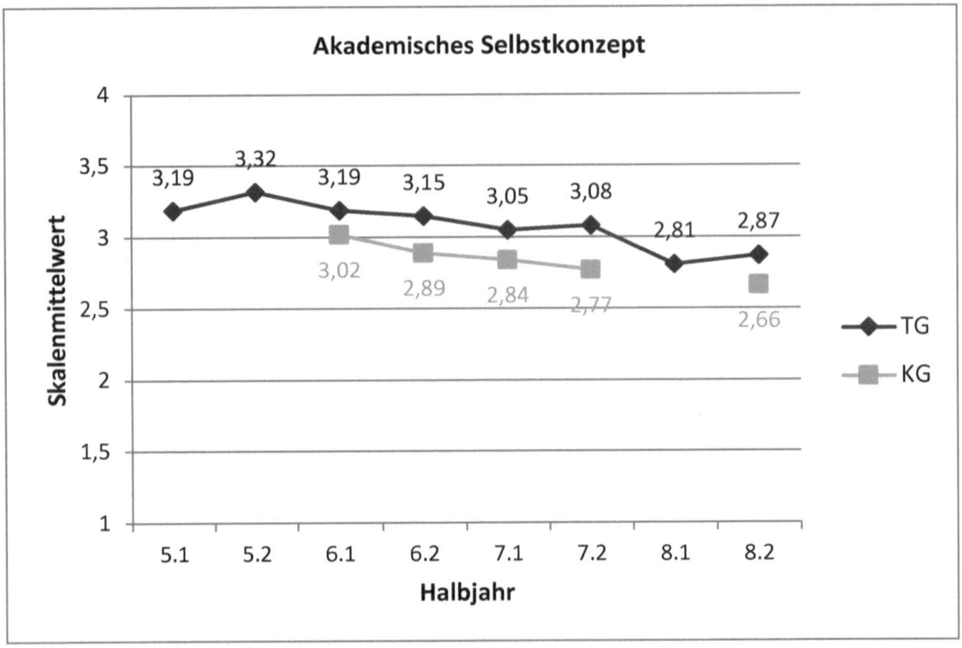

Abbildung 6: Vergleich der Entwicklung des akademischen Selbstkonzepts in den beiden Untersuchungsgruppen

In dem Zeitraum, in dem die Treatmentgruppe an der dialogbasierten Leistungsbeurteilung teilnimmt und noch nicht benotet wird, befinden sich ihre Skalenmittelwerte für das akademische Selbstkonzept auf einem hohen Niveau. Vom Halbjahr 5.1 bis zum Ende des 7. Schuljahres erreicht die Treatmentgruppe so durchgehend Werte über 3,00. Vom Ausgangswert 3,19 im Halbjahr 5.1 steigt das akademische Selbstkonzept zum Ende desselben Schuljahres zunächst auf 3,32 an. Danach kehrt der Skalenmittelwert im Halbjahr 6.1 auf 3,19 zurück und bleibt bis zum Ende des 7. Schuljahres vergleichsweise konstant. Es gibt in diesem Zeitraum zwar kleinere deskriptive Abweichungen, die in der einfaktoriellen Varianzanalyse aber keine statistische Signifikanz erreichen. Stattdessen unterscheidet sich nur der höchste gemessene Wert im Halbjahr 5.2 signifikant von den Werten im 7. Schuljahr, die bei 3,05 und 3,08 liegen.

Eine deutliche Veränderung lässt sich hingegen beobachten, wenn man das 8. Schuljahr in die Analyse einbezieht. Nach der Einführung der Noten fallen die Skalenmittelwerte der Treatmentgruppe für das akademische Selbstkonzept sichtlich ab und erreichen mit 2,81 im Halbjahr 8.1 und 2,87 im Halbjahr 8.2 erstmals Werte unter 3,00. Der einfaktoriellen Varianzanalyse zufolge unterscheiden sich die Werte des 8. Schuljahres damit signifikant von allen vorherigen Halbjahren.

In der Kontrollgruppe lässt sich nach der Einführung der Noten im Halbjahr 7.2 kein derart deutlicher Abfall der Skalenmittelwerte für das akademische Selbstkonzept erkennen. Die Werte dieser Untersuchungsgruppe befinden sich allerdings auch bereits seit dem Halbjahr 6.1 auf einem deutlich niedrigeren Niveau als die der Treatmentgruppe. So erreicht die Kontrollgruppe in Bezug auf das akademische Selbstkonzept nur im Halbjahr 6.1 mit 3,02 einen Wert, der knapp im oberen Drittel aller möglichen Werte liegt. In den folgenden Halbjahren liegen die Mittelwerte allesamt darunter und sinken kontinuierlich und signifikant von 2,89 im Halbjahr 6.2 auf 2,66 im Halbjahr 8.2 ab. Dass das akademische Selbstkonzept in der Kontrollgruppe damit signifikant niedriger ausgeprägt ist als in der Treatmentgruppe, wird von der entsprechenden zweifaktoriellen Varianzanalyse bestätigt ($p=.002$, $\eta_p^2=.05$). Signifikante Unterschiede in der Entwicklung dieser Variable weist diese Analyse hingegen nicht aus ($p=.42$, $\eta_p^2=.01$).

Fähigkeitsselbstkonzept

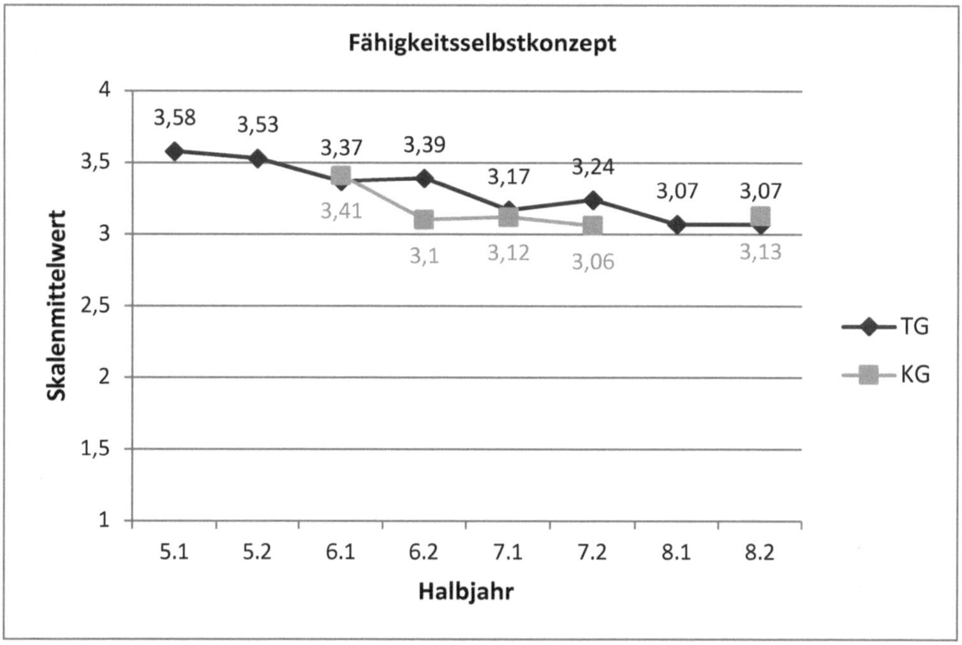

Abbildung 7: Vergleich der Entwicklung des Fähigkeitsselbstkonzepts in den beiden Untersuchungsgruppen

Die Skalenmittelwerte für das Fähigkeitsselbstkonzept fallen in der Treatmentgruppe insgesamt sogar noch höher aus als diejenigen für das akademische Selbstkonzept. Sie liegen allesamt zwischen 3,58 im Halbjahr 5.1 und 3,07 im Halbjahr 8.2 und befinden sich damit im oberen Bereich aller möglichen Werte. Wie aus diesen beiden Mittelwerten bereits hervorgeht, sinkt allerdings auch das Fähigkeitsselbstkonzept der Schüler*innen der Treatmentgruppe über den Erhebungszeitraum hinweg ab. Auffällig ist dabei, dass die Werte innerhalb desselben Schuljahres durchgehend sehr ähnlich oder sogar exakt identisch ausfallen. So liegen sie im 5. Schuljahr bei 3,58 und 3,53 und im 6. Schuljahr bei 3,37 und 3,39, während die Skalenmittelwerte im 7. Schuljahr 3,17 und

3,24 betragen und in beiden Halbjahren der 8. Klassenstufe 3,07 ergeben. Signifikante Unterschiede gibt es innerhalb der einzelnen Schuljahre dementsprechend nicht und die abnehmende Entwicklung des Fähigkeitsselbstkonzepts scheint gewissermaßen in Stufen voranzuschreiten. Besonders deutliche und signifikante Unterschiede bestehen zwischen den Mittelwerten des 5. Schuljahres auf der einen Seite und denen des 7. und insbesondere des 8. Schuljahres auf der anderen Seite. Im ersten Schuljahr nach der Einführung der Noten fallen die Mittelwerte für das Fähigkeitsselbstkonzept zudem signifikant niedriger aus als im 6. Schuljahr.

Bei einer differenzierten Betrachtung der einzelnen Items zum Fähigkeitsselbstkonzept fällt in diesem Zusammenhang auf, dass insbesondere die Zustimmung zu den beiden Items FSK02 und FSK03 nach dem Übergang zum Notensystem deutlich abgesunken ist. So fällt der Mittelwert des Items FSK02, das den Stolz der Schüler*innen auf ihre eigenen Fähigkeiten erfasst, in der Treatmentgruppe von 3,29 im Halbjahr 7.2 auf 3,08 im Halbjahr 8.1 ab. Und der Mittelwert des Items FSK03, das die Schüler*innen zu ihrer Zufriedenheit mit ihren eigenen Fähigkeiten befragt, sinkt von 3,20 auf 2,94 sogar noch etwas stärker. Im Gegensatz dazu bleibt das verbleibende Item FSK01 im Übergang zwischen den beiden Schuljahren mit Mittelwerten von 3,30 und 3,27 nahezu konstant. Anders als die beiden erstgenannten Items erfasst dieses Item das Wissen der Schüler*innen über ihre eigenen Fähigkeiten und nicht deren Bewertung durch die Teilnehmenden.

Nach dieser differenzierteren Betrachtung einzelner Items in der Treatmentgruppe soll der Blick nun auf die Entwicklung der Skalenmittelwerte in der Kontrollgruppe gerichtet werden. In der Kontrollgruppe sinken die Mittelwerte für das Fähigkeitsselbstkonzept vom ersten Befragungszeitpunkt bis zum Ende des 8. Schuljahres ebenfalls signifikant ab. Der Entwicklungsverlauf dieser Variablen ist in der Kontrollgruppe allerdings ein deutlich anderer als in der Treatmentgruppe. Während das Fähigkeitsselbstkonzept der Kontrollgruppe im Halbjahr 6.1 mit 3,41 sogar leicht über dem der Treatmentgruppe liegt, fällt es zum Halbjahr 6.1 stark auf 3,10 ab und bleibt danach bis zum Ende des 8. Schuljahres nahezu konstant. Die entsprechende zweifaktorielle Varianzanalyse bestätigt, dass sich die Entwicklungsverläufe des Fähigkeitsselbstkonzepts in den beiden Untersuchungsgruppen damit signifikant voneinander unterscheiden ($p=.001$, $\eta_p^2=.03$). Das Niveau der entsprechenden Skalenmittelwerte ist in beiden Gruppen zu drei von fünf vergleichbaren Messzeitpunkten fast identisch, in den Halbjahren 6.2 und 7.2 fallen die Werte der Treatmentgruppe allerdings deutlich höher aus als die der Kontrollgruppe. Signifikante Niveauunterschiede bestehen zwischen den Kohorten insgesamt betrachtet nicht ($p=.18$, $\eta_p^2=.01$). Bezieht man nur die Messzeitpunkte in die zweifaktorielle Varianzanalyse ein, zu denen die Treatmentgruppe die dialogbasierte Leistungsbeurteilung ohne Noten genießt, so ergeben sich daraus latent signifikante Niveauunterschiede zugunsten der Treatmentgruppe ($p=.07$, $\eta_p^2=.02$).

Unterschiede zugunsten der Treatmentgruppe fallen des Weiteren in besonderem Maße bei den Items FSK02 und FSK03 auf, die den Stolz der Schüler*innen auf ihre eigenen Fähigkeiten beziehungsweise ihre Zufriedenheit damit erfassen.

Selbstwertgefühl

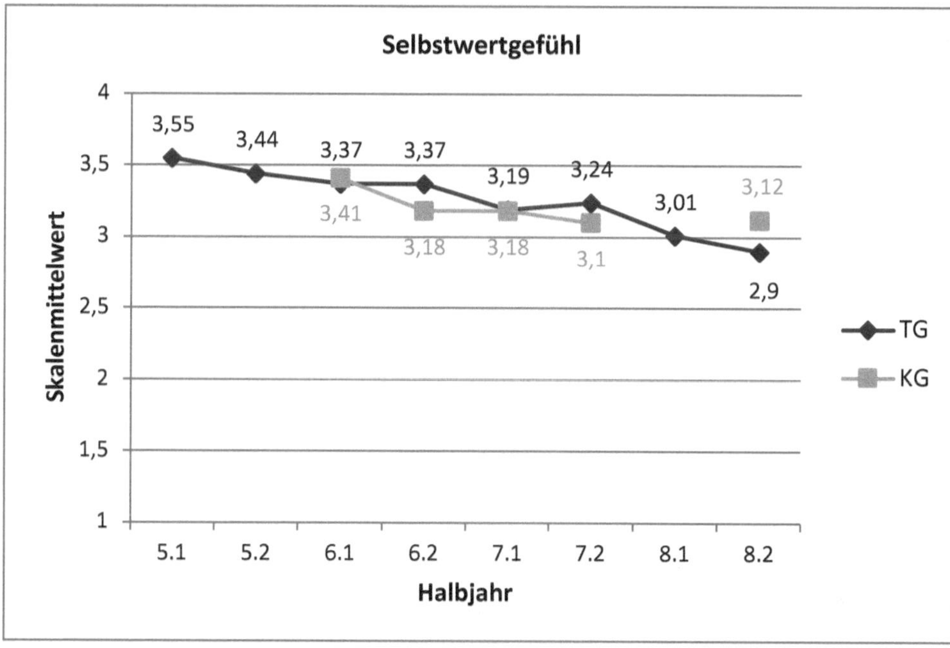

Abbildung 8: Vergleich der Entwicklung des Selbstwertgefühls in den beiden Untersuchungsgruppen

Die Skalenmittelwerte für das Selbstwertgefühl befinden sich wie die bisher betrachteten selbstbezogenen Variablen in der Treatmentgruppe insgesamt ebenfalls auf einem hohen Niveau. Zu sieben von acht Messzeitpunkten liegen sie über 3,00 und das in einigen Fällen sogar sehr deutlich. Lediglich im Halbjahr 8.2 fällt der Mittelwert für das Selbstwertgefühl mit 2,90 aus dem oberen Drittel der möglichen Werte heraus. Er unterscheidet sich stark von dem höchsten Mittelwert, der im Halbjahr 5.1 mit 3,55 gemessen wurde, und insgesamt durchläuft das Selbstwertgefühl über den Erhebungszeitraum hinweg eine signifikant sinkende Entwicklung. Dieses Absinken verläuft allerdings nicht kontinuierlich. Stattdessen bleiben die Mittelwerte innerhalb des 6. und des 7. Schuljahres jeweils relativ konstant, das allerdings deskriptiv auf einem leicht niedrigeren Niveau als im jeweils vorhergehenden Schuljahr. In dieser Hinsicht ist die Entwicklung des Selbstwertgefühls mit der des Fähigkeitsselbstkonzepts in der Treatmentgruppe vergleichbar. Eine Gemeinsamkeit zur Entwicklung des akademischen Selbstwertgefühls besteht des Weiteren darin, dass auch das Selbstwertgefühl in der Treatmentgruppe nach der Einführung der Noten deutlich abfällt. Tatsächlich fallen die Mittelwerte der Halbjahre 8.1 und 8.2 mit 3,01 und 2,90 signifikant niedriger aus als alle der vorherigen drei Schuljahre.

Auch in der Kontrollgruppe fällt der Mittelwert für das Selbstwertgefühl im Halbjahr 8.2 signifikant niedriger aus als zum ersten Messzeitpunkt, an dem diese Gruppe in der Mitte ihres 6. Schuljahres teilgenommen hat. Die entsprechende einfaktorielle Varianzanalyse bestätigt, dass das Selbstwertgefühl in der Kontrollgruppe insgesamt eine signifikant fallende Entwicklung durchläuft. Aus der zweifaktoriellen Varianzanalyse geht allerdings hervor, dass diese Entwicklung signifikant anders verläuft als in der Treatmentgruppe ($p=.001$, $\eta_p^2=.03$). Innerhalb der Kontrollgruppe weist die Entwicklung des Selbstwertgefühls auffällige Gemeinsamkeiten mit der des Fähigkeitsselbstkonzepts auf. So fällt auch der Mittelwert für das Selbstwertgefühl in der Kontrollgruppe im sechsten Schuljahr von 3,41 auf 3,18 signifikant ab und bleibt danach bis zum Ende des 8. Schuljahres nahezu konstant. Ebenfalls wie beim Fähigkeitsselbstkonzept fallen die Werte der beiden Untersuchungsgruppen in den Halbjahren 6.1 und 7.1 nahezu identisch aus und in den Halbjahren 6.2 und 7.2 liegen die Werte der Treatmentgruppe deutlich über denen der Kontrollgruppe. Im Gegensatz dazu liegt der Mittelwert für das Selbstwertgefühl im Halbjahr 8.2 in der Kontrollgruppe mit 3,12 signifikant über dem der Treatmentgruppe mit 2,90. Insgesamt betrachtet erreichen die Niveauunterschiede zwischen den beiden Untersuchungsgruppen keine statistische Signifikanz ($p=.82$, $\eta_p^2=.00$).

Allgemeine Selbstwirksamkeitserwartung

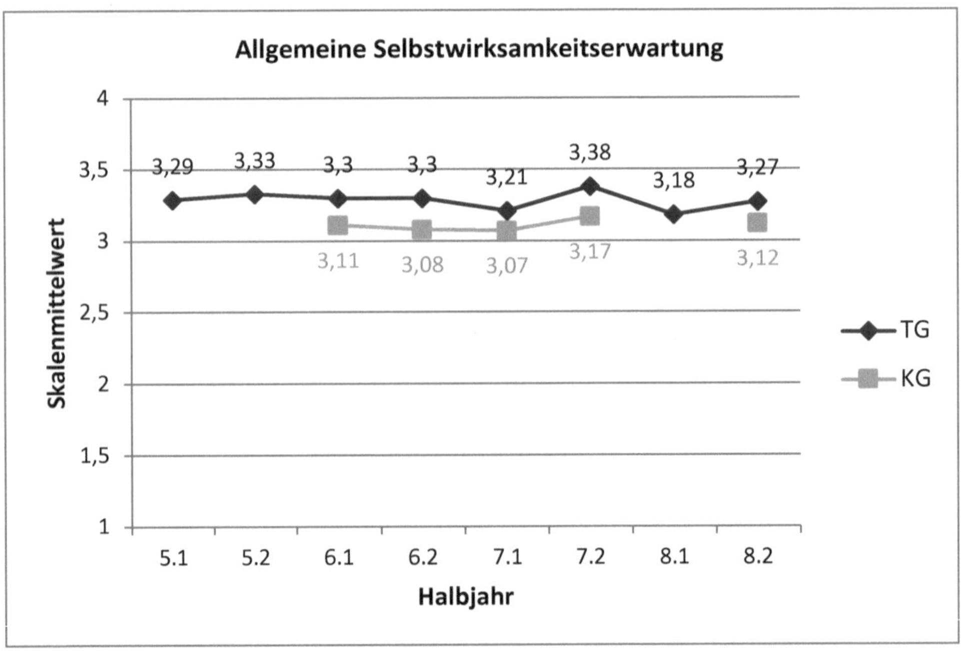

Abbildung 9: Vergleich der Entwicklung der allgemeinen Selbstwirksamkeitserwartung in den beiden Untersuchungsgruppen

Die allgemeine Selbstwirksamkeitserwartung befindet sich in der Treatmentgruppe über den gesamten Erhebungszeitraum hinweg auf einem ausgesprochen hohen Niveau. So liegen alle acht Mittelwerte zwischen 3,38 und 3,18. Anders als bei den anderen bereits beschriebenen Variablen befinden sich diese beiden extremen Werte nicht am Anfang und am Ende der untersuchten Entwicklung, sondern folgen in den Halbjahren 7.2 und 8.1 unmittelbar aufeinander. Nach der Einführung der Noten im 8. Schuljahr fällt die allgemeine Selbstwirksamkeitserwartung der Treatmentgruppe somit signifikant ab. Im Halbjahr 8.2 steigt sie erneut leicht an, das allerdings nicht signifikant. Von der 5. bis zum Ende der 7. Jahrgangsstufe bleibt die allgemeine Selbstwirksamkeitserwartung in der Treatmentgruppe abgesehen davon relativ konstant. Die vier Werte aus dem 5. und 6. Schuljahr weichen nur minimal voneinander ab und sind mitunter sogar mit 3,30 identisch. Der Mittelwert im Halbjahr 7.1 fällt mit 3,21 leicht niedriger aus, unterscheidet sich aber nur von dem höchsten Mittelwert im darauffolgenden Halbjahr 7.2 signifikant. Insgesamt ist die allgemeine Selbstwirksamkeitserwartung in der Treatmentgruppe nur kleineren Veränderungen unterworfen und bleibt über den Erhebungszeitraum auf einem hohen Niveau vergleichsweise konstant.

Das Gleiche kann auch für die Kontrollgruppe konstatiert werden. Tatsächlich ergibt die einfaktorielle Varianzanalyse für diese Gruppe keine einzige signifikante Veränderung in Bezug auf die allgemeine Selbstwirksamkeitserwartung. Stattdessen bleiben die entsprechenden Mittelwerte zwischen 3,07 und 3,17 nahezu konstant. Wie in der Treatmentgruppe wurde der höchste Wert dabei ebenfalls im Halbjahr 7.2 gemessen. Angesichts dieser Parallelen ist es leicht nachzuvollziehen, warum die zweifaktorielle Varianzanalyse keine signifikant unterschiedlichen Entwicklungen zwischen den beiden Untersuchungsgruppen ausweist ($p=.81$, $\eta_p^2=.00$). In Bezug auf das Niveau der entsprechenden Mittelwerte zeigt diese Analyse allerdings deutliche Unterschiede auf. So ist die allgemeine Selbstwirksamkeitserwartung der Treatmentgruppe in allen vergleichbaren Halbjahren signifikant höher ausgeprägt als in der Kontrollgruppe ($p=.001$, $\eta_p^2=.06$).

Schulbezogene Selbstwirksamkeitserwartung

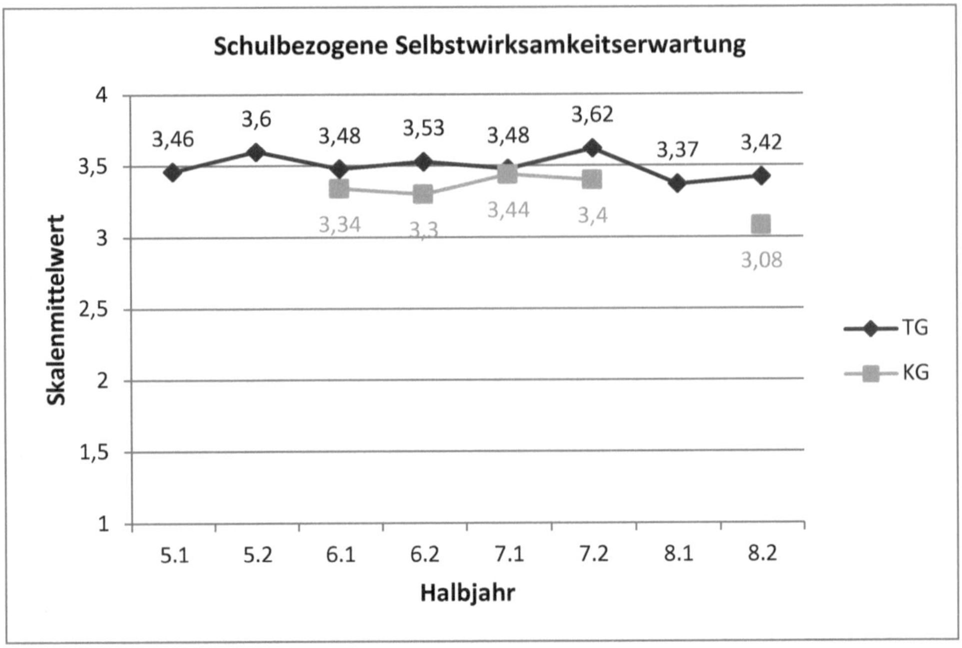

Abbildung 10: Vergleich der Entwicklung der schulbezogenen Selbstwirksamkeitserwartung in den beiden Untersuchungsgruppen

Die schulbezogene Selbstwirksamkeitserwartung ist in der Treatmentgruppe insgesamt sogar noch höher ausgeprägt als die allgemeine Selbstwirksamkeitserwartung. Die entsprechenden Skalenmittelwerte befinden sich so alle zwischen 3,37 und 3,62. Wie bei der allgemeinen Selbstwirksamkeitserwartung folgen diese beiden extremen Werte in den Halbjahren 7.2 und 8.1 unmittelbar aufeinander. Mit der Einführung der Noten im 8. Schuljahr fällt somit auch die schulbezogene Selbstwirksamkeit in der Treatmentgruppe signifikant ab. Der im Halbjahr 8.1 gemessene Mittelwert von 3,37 unterscheidet sich außerdem signifikant von dem im Halbjahr 5.2 mit 3,60. Von diesen beiden signifikanten Unterschieden abgesehen bleibt die schulbezogene Selbstwirksamkeitserwartung überwiegend konstant. Deskriptiv nehmen die Mittelwerte innerhalb des ersten Schuljahres der Schüler*innen an der Anne-Frank-Schule leicht von 3,46 auf 3,60 zu und im 7. Schuljahr lässt sich nach einem geringen zwischenzeitlichen Absinken der Werte eine vergleichbare Entwicklung beobachten.

Von der ersten Hälfte des 6. Schuljahres bis zum Ende der 7. Klassenstufe verändert sich die schulbezogene Selbstwirksamkeitserwartung auch in der Kontrollgruppe nur geringfügig. Die für diese Variable gemessenen Mittelwerte liegen in diesen vier Halbjahren alle zwischen 3,30 und 3,44 und unterscheiden sich damit nicht signifikant voneinander. Rein deskriptiv fallen die Werte im 7. Schuljahr mit 3,44 und 3,40 allerdings leicht höher aus als im 6. Schuljahr mit 3,34 und 3,30. Im Vergleich zum deutlichen Abfall der schulbezogenen Selbstwirksamkeit, der sich im 8. Schuljahr ereignet, sind diese Unterschiede verschwindend gering. Vom Ende des 7. Schuljahres bis zum Ende des 8. Schuljahres fällt die schulbezogene Selbstwirksamkeit stark auf 3,08 ab. Damit unterscheidet sich der Mittelwert des Halbjahres 8.2 signifikant von allen vorherigen Messzeitpunkten. Der beschriebene Entwicklungsverlauf unterscheidet sich des Weiteren der zweifaktoriellen Varianzanalyse zufolge signifikant von der der Treatmentgruppe im vergleichbaren Zeitraum ($p=.02$, $\eta_p^2=.02$). Zusätzlich dazu befindet sich die schulbezogene Selbstwirksamkeitserwartung der Treatmentgruppe in diesem Zeitraum auf einem signifikant höheren Niveau ($p=.001$, $\eta_p^2=.06$). Insbesondere im Halbjahr 8.2 besteht zwischen dem Mittelwert der Kontrollgruppe mit 3,08 und dem der Treatmentgruppe mit 3,42 ein großer Unterschied. Dennoch darf nicht vernachlässigt werden, dass sich auch die Werte der Kontrollgruppe insgesamt auf einem hohen Niveau befinden und niemals unter 3,08 fallen.

Wissen über die eigenen Interessen

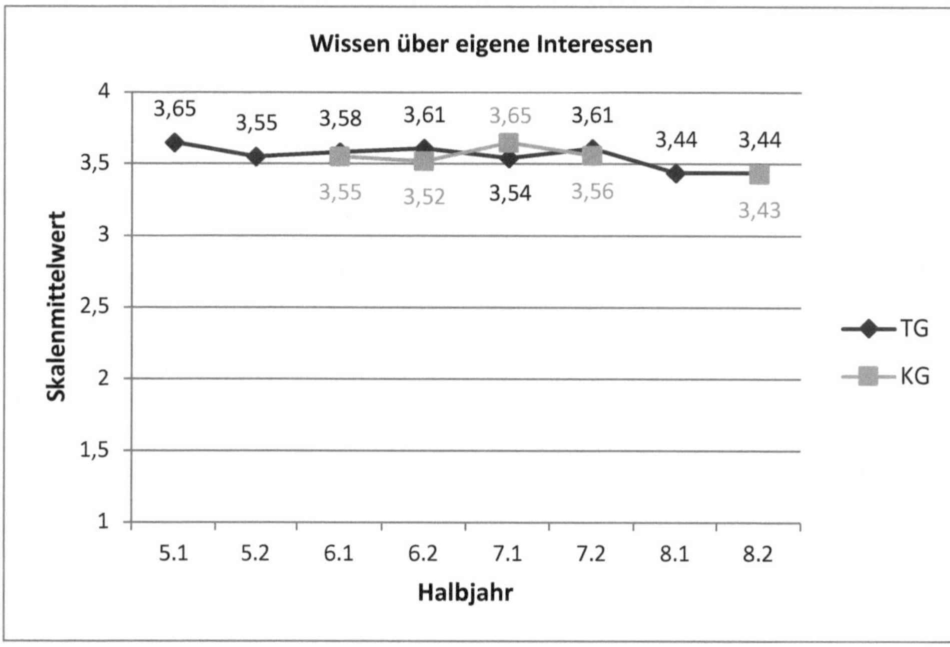

Abbildung 11: Vergleich der Entwicklung des Wissens über die eigenen Interessen in den beiden Untersuchungsgruppen

Die Werte, die die Treatmentgruppe in Bezug auf das Wissen über die eigenen Interessen erreicht, übersteigen nicht nur die aller anderen selbstbezogenen Variablen, sondern die aller anderen Variablen insgesamt. Über alle acht Messzeitpunkte hinweg befinden sie sich zwischen 3,65 und 3,44 und fallen damit ausgesprochen hoch aus. Der höchste Wert wurde dabei im Halbjahr 5.1 gemessen und bis zum Ende des 7. Schuljahres liegen die weiteren Werte nur geringfügig darunter. Rein deskriptiv fällt das

Wissen über die eigenen Interessen in der Treatmentgruppe im 8. Schuljahr am niedrigsten aus, da sowohl in 8.1 und 8.2 ein Mittelwert von 3,44 gemessen wurde. Diese Abweichung ist statistisch allerdings nicht signifikant und im Vergleich zu allen theoretisch möglichen Werten fallen auch die Mittelwerte im 8. Schuljahr noch ausgesprochen hoch aus.

Das Gleiche gilt auch für die Mittelwerte der Kontrollgruppe. In den mit der Treatmentgruppe vergleichbaren Halbjahren erreichen auch die Werte der Kontrollgruppe für das Wissen über die eigenen Interessen hohe Werte zwischen 3,65 im Halbjahr 7.1 und 3,43 im Halbjahr 8.2. Der Unterschied zwischen diesen beiden extremen Werten ist zwar signifikant, ansonsten verändert sich das Wissen über die eigenen Interessen allerdings auch in der Kontrollgruppe nur wenig. Die Mittelwerte der Halbjahre 6.1, 6.2 und 7.2 weichen nur minimal voneinander ab und auch nur leicht von dem höchsten Wert in 7.1. Sowohl das Niveau ($p=.85$, $\eta_p^2=.00$) als auch die Entwicklung ($p=.22$, $\eta_p^2=.01$) des Wissens über die eigenen Interessen unterscheiden sich zudem auch zwischen den beiden Untersuchungsgruppen nicht signifikant. In vier von fünf vergleichbaren Halbjahren liegen die Werte der Treatmentgruppe zwar über denen der Kontrollgruppe, das allerdings nur geringfügig.

Schulisches Wohlbefinden

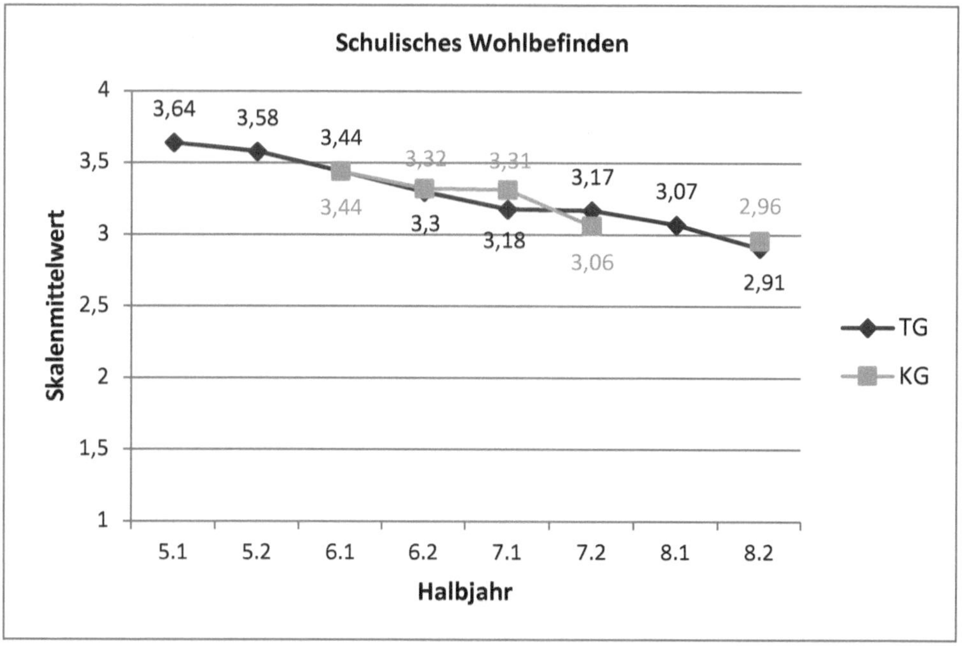

Abbildung 12: Entwicklung des schulischen Wohlbefindens in den beiden Untersuchungsgruppen

Insgesamt befinden sich auch die Mittelwerte zur Skala des schulischen Wohlbefindens in der Treatmentgruppe auf einem hohen Niveau. Zu sieben von acht Messzeitpunkten liegen sie über 3,00 und damit im oberen Drittel aller möglichen Werte, während der Mittelwert im Halbjahr 8.2 mit 2,91 leicht darunter liegt. Am höchsten fällt das Wohlbefinden in der Treatmentgruppe im Halbjahr 5.1 mit einem Mittelwert von 3,64 aus. Danach sinkt es allerdings bis zum Ende des 8. Schuljahres kontinuierlich und signifikant ab.

Auch in der Kontrollgruppe lässt sich eine signifikant abfallende Entwicklung des Wohlbefindens beobachten, die der der Treatmentgruppe sehr ähnlich ist und sich nicht signifikant davon unterscheidet ($p=.13$, $\eta_p^2=.01$). Die Mittelwerte der Kontrollgruppe liegen ebenfalls sehr dicht an denen der Treatmentgruppe und die zweifaktorielle Varianzanalyse weist in dieser Hinsicht keine signifikanten Niveauunterschiede aus ($p=.74$, $\eta_p^2=.00$). In drei von fünf vergleichbaren Halbjahren sind die Mittelwerte für das Wohlbefinden in den beiden Untersuchungsgruppen nahezu identisch. So liegt im Halbjahr 6.1 beispielsweise auch der Mittelwert der Kontrollgruppe exakt bei 3,44 und im Halbjahr 8.2 übersteigt die Kontrollgruppe den Mittelwert der Treatmentgruppe mit 2,96 nur geringfügig. In den verbleibenden beiden Halbjahren fallen die rein deskriptiven Unterschiede etwas deutlicher aus. So liegt der Mittelwert der Kontrollgruppe mit 3,33 im Halbjahr 7.1 über dem der Treatmentgruppe von 3,18, während das Wohlbefinden der Treatmentgruppe im darauffolgenden Halbjahr mit 3,17 über dem Mittelwert 3,06 der Kontrollgruppe liegt.

Lehrer-Schüler-Beziehung

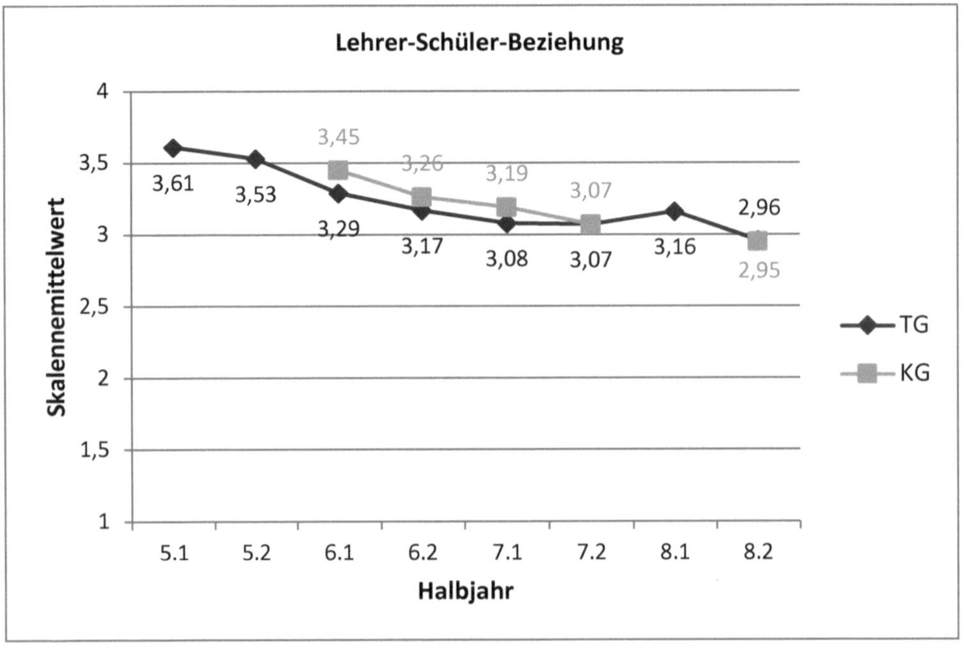

Abbildung 13: Entwicklung der Lehrer-Schüler-Beziehung in den beiden Untersuchungsgruppen

Die Qualität der Lehrer-Schüler-Beziehung wird von den Schüler*innen der Treatmentgruppe schließlich insgesamt als relativ hoch eingeschätzt. So befinden sich die Mittelwerte der entsprechenden Variablen zu sieben von acht Messzeitpunkten im oberen Bereich aller möglichen Werte und fallen nur im Halbjahr 8.2 mit 2,96 unwesentlich darunter. Den höchsten Mittelwert erreicht die Schüler-Lehrer-Beziehung in der Treatmentgruppe im Halbjahr 5.1 mit 3,61 und auch im Halbjahr 5.2 ist der Mittelwert mit 3,53 nur geringfügig niedriger ausgeprägt. Ab dem Beginn des 6. Schuljahres setzt allerdings aus Sicht der Schüler*innen eine sinkende Entwicklung der Qualität der Lehrer-Schüler-Beziehung ein, die sich bis zum Ende des 8. Schuljahres fortsetzt. Besonders große Unterschiede bestehen dabei zwischen den Halbjahren 5.1 und 6.1 sowie den Halbjahren 8.1 und 8.2.

Über die vergleichbaren Halbjahre hinweg lässt sich auch in der Kontrollgruppe eine signifikant sinkende Entwicklung der Lehrer-Schüler-Beziehung beobachten, die sich nicht signifikant von der Treatmentgruppe unterscheidet ($p=.18$, $\eta_p^2=.01$). Von 3,45 im Halbjahr 6.1 sinken die Mittelwerte in der Kontrollgruppe bis zum Ende des 8. Schuljahres kontinuierlich auf 2,95 ab. Im Halbjahr 8.2 erreichen damit beide Untersuchungsgruppen nahezu denselben Wert und im Halbjahr 7.2 fällt die wahrgenommene Qualität der Lehrer-Schüler-Beziehung mit 3,07 sogar exakt identisch aus. In den Halbjahren 6.1 bis 7.1 liegen die Mittelwerte der Kontrollgruppe hingegen leicht über denen der Treatmentgruppe. Diese Unterschiede sind statistisch allerdings nicht signifikant ($p=.34$, $\eta_p^2=.01$).

9.1.2 Beurteilung des Übergangs zu Noten

Zusätzlich zu den bereits betrachteten Variablen wurden die Erfahrungen der Schüler*innen der Treatmentgruppe mit dem Übergang zum Notensystem im Februar 2018 in einer ersten Form erfasst. An der entsprechenden Befragung mit der Fragebogenvariante B haben insgesamt 86 Schüler*innen teilgenommen. Von diesen Schüler*innen waren 37 weiblich (43%) und 49 (57%) männlich und ihr durchschnittliches Alter lag zum Befragungszeitpunkt bei 14 Jahren (M=13,86, SD=,62).

Die teilnehmenden Schüler*innen haben zunächst mit den vier bereits bekannten Antwortmöglichkeiten von „*stimmt überhaupt nicht*" bis „*stimmt genau*" zu drei verschiedenen Aussagen zum Übergang zum Notensystem Stellung genommen. Wie häufig sie diese verschiedenen Antwortmöglichkeiten bei den einzelnen Items ausgewählt haben, wird in der folgenden Tabelle in den Spalten mit den Bezeichnungen A1 bis A4 prozentual dargestellt. Die sich daraus ergebenden Mittelwerte (M) und Standardabweichungen (SD) können dieser Tabelle gemeinsam mit der Anzahl der Teilnehmenden ebenfalls entnommen werden:

Item	N	M	SD	A1	A2	A3	A4
ÜBG01	86	1,62	,770	54,7%	30,2%	14,0%	1,2%
ÜBG02	86	2,71	,879	11,6%	22,1%	50,0%	16,3%
ÜBG03	86	2,53	1,070	23,3%	20,9%	34,9%	20,9%

ÜBG01: Die Umstellung vom Portfolio zu Noten ist mir schwergefallen.

ÜBG02: Meine Noten passen zu den Rückmeldungen, die ich früher in den Portfoliogesprächen bekommen habe.

ÜBG03: Ich finde es gut, dass wir mit unseren Klassenlehrern und Eltern weiter Gespräche über unsere Fähigkeiten und Leistungen führen.

Tabelle 49: Beurteilung des Übergangs zu Noten durch die Schüler*innen

Wie aus dieser Tabelle hervorgeht, verneinen insgesamt mehr als 80 Prozent der befragten Schüler*innen die Aussage, dass ihnen die Umstellung von der Portfolioarbeit zu Noten schwergefallen sei. Lediglich 14 Prozent von ihnen wählten die Antwortmöglichkeit „*stimmt eher*" und nur eine Person stimmte der Aussage vollkommen zu. Der Mittelwert für das Item ÜBG01 fällt mit 1,62 dementsprechend niedrig aus.

Das Item ÜBG02 traf bei den teilnehmenden Schüler*innen hingegen mehrheitlich auf Zustimmung. So stimmten genau 50 Prozent von ihnen der Aussage, dass ihre Noten zu den Rückmeldungen aus den vorherigen Portfoliogesprächen passen würden, eher zu und 16 Prozent wählten sogar die Antwortmöglichkeit „*stimmt genau*". Im Gegensatz dazu entschieden sich nur 12 Prozent der Schüler*innen für die Option „*stimmt überhaupt nicht*". Aus dieser Verteilung resultiert insgesamt ein Mittelwert von 2,71.

Neben der wahrgenommenen Passung der Noten zu den Rückmeldungen aus den Portfoliogesprächen wurde auch die Übereinstimmung der Noten mit den Erwartungen der Schüler*innen erfasst. Diese fiel bei zwei Dritteln von ihnen ebenfalls hoch aus. So gaben immerhin 47 Schüler*innen in Reaktion auf das Item ÜBG04 an, dass ihre Noten ungefähr genauso ausgefallen seien, wie sie erwartet hätten. Weitere 14 Schüler*innen waren ihrer eigene Aussage nach von ihren Noten positiv überrascht, während die tatsächlichen Noten bei 15 Schüler*innen deutlich schlechter ausgefallen sind, als sie erwartet hätten.

Das letzte Item zum Übergang war schließlich darauf ausgerichtet zu erfassen, inwiefern die Schüler*innen die Fortsetzung der Gespräche mit ihren Eltern und Klassenlehrkräften befürworten. In Bezug darauf zeigt sich bei der Auswertung ein gemischtes Bild, das sich in der vergleichsweise hohen Standardabweichung von 1,070 und dem Mittelwert von 2,53 widerspiegelt. Von den teilnehmenden Schüler*innen stimmten die meisten der Aussage, dass sie die Fortsetzung der Gespräche gut finden, eher (35 Prozent) oder sogar genau (21 Prozent) zu. Allerdings wählten auch weitere 21 Prozent die Antwortmöglichkeit *„stimmt nicht"* aus und 23 Prozent der Schüler*innen entschieden sich schließlich sogar für *„stimmt überhaupt nicht"*.

9.1.3 Beurteilung der dialogbasierten Leistungsbeurteilung mit Portfolios

Am Ende ihres 8. Schuljahres wurden die Schüler*innen der Treatmentgruppe über die Fragebogenvariante C gebeten, ihre Einschätzung zu verschiedenen bedeutsamen Aspekten der dialogbasierten Leistungsbeurteilung mit Portfolios abzugeben. Sie hatten außerdem die Möglichkeit, dieses alternative System insgesamt zu beurteilen und kurz zu ihren bisherigen Erfahrungen mit den Noten Stellung zu nehmen, die sie im 8. Schuljahr erstmalig erhalten haben. Schließlich regte der erweiterte Fragebogen die Schüler*innen des ersten Portfoliojahrgangs auch dazu an, die von ihnen wahrgenommenen Vor- und Nachteile des neuen Beurteilungssystems zu schildern und Verbesserungsvorschläge dazu zu äußern.

Auf diese Weise haben im Juni 2018 insgesamt 90 Schüler*innen der Treatmentgruppe zur dialogbasierten Leistungsbeurteilung mit Portfolios Stellung genommen. Von ihnen waren 42 weiblich (47%) und 48 männlich (53%) und ihr durchschnittliches Alter lag zu diesem Befragungszeitpunkt bei 14 Jahren (M=14,17, SD=,480).

Im Folgenden sollen nun die Ergebnisse beschrieben werden, die aus den Antworten dieser Schüler*innen hervorgehen. Diese Beschreibung wird sich nach den verschiedenen thematischen Schwerpunkten gliedern, die bei der entsprechenden Befragung abgedeckt wurden. Dabei werden die Ergebnisse zunächst jeweils überblicksartig in Form von Tabellen oder Grafiken dargestellt, bevor besonders bedeutsame Ergebnisse schriftlich kurz hervorgehoben werden.

Partizipation

Die folgende Tabelle enthält neben der Anzahl (N) der Schüler*innen, die die beiden Items zur Partizipation bearbeitet haben, den Mittelwert (M) und die Standardabweichung (SD), die sich aus ihren Antworten ergeben. Zusätzlich dazu enthalten die letzten vier Spalten (A1 bis A4) die prozentuale Häufigkeit, mit der die vier verschiedenen Antwortmöglichkeiten von *„stimmt überhaupt nicht“* bis *„stimmt genau“* gewählt wurden. Die genaue Formulierung der beiden Items zur Partizipation ist unter der Tabelle erneut zu finden:

Item	N	M	SD	A1	A2	A3	A4
PART01	90	3,31	,870	6,7%	6,7%	35,6%	51,1%
PART02	90	3,30	,841	4,4%	11,1%	35,6%	50,0%

PART01: Ich finde es gut, dass wir selbst entscheiden können, worüber in den Portfoliogesprächen gesprochen wird.

PART02: Ich finde es gut, dass wir in den Portfoliogesprächen unsere eigene Meinung vertreten können und nicht nur eine Rückmeldung von den Lehrkräften bekommen.

Tabelle 50: Beurteilung der Partizipationsmöglichkeiten durch die Schüler*innen

Wie aus dieser Tabelle hervorgeht, treffen die beiden Items zur Partizipation bei den teilnehmenden Schüler*innen der Treatmentgruppe auf hohe Zustimmung und werden sehr ähnlich beantwortet. So geben ungefähr 86 Prozent der Befragten an, dass sie es gut finden, die Themen für die Portfoliogespräche selbst zu bestimmen und ihre eigene Meinung den Lehrkräften gegenüber vertreten zu können. Dabei hat sich jeweils die Hälfte aller teilnehmenden Schüler*innen für die Antwortmöglichkeit *„stimmt genau“* entschieden. Die Mittelwerte für die beiden Items fallen mit 3,31 und 3,30 dementsprechend hoch aus.

Informationsqualität

Der nächste bedeutsame Aspekt, der über den erweiterten Fragebogen C erfasst wurde, ist der von den Schüler*innen wahrgenommene Informationsgehalt der dialogbasierten Leistungsbeurteilung mit Portfolios. Die entsprechenden Ergebnisse werden in der folgenden Tabelle nach demselben Prinzip dargestellt, das bereits in Bezug auf die Partizipation verwendet wurde und auch für die weiteren Abschnitte dieses Kapitels zum Einsatz kommen soll:

Item	N	M	SD	A1	A2	A3	A4
INFO01	90	2,74	,943	12,2%	23,3%	42,2%	22,2%
INFO02	90	2,90	,937	8,9%	22,2%	38,9%	30,0%
INFO03	90	3,00	,924	8,9%	15,6%	42,2%	33,3%
INFO04	90	2,91	,990	11,1%	20,0%	35,6%	33,3%
INFO05	90	3,23	,862	4,4%	14,4%	34,4%	46,7%
INFO06	90	2,83	,890	7,8%	25,6%	42,2%	24,4%

INFO01: Durch die Portfolioarbeit und die Portfoliogespräche habe ich noch besser erkannt, was meine Stärken sind und was ich gut kann.

INFO02: In den Portfoliogesprächen habe ich erfahren, was ich noch üben sollte.

INFO03: In den Portfoliogesprächen habe ich Hinweise und Tipps dazu bekommen, wie ich mich noch weiter verbessern kann.

INFO04: Nach den Portfoliogesprächen habe ich mich meistens gut darüber informiert gefühlt, wie die Lehrerinnen und Lehrer meine Leistungen einschätzen.

INFO05: Meine Klassenlehrkräfte haben ihre Rückmeldungen in den Portfoliogesprächen so formuliert, dass ich sie gut verstehen konnte.

INFO06: Die Rückmeldungen, die ich in den Portfoliogesprächen von meinen Lehrkräften bekommen habe, waren für mich hilfreich.

Tabelle 51: Beurteilung der Informationsqualität durch die Schüler*innen

Aus diesen Daten geht deutlich hervor, dass die sechs Items zum Informationsgehalt bei den teilnehmenden Schüler*innen mehrheitlich auf Zustimmung getroffen sind. So wählten jeweils ungefähr 65 bis 80 Prozent der Befragten die zustimmenden Antwortmöglichkeiten „*stimmt eher*" und „*stimmt genau*" aus. Bei fünf der insgesamt sechs Items stellt die Antwortmöglichkeit „*stimmt eher*" gleichzeitig diejenige dar, die am häufigsten gewählt wurde. Die einzige Ausnahme bildet dabei das Item INFO05, das von den meisten Schüler*innen sogar mit „*stimmt genau*" beantwortet wurde. Mit 3,23 spiegelt auch der hohe Mittelwert dieses Items wider, dass die Lehrkräfte ihre Rückmeldungen in den Portfoliogesprächen aus Sicht der Schüler*innen überwiegend verständlich formuliert haben. Dass diese Rückmeldungen für sie auch hilfreich waren, bejahten beim Item INFO06 immerhin fast 67 Prozent der Schüler*innen. Ungefähr 70 Prozent der Befragten gaben des Weiteren an, dass sie sich nach den Portfoliogesprächen gut über die Einschätzung der Lehrkräfte informiert gefühlt hätten. Ein vergleichbarer Anteil der Schüler*innen stimmte außerdem zu, dass sie in den Portfoliogesprächen Informationen dazu bekommen hätten, was sie noch üben sollten und wie sie bei der Verbesserung ihrer Leistungen vorgehen könnten. Vergleichsweise niedrig fiel die Zustimmung mit einem Mittelwert von 2,74 beim Item INFO01 aus. Dennoch stimmten die Schüler*innen auch diesem Item zum Erkenntnisgewinn in Bezug auf ihre eigenen Stärken mit „*stimmt eher*" (42%) und „*stimmt genau*" (22,2%) mehrheitlich zu.

Kompetenzerwerb

Mit Hilfe von insgesamt drei Items wurden die Schüler*innen der Treatmentgruppe dazu befragt, inwiefern sie bestimmte Fähigkeiten ihrer eigenen Meinung nach durch die Portfoliogespräche erweitern konnte. Die folgende Tabelle veranschaulicht ihr diesbezügliches Antwortverhalten:

Item	N	M	SD	A1	A2	A3	A4
KOMP01	90	2,83	,824	5,6%	26,7%	46,7%	21,1%
KOMP02	90	2,71	,890	8,9%	31,1%	40,0%	20,0%
KOMP03	90	2,73	,909	11,1%	24,4%	44,4%	20,0%

KOMP01: Durch die Portfoliogespräche habe ich gelernt, mich selbst und meine eigenen Leistungen noch besser einzuschätzen.

KOMP02: Durch die Portfoliogespräche habe ich gelernt, mich selbst noch besser zu präsentieren.

KOMP03: Durch die Portfoliogespräche habe ich gelernt, noch besser über meine Fähigkeiten und Leistungen zu sprechen.

Tabelle 52: Beurteilung des Kompetenzerwerbs durch die Schüler*innen

Wie sich zeigt, wurden alle drei Items aus dem Bereich des Kompetenzerwerbs von den Schüler*innen sehr ähnlich beantwortet und die entsprechenden Mittelwerte unterscheiden sich mit 2,83, 2,71 und 2,73 nur geringfügig. Außerdem wurde die Antwortmöglichkeit „*stimmt eher*" bei allen drei Items von den Befragten am häufigsten gewählt. Die zweithäufigste Antwort ist allerdings jeweils die Option „*stimmt nicht*", was dafür spricht, dass der Lernerfolg von den Schüler*innen unterschiedlich eingestuft wird. Insgesamt stimmt mit 60 bis 68 Prozent allerdings die Mehrheit der Teilnehmenden dem zu, dass sie durch die Portfoliogespräche etwas gelernt hätten. Dabei trifft das Item zur Verbesserung der Selbstbeurteilungsfähigkeit bei den Schüler*innen auf die größte Zustimmung.

Unterstützung durch die Klassenlehrkräfte

Ein nächstes Anliegen der erweiterten Befragung im Juni 2018 war es, zu erfassen, inwiefern sich die Schüler*innen der Treatmentgruppe im Rahmen der dialogbasierten Leistungsbeurteilung mit Portfolios von ihren Klassenlehrkräften unterstützt fühlen. Dazu wurden wiederum drei Items eingesetzt, die von den teilnehmenden Schüler*innen folgendermaßen beantwortet wurden:

Item	N	M	SD	A1	A2	A3	A4
UKL01	90	2,46	,996	21,1%	27,8%	35,6%	15,6%
UKL02	90	2,54	,823	11,1%	33,3%	45,6%	10,0%
UKL03	90	2,87	,962	12,2%	16,7%	43,3%	27,8%

UKL01: Meine Klassenlehrkräfte haben mich meistens gut bei der Vorbereitung auf die Portfoliogespräche unterstützt.

UKL02: Meine Klassenlehrkräfte haben mir dabei geholfen, die Ziele aus meinen Lernvereinbarungen zu erreichen.

UKL03: Meinen Klassenlehrkräften war es wichtig, dass wir unsere Lernvereinbarungen tatsächlich erfüllen.

Tabelle 53: Beurteilung der Klassenlehrkräfteunterstützung durch die Schüler*innen

Insbesondere in Bezug auf die Unterstützung bei der Vorbereitung auf die Portfoliogespräche gehen die Antworten der Schüler*innen auseinander. Während sich etwas mehr als die Hälfte von ihnen beim Item UKL01 für die zustimmenden Antwortmöglichkeiten *„stimmt eher"* und *„stimmt genau"* entschieden, wählten nur geringfügig weniger die ablehnenden Antwortmöglichkeiten aus. Bei dem Item UKL02, das auf die Unterstützung beim Erreichen der Lernvereinbarungen ausgerichtet ist, ergibt sich ein ähnliches Verhältnis zwischen Zustimmung und Ablehnung. Mit 56 Prozent überwiegt die Zustimmung allerdings etwas mehr und die extremen Antworten *„stimmt überhaupt nicht"* und *„stimmt genau"* wurden von den Schüler*innen bei diesem Item seltener gewählt. Beim letzten Item aus diesem Bereich ist die Verteilung der Antworten hingegen eindeutiger. So stimmten 43 Prozent der Teilnehmenden der Aussage, dass ihre Klassenlehrkräfte an der Erfüllung der Lernvereinbarungen interessiert waren, eher zu und weitere 28 Prozent wählten die Antwortmöglichkeit *„stimmt genau"*. Insgesamt wurde das Item damit von fast 75 Prozent der teilnehmenden Schüler*innen bejaht.

Globale Beurteilung der Portfolioarbeit

Nachdem die Schüler*innen der Treatmentgruppe zu einzelnen Aspekten der dialogbasierten Leistungsbeurteilung mit Portfolios befragt wurden, erhielten sie schließlich auch die Möglichkeit dieses System insgesamt zu beurteilen. Wie ihre Antworten zu den drei entsprechenden Items verteilt sind, lässt sich der folgenden Tabelle entnehmen:

Item	N	M	SD	A1	A2	A3	A4
GBU01	90	2,57	1,061	21,1%	23,3%	33,3%	22,2%
GBU02	90	2,79	1,147	20,0%	17,8%	25,6%	36,7%
GBU03	90	2,76	1,154	21,1%	17,8%	25,6%	35,6%

GBU01: Ich finde es insgesamt gut, dass ich in den letzten Jahren regelmäßig mit meinen Eltern und Lehrkräften über meine Leistungen sprechen konnte.

GBU02: Es ist sinnvoll, dass Schülerinnen und Schüler von der 5. bis zur 7. Klasse ein Portfolio führen.

GBU03: An unserer Schule sollten Schülerinnen und Schüler auch zukünftig von der 5. bis zur 7. Klasse ein Portfolio anlegen und Portfoliogespräche führen.

Tabelle 54: Gesamtbeurteilung der dialogbasierten Leistungsbeurteilung mit Portfolios durch die Schüler*innen

Die vergleichsweise hohen Werte der Standardabweichung verdeutlichen dabei unmittelbar, dass die Schüler*innen das alternative Beurteilungssystem der Anne-Frank-Schule unterschiedlich beurteilen. Die zustimmenden Antwortmöglichkeiten überwiegen dabei bei allen Items die ablehnenden, das insbesondere beim Item GBU01 allerdings nur leicht. So geben mit 55 Prozent etwas mehr als die Hälfte der teilnehmenden Schüler*innen an, dass sie den dialogischen Charakter der Leistungsbeurteilung schätzen. Die Antwortmöglichkeit *„stimmt eher"* wurde mit 33 Prozent dabei am häufigsten gewählt. Bei den verbleibenden zwei Items gilt dies für die Antwortmöglichkeit *„stimmt genau"*, die beim Item GBU02 von 37 Prozent und beim Item GBU03 von 36 Prozent der Schüler*innen gewählt wurde. Auch insgesamt überwiegt die Zustimmung bei diesen beiden Items etwas deutlicher. So stimmen etwas mehr als 60 Prozent dem zu, dass das Führen eines Portfolios von der 5. bis zur 7. Klasse sinnvoll ist. Ebenfalls etwas mehr als 60 Prozent der Schüler*innen stimmen außerdem dafür, dass die dialogbasierte Leistungsbeurteilung mit Portfolios in diesen Klassenstufen zukünftig fortgesetzt werden sollten.

Wahrgenommene Vorteile und Schwierigkeiten

Im Zusammenhang mit der Beurteilung der Portfolioarbeit insgesamt wurden die Schüler*innen der Treatmentgruppe im Juni 2018 mit Hilfe von drei offenen Fragen zu den von ihnen wahrgenommen Vor- und Nachteilen der Portfolioarbeit sowie zu ihren Verbesserungsvorschlägen zu diesem alternativen System befragt. Dieser vergleichsweise späte Zeitpunkt wurde bewusst gewählt, um den Schüler*innen eine größere Beurteilungsgrundlage zu bieten. So bestand die Hoffnung, dass die Schüler*innen durch den Vergleich der für sie neuen notenbasierten Leistungsbeurteilung mit dem vorherigen rein dialogbasierten System noch fundierter zu dessen Vor- und Nachteilen Stellung nehmen können. Und tatsächlich haben zahlreiche Schüler*innen in ihren Antworten auf die offenen Fragen aufschlussreiche Vergleiche zwischen den beiden Systemen hergestellt.

Insgesamt wurden diese zwei offenen Fragen von 71 Schüler*innen bearbeitet und bei der Auswertung ihrer Antworten kristallisierten sich verschiedene thematische Schwerpunkte heraus, die im folgenden Diagramm gemeinsam mit der jeweiligen Anzahl der Nennungen dargestellt sind. Einzelne Schüler*innen haben insbesondere in ihren Antworten zu der Portfolioarbeit häufig mehrere Vorteile benannt, sodass die Anzahl der Nennungen die der Teilnehmenden teilweise übersteigt:

Abbildung 14: Vor- und Nachteile der dialogbasierten Leistungsbeurteilung mit Portfolios aus der Sicht der Schüler*innen

Aus diesem Diagramm geht bereits deutlich hervor, dass die Anzahl der von den Schüler*innen benannten Vorteile die der Nachteile deutlich überwiegt.[4] So stehen 96 Äußerungen zu vorteilhaften Aspekten nur 66 Nennungen von Nachteilen gegenüber. Bei einem großen Teil dieser Nennungen handelt es sich zudem nicht um Nachteile der Portfolioarbeit an sich, sondern um einzelne Schwierigkeiten bei ihrer Umsetzung, die von den Schüler*innen größtenteils als überwindbar beschrieben werden. Dies ist beispielsweise bei der Kategorie „*Zeitliche Organisation*" der Fall, der insgesamt neun Nennungen zugeordnet werden konnten. Dazu gehören die Berichte von mehreren Schüler*innen darüber, dass sich die Gespräche in ihren Klassen so verzögert hätten, dass sie erst einige Zeit nach ihrem eigentlichen Gesprächstermin drangekommen seien. Sie äußern daher den Wunsch, dass die Gesprächstermine zukünftig noch besser geplant werden, und scheinen zuversichtlich zu sein, dass eine solche Verbesserung tatsächlich möglich ist. Das Gleiche gilt auch für die drei verbleibenden Äußerungen aus der Kategorie „*Zeitliche Organisation*". In ihnen kritisieren drei Schüler*innen, dass sie zu wenig Zeit für die Vorbereitung der Gespräche gehabt hätten, und sie wünschen sich dementsprechend für die Zukunft noch mehr Vorbereitungszeit in der Schule.

In engen Zusammenhang damit stehen die sechs Äußerungen aus der Kategorie „*Aufwendige Vorbereitung*". So sehen teilweise dieselben Schüler*innen, die sich mehr Zeit gewünscht haben, die Vorbereitung der Portfoliogespräche als sehr aufwendig an. Insbesondere das Zusammenstellen von Dokumenten aus allen Unterrichtfächern wird von ihnen als aufwendig beschrieben und drei Schüler*innen kritisieren daher die Verpflichtung dazu, in den Gesprächen alle Unterrichtsfächer abzudecken.

Auf der anderen Seite gibt es allerdings auch vier andere Schüler*innen, die sich explizit wünschen, dass in den Portfoliogesprächen wirklich auf alle einzelnen Fächer eingegangen wird. Ihren eigenen Angaben nach haben drei von ihnen in ihren Portfoliogesprächen nur eine allgemeine und keine fächerbezogene Rückmeldung bekommen und der vierten Schülerin fehlte die Rückmeldung zu den Fächern, die nicht von ihren Klassenlehrkräften unterrichtet wurden. Diese Äußerungen dieser Schüler*innen wurden der Kategorie „*Wenig Rückmeldung*" zugeordnet. Zu dieser Kategorie gehören ebenfalls vier weitere Nennungen, von denen zwei nicht weiter differenziert wurden. In den zwei verbleibenden Nennungen wird hingegen kritisiert, dass die Klassenlehrkräfte vorrangig die Selbsteinschätzung der Schüler*innen bestätigt hätten, anstatt eine andere Rückmeldung abzugeben.

Der letzte Nachteil, der von einer größeren Gruppe, und zwar insgesamt neun Schüler*innen benannt wurde, ist die Abwesenheit von Noten. Während sieben Schüler*innen diesen Aspekt nur allgemein benennen, führen zwei der Teilnehmenden aus, dass sie die Noten nicht als Ersatz, sondern gerne als Ergänzung zu den Portfoliogesprächen hätten. Eine dieser beiden Teilnehmenden begründet diesen Wunsch des Weiteren damit, dass sie mit Hilfe der Noten ihren eigenen Leistungsstand noch besser einschätzen könnte. Tatsächliche Unklarheit über den eigenen Leistungsstand scheint allerdings nur bei zweien der 71 Schüler*innen eingetreten zu sein, die die offenen

4 Die im Rahmen der qualitativen Inhaltsanalyse entwickelten Kategoriensysteme sind im Anhang zu finden.

Fragen beantwortet haben und deren Antworten der entsprechenden Kategorie zugeordnet wurden.

Neben dem Vereinbaren und Einhalten von Zielen, das von vier Schüler*innen als problematisch benannt wurde, sind es zahlreiche verschiedene Aspekte, die jeweils nur von einzelnen Teilnehmenden genannt wurden und deshalb nur in der Kategorie „*Sonstige Nachteile*“ zusammengefasst werden konnten. Hierzu gehört beispielsweise die Anmerkung eines Schülers, dass er seine Reflexion zu den einzelnen Dokumenten nur ungerne schriftlich verfasst habe, oder der Wunsch einer Schülerin, dass neben ihren Stärken auch ihre Schwächen in den Gesprächen stärker thematisiert werden sollten. Zusätzlich dazu ist außerdem anzumerken, dass fast zehn Schüler*innen die Frage nach den Nachteilen der Portfolioarbeit dazu genutzt haben, ihre hohe Zufriedenheit mit diesem System noch einmal explizit hervorzuheben.

Diese letzte Feststellung leitet direkt zu den zahlreichen und vielfältigen Vorteilen der dialogbasierten Leistungsbeurteilung mit Portfolios über, die die Schüler*innen im Juni 2018 benannt haben. Am häufigsten wurden von den Schüler*innen dabei Vorteile aus der Kategorie „*Information und Rückmeldung*“ benannt. In 17 der insgesamt 34 Nennungen dieser Kategorie wird es dabei von den Schüler*innen als besonders vorteilhaft hervorgehoben, dass sie durch die Portfolioarbeit und die Portfoliogespräche noch besser über ihre Stärken und Schwächen, ihren aktuellen Leistungsstand sowie davon ausgehende Verbesserungsmöglichkeiten informiert seien. Dies führen sie teilweise auf die differenzierte Rückmeldung der Lehrkräfte in den Gesprächen und teilweise auf die von ihnen geforderte Selbstreflexion und Selbsteinschätzung zurück. Dass auch die Eltern über die Portfoliogespräche besser informiert werden, wird zusätzlich von zwei Teilnehmenden als vorteilhaft benannt und ein Schüler erkennt sogar einen Vorteil darin, dass die Lehrkräfte durch die Portfolioarbeit einen besseren Einblick in den Leistungsstand ihrer Schüler*innen gewinnen. Des Weiteren gilt es ebenfalls hervorzuheben, dass vier Schüler*innen die Rückmeldung in den Portfoliogesprächen als sehr viel differenzierter und aussagekräftiger wahrnehmen als Noten und darin einen wesentlichen Vorteil des alternativen Systems sehen. So schrieb beispielsweise ein Schüler: „*Bei den Portfoliogesprächen weiß man genau, in welchem Bereich man sich verbessern sollte, denn bei einem Zeugnis erkennt man nicht, was man genau falsch gemacht hat.*“

Dass ihnen die dialogbasierte Leistungsbeurteilung mit Portfolios dabei hilft, sich tatsächlich zu verbessern, stellt auch unabhängig von der besseren Kenntnis der eigenen Voraussetzungen für viele Schüler*innen einen bedeutsamen Vorteil dieses alternativen Systems dar. Daher wurden die insgesamt acht Nennungen dieses Vorteils in einer eigenen Kategorie unter dem Oberbegriff „*Hilfe bei der Verbesserung*“ zusammengefasst. Während dieser Aspekt in einigen der zugehörigen Nennungen nur allgemein benannt wird, wird er in anderen teilweise mit der Zielsetzung und den Lernvereinbarungen in Verbindung gebracht. So meint beispielsweise eine Schülerin dadurch in der Schule deutlich besser geworden zu sein, dass sie mit ihren Lehrkräften regelmäßig über ihre Ziele sowie die Möglichkeiten, diese zu erreichen, sprechen konnte.

Zusätzlich dazu hat ein großer Teil der teilnehmenden Schüler*innen den Eindruck, dass sie ihre Kompetenzen bereits unmittelbar durch die Teilnahme an der dialogbasierten Leistungsbeurteilung erweitern konnten. Vorteile aus der entsprechenden Kategorie „*Förderung von Kompetenzen*" wurden so insgesamt zwanzigmal von den Schüler*innen benannt. Die meisten dieser 20 Nennungen beziehen sich dabei auf die Selbstbeurteilungskompetenz der Lernenden. So wurde es von zehn Schüler*innen als vorteilhaft beschrieben, dass sie durch die Portfolioarbeit lernten, sich selbst besser einzuschätzen. Ein weiterer Schüler sieht außerdem einen Vorteil in der Förderung seiner Selbstreflexionsfähigkeit. Zusätzlich dazu werden von den Teilnehmenden noch verschiedene weitere Fähigkeiten wie die Fähigkeit, sich selbst zu präsentieren, benannt.

Einen besonderen Vorteil sehen die Schüler*innen des Weiteren im dialogischen Charakter des alternativen Beurteilungssystems. So benannten es insgesamt 13 Schüler*innen als vorteilhaft, dass sie persönlich mit ihren Lehrkräften und ihren Eltern über ihre Leistungen sprechen können. So schrieb eine Schülerin beispielsweise zu der offenen Frage nach den Vorteilen: „*In den Portfoliogesprächen kann man ganz offen mit den Lehrern über seine Leistungen sprechen und einem wird richtig gut zurückgemeldet, was man noch nicht kann und was sehr gut ist.*" Und eine andere Schülerin merkte zu derselben Frage an: „*Vorteile haben die Portfoliogespräche sehr viele, da du in den Portfoliogesprächen von deinen Lehrern über deine Stärken und Schwächen informiert wirst. Außerdem wird dir nicht einfach ein Zeugnis in die Hand gedrückt und nichts dazu gesagt – du redest mit deinen Eltern und deinen Lehrern darüber.*" Die weiteren Schüler*innen, die das direkte Gespräch mit den Lehrkräften und Eltern als vorteilhaft benennen, führen dies teilweise auch darauf zurück, dass sie in den Gesprächen konkrete Nachfragen stellen oder auch den Lehrkräften mitteilen können, welche Unterstützung sie sich von ihnen wünschen. Und ein Schüler sieht es schließlich ebenfalls als vorteilhaft an, dass durch die gemeinsamen Gespräche eine bessere Beziehung zwischen seinen Eltern und den Lehrkräften hergestellt wird.

Zusätzlich dazu benennen schließlich neun Schüler*innen verschiedene Aspekte der Ausrichtung und Gestaltung der dialogbasierten Leistungsbeurteilung als vorteilhaft. Am häufigsten wird dabei wiederum die Orientierung an den Stärken der Schüler*innen benannt. Außerdem wird die größere Beteiligung an der Auswertung ihrer eigenen Leistungen von mehreren Schüler*innen als vorteilhaft angesehen. Und zwei der Teilnehmenden sehen schließlich einen Vorteil der Portfolioarbeit darin, dass sie nicht auf Noten fokussiert ist.

Für drei weitere Schüler*innen stellt der Verzicht auf Noten insgesamt einen großen Vorteil der dialogbasierten Leistungsbeurteilung dar und ihre Äußerungen wurden daher in einer eigenen Kategorie zusammengefasst. Bei den neun verbleibenden Äußerungen war dies nicht möglich, da sie sich auf ganz unterschiedliche Aspekte bezogen. Sie wurden daher der Kategorie weitere Vorteile zugeordnet. In diese Kategorie fällt beispielsweise die von einer Schülerin wahrgenommene Stärkung des Selbstbewusstseins oder die von einem Schüler als vorteilhaft beschriebene Vorbereitung auf spätere Vorstellungsgespräche.

Verbesserungsvorschläge

Konkrete Verbesserungsvorschläge wurden von den Schüler*innen schließlich nur vergleichsweise wenige benannt. Die weitaus meisten Schüler*innen, die an der Befragung im Juni 2018 teilgenommen haben, ließen die entsprechende offene Frage unbeantwortet oder äußerten explizit, dass sie keine Verbesserungsvorschläge hätten und mit der bisherigen Gestaltung der Portfolioarbeit zufrieden seien. So sind es schließlich nur 25 der 71 Teilnehmenden, die auf die entsprechende offene Frage mit konkreten Vorschlägen geantwortet haben. Ungefähr die Hälfte dieser Vorschläge bezieht sich auf sehr unterschiedliche Aspekte, die zudem meistens aus konkreten individuellen Erfahrungen hervorzugehen scheinen. Es war daher nicht möglich sie zu kategorisieren und so konnten 13 Antworten nur einer Kategorie „*Weitere Verbesserungsvorschläge*" zugeordnet werden. Hier findet sich beispielsweise der Vorschlag, die Portfoliogespräche mit einem schriftlichen Zeugnis zu kombinieren, oder der Wunsch nach mehr Unterstützung bei der Umsetzung der Lernvereinbarungen. Auch der Vorschlag, die Gespräche im 8. Jahrgang auf freiwilliger Basis durchzuführen, und der Wunsch, nicht aus allen Fächern Dokumente auswählen zu müssen, wurden jeweils nur von einzelnen Teilnehmenden benannt und deshalb dieser Kategorie zugeordnet.

Zwei thematische Schwerpunkte ließen sich dennoch aus den Antworten der Schüler*innen ableiten. Bei dem ersten handelt es sich um die Vorbereitung auf die Gespräche. So wünschen sich insgesamt vier Schüler*innen, von ihren Klassenlehrkräften noch stärker dabei unterstützt zu werden, ihre Portfoliogespräche vorzubereiten. Dies könnte ihrer Meinung nach beispielsweise dadurch gelingen, dass die Lernenden eine Art schriftliche Anleitung bekommen, die unter anderem eine Übersicht über mögliche Formen von Dokumenten enthält. Auch das gemeinsame Sammeln von Dokumenten im laufenden Halbjahr und nicht erst kurz vor den Gesprächen wird von einem Schüler gewünscht.

Noch etwas häufiger ist mit insgesamt acht Nennungen schließlich der Schwerpunkt der zeitlichen Organisation vertreten. Die Hälfte dieser Nennungen besteht darin, dass sich die Teilnehmenden im Einklang mit den oben benannten Schwierigkeiten eine bessere Einhaltung des Terminplans wünschen. Ein weiterer Schüler würde es außerdem besser finden, wenn die Termine für die Gespräche früher bekannt gegeben würden, und ein anderer Schüler ist der Meinung, dass die Gespräche nur während der Unterrichtszeit stattfinden sollten. Die verbleibenden zwei Verbesserungsvorschläge aus dieser Kategorie gehen schließlich in entgegengesetzte Richtungen. Während sich die eine Schülerin eine Verlängerung der Gespräche auf eine Dreiviertelstunde wünscht, spricht sich die andere für eine Verkürzung der Gespräche aus.

Zusammenfassend lässt sich daher festhalten, dass es keine größeren Schwerpunkte zu geben scheint, die aus der Sicht zahlreicher Schüler*innen verbessert werden müssten. Lediglich in Bezug auf die Vorbereitung der Gespräche und die zeitliche Organisation sehen mehrere Schüler*innen einen Verbesserungsbedarf. Dabei sind sie sich allerdings teilweise uneinig, wie genau eine Verbesserung erreicht werden könnte.

Noten

Im letzten Abschnitt des erweiterten Fragebogens wurden die Schüler*innen der Treatmentgruppe schließlich gebeten, auch ihre Einschätzung zu den Noten abzugeben, die sie zum Befragungszeitraum bereits seit fast einem Schuljahr bekommen haben. Dazu wurden insgesamt vier Items eingesetzt, die von den teilnehmenden Schüler*innen wie folgt beantwortet wurden:

Item	N	M	SD	A1	A2	A3	A4
NOT01	90	3,59	,763	3,3%	6,7%	17,8%	72,2%
NOT02	90	2,82	,907	10,0%	21,1%	45,6%	23,3%
NOT03	90	2,88	,832	5,6%	24,4%	46,7%	23,3%
NOT04	90	2,98	,912	7,8%	18,9%	41,1%	32,2%

NOT01: Ich finde es gut, dass wir ab der 8. Klasse Noten bekommen.
NOT02: Die Noten, die ich in diesem Schuljahr bekommen habe, sind fast alle gerecht.
NOT03: Meine Noten geben wirklich das wieder, was ich in der Schule geleistet habe.
NOT04: Ich verstehe bei den meisten Noten, warum ich sie bekommen habe.

Tabelle 55: Beurteilung der Noten im 8. Jahrgang durch die Schüler*innen

Es fällt auf, dass die Zustimmung der Schüler*innen zur Einführung der Noten im 8. Schuljahr ausgesprochen hoch ausfällt. So stimmten über 70 Prozent der Schüler*innen dem entsprechenden Item NOT01 genau zu und weitere 18 Prozent wählten die Antwortmöglichkeit *„stimmt eher“*. Im Gegensatz dazu lehnten lediglich 3 Prozent der Schüler*innen dieses Item entschieden ab. Die Zustimmung der Schüler*innen zu den verbleibenden drei Items, die sich auf die Nachvollziehbarkeit und Gerechtigkeit ihrer eigenen Noten beziehen, fällt allerdings geringer aus. So liegen die Mittelwerte dieser Items mit 2,82, 2,88 und 2,98 deutlich unter dem von 3,59, der beim Item NOT01 erreicht wurde. Insgesamt spiegeln diese drei Mittelwerte allerdings immer noch eine überwiegende Zustimmung der Schüler*innen wider, die sich auch in der prozentualen Verteilung der Antwortmöglichkeiten zeigt. So stimmten jeweils ungefähr 70 Prozent der Schüler*innen dem zu, dass ihre Noten überwiegend gerecht und nachvollziehbar seien und ihre tatsächlichen Leistungen wiedergeben würden. Im Umkehrschluss ist es somit allerdings auch fast ein Drittel der Schüler*innen, die dem nicht zustimmen können.

9.2 Ergebnisse der Befragungen der Lehrkräfte

Im Anschluss an die Ergebnisse der Befragungen der Schüler*innen sollen nun die Ergebnisse beschrieben werden, die aus den verschiedenen Befragungen der Lehrkräfte der Anne-Frank-Schule hervorgegangen sind. Dabei wird der Fokus zunächst auf die Befragung aller Lehrkräfte der Anne-Frank-Schule mit den Varianten A und B desselben Fragebogens gelegt, bevor die Ergebnisse der Befragung der Klassenlehrkräfte zum Übergang zusammenfassend dargestellt wurden.

9.2.1 Beurteilung der dialogbasierten Leistungsbeurteilung mit Portfolios durch die Lehrkräfte

Die verschiedenen Befragungen der Lehrkräfte der Anne-Frank-Schule insgesamt hatten das vorrangige Ziel, zu erfassen, wie das Kollegium dieser Schule der dialogbasierten Leistungsbeurteilung mit Portfolios gegenüber eingestellt ist. Zusätzlich dazu sollten die von den Lehrkräften wahrgenommenen Vor- und Nachteile dieses alternativen Beurteilungssystems gemeinsam mit potenziellen Verbesserungsvorschlägen erhoben werden. Dazu wurde im Juli 2015 die Variante A des Lehrkräftefragebogens eingesetzt, bevor die Variante B dieses Fragebogens im November 2016 und im Juli 2017 von allen Lehrkräften der Anne-Frank-Schule bearbeitet werden konnte. Im Folgenden sollen die Ergebnisse dieser drei Befragungen in chronologischer Reihenfolge beschrieben werden.

Ergebnisse der Lehrkräftebefragung im Juli 2015

Die erste Befragung der Lehrkräfte der Anne-Frank-Schule fand im Juli 2015 statt. Zu diesem Zeitpunkt haben insgesamt 43 Lehrer*innen die Möglichkeit genutzt, sich über den Fragebogen in der Variante A zur dialogbasierten Leistungsbeurteilung mit Portfolios zu äußern. Von diesen Lehrkräften waren 63 Prozent weiblich und 37 Prozent männlich. Die Altersspanne der Teilnehmenden reichte von 26 bis 62 Jahren und das durchschnittliche Alter der Befragten lag ungefähr bei 45 Jahren (M=44,7, SD=10,8). Zusätzlich dazu geht aus den allgemeinen Angaben zu Beginn des Fragebogens hervor, dass sich Lehrkräfte aus allen Klassen der Treatmentgruppe an der Befragung im Juli 2015 beteiligt haben.

Die meisten dieser Lehrkräfte haben tatsächlich alle Items des Fragebogens bearbeitet. Einzelne Lehrende haben allerdings auch von der Möglichkeit Gebrauch gemacht, diejenigen Items unbeantwortet zu lassen, zu denen sie nichts sagen können oder möchten, sodass die Anzahl der Antworten pro Item zwischen 37 und 42 variiert.

Wie viele Lehrkräfte die Items im Hauptteil des Fragebogens A bearbeitet haben, ist der folgenden Tabelle zu entnehmen. Sie bietet eine Übersicht über alle Ratingskalen, die im Juli 2015 zum Einsatz kamen, und enthält neben der jeweiligen Anzahl der Antworten auch die Mittelwerte und Standardabweichungen, die die Verteilung der Antworten charakterisieren:

Label	Itemformulierung	N	M	SD
ELK01	Ich befürworte die Einführung der Portfolioarbeit in den jetzigen 5. Klassen.	41	3,66	,66
ELK02	Die bisherigen Lernentwicklungsberichte durch Eltern-Lehrer-Schüler-Gespräche zu ersetzen, ist nicht sinnvoll.	39	1,72	,86
ELK03	Ich glaube nicht, dass die Portfolioarbeit eine Verbesserung gegenüber unserem bisherigen System zur Leistungsbeurteilung darstellt.	40	1,97	,95
ELK04	Die Schülerinnen und Schüler werden von der Portfolioarbeit profitieren.	42	3,48	,59
ELK05	Die Eltern der Schülerinnen und Schüler werden Vorteile von der Portfolioarbeit und den damit verbundenen Gesprächen haben.	41	3,32	,57
ELK06	Es ist gut, dass wir in den geplanten Portfoliogesprächen direkt mit den Eltern und den Schülerinnen und Schülern ihre Leistungen besprechen können.	42	3,69	,64
ELK07	Es ist sinnvoll, die Schülerinnen und Schüler über mehrere Jahre hinweg ein Portfolio erstellen zu lassen.	41	3,34	,76
ELK08	Für uns Lehrerinnen und Lehrer bringt die geplante Portfolioarbeit Vorteile mit sich.	40	3,18	,90
ELK09	Die Zeit, die für die Portfolioarbeit aufgewendet wird, könnte besser für andere Dinge genutzt werden.	39	1,72	,79

Tabelle 56: Beurteilung der dialogbasierten Leistungsbeurteilung mit Portfolios durch die Lehrkräfte (Juli 2015)

Wie aus dieser Tabelle hervorgeht, fällt die Zustimmung der Lehrkräfte zu allen positiv formulierten Items ausgesprochen hoch aus. Aufgrund der gewählten Skalierung können die Mittelwerte zu den einzelnen Items minimal 1 und maximal 4 sowie alle Werte zwischen diesen beiden Extremen annehmen. Die Mittelwerte der positiv formulierten Items liegen allesamt zwischen 3,18 und 3,69 und befinden sich damit im oberen Bereich des möglichen Wertbereichs. Besonders hoch fällt die Zustimmung der Lehrkräfte dabei mit 3,66 zum Item ELK01 aus. Die deutliche Mehrheit der teilnehmenden Lehrkräfte der Anne-Frank-Schule hat im Juli 2015 somit angegeben, die Einführung der Portfolioarbeit zu befürworten. Sogar noch etwas höher fällt die Zustimmung mit 3,69 zum Item ELK06 aus. Die meisten Lehrkräfte pflichteten folglich der Aussage bei, dass es gut sei, mit den Schüler*innen und ihren Eltern ins direkte Gespräch eintreten zu können.

Auf der anderen Seite erfuhren die Items, die bewusst negativ formuliert wurden und für eine negative Einschätzung der dialogbasierten Leistungsbeurteilung mit Portfolios sprechen, überwiegend Ablehnung von den Lehrkräften. Dies ist daran zu erkennen, dass sich die Mittelwerte für die drei Items ELK02, ELK03 und ELK09 zwischen 1,72 und 1,97 im unteren Drittel aller möglichen Werte befinden. Die Aussagen, dass die Portfolioarbeit weniger sinnvoll oder nicht besser als das vorherige System sei, wurden somit von den Teilnehmenden mehrheitlich verneint und das Gleiche gilt auch für die Aussage, dass die für die Portfolioarbeit vorgesehene Zeit besser für andere Dinge verwendet werden könnte.

Zusätzlich zu den gennannten Ratingskalen haben sich die meisten teilnehmenden Lehrkräfte (N=37) im Rahmen der offenen Fragen auch zu den bereits sichtbaren oder erwarteten Vor- und Nachteilen der dialogbasierten Leistungsbeurteilung geäußert. Das folgende Diagramm enthält nun eine Übersicht über die Aspekte, die von den Lehrkräften schwerpunktmäßig benannt wurden, und die Anzahl der Äußerungen zu den daraus abgeleiteten Kategorien:

Abbildung 15: Vor- und Nachteile der dialogbasierten Leistungsbeurteilung mit Portfolios aus Sicht der Lehrkräfte (Juli 2015)

Es fällt auf, dass von den teilnehmenden Lehrkräften im Juli 2015 in etwa gleich viele vorteilhafte und potenziell problematische Aspekte benannt wurden. Die Äußerungen zu den potenziellen Nachteilen der Portfolioarbeit waren dabei insofern stärker diffus, als dass die einzelnen Lehrkräfte mitunter vollkommen unterschiedliche Aspekte benannt haben, die sich keiner gemeinsamen Kategorie zuordnen ließen. Deswegen ist die Kategorie „Sonstige Nachteile" mit 16 Nennungen vergleichsweise groß. Mehrfach geäußert wurde hingegen die Befürchtung, dass die Portfolioarbeit für die Lehrkräfte mit einem hohen Zeitaufwand und dementsprechender Mehrarbeit verbunden sein könnte. Zusätzlich dazu äußerten sechs Lehrkräfte die Sorge, dass die dialogbasierte Leistungsbeurteilung zu falschen Leistungsvorstellungen bei den Schüler*innen und ferner auch bei ihren Eltern führen könnte, und fünfmal wurde die mögliche Überforderung der Schüler*innen als Nachteil benannt.

Die vielfältigen verschiedenen Vorteile, die im obigen Diagramm enthalten sind, wurden stets von mehreren Lehrkräften benannt. Lediglich bei zwei Äußerungen war dies nicht der Fall, sodass sie der Gruppe der „*Weiteren Vorteile*" zugeordnet wurden. Von den inhaltlich aussagekräftigen Kategorien enthält die der „*Förderlichen Ausrichtung und Gestaltung*" die meisten Nennungen. Konkret wurde es in diesem Zusammenhang insbesondere als vorteilhaft beschrieben, dass sich die Portfolioarbeit an den individuellen Möglichkeiten und an den Stärken der Schüler*innen orientiert. Außerdem wurde siebenmal die Hoffnung geäußert, dass die dialogbasierte Leistungsbeurteilung zur Weiterentwicklung der Kompetenzen der Schüler*innen beitragen könnte. Dabei wurde wiederum die Förderung überfachlicher Kompetenzen wie der Selbstbeurteilungskompetenz am häufigsten benannt. Und schließlich sind auch noch die sechs Äußerungen zum Schwerpunkt „*Information und Rückmeldung*" hervorzuheben. Die Lehrkräfte, die sich zu diesem Aspekt geäußert haben, sehen es beispielsweise als vorteilhaft an, dass sie den Schüler*innen in den Gesprächen eine noch differenziertere Rückmeldung geben können als im vorherigen Beurteilungssystem.

Ergebnisse der Lehrkräftebefragung im November 2016

Die zweite Möglichkeit, ihre Meinung zur dialogbasierten Leistungsbeurteilung zu äußern, bot sich den Lehrkräften der Anne-Frank-Schule im November 2016. Zu diesem Zeitpunkt haben sich insgesamt 42 von ihnen dazu entschieden, den Fragebogen in der Variante B online auszufüllen. Aus den allgemeinen Angaben zu Beginn des Fragebogens geht hervor, dass von diesen 42 Lehrkräften 26 weiblich (62 Prozent) und 16 männlich (38 Prozent) waren. Das durchschnittliche Alter dieser Lehrkräfte lag zum Messzeitpunkt im November 2016 bei 45 Jahren (M=45,0, SD=11,7) und bei einer genaueren Betrachtung zeigt sich, dass zwischen 25 und 64 Jahren alle Altersgruppen des Kollegiums vertreten waren. Die meisten dieser Lehrkräfte gaben zudem an, dass sie bereits als Fach- oder Klassenlehrkräfte der Portfolioklassen praktische Erfahrungen mit der alternativen Leistungsbeurteilung gesammelt haben.

Wie bei der ersten Befragung nutzten auch im November 2016 einzelne Lehrkräfte die Möglichkeit, die Items unbeantwortet zu lassen, zu denen sie sich nicht äußern können oder möchten. Dadurch schwankt die Anzahl der Antworten pro Item zwischen 37 und 41.

Parallel zur vorherigen Befragung sollen nun auch in diesem Abschnitt zunächst die Ergebnisse betrachtet werden, die aus den Antworten der Lehrkräfte zu den Ratingskalen im Hauptteil des Fragebogens hervorgehen. Diese werden in der folgenden Tabelle übersichtlich zusammengefasst:

Label	Itemformulierung	N	M	SD
ELK01	Ich befürworte die Einführung der Portfolioarbeit in den 5. bis 7. Klassen.	41	3,63	,488
ELK02b	Es ist nicht sinnvoll, die vorherigen Lernentwicklungsberichte in den Jahrgängen 5 bis 7 durch Eltern-Lehrer-Schüler-Gespräche zu ersetzen.	40	1,50	,751
ELK03	Ich glaube nicht, dass die Portfolioarbeit eine Verbesserung gegenüber unserem bisherigen System zu Leistungsbeurteilung darstellt.	41	1,59	,774
ELK04b	Die Schülerinnen und Schüler profitieren von der Portfolioarbeit.	37	3,54	,558
ELK05b	Die Eltern der Schülerinnen und Schüler haben Vorteile von der Portfolioarbeit.	37	3,27	,652
ELK06b	Es ist gut, dass die Klassenlehrkräfte in den Portfoliogesprächen direkt mit den Eltern und den Schülerinnen und Schülern deren Leistungen besprechen können.	38	3,71	,515
ELK07	Es ist sinnvoll, die Schülerinnen und Schüler über mehrere Jahre hinweg ein Portfolio erstellen zu lassen.	39	3,64	,584
ELK08b	Für uns Lehrerinnen und Lehrer bringt die Portfolioarbeit Vorteile mit sich.	38	3,24	,542
ELK09	Die Zeit, die für die Portfolioarbeit aufgewendet wird, könnte besser für andere Dinge genutzt werden.	38	1,53	,603
ELK10	Meiner Meinung nach sollten die Leistungen der Schülerinnen und Schüler auch in den Jahrgängen 5 bis 7 mit Noten bewertet werden.	38	1,37	,541
ELK11	An unserer Schule sollte die Portfolioarbeit auch zukünftig von der 5. bis zur 7. Klasse andere Formen der Leistungsbeurteilung ersetzen.	38	3,61	,638

Tabelle 57: Beurteilung der dialogbasierten Leistungsbeurteilung mit Portfolios durch die Lehrkräfte (November 2016)

Insgesamt geht aus dieser Tabelle ein Bild hervor, das dem der vorherigen Befragung sehr ähnlich ist. So fällt die Zustimmung der Lehrkräfte zu den positiv formulierten Items auch im November 2016 ausgesprochen hoch aus. Die Mittelwerte für diese Items liegen alle zwischen 3,24 und 3,69 und damit im obersten Bereich aller möglichen Werte. Besonders aufschlussreich ist in Bezug auf diese Items auch die prozentuale Häufigkeit der verschiedenen Antwortmöglichkeiten. Dem neu hinzugefügten Item ELK11 zur Fortsetzung der Portfolioarbeit stimmten so beispielsweise über 90 Prozent der teilnehmenden Lehrkräfte zu und ungefähr 70 Prozent von ihnen wählten dabei sogar die Antwortmöglichkeit *„trifft völlig zu"* aus. Obwohl die Zustimmung zu diesem Item damit schon herausragend hoch ausfällt, kann sie von dem Item ELK01 noch übertroffen werden. Von den 41 Lehrkräften, die dieses Item beantwortet haben, wählte keine einzige die Antwortmöglichkeiten *„trifft überhaupt nicht zu“* oder *„trifft eher nicht zu“* aus. Stattdessen entschieden sich alle von ihnen für die zustimmenden Antwortmöglichkeiten, wobei die Option *„trifft völlig zu“* wiederum mit Abstand am häufigsten gewählt wurde. Auch bei den verbleibenden Items zu den Vorteilen der Portfolioarbeit ist die Zustimmung hoch. Die Antwortmöglichkeit *„trifft überhaupt nicht zu“* wurde bei diesen positiv formulierten Items niemals gewählt und meistens wählten nur ein oder zwei Lehrkräfte die Option *„trifft eher nicht zu“* aus.

Dies sieht bei den negativ formulierten Items anders aus, mit denen erfasst werden sollte, inwiefern die Lehrkräfte der Anne-Frank-Schule andere Formen der Leistungsbeurteilung dem alternativen System vorziehen. Konkret handelt es sich dabei um die Items ELK02b, ELK03, ELK09 und das neue Item ELK10. Bei diesen vier Items wurde die Antwortmöglichkeit *„trifft überhaupt nicht zu“* von den teilnehmenden Lehrkräften stets am häufigsten gewählt. So lehnten beispielsweise 66 Prozent von ihnen die Aussage, dass die dialogbasierte Leistungsbeurteilung durch Noten ersetzt werden sollte, entschieden ab und weitere 32 Prozent wählten die Antwortmöglichkeit *„trifft eher nicht zu“* aus. Lediglich eine Person stimmte dem Item ELK10 eher zu. Der niedrige Mittelwert von 1,37 spiegelt diese mehrheitliche Ablehnung deutlich wieder. Auch die Mittelwerte der anderen drei negativ formulierten Items fallen mit 1,50 bis 1,59 vergleichsweise niedrig aus und liegen durchgängig unter den Mittelwerten der entsprechenden Items bei der vorherigen Befragung.

Noch deutlich größere Unterschiede zwischen den Befragungen im Juli 2015 und November 2016 zeigen sich bei den Ergebnissen der offenen Fragen zu den Vor- und Nachteilen der dialogbasierten Leistungsbeurteilung mit Portfolios. Im November 2016 haben insgesamt 38 Lehrkräfte die entsprechenden Fragen beantwortet und dabei vor allem zu den Vorteilen des alternativen Beurteilungssystems noch ausführlichere Antworten abgegeben als im Juli 2015. Das folgende Diagramm bietet eine Übersicht über die von ihnen beschriebenen Aspekte:

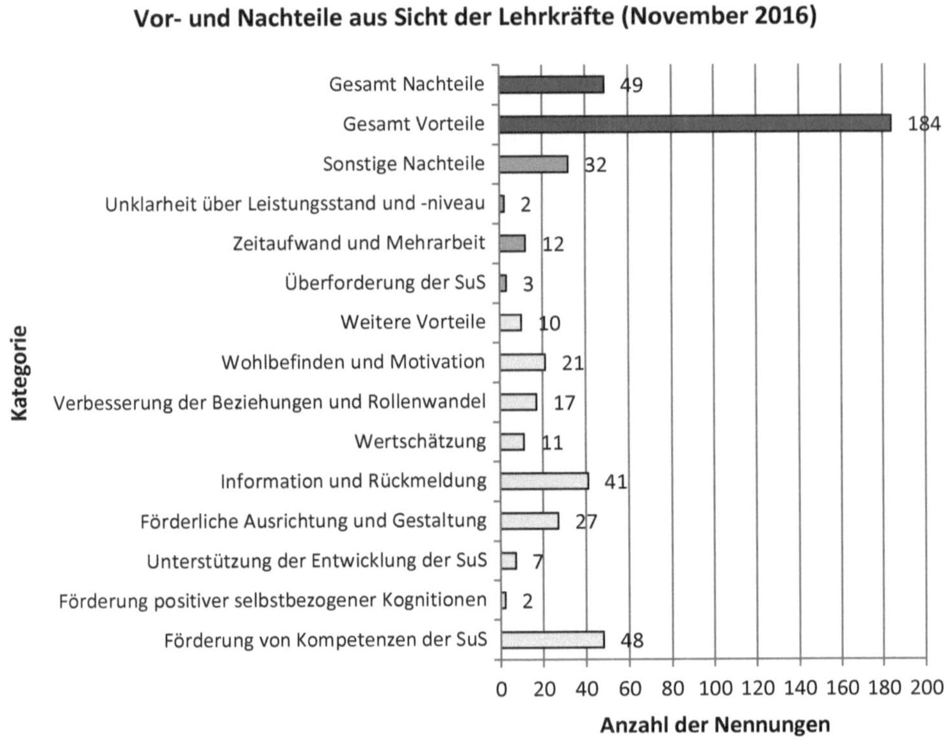

Abbildung 16: Vor- und Nachteile der dialogbasierten Leistungsbeurteilung mit Portfolios aus Sicht der Lehrkräfte (November 2016)

Bereits auf den ersten Blick wird deutlich, dass von den Lehrkräften im November 2016 sehr viel mehr Vorteile als Nachteile benannt wurden. So fällt die Anzahl der Nennungen vorteilhafter Aspekte dreimal höher aus als die der geäußerten Kritikpunkte und die benannten Vorteile sind zudem auch inhaltlich deutlich vielfältiger als die genannten Schwierigkeiten.

Zum größten Teil beziehen sich die Vorteile auf dieselben Schwerpunkte, die bereits im Juli 2015 benannten wurden. Die Lehrkräfte beschreiben diese allerdings nun noch sehr viel differenzierter. Am häufigsten wurden von ihnen im November 2016 Vorteile beschrieben, die sich auf den förderlichen Einfluss der Portfolioarbeit auf die Kompetenzentwicklung der Schüler*innen beziehen. Insbesondere in Bezug auf die Selbstbeurteilungs- und Selbstreflexionskompetenz sprechen die meisten Lehrkräfte der Portfolioarbeit dabei eine vorteilhafte Wirkung zu. Auch die Fähigkeit und Bereitschaft zum selbstorganisierten und eigenverantwortlichen Lernen würde ihrer Meinung nach besonders von der alternativen Beurteilungskultur profitieren.

Mit insgesamt 41 Nennungen sind auch die Vorteile aus der Kategorie „*Information und Rückmeldung*" besonders stark vertreten. In etwa die Hälfte dieser Nennungen sind der untergeordneten Kategorie des Erkenntnisgewinns zuzuordnen. So gaben acht Lehrkräfte an, dass die Schüler*innen durch die Portfolioarbeit umfangreiche und wertvolle neue Erkenntnisse über sich selbst und ihre Leistungen gewinnen würden, und neun Lehrkräfte sahen den Gewinn vielfältiger neuer Erkenntnisse als einen bedeutsamen Vorteil für die Eltern an. Und schließlich äußerten immerhin vier Lehrkräfte, dass sie durch die dialogbasierte Leistungsbeurteilung selbst bessere Einblicke in die Voraussetzungen und Interessen ihrer Schüler*innen gewinnen würden. Dies würde ihnen wiederum dabei helfen, ihre Schüler*innen noch besser individuell zu fördern und zu fordern, und auch ihre Beziehungen zu den Lernenden verbessern.

Der thematische Schwerpunkt „*Verbesserung der Beziehungen und Rollenwandel*" stellt auch eine eigenständige Kategorie dar, auf die im November 2016 insgesamt 17 Nennungen entfallen. Neben der Verbesserung der Schüler-Lehrer-Beziehung wird auch der positive Einfluss der Portfolioarbeit auf die Beziehungen der Lernenden untereinander sowie zu ihren Eltern als vorteilhaft benannt. Zusätzlich dazu fällt auch der von mehreren Lehrkräften als vorteilhaft wahrgenommene Rollenwandel hin zum Lernbegleiter in diese Kategorie.

Dieser letztgenannte Aspekt ist in einigen Antworten eng mit der „*Förderlichen Ausrichtung und Gestaltung der Portfolioarbeit*" verknüpft, der 27 Nennungen zuzurechnen sind. Neben der individuellen Bezugsnormorientierung und der Stärkenorientierungen wurden im November 2016 vor allem auch die Prozess- und Zukunftsorientierung als vorteilhaft benannt. Auch die größere Einbindung der Schüler*innen in die Evaluation ihrer eigenen Leistungen wird von fünf Lehrkräften in diesem Zusammenhang als Vorteil der dialogbasierten Leistungsbeurteilung hervorgehoben.

Die letzte größere Kategorie, auf die detaillierter eingegangen werden soll, bildet schließlich die zum Thema „*Wohlbefinden und Motivation*". Sie war im Juli 2015 in den Antworten der Lehrkräfte noch nicht vertreten, erhielt im November 2016 allerdings 21 Nennungen. Innerhalb dieser Kategorie wurde es von den Lehrkräften wiederum am häufigsten als vorteilhaft beschrieben, dass die Portfolioarbeit bei den Schüler*innen positive Empfindungen wie Freude oder Stolz hervorrufen und negative wie Angst oder Druck reduzieren würde. Vier Lehrkräfte äußerten außerdem explizit die Ansicht, dass die dialogbasierte Leistungsbeurteilung einen vorteilhaften Einfluss auf die Motivation ihrer Schüler*innen habe.

Neben diesen und einigen weiteren Vorteilen werden insgesamt nur wenige Nachteile benannt. Diese beziehen sich wie im Juli 2015 größtenteils auf sehr unterschiedliche Aspekte, die jeweils nur von einzelnen Lehrkräften wahrgenommen werden. Daher konnten 32 Nennungen nur der Kategorie „*Sonstige Nachteile*" zugeordnet werden, die zudem in den meisten Fällen keine Nachteile des alternativen Beurteilungssystems an sich, sondern eher noch zu klärende Schwierigkeiten bei der Umsetzung darstellen. So wurden beispielsweise auch die Sorgen einzelner Lehrkräfte über die Gestaltung des Übergangs zu Noten dieser Kategorie zugeordnet. Einigkeit besteht hingegen bei zwölf Lehrkräften darüber, dass die Portfolioarbeit mit einem hohen Arbeits- und Zeitaufwand verbunden ist – insbesondere was die Durchführung der Gespräche anbelangt. Ungefähr die Hälfte dieser zwölf Lehrkräfte ergänzt allerdings unmittelbar, dass diese Zeit sehr gut investiert sei und weiter investiert werden sollte, idealerweise allerdings verbunden mit einer zeitlichen Entlastung in anderen Bereichen.

Wie bei der Befragung im Juli 2015 werden schließlich auch Nachteile aus den Kategorien „*Unklarheit über Leistungsstand und -niveau*" und „*Überforderungen der Schüler*innen*" benannt. Mit zwei beziehungsweise drei Nennungen sind sie allerdings sowohl innerhalb der aktuellen Befragung als auch im Vergleich zur vorherigen nur selten vertreten.

Zusätzlich zu den Vor- und Nachteilen wurden die Lehrkräfte der Anne-Frank-Schule im November 2016 erstmals auch zu ihren Verbesserungsvorschlägen zur dialogbasierten Leistungsbeurteilung mit Portfolios befragt. Von den 42 Lehrkräften, die zu diesem Zeitpunkt insgesamt an der Befragung teilgenommen haben, haben 23 die offene Frage zu den Verbesserungsvorschlägen bearbeitet. Drei von ihnen nutzten das entsprechende Textfeld allerdings lediglich dazu, anzumerken, dass sie keine Verbesserungsvorschläge hätten und dass die Portfolioarbeit aus ihrer Sicht aktuell sehr gut gelingen würde.

Bei der Auswertung der Antworten der verbleibenden 20 Lehrkräfte kristallisierte sich die zeitliche Organisation als größter Schwerpunkt heraus. Zu diesem Aspekt wurden insgesamt 15 Verbesserungsvorschläge benannt, von denen wiederum 11 inhaltlich nahezu identisch sind. Und zwar wünschen sich insgesamt 11 Lehrkräfte, von denen die meisten Klassenlehrkräfte in Portfolioklassen sind, eine größere zeitliche Entlastung. Das gilt insbesondere für die Tage, an denen die Portfoliogespräche stattfinden. Zu diesem Zeitpunkt bestand die Regelung zur Durchführung der Gespräche darin, dass die Klassenlehrkräfte einen ganzen Tag und einen Nachmittag von ihrem Unterricht freigestellt werden, um die Gespräche durchzuführen. Dadurch mussten sie eine größere Anzahl von Gesprächen hintereinander führen und das an einem Tag nach bis zu sechs Stunden Unterricht. Aus den Antworten der Lehrkräfte geht dabei hervor, dass dies von den Lehrkräften nicht nur als belastend für sie selbst, sondern vor allem als abträglich für die Qualität der Gespräche empfunden wird. Daher wünschen sich vier Lehrkräfte explizit zwei unterrichtfreie Tage für die Durchführung der Gespräche, während andere allgemein eine zeitliche Entlastung in den Gesprächszeiten fordern.

In die Kategorie der zeitlichen Organisation fallen zusätzlich dazu noch vier weitere Äußerungen, die sich auf unterschiedliche Aspekte beziehen. So äußert eine Lehrkraft den Wunsch nach fest im Stundenplan verankerten Beratungszeiten für die Klassenlehrkräfteteams, während zwei andere mehr Vorbereitungszeit für die Portfoliogespräche mit den Schüler*innen als wünschenswert ansehen. Und die vierte Lehrkraft spricht sich für eine Verlängerung der Gesprächszeit pro Kind aus.

Zusätzlich dazu wurden noch zehn weitere Verbesserungsvorschläge benannt, die allerdings so unterschiedlich ausfielen, dass sie keinen größeren gemeinsamen Kategorien zugeordnet werden konnten. Hierzu gehört beispielsweise die von einer Lehrkraft empfundene Notwendigkeit, die Zeugniskonferenzen noch besser an das neue Beurteilungssystem anzupassen. Sie schlägt dazu eine gemeinsame Sichtung der Portfolios der Schüler*innen vor, räumt allerdings ein, dass dies zeitlich vermutlich schwer zu organisieren sei. Aus Sicht einer weiteren Lehrkraft müsse außerdem auch der

Unterricht der Fach- und der Klassenlehrkräfte stärker an die neue Beurteilungskultur angepasst werden, sodass tatsächlich aussagekräftige Produkte für die Portfoliogespräche entstehen. Ein drittes Beispiel aus dieser Kategorie ist der Hinweis einer Lehrkraft darauf, dass auch die Leistungsbeurteilung und -rückmeldung im laufenden Halbjahr neu gestaltet werden müsse. Ihrer Beobachtung nach werde diese von den einzelnen Lehrkräften sehr unterschiedlich und nicht immer zielführend gehandhabt. Einige Lehrkräfte behielten so tradierte Beurteilungsformate wie notenähnliche Symbole bei, während andere Lehrkräfte den Schüler*innen im Halbjahr überhaupt keine Rückmeldung geben würden. Um diese Situation zu verbessern, schlägt diese Lehrkraft vor, dass auch alle Fachlehrkräfte in ihren Unterrichtsstunden mindestens einmal im Halbjahr Rückmeldegespräche führen sollten.

Ergebnisse der Lehrkräftebefragung im Juli 2017

Die letzte Befragung aller Lehrkräfte zur dialogbasierten Leistungsbeurteilung mit Portfolios fand im Juli 2017 statt. Zu diesem Zeitpunkt füllten insgesamt 41 Lehrerinnen und Lehrer im Alter von 26 bis 65 Jahren den Fragebogen der Variante B online aus. Von diesen Lehrkräften waren 62 Prozent weiblich und 38 Prozent männlich und das durchschnittliche Alter der Teilnehmenden lag zu diesem Zeitpunkt bei 45 Jahren (M=45,29, SD=11,6). Aus den allgemeinen Angaben zu Beginn des Fragebogens geht des Weiteren hervor, dass sich zu diesem Zeitpunkt alle Klassenlehrkräfte der Treatmentgruppe an der Befragung beteiligt haben. Die meisten anderen teilnehmenden Lehrkräfte verfügten zu diesem Zeitpunkt ebenfalls bereits über praktische Erfahrungen mit dem alternativen Beurteilungssystem.

Wie bei den vorherigen Befragungen haben auch im Juli 2017 nicht alle Lehrkräfte aus der beschriebenen Stichprobe alle Items beantwortet. Stattdessen ließen einzelne von ihnen die Items frei, zu denen sie sich nicht äußern mochten oder konnten. Die Anzahl der Antworten zu den einzelnen Items variiert daher bei der dritten Lehrkräftebefragung zwischen 38 und 41 bei den Ratingskalen und die offenen Fragen wurden insgesamt von 32 Lehrkräften bearbeitet.

Die folgende Tabelle bietet eine Übersicht über die Verteilung ihrer Antworten:

Label	Itemformulierung	N	M	SD
ELK01	Ich befürworte die Einführung der Portfolioarbeit in den 5. bis 7. Klassen.	41	3,51	,675
ELK02b	Es ist nicht sinnvoll, die vorherigen Lernentwicklungsberichte in den Jahrgängen 5 bis 7 durch Eltern-Lehrer-Schüler-Gespräche zu ersetzen.	40	1,88	1,090
ELK03	Ich glaube nicht, dass die Portfolioarbeit eine Verbesserung gegenüber unserem bisherigen System zu Leistungsbeurteilung darstellt.	41	1,71	,929
ELK04b	Die Schülerinnen und Schüler profitieren von der Portfolioarbeit.	40	3,38	,705

Label	Itemformulierung	N	M	SD
ELK05b	Die Eltern der Schülerinnen und Schüler haben Vorteile von der Portfolioarbeit.	40	3,30	,791
ELK06b	Es ist gut, dass die Klassenlehrkräfte in den Portfoliogesprächen direkt mit den Eltern und den Schülerinnen und Schülern deren Leistungen besprechen können.	40	3,70	,687
ELK07	Es ist sinnvoll, die Schülerinnen und Schüler über mehrere Jahre hinweg ein Portfolio erstellen zu lassen.	41	3,56	,594
ELK08b	Für uns Lehrerinnen und Lehrer bringt die Portfolioarbeit Vorteile mit sich.	40	3,10	,744
ELK09	Die Zeit, die für die Portfolioarbeit aufgewendet wird, könnte besser für andere Dinge genutzt werden.	38	1,66	,815
ELK10	Meiner Meinung nach sollten die Leistungen der Schülerinnen und Schüler auch in den Jahrgängen 5 bis 7 mit Noten bewertet werden.	40	1,40	,672
ELK11	An unserer Schule sollte die Portfolioarbeit auch zukünftig von der 5. bis zur 7. Klasse andere Formen der Leistungsbeurteilung ersetzen.	41	3,37	,799

Tabelle 58: Beurteilung der dialogbasierten Leistungsbeurteilung mit Portfolios durch die Lehrkräfte (Juli 2017)

Die voranstehende Übersicht zeigt, dass die teilnehmenden Lehrkräfte die Ratingskalen im Juli 2017 insgesamt in einer ähnlichen Weise beantwortet haben wie im November 2016. So fiel die Zustimmung zu den positiv formulierten Items mit Mittelwerten zwischen 3,10 und 3,70 erneut ausgesprochen hoch aus, während die negativ formulierten Items mit Mittelwerten zwischen 1,40 und 1,88 mehrheitlich eine deutliche Ablehnung erfahren haben. Besonders hoch fällt dabei nach wie vor die Zustimmung zum Item ELK06 aus, das erfasst, inwiefern die Lehrkräfte den dialogischen Charakter des neuen Beurteilungssystems schätzen. Die Mittelwerte der anderen positiv formulierten Items sind im Vergleich zur vorherigen Befragung mehrheitlich leicht abgesunken, befinden sich aber nach wie vor auf einem ausgesprochen hohen Niveau. In Bezug auf die negativ formulierten Items lässt sich eine gegenläufige Entwicklung beobachten. So fallen die Mittelwerte für die Items ELK02b, ELK03, ELK09 und ELK10 im Juli 2017 leicht höher aus als im November 2016. Insbesondere die Ablehnung des Items ELK02b fällt nun weniger entschieden aus. Dennoch haben insgesamt immer noch etwas mehr als 70 Prozent der teilnehmenden Lehrkräfte die Aussage abgelehnt, dass es nicht sinnvoll sei, die Lernentwicklungsberichte durch die Portfolioarbeit zu ersetzen. Zusammenfassend lässt sich somit festhalten, dass die befragten Lehrkräfte der Anne-Frank-Schule auch im Juli 2017 deutlich diejenigen Antwortmöglichkeiten bevorzugt haben, die eine positive Einstellung zur Portfolioarbeit signalisieren.

Bei der Auswertung der offenen Fragen zu den Vor- und Nachteilen der Portfolioarbeit haben sich im Juli 2017 ebenfalls große Ähnlichkeiten zum vorherigen Befragungstermin gezeigt. So fielen die Antworten der teilnehmenden Lehrkräfte zu diesem Zeitpunkt erneut sehr differenziert aus und bezogen sich mehrheitlich auf dieselben Aspekte, die bereits zu den vorherigen Befragungsterminen benannt wurden. Auch das Verhältnis der positiven und negativen Nennungen ähnelt dem der vorherigen Befragung, wie das folgende Diagramm veranschaulicht:

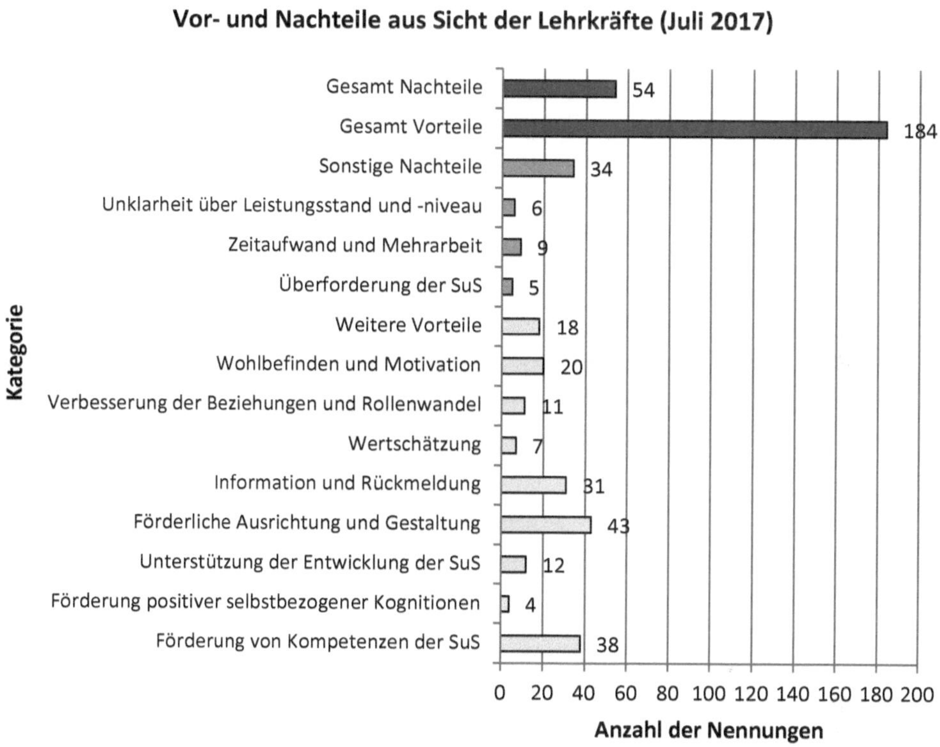

Abbildung 17: Vor- und Nachteile der dialogbasierten Leistungsbeurteilung mit Portfolios aus Sicht der Lehrkräfte (Juli 2017)

Aus diesem Diagramm geht des Weiteren hervor, dass die Häufigkeitsverteilung der einzelnen Kategorien ebenfalls sehr ähnlich ausfällt wie im November 2016. Dies gilt insbesondere für die Nachteile, bei denen sich die einzelnen Kategorien nur um wenige Nennungen verändert haben. Um Überschneidungen mit dem vorherigen Kapitel zu vermeiden, sollen an dieser Stelle deshalb nur auffällige Unterschiede zu den Ergebnissen der vorherigen Befragung hervorgehoben werden.

Bei der offenen Frage nach den Vorteilen wurden nach wie vor vorteilhafte Aspekte aus den Bereichen „*Förderung von Kompetenzen*", „*Information und Rückmeldung*" und „*Förderliche Ausrichtung und Gestaltung*" am häufigsten benannt. Dabei fällt die Anzahl der Nennungen zu den beiden erstgenannten Kategorien etwas geringer aus als im November 2016; mit 31 und 38 Nennungen sind sie aber immer nach wie vor stark vertreten. Die Anzahl der Nennungen zur „*Förderlichen Ausrichtung und Gestaltung*“ fällt mit 43 Nennungen sogar noch etwas höher und ist auch im Vergleich zur vorherigen Befragung deutlich angestiegen, bei der 27 Nennungen auf diese Kategorie entfielen. Innerhalb dieser Kategorie sind es insbesondere die individuelle Bezugsnormorientierung und die Stärkenorientierung sowie die Zukunfts- und Prozessorientierung die von den Lehrkräften als vorteilhaft beschrieben werden. Zusätzlich dazu wurden die Kombination von Fremd- und Selbstbeurteilung sowie die größere Partizipation der Schüler*innen im Juli 2017 fünf- und siebenmal als vorteilhafte Gestaltungsmerkmale der Portfolioarbeit benannt.

Die offene Frage nach den Verbesserungsvorschlägen haben im Juli 2017 21 Lehrer*innen beantwortet. Eine Lehrkraft nutzte diese Frage lediglich dazu, zu äußern, dass sie keine Verbesserungsvorschläge habe. Vier weitere Lehrkräfte benannten ebenfalls keine Verbesserungsvorschläge, sondern hoben stattdessen hervor, welche bereits vorhandenen Gestaltungsmerkmale ihrer Meinung nach zukünftig unbedingt beibehalten werden sollten. Es handelt sich dabei konkret um die Durchführung der Gespräche zu zweit im eigenen Klassenraum und das sofortige Protokollieren der Gesprächsinhalte. Die Verbesserungsvorschläge, die von den verbleibenden 17 Lehrkräften konkret benannt wurden, ließen sich den folgenden Schwerpunkten zuordnen:

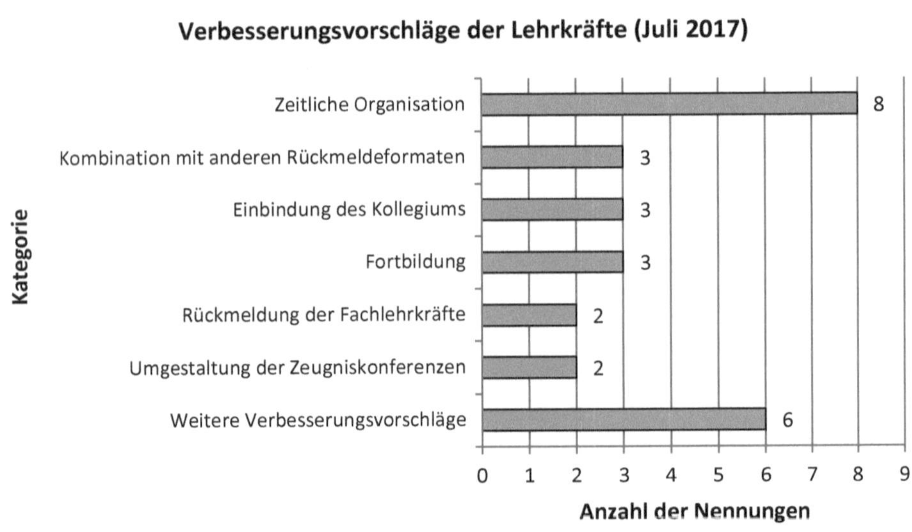

Abbildung 18: Verbesserungsvorschläge der Lehrkräfte zur dialogbasierten Leistungsbeurteilung mit Portfolios (Juli 2017)

Wie aus diesem Diagramm hervorgeht, scheint aus der Sicht von acht Lehrkräften ein Verbesserungsbedarf in Bezug auf die zeitliche Organisation der Portfoliogespräche zu bestehen. Sechs von ihnen äußern dabei konkret den Wunsch, für die Portfoliogespräche zwei ganze Tage vom Unterricht freigestellt zu werden. Die Qualität der Gespräche würde ihrer Meinung nach davon profitieren, wenn sie diese nicht noch nach dem Unterricht bis in den Abend hinein führen müssten. Eine Klassenlehrerin merkt dabei an, dass sie probeweise bereits zwei ganze Tage für die Gespräche bekommen hätte und dass diese Regelung für alle durchgesetzt werden sollte.

Drei weitere Verbesserungsvorschläge beziehen sich auf die Kombination der Portfolioarbeit mit anderen Rückmeldeformaten, enthalten dazu aber unterschiedliche Ideen. So schlägt eine Lehrkraft vor, die Gespräche auf freiwilliger Basis mit Kompetenzrastern zu kombinieren, während sich eine andere allgemein ein zusätzliches Rückmeldeformat für die Eltern wünscht. Die dritte Lehrkraft würde es hingegen bevorzugen, im 7. Jahrgang bei den Gesprächen schon eine zusätzliche Einschätzung in Form von Noten abgeben zu dürfen.

Ebenfalls drei Lehrkräfte äußeren die Meinung, dass das gesamte Kollegium noch stärker in den Wandel der Beurteilungskultur an der Anne-Frank-Schule einbezogen werden sollte. Bisher sei dies vorrangig bei den Lehrkräften der Portfolioklassen und insbesondere bei den Klassenlehrkräften der Fall gewesen. Zukünftig solle der Portfoliogedanke daher noch stärker an das gesamte Kollegium herangetragen werden. In diesen Zusammenhang passen auch die Äußerungen drei weiterer Lehrkräfte, die sich nicht nur für die Klassenlehrkräfte, sondern für alle Lehrkräfte eine Fortbildung zur dialogbasierten Leistungsbeurteilung mit Portfolios wünschen. Aus ihrer Sicht erfordert das neue Beurteilungssystem einen Wandel der Unterrichtskultur und sie würden sich über die Fortbildung Unterstützung dabei wünschen, ihren Unterricht dementsprechend zu gestalten. Auch die Zeugniskonferenzen sollten aus der Sicht von zwei Lehrkräften umgestaltet werden, um sie noch besser auf das neue alternative Beurteilungssystem abzustimmen. Eine dieser Lehrkräfte äußert dabei den Vorschlag, die Portfolios mit den von den Schüler*innen gesammelten Dokumenten gemeinsam zu sichten.

Der letzte Verbesserungsbedarf, der von mehreren Lehrkräften angesprochen wurde, besteht schließlich darin, die Rückmeldung der Fachlehrkräfte in den Portfoliogesprächen noch besser abzudecken. Wie einige Schüler*innen hatten diese Lehrkräfte den Eindruck, dass ihre fachliche Rückmeldung darin teilweise zu kurz kommen würde, und sie wünschen sich in dieser Hinsicht eine Verbesserung. Wie diese konkret gestaltet werden könnte, wurde von ihnen allerdings nicht beschrieben.

9.2.2 Beurteilung des Übergangs zu Noten durch die Klassenlehrkräfte

Im Anschluss an die Beschreibung der Ergebnisse der allgemeinen Lehrkräftebefragung sollen nun die Ergebnisse der Befragung der Klassenlehrkräfte der Treatmentgruppe betrachtet werden. Nachdem diese Lehrkräfte im Schuljahr 2017/18 gemeinsam mit ihren Schüler*innen den Übergang zum Notensystem vollzogen haben, wurden sie im März 2018 zu ihren Erfahrungen mit diesem Übergang und seinen Auswirkungen befragt. Insgesamt haben sich sieben der acht Klassenlehrkräfte an dieser Befragung beteiligt und vier von ihnen haben die Möglichkeit genutzt, die offenen Fragen gemeinsam mit ihrer Co-Klassenlehrerin beziehungsweise ihrem Co-Klassenlehrer zu beantworten. Um eine differenzierte, aber dennoch so weit wie möglich anonyme Beschreibung ihrer

Antworten zu ermöglichen, werden die Klassen dieser beiden Teams im Folgenden als Klasse I und Klasse II bezeichnet. Als Klasse III wird die Klasse bezeichnet, deren Klassenlehrkräfte den Fragebogen beide individuell beantwortet haben. Ihre Antworten stimmen inhaltlich nahezu bei allen Items miteinander überein, auch wenn sich der Wortlaut der offenen Antworten selbstverständlich voneinander unterscheidet. Von den Klassenlehrkräften der Klasse 4 hat eine den Fragebogen allein bearbeitet.

Im Folgenden sollen die Ergebnisse der Klassenlehrkräftebefragung zum Übergang zusammenfassend beschrieben werden.

Beurteilung der Eltern-Lehrer-Schüler-Gespräche

Im März 2018 haben die teilnehmenden Klassenlehrkräfte zunächst über drei geschlossene Items und eine offene Frage zu den parallel zur Notenvergabe fortgesetzten Eltern-Lehrer-Schüler-Gesprächen Stellung genommen.

Den positiv formulierten Aussagen der geschlossenen Items stimmten dabei fast alle Klassenlehrkräfte zu. Lediglich eine Lehrkraft, die den Fragebogen zum Übergang allein bearbeitet hat, wählte beim Item ÜGL06 die Antwortmöglichkeit „*trifft eher nicht zu*" aus. Die verbleibenden Lehrkräfte stimmten hingegen alle der in diesem Item enthaltenen Aussage zu, dass die Gespräche den Schüler*innen dabei helfen würden, ihre Noten noch besser zu verstehen. Sie wählten dabei mehrheitlich die Option „*trifft völlig zu*" aus.

Dass auch die Eltern die Noten ihrer Kinder durch die Gespräche besser verstehen würden, ist aus Sicht aller Klassenlehrkräfte der Fall. Dabei wählten jeweils die Klassenlehrkräfte von zwei Klassen die Antwortmöglichkeiten „*trifft eher zu*" und „*trifft völlig zu*" aus.

Besonders große Zustimmung erhielt schließlich das Item ÜGL05. Bei diesem Item wählten erneut alle Klassenlehrkräfte die zustimmenden Antwortmöglichkeiten aus und die Lehrkräfte von drei Klassen stuften es als vollkommen zutreffend ein, dass die Fortsetzung der Gespräche mit allen Schüler*innen und ihren Eltern sinnvoll sei.

Zusätzlich zu den bereits über die geschlossenen Items erfassten Vorteilen wurden von den Klassenlehrkräften im Rahmen der offenen Frage zu den Zielen und Funktionen der fortgesetzten Gespräche noch einige weitere benannt. So gaben drei Klassenlehrkräfte aus zwei Klassen an, dass sie mit den Gesprächen die Stärken der Schüler*innen wieder stärker in den Vordergrund rücken wollten. Eine Lehrkraft ergänzte, dass ihr dies insbesondere bei den leistungsschwächeren Schüler*innen ein besonderes Anliegen sei, da diese ihre Stärken durch die defizitorientierten Noten und den sozialen Vergleich leicht aus dem Blick verlieren könnten. Auch die zukunftsgewandte Orientierung an den individuell bedeutsamen Zielen der Schüler*innen möchten die Klassenlehrkräfte von drei Klassen mit den Gesprächen im 8. Jahrgang bewusst erhalten. Als weitere Ziele der Gespräche wurden jeweils von den Lehrkräften einzelner Klassen auch die Erleichterung des Übergangs zum Notensystem, die Unterstützung bei der Berufsorientierung und die Ermutigung der Schüler*innen benannt.

Gelingen und Auswirkungen des Übergangs

Mit einer Kombination aus geschlossenen und offenen Items wurden die Klassenlehrkräfte im März 2018 auch zum Gelingen des Übergangs zu Noten sowie zu den Auswirkungen der damit verbundenen Umstellung der Leistungsbeurteilung befragt.

Der Aussage, dass dieser Übergang ihren Schüler*innen insgesamt gut gelungen sei, stimmten dabei alle Klassenlehrkräfte zu. Dabei wählten allerdings nur die Lehrkräfte einer Klasse die Antwortmöglichkeit *„trifft völlig zu"* und die verbleibenden die Option *„trifft eher zu"*.

Bei dem geschlossenen Item zu den Schwierigkeiten gehen die Antworten der einzelnen Klassen am stärksten auseinander. Während die Klassenlehrkräfte der Klassen II und III angeben, dass es bei ihnen keinerlei Schwierigkeiten gab, stimmten die Lehrkräfte der beiden anderen Klassen dieser Aussage eher zu.

Die von den Lehrkräften beobachteten Schwierigkeiten scheinen allerdings vorrangig nicht darin zu bestehen, dass die Noten der Schüler*innen nicht zu ihren vorherigen Vorstellungen passten, da alle Klassenlehrkräfte bei dem entsprechenden Item ÜGL04 die ablehnenden Antwortmöglichkeiten auswählten. Die Klassenlehrkräfte von drei Klassen entschieden sich dabei sogar für die Antwort *„trifft überhaupt nicht zu"*.

Dass die Noten der Schüler*innen des Weiteren mehrheitlich mit den Erwartungen der Lehrkräfte übereinstimmten, geht aus ihren Antworten zum Item UGL03 hervor. Diesem Item stimmten die Lehrkräfte aller vier Klassen zu, zum größten Teil allerdings nur mit der Option *„trifft eher zu"*.

Das letzte geschlossene Item ÜGL08 leitet bereits zu den Veränderungen über, die die Klassenlehrkräfte nach dem Übergang zu Noten an ihren Schüler*innen beobachtet haben. Der in diesem Item enthaltenen Aussage, dass die Gespräche mit der Einführung der Noten für die Schüler*innen an Bedeutung verloren hätten, stimmten die Lehrkräfte zweier Klassen eher und die Lehrkräfte einer weiteren Klasse völlig zu. Lediglich die Lehrkraft der Klasse VI, die den Fragebogen allein bearbeitet hat, hatte nicht den Eindruck, dass die Gespräche nach der Einführung mit Noten für ihre Schüler*innen an Bedeutung verloren hätten.

Bei der offenen Frage nach den Veränderungen gab das Klassenlehrkräfteteam der Klasse II an, dass es in ihrer Klasse nach dem Übergang zu Noten zu keinen bedeutsamen Veränderungen gekommen sei. Die Klassenlehrkraft der Klasse IV beantwortete diese Frage ebenfalls mit *„Nein"*, ergänzte aber, dass einige Schüler*innen die Schule seit der Einführung der Noten ernster nehmen würden. Die beiden Klassenlehrkräfte der Klasse III haben unabhängig voneinander angegeben, dass das Erreichen guter Noten den meisten ihrer Schüler*innen sehr wichtig zu sein scheine und dass sie von den Lehrkräften regelmäßig Informationen darüber einfordern würden, auf welcher Note sie jeweiligen Zeitpunkt stehen. Die Klassenlehrkräfte der Klasse I antworteten schließlich, dass einige Schüler*innen aus ihrer Klasse nach der Einführung der Noten bewusst den Vergleich mit den anderen Lernenden suchten und dass es dadurch mitunter zu Konflikten und insbesondere Konkurrenzkämpfen gekommen sei. Bei der Befragung im März 2018 sei diese Tendenz aber bereits wieder rückläufig gewesen.

Dennoch verwies dasselbe Klassenlehrkräfteteam bei der offenen Frage nach den Schwierigkeiten erneut auf diese sozialen Konflikte. Zusätzlich dazu führten sie an, dass die Noten für ihre Schüler*innen unmittelbar einen ausgesprochen hohen Stellenwert gewonnen hätten. Insbesondere angesichts der begrenzten Aussagekraft sehen die beiden Klassenlehrkräfte dies kritisch. Eine Klassenlehrkraft der Klasse III berichtet als Antwort auf diese Frage, dass es ihr bei einigen Schüler*innen schwergefallen sei, die von den Lernenden benannten Stärken mit ihren Noten in Einklang zu bringen. Die zweite Klassenlehrkraft derselben Klasse antwortete, dass einzelne Eltern gerne schon vor dem 8. Schuljahr eine Einschätzung in Form von Noten gehabt hätten. Ansonsten hätte es aus ihrer Sicht aber keine Schwierigkeiten beim Übergang gegeben und das schrieben auch die Klassenlehrkräfte der Klasse II. Die Klassenlehrkraft der Klasse IV gab schließlich ebenfalls an, dass es überwiegend keine Schwierigkeiten gegeben hätte. Eine einzelne Schülerin sei allerdings über ihre Noten enttäuscht gewesen, da sie sich selbst besser eingeschätzt hätte.

Die letzte Frage aus diesem Themenbereich bezog sich schließlich auf die positiven Erfahrungen der Klassenlehrkräfte mit dem Übergang zu Noten. Die dazugehörigen Antworten bezogen sich wiederum vorrangig auf die Motivation und die Einstellung der Schüler*innen zur Schule. So gaben die beiden Klassenlehrkräfte der Klasse III unabhängig voneinander an, dass sich einige Schüler*innen durch die Noten besser zum Arbeiten motivieren lassen würden. Eine der beiden Lehrkräfte ergänzte allerdings, dass die Anzahl der Schüler*innen, die mit dem Ziel des Lernens selbst lernen, nach wie vor überwiegen würde. Die Klassenlehrkraft der Klasse IV wiederholte bei dieser Frage ihre Beobachtung, dass einige Schüler*innen die Schule nun ernster nehmen würden, und das Klassenlehrkräfteteam der Klasse II spricht in vergleichbarer Weise davon, dass es einigen Lernenden nach der Einführung der Noten besser gelingen würde sich zu fokussieren. Anders als die anderen Lehrkräfte geht das Klassenlehrkräfteteam der Klasse I schließlich auf den Aspekt der Rückmeldung und Information ein. Ihrer Meinung nach sei es besonders positiv, dass ihre Schüler*innen durch die vorherige Portfolioarbeit reflektierter mit den Noten umgehen könnten und weiterhin danach streben würden, ihre Fähigkeiten zu verbessern.

9.3 Ergebnisse der Elternbefragungen

Im letzten Abschnitt dieses Kapitels sollen nun schließlich auch die Ergebnisse der verschiedenen Befragungen der Eltern der Treatmentgruppe beschrieben werden. Sie hatten insgesamt die Möglichkeit an vier verschiedenen Befragungen zur dialogbasierten Leistungsbeurteilung mit Portfolios an der Anne-Frank-Schule teilzunehmen. Die ersten drei Befragungen im Juli 2015, November 2016 und im Juli 2017 waren alle vorrangig darauf ausgerichtet, die Einstellung der Eltern zum alternativen Beurteilungssystem zu erfassen, und welche Ergebnisse daraus hervorgegangen sind, soll im ersten Teil dieses Kapitels beschrieben werden. Der zweite Abschnitt dieses Kapitels ist dann der Beschreibung der Ergebnisse der Elternbefragung im März 2018 gewidmet, die sich speziell auf den Übergang von der rein dialogbasierten Leistungsbeurteilung mit Portfolios zum Notensystem konzentriert.

9.3.1 Beurteilung der dialogbasierten Leistungsbeurteilung mit Portfolios

In diesem Unterkapitel sollen nun in chronologischer Reihenfolge die Ergebnisse der drei Elternbefragungen zur rein dialogbasierten Leistungsbeurteilung mit Portfolios beschrieben werden.

Ergebnisse der Elternbefragung im Juli 2015

So wie die Lehrkräfte wurden auch die Eltern der Treatmentgruppe zum ersten Mal im Juli 2015 zur dialogbasierten Leistungsbeurteilung mit Portfolios befragt. Zu diesem Zeitpunkt haben insgesamt 87 Elternteile den Elternfragebogen in der Variante A ausgefüllt. Von diesen 87 Personen waren mindestens 51 weiblich; das genaue Geschlechterverhältnis lässt sich allerdings leider nicht bestimmen, da elf Personen ihr Geschlecht nicht angegeben haben. Auch die Angaben zum Alter waren teilweise unvollständig, sodass das durchschnittliche Alter der Teilnehmenden nicht exakt ermittelt werden kann. Es liegt allerdings ungefähr bei 44 Jahren und zwischen 25 und 56 Jahren sind Eltern unterschiedlicher Altersgruppen vertreten. Zusätzlich dazu geht aus den allgemeinen Angaben hervor, dass sich Eltern aus allen vier Parallelklassen der Treatmentgruppe an der Befragung im Juli 2015 beteiligt haben.

Einzelne Eltern haben dabei anscheinend wie die Lehrkräfte auch diejenigen Items unbeantwortet gelassen, zu denen sie sich nicht äußern mochten oder konnten. Dadurch schwankt die Anzahl der Antworten zu den einzelnen Ratingskalen leicht zwischen 85 und 87 und die offenen Fragen zu den Vor- und Nachteilen wurden im Juli 2015 von 58 Eltern beantwortet.

An dieser Stelle sollen nun zunächst die Antworten der Eltern zu den insgesamt zehn Ratingskalen vorgestellt werden, die den Kern der Fragebogenvariante A bilden. Die genaue Formulierung dieser zehn Items kann der folgenden Tabelle erneut entnommen werden. Sie enthält außerdem die Anzahl der Eltern, die die einzelnen Items beantwortet haben, sowie den Mittelwert und die Standardabweichung, die die Verteilung ihrer Antworten charakterisieren:

Label	Itemformulierung	N	M	SD
ELT01	Ich halte die von der Schule geplante Portfolioarbeit für sinnvoll.	85	3,39	,66
ELT02	Ich finde es gut, dass mein Kind über die kommenden Schuljahre hinweg ein Talentportfolio erstellt.	86	3,47	,66
ELT03	Mein Kind wird von der geplanten Portfolioarbeit bestimmt Vorteile haben.	85	3,39	,64
ELT04	Ich finde es gut, dass die Leistungen meines Kindes nicht mit Noten beurteilt werden.	86	2,83	,97
ELT05	Es ist gut, dass ich im Rahmen der geplanten Eltern-Lehrer-Schüler-Gespräche gemeinsam mit meinem Kind und seinen Lehrern über seine schulischen Leistungen sprechen kann.	87	3,83	,46
ELT06	Es wäre mir lieber, wenn ich nur schriftlich über die Leistungen meines Kindes informiert werden würde.	87	1,38	,061
ELT07	Auch als Eltern werden wir Vorteile von der geplanten Portfolioarbeit haben.	87	3,07	0,76
ELT08	Mir wäre es lieber, wenn die Leistungen meines Kindes von der 5. bis zur 7. Klasse mit Noten beurteilt werden würden.	86	2,19	,97
ELT09	Ich kann keinen Nutzen in der geplanten Portfolioarbeit erkennen.	86	1,58	,89
ELT10	Ich würde es besser finden, wenn die Schule auf die Arbeit mit dem Portfolio verzichtet.	86	1,51	,79

Tabelle 59: Beurteilung der dialogbasierten Leistungsbeurteilung mit Portfolios durch die Eltern (Juli 2015)

Bei der Betrachtung der Ergebnisse in dieser Tabelle ist zu beachten, dass die Items ELT06, ELT08, ELT09 und ELT10 negativ formuliert sind, sodass ein niedriger Mittelwert für eine positive Einstellung der Eltern zur dialogbasierten Leistungsbeurteilung mit Portfolios steht. Die Mittelwerte für diese vier Items fallen tatsächlich vergleichsweise gering aus. Das gilt insbesondere für die Items ELT06, ELT09 und ELT10, deren Mittelwerte zwischen 1,38 und 1,58 und damit im unteren Bereich aller möglichen Werte liegen. Die Mehrheit der Eltern lehnt somit die Aussagen ab, dass die Schule auf die Portfolioarbeit verzichten oder die Eltern nur rein schriftlich über die Leistungen ihrer Kinder informieren sollte. Auch der Aussage, dass sie keinen Nutzen in der Portfolioarbeit erkennen können, stimmt die deutliche Mehrheit der Eltern nicht zu. Beim Item ELT08 überwiegt die Ablehnung ebenfalls, allerdings fällt sie bei einem Mittelwert von 2,19 weniger deutlich aus als bei den anderen negativ formulierten Items. Ein Teil der Eltern stimmt somit tatsächlich dem zu, dass zwischen der 5. und 7. Klasse an der Anne-Frank-Schule Noten vergeben werden sollten. Der Teil der Eltern, der dies ablehnt, fällt allerdings noch größer aus.

Dass die Eltern der Treatmentgruppe in Bezug auf Noten geteilter Meinung sind, geht auch aus den Antworten zu dem positiv formulierten Item ELT04 hervor. Bei diesem Item liegt der Mittelwert bei 2,83 und steht damit dafür, dass die Mehrheit der Eltern der Aussage *„Ich finde es gut, dass die Leistungen meines Kindes nicht mit Noten beurteilt werden.“* mit den Antwortmöglichkeiten *„trifft eher zu“* und *„trifft völlig zu“* zugestimmt hat. Dennoch gab es auch einen nicht unerheblichen Teil, der dieser Aussage nicht zustimmen konnte.

Das ist bei den verbleibenden fünf positiv formulierten Items anders. Sie erfreuen sich einer sehr hohen Zustimmung durch die Eltern, was in den Mittelwerten zwischen 3,07 und 3,83 deutlich zum Ausdruck kommt. Besonders die Zustimmung zum Item ELT05 fällt mit einem Mittelwert von 3,83 ausgesprochen hoch aus. Nahezu alle teilnehmenden Eltern stimmten der Aussage, dass es gut sei, gemeinsame Gespräche mit ihren Kindern und Lehrkräften führen zu können, vollkommen zu. Eine ebenfalls sehr deutliche Mehrheit der Eltern gab zudem an, dass sie es gut finden würden, dass ihr Kind über mehrere Jahre hinweg ein Talentportfolio erstellt. Und mit einem identischen Mittelwert von 3,39 fällt schließlich auch die Zustimmung zu den Items ELT01 und ELT03 besonders hoch aus, die sich auf die Sinnhaftigkeit der Portfolioarbeit und ihren für die Schüler*innen vorteilhaften Charakter beziehen.

Bei den Antworten der Eltern auf die offenen Fragen nach den Vor- und Nachteilen der Portfolioarbeit überwiegen die positiven Stimmen ebenfalls. Insgesamt wurden diese Fragen von 58 Eltern bearbeitet und das folgende Diagramm veranschaulicht, zu welchen thematischen Schwerpunkten sie sich im Juli 2015 geäußert haben:

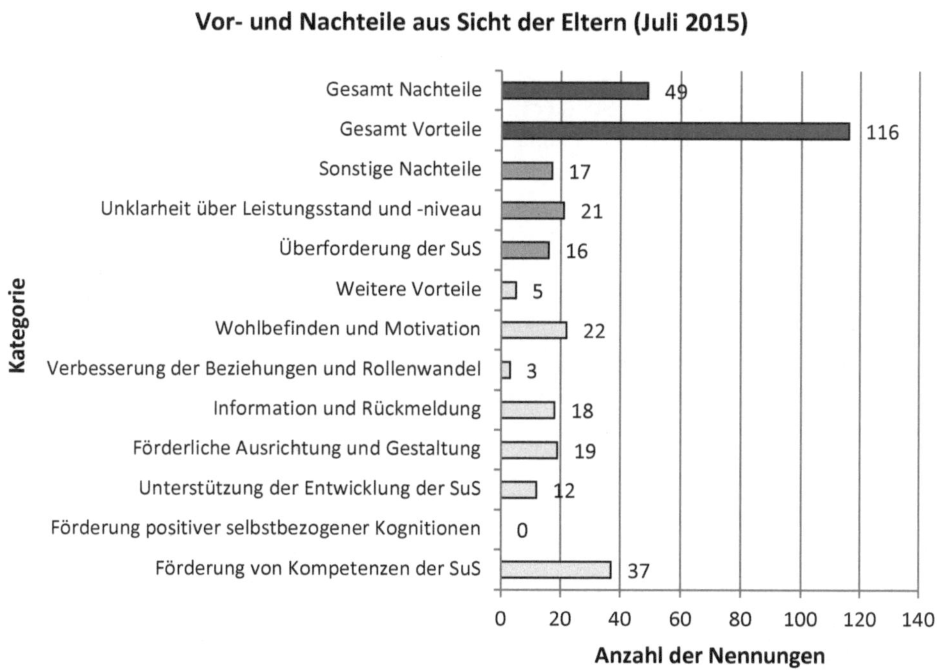

Abbildung 19: Vor- und Nachteile der dialogbasierten Leistungsbeurteilung mit Portfolios aus Sicht der Eltern (Juli 2015)

Wie das Diagramm zeigt, fällt die Anzahl der Nennungen vorteilhafter Aspekte mehr als doppelt so auch aus wie die der potenziellen Nachteile. Die Nachteile, die von den

Eltern benannt wurden, beziehen sich vorrangig auf zwei Schwerpunkte, die von den Lehrkräften ebenfalls benannt wurden. Es handelt sich dabei um die Befürchtungen, dass Unklarheiten oder falsche Vorstellungen in Bezug auf die Leistungen der Schüler*innen entstehen könnten und dass die Portfolioarbeit bei den Schüler*innen zu einer Überforderung führen könnte. Diese beiden Nachteile wurden insgesamt von 21 beziehungsweise 16 Eltern benannt. Ebenfalls 16 Nennungen zu nachteiligen Aspekten sind in der Kategorie „*Sonstige Nachteile*" zusammengefasst, da sie größtenteils sehr individuelle Befürchtungen oder Erfahrungen beinhalteten.

Bei den Vorteilen sah dies hingegen anders aus und die vielfältigen positiven Aspekte, die von den Eltern benannt wurden, bezogen sich überwiegend auf die gleichen Schwerpunkte. Zahlenmäßig am stärksten ist dabei die Kategorie „*Förderung von Kompetenzen der Schüler*innen*" vertreten, der insgesamt 37 Nennungen zu-geordnet werden konnten. Insbesondere die Fähigkeiten der Selbstreflexion und Selbstbeurteilung würden 18 Eltern zufolge von der alternativen Leistungsbeurteilung profitieren. Auch in Bezug auf verschiedene andere Kompetenzen wie die Präsentationsfähigkeit wird von zahlreichen Eltern eine vorteilhafte Wirkung erwartet.

Das Gleiche gilt auch für das Befinden und die Motivation der Schüler*innen. Der entsprechenden Kategorie konnten insgesamt 22 Nennungen zugeordnet werden, von denen sich mehr als die Hälfte (12 Nennungen) auf die Reduktion von Leistungsdruck und Stress bezogen. Positive Empfindungen und die Motivation der Schüler*innen könnten durch die dialogbasierte Leistungsbeurteilung aus Sicht der Eltern hingegen gefördert werden, wie aus den verbleibenden zehn Nennungen dieser Kategorie hervorgeht.

Als besonders vorteilhaft wurde es des Weiteren 19-mal benannt, dass sich die Portfolioarbeit an den Stärken der Schüler*innen orientiere und damit besonders förderlich ausgerichtet sei. Dass die Portfolioarbeit den Schüler*innen dabei helfe, ihre individuellen Stärken zu erkennen und auch insgesamt neue Erkenntnisse über sich selbst und ihre Leistungen zu gewinnen, wurde achtmal als Vorteil dieses Systems benannt. Zehn Eltern beschrieben es außerdem als vorteilhaft, dass sie durch die Portfolioarbeit selbst neue Erkenntnisse und einen besseren Einblick in die schulischen Leistungen ihrer Kinder gewinnen würden. Die 18 Nennungen zu diesen beiden letztgenannten Aspekten sind im obigen Diagramm in der Kategorie „*Information und Rückmeldung*" zusammengefasst. Dort sind auch die verschiedenen weiteren Vorteile zu finden, die die teilnehmenden Eltern der dialogbasierten Leistungsbeurteilung mit Portfolios im Juli 2015 zusprachen.

Ergebnisse der Elternbefragung im November 2016

Die zweite Befragung der Eltern der Treatmentgruppe fand im November 2016 statt. In diesem Monat hatten alle Eltern zwei Wochen lang dazu die Möglichkeit, den Elternfragebogen in der Variante B online zu bearbeiten. Genutzt haben diese Möglichkeit insgesamt 57 Eltern, von denen 48 weiblich (84%) und 9 männlich (16%) waren. Sie befanden sich zum Messzeitpunkt im Alter von 33 bis 53 Jahren und ihr durchschnittliches Alter lag bei 44 Jahren (M=44,14, SD=7,539). Aus den allgemeinen Angaben geht des Weiteren hervor, dass wiederum Eltern aller Parallelklassen an der Befragung teilgenommen haben.

Dennoch unterscheidet sich die Stichprobe zum zweiten Messzeitpunkt deutlich von der Befragung im Juli 2015. So fiel die Anzahl der teilnehmenden Eltern mit 87 im Juli 2015 deutlich höher aus und insbesondere die Anzahl der teilnehmenden Väter scheint deutlich zurückgegangen zu sein. Während im Juli 2015 in etwa 30 bis 40 Prozent der Teilnehmenden männlich waren, waren es im November 2016 nur 16 Prozent. Durch den begründeten Verzicht auf Identifikationsnummern ist außerdem nicht nachzuvollziehen, welche und wie viele Eltern an beiden oder nur an einer der beiden Befragungen teilgenommen haben.

Wie die Fragebogenvariante A besteht auch die Variante B vorrangig aus Ratingskalen, zu denen die Eltern mit den vier bekannten Antwortmöglichkeiten ihre Zustimmung ausdrücken konnten. Anders als in der ersten Variante waren es allerdings anstelle von zehn zwölf Items, die im November 2016 zum Einsatz kamen und von allen teilnehmenden Eltern vollständig beantwortet wurden. Die genaue Formulierung dieser Items kann der folgenden Tabelle entnommen werden, die auch die zugehörigen Mittelwerte und Standardabweichungen für die zweite Elternbefragung enthält.

Label	Itemformulierung	N	M	SD
ELT01b	Ich halte die Portfolioarbeit für sinnvoll.	57	3,19	,895
ELT02b	Ich finde es gut, dass mein Kind über mehrere Schuljahre hinweg ein Talentportfolio erstellt.	57	3,11	,958
ELT03b	Mein Kind hat Vorteile von der Portfolioarbeit.	57	3,02	,991
ELT04	Ich finde es gut, dass die Leistungen meines Kindes nicht mit Noten beurteilt werden.	57	2,67	1,015
ELT05b	Es ist gut, dass ich im Rahmen der Eltern-Lehrer-Schüler-Gespräche gemeinsam mit meinem Kind und seinen Lehrern über seine schulischen Leistungen sprechen kann.	57	3,47	,804
ELT06b	Es wäre besser, wenn ich nur schriftlich über die Leistungen meines Kindes informiert werden würde.	57	1,72	,861
ELT07b	Als Eltern haben wir Vorteile von der Portfolioarbeit.	57	2,77	1,053
ELT08	Mir wäre es lieber, wenn die Leistungen meines Kindes von der 5. bis zur 7. Klasse mit Noten beurteilt werden würden.	57	2,32	1,003
ELT09b	Ich kann keinen Nutzen in der Portfolioarbeit erkennen.	57	1,89	,994
ELT10	Ich würde es besser finden, wenn die Schule auf die Arbeit mit dem Portfolio verzichtet.	57	1,74	,897
ELT11	Ich befürworte die Einführung der Portfolioarbeit in den 5. bis 7. Klassen der Anne-Frank-Schule.	57	3,07	1,015
ELT12	An der Anne-Frank-Schule sollte auch zukünftig von der 5. bis zur 7. Klasse mit Portfolios und Portfoliogesprächen gearbeitet werden.	57	3,11	,939

Tabelle 60: Beurteilung der dialogbasierten Leistungsbeurteilung mit Portfolios durch die Eltern (November 2016)

Diese Ergebnisse ähneln insofern denen der ersten Elternbefragung, als dass bei den positiv formulierten Items durchgehend die zustimmenden Antworten überwiegen, während bei den negativ formulierten Items die ablehnenden Antwortmöglichkeiten häufiger gewählt wurden. Allerdings fallen sowohl die Zustimmung als auch die Ablehnung der Eltern im November 2016 etwas weniger deutlich aus als im Juli 2015 und der Vergleich der Standardabweichungen zeigt, dass die Antworten bei allen Items zum zweiten Messzeitpunkt stärker variieren.

Dennoch sind es immer noch ungefähr 80 Prozent der teilnehmenden Eltern, die bei den Items ELT06 und ELT10 angegeben haben, dass sie rein schriftliche Rückmeldungen und den Verzicht auf die Portfolioarbeit nicht bevorzugen würden. Zusätzlich dazu lehnten 70 Prozent der Teilnehmenden die Aussage ab, dass sie keinen Nutzen in der Portfolioarbeit erkennen können, und die deutliche Mehrheit von ihnen wählte dabei sogar die Option *„trifft überhaupt nicht zu"* aus.

Bei dem letzten negativ formulierten Item ELT08b, das sich auf den Verzicht auf Noten bezieht, gehen die Antworten der Eltern hingegen erneut stark auseinander und das Gleiche gilt auch für das entsprechende positiv formulierte Item ELT04. Der Aussage dieses letztgenannten Items, dass der Verzicht auf Noten gut sei, stimmten insgesamt 56 Prozent der teilnehmenden Eltern zu und davon wählten 30 Prozent die Antwortmöglichkeit *„trifft völlig zu"*. Damit ist diese Antwort diejenige, die beim Item ELT04 im November 2016 am häufigsten gewählt wurde. Allerdings entschieden sich 25 Prozent der Teilnehmenden auch für die Antwortmöglichkeit *„trifft eher nicht zu"* und 19 Prozent kreuzten *„trifft überhaupt nicht zu"* an. Ein ähnliches Verhältnis zwischen den Noten befürwortenden und ablehnenden Antworten gibt es auch beim negativ formulierten Item ELT08b. So stimmten 42 Prozent der teilnehmenden Eltern der Aussage zu, dass es ihnen lieber wäre, wenn die Leistungen ihrer Kinder benotet werden würden. 58 Prozent der Eltern lehnten dies allerdings ab und das ungefähr zur Hälfte sehr entschieden.

Auch in Bezug darauf, ob die Eltern selbst Vorteile von der Portfolioarbeit haben, gehen die Meinungen der Teilnehmenden auseinander. Die positiven Antworten überwiegen beim entsprechenden Item ELT07b allerdings mit insgesamt 60 Prozent und die Antwortmöglichkeit *„trifft völlig zu"* wurde mit 32 Prozent der Stimmen am häufigsten gewählt. Bei den verbleibenden positiv formulierten Items fällt die Zustimmung der teilnehmenden Eltern sogar noch höher aus. So wurden die beiden zustimmenden Antwortmöglichkeiten jeweils von ungefähr 70 bis 88 Prozent der Teilnehmenden ausgewählt und die Antwortmöglichkeit *„trifft völlig zu"* war dabei stets die beliebteste Option. Am größten fiel die Zustimmung der Eltern mit 88 Prozent erneut beim Item ELT05 aus und das spiegelt auch der ausgesprochen hohe Mittelwert von 3,47 wider. Die eindeutige Mehrheit der Eltern sieht den dialogischen Charakter des alternativen Beurteilungssystems der Anne-Frank-Schule somit als vorteilhaft an. Über das neue Item ELT12 direkt danach befragt, stimmten außerdem 82 Prozent der Eltern dem zu, dass die Anne-Frank-Schule ihr neues Beurteilungssystem zukünftig beibehalten sollte.

So wie bei den Ratingskalen überwiegen schließlich auch bei den offenen Fragen zu den Vor- und Nachteilen der Portfolioarbeit die positiven Nennungen und das sogar noch etwas deutlicher als im Juli 2015. So übersteigen die Nennungen zu den Vorteilen der dialogbasierten Leistungsbeurteilung die zu ihren Nachteilen mit 144 zu 38 fast um das Vierfache. Auf welche thematischen Schwerpunkte sich diese Nennungen von insgesamt 49 Eltern beziehen, lässt sich dem folgenden Diagramm entnehmen:

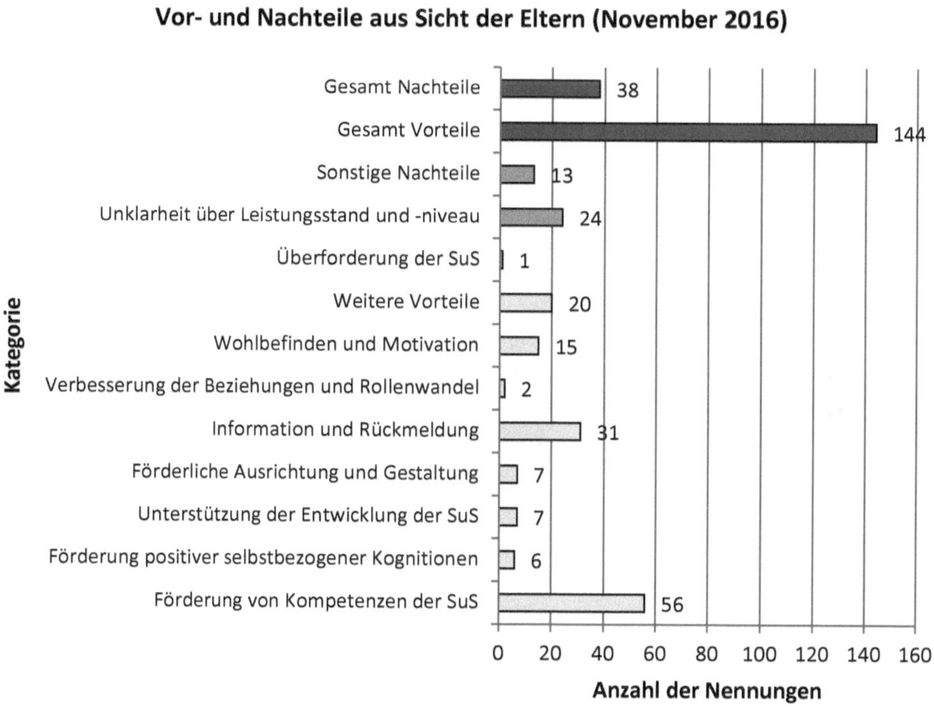

Abbildung 20: Vor- und Nachteile der dialogbasierten Leistungsbeurteilung mit Portfolios aus Sicht der Eltern (November 2016)

Vergleicht man dieses Diagramm mit dem aus dem Juli 2015 so fällt unmittelbar auf, dass im November 2016 nur noch ein Elternteil die mögliche Überforderung der Schüler*innen als einen Nachteil der Portfolioarbeit ansieht. Im Juli 2015 waren noch 16 Nennungen auf diese Kategorie entfallen. Die Befürchtung, dass die Portfolioarbeit zu Unklarheit über die tatsächlichen Leistungen der Schüler*innen führen könnte, wurde im November 2016 in etwa mit der gleichen Häufigkeit (24 Nennungen) benannt wie beim vorherigen Befragungstermin.

Auf der anderen Seite waren allerdings auch 31 Nennungen zu verzeichnen, die den hohen Informationsgehalt des alternativen Beurteilungssystems sowie den damit verbundenen Erkenntnisgewinn für alle Beteiligten positiv hervorhoben. Sie wurden der Kategorie „*Information und Rückmeldung*“ zugeordnet. Innerhalb dieser Kategorie wurde es von den teilnehmenden Eltern wiederum am häufigsten als vorteilhaft beschrieben, dass sie selbst durch die Portfoliogespräche einen noch besseren und differenzierteren Einblick in die schulischen Leistungen ihrer Kinder gewinnen würden.

Zusätzlich dazu wurde unter anderem auch die hohe Verständlichkeit der Rückmeldung von mehreren Eltern positiv hervorgehoben.

Obwohl die Anzahl der Nennungen zu diesem Themenbereich mit 31 Nennungen bereits sehr hoch ist, wird sie von der entsprechenden Anzahl der Kategorie „*Förderung von Kompetenzen der Schüler*innen*" noch übertroffen. Insgesamt beschrieben es 56 Äußerungen als vorteilhaft, dass vielfältige Kompetenzen der Schüler*innen durch die dialogbasierte Leistungsbeurteilung mit Portfolios weiterentwickelt und verbessert werden. Wie bei der vorherigen Befragung im Juli 2015 standen die Fähigkeiten zur Selbstreflexion und Selbstbeurteilung mit 10 beziehungsweise 13 Nennungen an erster Stelle. Doch auch vorteilhafte Auswirkungen auf weitere Fähigkeiten wie die Kommunikationsfähigkeit oder die Präsentationsfähigkeit der Schüler*innen wurden im November 2016 mit einer bedeutsamen Häufigkeit benannt. Und dass die Fähigkeit und Bereitschaft zur Selbstständigkeit durch die Portfolioarbeit gesteigert werden, sahen sechs Eltern als vorteilhaft an.

Insgesamt wurden von den Eltern im November 2016 somit vielfältige verschiedene Vorteile der dialogbasierten Leistungsbeurteilung mit Portfolios benannt. Verbesserungsvorschläge gab es im Vergleich dazu hingegen nur wenige. Von den 57 Eltern, die im Herbst 2016 an der Befragung teilgenommen haben, haben 37 die offene Frage zu den Verbesserungsvorschlägen beantwortet. Acht von ihnen nutzten das entsprechende Textfeld allerdings lediglich dazu, hervorzuheben, dass sie keinerlei Verbesserungswünsche hätten. Drei dieser acht Eltern ergänzten dies um die Anmerkung, dass sie mit der Portfolioarbeit in ihrer bisherigen Form vollkommen zufrieden seien. Aus den Antworten der verbleibenden 29 Eltern ließen sich mit Hilfe der induktiven qualitativen Inhaltsanalyse verschiedene Schwerpunkte ableiten, die im folgenden Diagramm mit der entsprechenden Anzahl der Nennungen dargestellt sind:

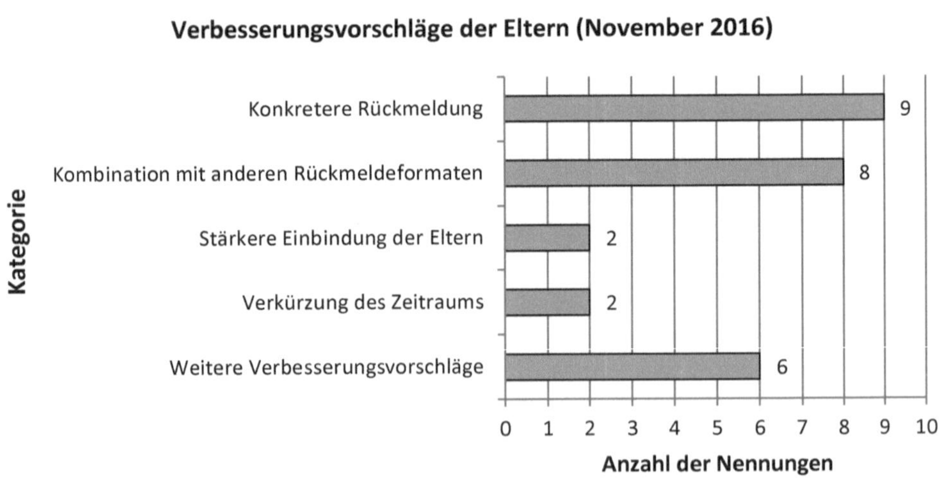

Abbildung 21: Verbesserungsvorschläge der Eltern zur dialogbasierten Leistungsbeurteilung mit Portfolios (November 2016)

Dieses Diagramm veranschaulicht bereits, dass sich die meisten Verbesserungsvorschläge der Eltern auf die Rückmeldung in den Gesprächen bezogen. Insgesamt neun Eltern wünschten sich so in verschiedener Hinsicht eine noch konkretere Rückmeldung durch die Lehrkräfte. Dreimal wurde dabei der Wunsch geäußert, schon frühzeitig eine Einordnung des Leistungsniveaus in Bezug auf die späteren Schulabschlüsse zu erhalten. Diese Eltern wollten somit gerne bereits in den Portfoliogesprächen erfahren, ob sich ihr Kind auf einem Gymnasial-, Real- oder Hauptschulniveau bewegt. Zwei Eltern wünschten sich außerdem noch konkretere Informationen zu denjenigen Fächern, die nicht von den Klassenlehrkräften unterrichtet wurden.

Den zweiten Schwerpunkt der Verbesserungsvorschläge bilden verschiedene Wünsche der Eltern danach, die Portfolioarbeit insgesamt oder zumindest in bestimmten Halbjahren mit anderen Rückmeldeformaten zu kombinieren. Vier Eltern wünschten sich so von der 5. Klasse an die Kombination der Portfoliogespräche mit Noten, während andere dies ab dem Halbjahr 7.1 oder 7.2 als Verbesserungsmöglichkeit benannten. Ein weiteres Elternteil äußerte den Vorschlag, jeweils zum Schuljahresende zusätzlich Noten zu vergeben. Schließlich würden es zwei Eltern begrüßen, wenn man auf Wunsch von der 5. bis zur 7. Klasse jedes Halbjahr ein Zeugnis bekommen könnte.

Neben diesen Vorschlägen gab es lediglich noch zwei weitere, die von mehreren Eltern benannt wurde. Es handelt sich dabei zum einen um den Vorschlag, die Portfolioarbeit auf die 5. Klasse zu beschränken, und zum anderen um den Wunsch von zwei Müttern, noch stärker in die Gespräche eingebunden zu werden. Zu den sechs weiteren Verbesserungsvorschlägen gehört beispielsweise die detailliert beschriebene Idee, in die Portfolios eine Art Wissensmatrix aufzunehmen. Diese solle allen Beteiligten als eine Übersicht darüber dienen, welche Lernfelder die Schüler*innen bereits gemeistert haben und welche sie davon ausgehend als nächstes angehen können.

Ergebnisse der Elternbefragung im Juli 2017

Die dritte und letzte Befragung der Eltern zur dialogbasierten Leistungsbeurteilung insgesamt fand im Juli 2017 statt. Zu diesem Zeitpunkt haben insgesamt 45 Eltern der Treatmentgruppe die Variante B des Elternfragebogens online ausgefüllt. Von ihnen waren 82 Prozent weiblich und 18 Prozent männlich. Das Alter der Teilnehmenden lag zu diesem Zeitpunkt durchschnittlich bei 45 Jahren (M=44,78, SD=6,64) und variierte zwischen 33 und 53 Jahren. Zusätzlich dazu geht aus den allgemeinen Angaben hervor, dass sich erneut Eltern aus allen vier Klassen der Treatmentgruppe beteiligt haben. Durch den Verzicht auf persönliche Identifikationsnummern ist allerdings nicht nachzuvollziehen, inwiefern es sich bei ihnen um die gleichen Eltern handelt, die bereits an den vorherigen Befragungen teilgenommen haben.

Von denjenigen Eltern, die sich im Juli 2017 zum Bearbeiten des Online-Fragebogens entschieden haben, haben tatsächlich alle die Ratingskalen im Hauptteil dieses Fragebogens vollständig beantwortet. Einen ersten Überblick über ihre Antworten zu den insgesamt zwölf Items bietet die folgende Tabelle:

Label	Itemformulierung	N	M	SD
ELT01b	Ich halte die Portfolioarbeit für sinnvoll.	45	3,02	1,055
ELT02b	Ich finde es gut, dass mein Kind über mehrere Schuljahre hinweg ein Talentportfolio erstellt.	45	3,04	1,065
ELT03b	Mein Kind hat Vorteile von der Portfolioarbeit.	45	3,00	,977
ELT04	Ich finde es gut, dass die Leistungen meines Kindes nicht mit Noten beurteilt werden.	45	2,58	1,011
ELT05b	Es ist gut, dass ich im Rahmen der Eltern-Lehrer-Schüler-Gespräche gemeinsam mit meinem Kind und seinen Lehrern über seine schulischen Leistungen sprechen kann.	45	3,36	,857
ELT06b	Es wäre besser, wenn ich nur schriftlich über die Leistungen meines Kindes informiert werden würde.	45	1,76	,857
ELT07b	Als Eltern haben wir Vorteile von der Portfolioarbeit.	45	2,82	1,072
ELT08	Mir wäre es lieber, wenn die Leistungen meines Kindes von der 5. bis zur 7. Klasse mit Noten beurteilt werden würden.	45	2,40	1,031
ELT09b	Ich kann keinen Nutzen in der Portfolioarbeit erkennen.	45	1,87	,991
ELT10	Ich würde es besser finden, wenn die Schule auf die Arbeit mit dem Portfolio verzichtet.	45	1,96	1,086
ELT11	Ich befürworte die Einführung der Portfolioarbeit in den 5. bis 7. Klassen der Anne-Frank-Schule.	45	2,71	1,100
ELT12	An der Anne-Frank-Schule sollte auch zukünftig von der 5. bis zur 7. Klasse mit Portfolios und Portfoliogesprächen gearbeitet werden.	45	2,98	1,055

Tabelle 61: Beurteilung der dialogbasierten Leistungsbeurteilung mit Portfolios durch die Eltern (Juli 2017)

Ein Vergleich dieser Daten mit den beiden vorherigen Befragungen zeigt, dass sich insbesondere die Ergebnisse der Befragungen im November 2016 und im Juli 2017 sehr ähnlich sind. Die Zustimmung zu den meisten positiv formulierten Items fällt so auch im Juli 2017 mit Mittelwerten im oberen Bereich aller möglichen Werte hoch aus. Rein deskriptiv betrachtet liegen die Mittelwerte bei dieser letzten Befragung leicht unter denen der vorherigen Befragungen. Dennoch gaben beispielswese weiterhin fast 80 Prozent der Befragten an, dass sie die Portfolioarbeit für sinnvoll halten. Und exakt wie bei der vorherigen Befragung stimmten 88 Prozent der teilnehmenden Eltern dem zu, dass sie die gemeinsamen Gespräche mit ihren Kindern und deren Lehrkräften schätzen. Fast 65 Prozent wählten bei dem entsprechenden Item ELT05 sogar die Antwortmöglichkeit „*trifft völlig zu*“ aus.

Am stärksten gehen die Antworten der Eltern erneut bei den beiden Items zu Noten auseinander. Unmittelbar vor der Einführung der Noten im 8. Jahrgang lehnten 51 Prozent der teilnehmenden Eltern so die Aussage ab, dass es ihnen lieber gewesen wäre, wenn ihre Kinder bereits von der 5. bis 7. Klasse mit Noten beurteilt worden wären (Item ELT08). Die verbleibenden 49 Prozent der Teilnehmenden stimmten dieser Aussage hingegen mit *„trifft eher"* oder seltener mit *„trifft völlig zu"* zu. Auch beim Item ELT04 ist das Verhältnis zwischen zustimmenden und ablehnenden Antworten ähnlich ausgeglichen. Es fällt allerdings leicht stärker zugunsten der Notenfreiheit aus. So stimmten insgesamt 56 Prozent der teilnehmenden Eltern dem zu, dass es gut sei, dass die Leistungen ihrer Kinder nicht benotet werden.

Bei allen weiteren Items überwiegen deutlich diejenigen Antwortmöglichkeiten, die für die dialogbasierte Leistungsbeurteilung mit Portfolios sprechen. Dies gilt auch für das ELT12, bei dem sich im Juli 2017 70 Prozent der Eltern der Treatmentgruppe explizit die Fortführung der Portfolioarbeit in den zukünftigen 5. bis 7. Klassen der Anne-Frank-Schule wünschten. Die meisten von ihnen wählten dabei die Antwortmöglichkeit *„trifft völlig zu"* aus.

Bei den offenen Fragen zu den Vor- und Nachteilen der Portfolioarbeit überwiegen ebenfalls die Nennungen positiver Aspekte deutlich die der negativen. Insgesamt haben sich im Juli 2017 37 Eltern zu diesen beiden offenen Fragen geäußert und das folgende Diagramm enthält eine Übersicht über die thematischen Schwerpunkte, auf die sich ihre Antworten konzentrieren:

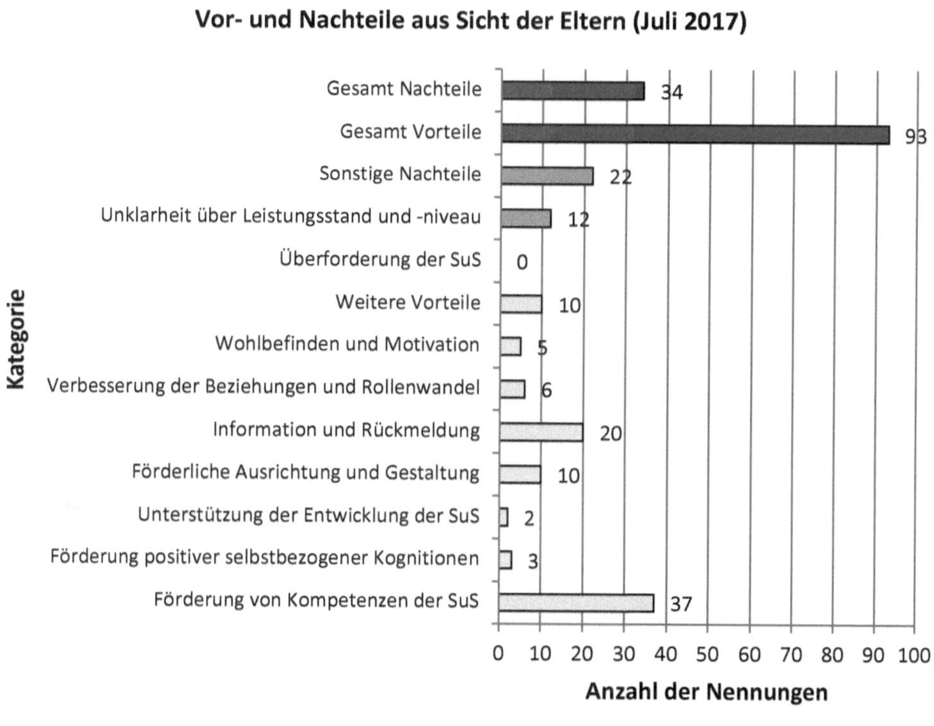

Abbildung 22: Vor- und Nachteile der dialogbasierten Leistungsbeurteilung mit Portfolios aus Sicht der Eltern (Juli 2017)

Dieses Diagramm zeigt zunächst, dass die Anzahl der von den Eltern benannten Vorteile dreimal so hoch ausfällt wie die der genannten Nachteile. So stehen 34 Nennungen zu negativen Aspekten 93 Aussagen zu vorteilhaften Aspekten entgegen. Es zeigt sich außerdem, dass die von den Eltern ursprünglich befürchtete Überforderung der Schüler*innen im Juli 2017 nicht mehr als Problem benannt wurde. Die Sorge, dass die dialogbasierte Leistungsbeurteilung bei den Schüler*innen zu falschen oder unklaren Leistungsvorstellungen führen könnte, wird hingegen weiterhin unter den Nachteilen am häufigsten benannt. Dabei stellen die meisten der Eltern, die diesen Aspekt angesprochen haben, einen Bezug zum bevorstehenden Übergang zu Noten her. Sie äußerten so die Befürchtung, dass sie und ihre Kinder durch die stärkenorientierte Portfolioarbeit ein zu positives Bild entwickelt haben könnten, das die Noten als falsch entlarven würden. Auf diese Weise könnte die Einführung des Notensystems aus Sicht mehrerer Eltern zu einer Art Schock führen.

Zusätzlich zu den beiden genannten Kategorien ließen sich auch zum dritten Messzeitpunkt keine weiteren inhaltlich aussagekräftigen zu den Nachteilen bilden. Das ist darauf zurückzuführen, dass sich die meisten Antworten zu den möglichen Nachteilen der Portfolioarbeit erneut auf ganz unterschiedliche Aspekte bezogen, die jeweils nur von einzelnen Eltern als relevant benannt wurden. Zusätzlich dazu nutzten einige Eltern diese offene Frage auch, um sich zu Aspekten zu äußern, die eigentlich keine Nachteile der Leistungsbeurteilung an der Anne-Frank-Schule selbst darstellen. Eine Mutter nutzte das entsprechende Textfeld beispielsweise dazu, ihren Unmut darüber zu äußern, dass sich die meisten Eltern außerhalb der Anne-Frank-Schule nur für Noten und nicht für ihre Berichte von den Portfoliogesprächen interessieren würden. Wie sie jedoch selbst anmerkt, ist dies kein Nachteil der dialogbasierten Leistungsbeurteilung an sich.

Die Vorteile, die dieses alternative Beurteilungssystem aus Sicht der Eltern hat, wurden im Gegensatz dazu wieder sehr zahlreich benannt und überwiegend auf dieselben thematischen Schwerpunkte bezogen wie bei den vorherigen Befragungen. So wurden der Portfolioarbeit beispielsweise auch im Juli 2017 verschiedene Vorteile in Bezug auf das Wohlbefinden und die Motivation oder die Entwicklung der Schüler*innen insgesamt zugesprochen. Auch die Orientierung an den individuellen Voraussetzungen und Stärken der Schüler*innen wurde zehnmal als vorteilhaft benannt. Die meisten Nennungen entfielen schließlich erneut auf die Kategorien „*Information und Rückmeldung*“ und „*Förderung von Kompetenzen der Schüler*innen*“. Innerhalb dieser Kategorien wurden im Wesentlichen dieselben Aspekte als vorteilhaft beschrieben, die bei der vorherigen Befragung bereits herausgestellt werden, und sie sollen deshalb nicht noch einmal im Detail wiederholt werden.

Insbesondere in Bezug auf die Förderung der Kompetenzen der Schüler*innen fällt in der Gestaltung zahlreicher Antworten allerdings ein Unterschied auf. Vor allem bei der ersten, mitunter auch noch bei der zweiten Befragung schienen einige Eltern eher noch Vermutungen über die positiven Auswirkungen zu anzustellen, die die Portfolioarbeit auf die Kompetenzentwicklung ihrer Kinder haben könnte. Bei der Befragung im Juli 2017 sprechen die meisten Eltern der dialogbasierten Leistungsbeurteilung mit

Portfolios diese vorteilhafte Wirkung definitiv zu und belegen sie mit konkreten Beobachtungen zur Entwicklung ihrer eigenen Kinder.

Schließlich hatten die Eltern im Juli 2017 erneut die Möglichkeit, konkrete Verbesserungsvorschläge zur Portfolioarbeit zu äußern. Von den 45 Eltern, die zu diesem Zeitpunkt insgesamt an der Befragung teilgenommen haben, haben 25 die entsprechende offene Frage tatsächlich beantwortet. Acht von ihnen gaben dabei lediglich an, dass sie keinerlei Verbesserungsvorschläge hätten, und drei dieser Eltern ergänzten dazu, dass sie mit der Portfolioarbeit und den Portfoliogesprächen vollkommen zufrieden seien. Die Antworten der verbleibenden 17 Eltern konnten mit Hilfe der Qualitativen Inhaltsanalyse insgesamt sechs inhaltlich aussagekräftigen Kategorien zugeordnet werden, die sich teilweise mit dem vorherigen Befragungstermin überschneiden. So waren es die folgenden Aspekte, zu denen die Eltern der Treatmentgruppe im Juli 2017 Verbesserungsvorschläge geäußert haben:

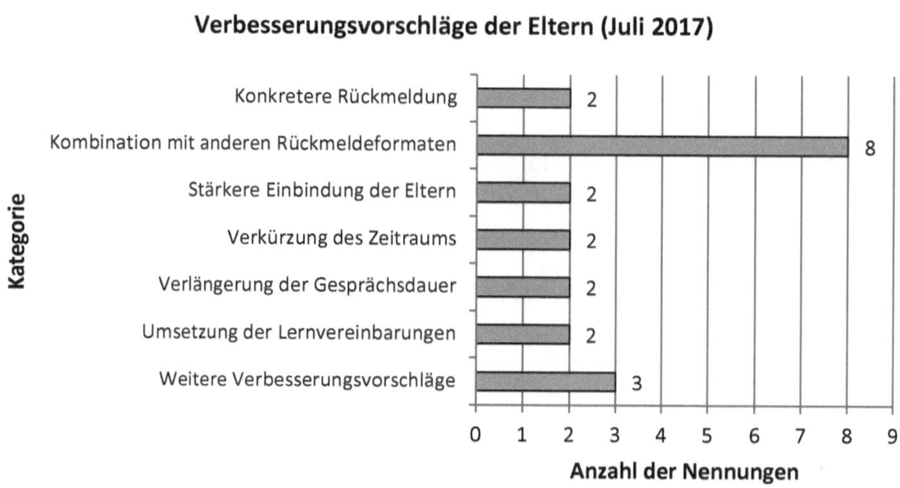

Abbildung 23: Verbesserungsvorschläge der Eltern zur dialogbasierten Leistungsbeurteilung (Juli 2017)

Anders als im November 2016 gab es im Juli 2017 nur noch einen thematischen Schwerpunkt, zu dem sich eine größere Anzahl an Eltern geäußert hat. Es handelt sich dabei um die Kombination der Portfolioarbeit mit anderen Rückmeldeformaten, die wie beim vorherigen Termin von insgesamt acht Eltern gewünscht wurde. Dazu wie diese konkret gestaltet sein sollte, benannten diese Eltern allerdings unterschiedliche Ideen. Während sich fünf von ihnen von der 5. Klasse an eine Kombination mit Noten wünschten, schlugen drei weitere eine derartige Kombination erst ab der 7. Klasse vor. Ein weiteres Elternteil machte hingegen den Vorschlag, dass die Eltern jedes Halbjahr auf Wunsch eine zusätzliche Rückmeldung in Form von Noten erhalten könnten.

Dass die Rückmeldung insgesamt noch konkreter sein sollte, wurde im Vergleich zum November 2016 nur noch von wenigen Eltern benannt. Gleich geblieben ist hingegen, dass sich erneut zwei Eltern eine stärkere Einbindung in die Gespräche wünschten. Eine Mutter äußerte dabei den Vorschlag, die Gespräche wie einen Runden

Tisch zu gestalten, in den alle gleichberechtigt ihre Ideen und Fragen einbringen können. Ebenfalls wie bei der vorherigen Befragung wünschten sich zwei weitere Eltern, den Zeitraum der rein dialogbasierten Leistungsbeurteilung auf das 5. beziehungsweise auf das 5. und 6. Schuljahr zu beschränken. In anderer Hinsicht wünschen sich zwei weitere Eltern hingegen eine zeitliche Ausweitung der Portfoliogespräche. Und zwar sprechen sie sich dafür aus, die Gesprächsdauer pro Kind zu verlängern, damit wirklich alle bedeutsamen Aspekte zur Sprache kommen können. Und schließlich sind es ebenfalls zwei Eltern, die sich in Bezug auf die Umsetzung der Lernvereinbarungen eine Verbesserung wünschen. Sie sind beide der Meinung, dass diese Vereinbarungen erstens zwischen den Gesprächen nicht thematisiert und zweitens auch bei den folgenden Gesprächen nicht aufgegriffen werden würden. Daher wünschen sich diese beiden Eltern, dass die Klassenlehrkräfte auch im laufenden Halbjahr mit den Schüler*innen an den Zielen aus ihren Lernvereinbarungen arbeiten.

9.3.2 Beurteilung des Übergangs zu Noten

Im März 2018 hatten die Eltern der Treatmentgruppe wie die Lehrkräfte auch die Möglichkeit, ihre Einschätzung zum Übergang zu Noten und zu den fortgesetzten Eltern-Lehrer-Schüler-Gesprächen abzugeben. An der entsprechenden Befragung haben sich insgesamt 43 Eltern beteiligt, die mit ihren Kindern gemeinsam den Übergang von der rein dialogbasierten Leistungsbeurteilung zum Notensystem erlebt haben. Mit 84 Prozent waren die Mütter unter diesen Eltern erneut stärker vertreten als die Väter mit 16 Prozent. Das Alter der Teilnehmenden lag zu diesem Zeitpunkt zwischen 35 und 53 Jahren und im Durchschnitt bei 46 Jahren (M=45,8, SD=4,371). Dass tatsächlich Eltern aller vier Parallelklassen an der Befragung teilgenommen haben, geht aus den weiteren allgemeinen Angaben des Fragebogens hervor.

Im Folgenden sollen nun die Ergebnisse beschrieben werden, die aus der Befragung dieser Eltern hervorgehen. Sie werden nach den verschiedenen thematischen Schwerpunkten gegliedert, die über den Fragebogen zum Übergang abgedeckt wurden.

Gesamtbeurteilung des Übergangs

Mit Hilfe von zwei Items wurde im März 2018 zunächst erfasst, inwiefern die Eltern den Übergang zwischen den Beurteilungssystemen insgesamt als gelungen beurteilen. In der folgenden Tabelle werden die Antworten der teilnehmenden Eltern zu diesen beiden Items zusammenfassend dargestellt:

Label	Itemformulierung	N	M	SD
ÜGE01	Meinem Kind ist die Umstellung von der Leistungsbeurteilung mit Portfolios zu Noten ohne Schwierigkeiten gelungen.	43	3,35	,897
ÜGE02	Die Anne-Frank-Schule hat den Übergang vom Portfolio zu Noten gut gestaltet.	43	3,09	,921

Tabelle 62: Gesamtbeurteilung des Übergangs zu Noten durch die Eltern

Wie aus dieser Übersicht hervorgeht, fällt die Zustimmung der teilnehmenden Eltern mit Mittelwerten von 3,35 und 3,09 insgesamt hoch aus. Eine genauere Betrachtung der Verteilung der Antworten zeigt zudem, dass 86 Prozent der Eltern angegeben haben, dass ihrem Kind der Übergang zwischen den beiden Beurteilungssystemen ohne Schwierigkeiten gelungen sei. Dabei wählten 56 Prozent der Teilnehmenden sogar die Antwortmöglichkeit *„trifft völlig zu"* aus. Beim Item ÜGE02 wurde diese Antwort mit 40 Prozent ebenfalls am häufigsten gewählt und weitere 37 Prozent der Eltern entschieden sich für die Antwortmöglichkeit *„trifft eher zu"*. Insgesamt äußern damit fast 80 Prozent der Eltern die Meinung, dass die Anne-Frank-Schule den Übergang zwischen den Beurteilungssystemen gut gestaltet habe.

Zufriedenheit mit Noten und Passung zu vorheriger Rückmeldung

Bei den allgemeinen Befragungen zur dialogbasierten Leistungsbeurteilung hatten Eltern wiederholt die Sorge geäußert, dass sie und ihre Kinder durch die stärkenorientierte Portfolioarbeit zu positive Leistungsvorstellungen entwickelt haben könnten, die sich in den späteren Noten nicht wiederfinden. Inwiefern es in dieser Hinsicht tatsächlich zu Diskrepanzen gekommen ist, wurde im nächsten thematischen Block mit Hilfe von vier Items erfasst. Zu diesem Block gehören außerdem zwei Items, die erfragen, inwiefern die Eltern die Noten als ein gerechtes und realistisches Abbild der Leistungen ihrer Kinder ansehen. Fünf dieser insgesamt sechs Items wurden als vierstufige Ratingskalen konzipiert und die folgende Tabelle fasst zusammen, wie sie von den teilnehmenden Eltern beantwortet wurden:

Label	Itemformulierung	N	M	SD
ÜGE03	Die Zeugnisnoten meines Kindes passen im Wesentlichen zu den Rückmeldungen, die wir in den letzten Portfoliogesprächen bekommen haben.	43	3,16	,843
ÜGE05	Die Zeugnisnoten meines Kindes geben wirklich das wieder, was mein Kind in diesem Schuljahr geleistet hat.	43	2,93	,768
ÜGE06	Die Noten, die mein Kind von seinen Lehrkräften bekommen hat, sind zum größten Teil gerecht.	43	3,05	,785
ÜGE07	Durch die Portfoliogespräche der letzten Jahre hat mein Kind ein vollkommen falsches Bild von seinen eigenen Fähigkeiten und Leistungen entwickelt.	43	1,93	1,033
ÜGE08	Die Portfoliogespräche der letzten Jahre haben mir selbst ein vollkommen falsches Bild von den Fähigkeiten und Leistungen meines Kindes vermittelt.	43	1,70	,860

Tabelle 63: Beurteilung der Noten und ihrer Passung zur vorherigen Rückmeldung durch die Eltern

Dass der Mittelwert für das Item ÜGE03 vergleichsweise hoch ausfällt, verdeutlicht bereits, dass die Mehrheit der Eltern der entsprechenden Aussage zugestimmt hat. Jeweils ungefähr 40 Prozent von ihnen wählten dabei die Antwortmöglichkeiten *„trifft eher zu“* und *„trifft völlig zu“* aus. Insgesamt waren 82 Prozent der Eltern der Meinung, dass die Noten ihrer Kinder im Wesentlichen zu den Rückmeldungen aus den Portfoliogesprächen passten. Ebenfalls ungefähr 80 Prozent der teilnehmenden Eltern gaben in Reaktion auf das Item ÜGE08 an, dass ihnen durch die Portfoliogespräche kein falsches Bild vermittelt worden sei. Die meisten von ihnen verneinten dies mit der Antwortoption *„trifft überhaupt nicht zu“* entschieden. Dass auch die Noten mehrheitlich zu den Leistungsvorstellungen und Erwartungen der Eltern passten, geht in diesem Zusammenhang aus dem Item ÜGE04 hervor. Anders als die anderen Items dieses Themenbereichs war es nicht als Ratingskala konzipiert, sondern bot den Eltern die Möglichkeit anzukreuzen, ob die Noten ihre Kinder schlechter, besser oder ungefähr genauso ausgefallen sind, wie sie erwartet hatten. Fast 30 der teilnehmenden Eltern wählten dabei die letztgenannte Option aus und die Erwartungen von 4 Eltern wurden durch die tatsächlichen Noten positiv übertroffen. 10 Eltern gaben allerdings auch an, dass die Noten ihrer Kinder schlechter ausgefallen seien als erwartet. Mit ungefähr 70 Prozent überwiegen jedoch deutlich die Antworten, die für eine hohe Passung zwischen den Noten und den Erwartungen der Eltern sprechen.

Die Schüler*innen selbst haben aus Sicht der Teilnehmenden durch die Portfolioarbeit ebenfalls keine falschen Leistungsvorstellungen entwickelt. So lehnten ungefähr 75 Prozent der teilnehmenden Eltern die entsprechende Aussage des Items ÜGE07 ab und die Antwortmöglichkeit *„trifft überhaupt nicht zu“* wurde dabei weitaus am häufigsten gewählt.

75 Prozent der Teilnehmenden waren es schließlich ebenfalls, die dem Item ÜGE05 zustimmten, das sie danach befragte, inwiefern die Noten das von ihren Kindern Geleistete tatsächlich widerspiegeln. Die meisten Eltern (55%) wählten dabei allerdings nur die Antwortmöglichkeit *„trifft eher zu“*, sodass der Mittelwert für dieses Item nur bei 2,93 liegt. Etwas höher fällt er mit 3,05 für das Item ÜGE06 aus. Allerdings stimmten mit 55 Prozent die meisten Eltern auch der Aussage, dass die Noten ihrer Kinder gerecht seien, nur eher zu, während 28 Prozent die Antwortmöglichkeit *„trifft völlig zu“* auswählten.

Beurteilung der Eltern-Lehrer-Schüler-Gespräche

Die Eltern der Treatmentgruppe wurden im März 2018 auch dazu befragt, inwiefern sie die parallel zur Notenvergabe fortgesetzten Gespräche als vorteilhaft ansehen, und die folgende Tabelle bietet eine Übersicht über die Antworten der teilnehmenden Eltern zu den entsprechenden geschlossenen Items:

Label	Itemformulierung	N	M	SD
ÜGE11	Es ist sinnvoll, die Eltern-Lehrer-Schüler-Gespräche im 8. Jahrgang fortzusetzen.	41	3,27	,975
ÜGE12	Ich finde es gut, dass ich im Rahmen der Gespräche weiterhin mit meinem Kind und seinen Lehrern über seine schulischen Leistungen sprechen kann.	41	3,46	,869
ÜGE13	Die Gespräche haben mir dabei geholfen, die Noten meines Kindes besser zu verstehen.	41	2,95	1,048
ÜGE14	Durch die Gespräche habe ich genauere Informationen zu den Leistungen und Fähigkeiten meines Kindes bekommen.	41	3,22	,988
ÜGE15	In den Gesprächen habe ich Hinweise dazu bekommen, wie mein Kind seine Leistungen weiter verbessern kann.	41	3,32	,960

Tabelle 64: Beurteilung der parallel zur Notenvergabe fortgesetzten Gespräche durch die Eltern

Wie daraus bereits hervorgeht, fällt die Zustimmung der Eltern zu den meisten Items aus diesem Themenbereich mit Werten zwischen 3,22 und 3,46 ausgesprochen hoch. Lediglich das Item ÜGE13 erreicht mit 2,95 einen etwas niedrigeren Mittelwert, der im Vergleich zu allen möglichen Werten aber immer noch als hoch einzustufen ist. Die genauere Betrachtung der Verteilung der Antworten zu diesem Item zeigt außerdem, dass fast 40 Prozent der Aussage, dass ihnen die Gespräche beim Verstehen der Noten ihrer Kinder geholfen hätten, völlig zustimmten. Weitere 30 Prozent der teilnehmenden Eltern wählten außerdem die Antwortmöglichkeit „*trifft eher zu*", sodass die Zustimmung zu dieser Aussage insgesamt bei ungefähr 70 Prozent liegt.

Bei den anderen Items fällt die Zustimmung der Eltern wie bereits erwähnt sogar noch höher aus. Bei all diesen Items wurde die Antwortmöglichkeit „*trifft völlig zu*" am häufigsten gewählt und das durchgehend von 53 bis 63 Prozent der Teilnehmenden. Am zweithäufigsten war stets die Antwortmöglichkeit „*trifft eher zu*" vertreten. In Bezug auf den Informationsgehalt der Gespräche gaben so insgesamt etwas mehr als 80 Prozent der Eltern an, dass sie durch die Portfoliogespräche genauere Informationen zu den Fähigkeiten und Leistungen ihres Kindes bekommen hätten, und 80 Prozent erhielten ihrer eigenen Aussage nach auch konkrete Verbesserungshinweise. Als sinnvoll stufen ebenfalls 80 Prozent der teilnehmenden Eltern die Fortführung der Eltern-Lehrer-Schüler-Gespräche im 8. Jahrgang ein. Und schließlich sind es sogar 85 Prozent der Eltern, die es für gut befinden, dass sie weiterhin gemeinsam mit ihrem Kind und seinen Lehrkräften über seine schulischen Leistungen sprechen konnten.

Dass insgesamt nur wenige Verbesserungsvorschläge zu der entsprechenden offenen Frage geäußert wurden, spricht ebenfalls für die Zufriedenheit der Eltern mit der Gestaltung der Eltern-Lehrer-Schüler-Gespräche. Bei der Auswertung dieser Frage gaben 23 Eltern an, dass sie keinerlei Verbesserungsvorschläge hätten, und fünf von ihnen äußerten in diesem Zusammenhang explizit ihre Zufriedenheit mit dem gewählten

Format. So schrieb beispielsweise eine Mutter: „*Ich finde es großartig, dass sich die Lehrer weiter die Zeit nehmen und nehmen können. Dies gepaart mit dem Engagement unserer Klassenlehrer ist wirklich wertvoll. Es hängt auch hier immer von den Menschen ab, die es durchführen. Ich habe keine konkreten Verbesserungsvorschläge bin aber dankbar, dass unsere Tochter die Portfolios hatte. Es hat ihr in den kritischen ersten Jahren viel Druck genommen.*"

Der einzige Verbesserungswunsch, der von mehreren, und zwar insgesamt fünf Eltern angebracht wurde, ist der nach mehr Informationen zu den Unterrichtsfächern, die nicht von den Klassenlehrkräften unterrichtet werden. Drei dieser fünf Eltern wünschten sich, dass diese in den Eltern-Lehrer-Schüler-Gesprächen mit den Klassenlehrkräften stärker enthalten sein sollten, während zwei Eltern separate Gespräche mit den Fachlehrkräften wünschten. Die Möglichkeit derartiger Gespräche ist an der Anne-Frank-Schule am Eltern-Lehrer-Schüler-Sprechtag jedoch bereits gegeben.

Weitere Verbesserungsvorschläge wurden nur von einzelnen Eltern benannt, sie ließen sich allerdings nicht kategorisieren, da sie sich auf unterschiedliche Aspekte bezogen oder widersprachen. So wünschte sich beispielsweise ein Elternteil eine stärkere Einbindung der Eltern in die Gespräche, während ein anderes Elternteil sich dafür aussprach, dass im 8. Jahrgang nur noch Lehrer-Schüler-Gespräche geführt werden sollten. Vereinzelt wurde auch die Verlängerung der Gespräche oder die Kombination mit einem schriftlichen Lernentwicklungsbericht gewünscht.

Insgesamt überwiegen jedoch deutlich die Antworten der Eltern, die keinerlei Verbesserungswünsche in Bezug auf die Gestaltung der Eltern-Lehrer-Schüler-Gespräche im 8. Jahrgang haben.

Beobachtete Veränderungen im Verhalten der Kinder

Der letzte thematische Block des Elternfragebogens war schließlich darauf ausgerichtet, zu erfassen, inwiefern der Übergang ihrer Einschätzung nach zu Veränderungen im Verhalten ihrer Kinder sowie generell zu Schwierigkeiten aber auch positiven Erfahrungen geführt hat. Um hierbei ganz individuelle Erfahrungen aufnehmen zu können, wurden die meisten Items dieses Abschnitts als offene Fragen konzipiert.

Die offene Frage nach Veränderungen im Verhalten der Schüler*innen wurde insgesamt von 36 Eltern bearbeitet, von denen 13 ihrer eigenen Aussage nach keinen nennenswerten Veränderungen beobachtet haben. Die verbleibenden Antworten ließen sich verschiedenen thematischen Schwerpunkten zuordnen, die in der folgenden Abbildung mit der entsprechenden Anzahl der Nennungen dargestellt werden:

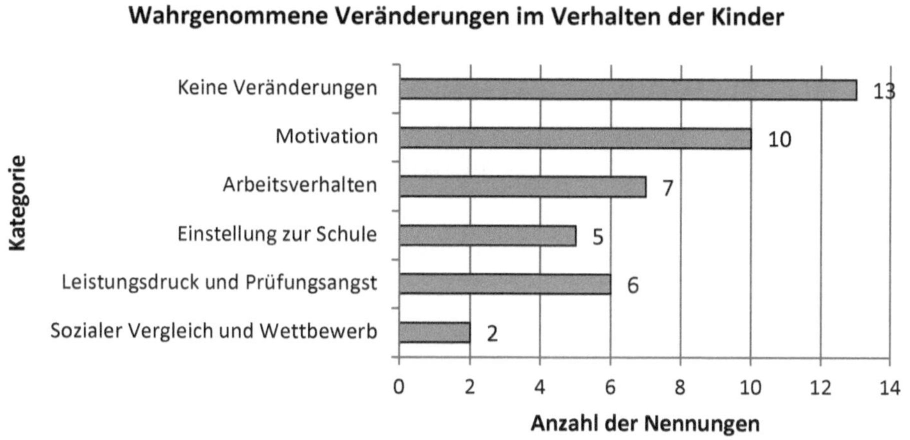

Abbildung 24: Von den Eltern mit dem Übergang zu Noten wahrgenommene Veränderungen im Verhalten der Schüler*innen

Der Bereich der Motivation wurde dabei von den Eltern besonders häufig angesprochen. Drei Eltern gaben an, dass sich die Motivation ihrer Kinder allgemein verbessert hätte, während fünf Eltern meinten, bei ihren Kindern einen gesteigerten Ehrgeiz beobachtet zu haben. Zwei weitere Eltern berichteten, dass ihre Kinder verstärkt nach guten Noten streben würden. Zum größten Teil von denselben Eltern wurde es ebenfalls siebenmal als bedeutsame Veränderung benannt, dass ihre Kinder seit der Einführung der Noten intensiver und aus ihrer Sicht besser für die Schule lernen und arbeiten würden.

In eine vergleichbare Richtung gehen auch die fünf Äußerungen aus dem Bereich „*Einstellung zur Schule*". So habe die Umstellung der Leistungsbeurteilung dazu geführt, dass die Kinder von fünf Eltern die Schule ernster nehmen würden. In den Antworten von sechs Eltern deutet sich allerdings an, dass ihre Kinder die Schule seit der Einführung der Noten zu ernst nehmen würden. Konkret berichteten sie davon, dass ihre Kinder nun einen höheren Leistungsdruck verspüren würden und dadurch eine größere Nervosität beziehungsweise sogar Angst vor Prüfungssituationen entwickelt hätten. Und zwei Eltern gaben schließlich an, dass die Einführung der Noten in den Klassen ihrer Kinder zu einem größeren sozialen Vergleich und zu Konkurrenz unter den Schüler*innen geführt hätte, was sie selbst als problematisch einstufen.

Inwiefern sich die Motivation der Schüler*innen aus Sicht ihrer Eltern mit dem Übergang zu Noten verändert hat, wurde auch über ein geschlossenes Item erfasst. Die Antworten der 41 Eltern, die dieses Item bearbeitet haben, verteilen sich dabei folgendermaßen auf die vorgegebenen Antwortoptionen:

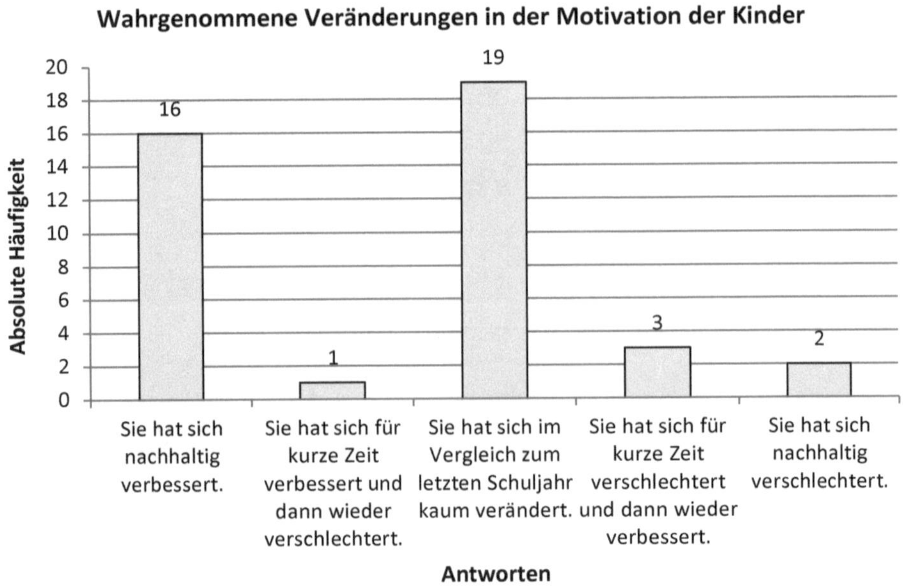

Abbildung 25: Von den Eltern mit dem Übergang zu Noten wahrgenommene Veränderungen in der Motivation der Schüler*innen

Die meisten teilnehmenden Eltern äußerten somit die Einschätzung, dass sich die Motivation ihrer Kinder durch die Einführung der Noten nicht wesentlich verändert habe. 16 Eltern gaben allerdings auch an, dass sich die Motivation ihrer Kinder durch die Einführung der Noten nachhaltig verbessert habe.

In Bezug auf die Anstrengungsbereitschaft der Schüler*innen meint ein noch etwas größerer Teil der Eltern, eine Veränderung an ihren Kindern beobachtet zu haben, wie die Antworten zu dem entsprechenden Item ÜGE10 zeigen:

Label	Itemformulierung	N	M	SD
ÜGE10	Seitdem die Leistungen meines Kindes benotet werden, strengt es sich in der Schule sehr viel mehr an als vorher.	41	2,76	,860

Abbildung 26: Beurteilung der Veränderung der Anstrengungsbereitschaft der Schüler*innen mit dem Übergang zu Noten durch die Eltern

Von den 41 Eltern, die dieses Item beantwortet haben, entschieden sich fast 45 Prozent und damit die meisten für die Antwortmöglichkeit „*trifft eher zu*" und 20 Prozent wählten die Antwortmöglichkeit „*trifft völlig zu*" aus. Allerdings stimmten auch 30 Prozent der Eltern dieser Aussage eher nicht zu und drei lehnten sie entschieden ab.

Die Aspekte der Anstrengungsbereitschaft und der Motivation wurden schließlich auch bei den verbleibenden offenen Fragen von einigen Eltern angesprochen. Die erste dieser Fragen zu den positiven Erfahrungen mit dem Übergang wurde von 23 und die zweite Frage zu den Schwierigkeiten von 15 Eltern beantwortet. Wie die Ergebnisse zu den Vor- und Nachteilen der dialogbasierten Leistungsbeurteilung werden die Antworten auf diese beiden Fragen in dem folgenden Diagramm kombiniert dargestellt:

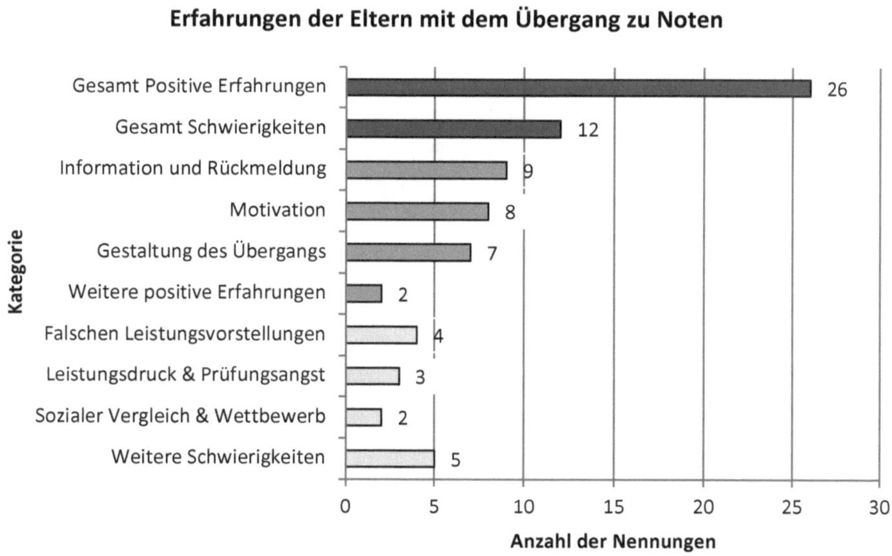

Abbildung 27: Erfahrungen der Eltern mit dem Übergang zu Noten

Wie aus diesem Diagramm hervorgeht, haben die Eltern vorrangig von positiven Erfahrungen berichtet. Dennoch wurden auch einige Schwierigkeiten benannt. So gaben vier Eltern an, dass ihnen und ihren Kindern in den vorherigen Jahren tatsächlich ein zu positives Bild vermittelt worden sei, von dem die Noten nach dem Halbjahr 8.1 deutlich abwichen. Ähnlich wie bei der offenen Frage nach den Veränderungen haben drei Eltern außerdem die Schwierigkeit benannt, dass der Leistungsdruck und die Prüfungsängstlichkeit ihrer Kinder durch die Einführung der Noten gestiegen seien. Zusätzlich dazu sprachen zwei weitere Eltern erneut das Problem des erhöhten sozialen Vergleichs und konkurrenzartigen Wettbewerbs unter den Schüler*innen an. Zu den weiteren Schwierigkeiten gehören beispielsweise die Kritik eines Vaters, dass Noten zur Bewertung von Leistungen gänzlich ungeeignet sein, oder die Anmerkung einer Mutter, dass das Übertragungsnotensystem schwer verständlich sei und von den einzelnen Lehrkräften unterschiedlich gehandhabt werden würde.

Bei den positiven Erfahrungen wurden erneut Aspekte aus dem Bereich der Motivation benannt, die bereits im Zusammenhang mit der offenen Frage nach den Veränderungen benannt wurden. Zusätzlich dazu wurde von den teilnehmenden Eltern siebenmal explizit geäußert, dass die Anne-Frank-Schule den Übergang zwischen den verschiedenen Beurteilungssystemen gut vorbereitet und gestaltet habe. Und am häufigsten wurde es von den Eltern schließlich als positiv benannt, dass sie durch die Kombination der Noten mit den Eltern-Lehrer-Schüler-Gesprächen besonders gut und differenziert über die schulischen Leistungen ihrer Kinder informiert würden.

10. Interpretation der Ergebnisse

Nachdem die Ergebnisse der verschiedenen Befragungen im vorherigen Kapitel beschrieben wurden, sollen sie nun in Bezug auf die übergeordneten Fragestellungen dieses Projekts interpretiert werden. Dabei werden die einzelnen Fragestellungen zunächst separat betrachtet, bevor in der anschließenden Diskussion eine Zusammenführung der Ergebnisse erfolgt.

10.1 Beantwortung der Forschungsfrage zur Motivation

Die Untersuchung der Motivation wurde von der Frage geleitet, inwiefern die dialogbasierte Leistungsbeurteilung mit Portfolios dazu beitragen kann, die intrinsische Motivation und die Lernzielorientierung der Schüler*innen zu fördern und gegenüber der extrinsischen Motivation und der Leistungszielorientierung zu stärken. Die Beantwortung dieser Forschungsfrage soll im Rahmen dieses Kapitels vorrangig auf der Grundlage der Gemeinsamkeiten und Unterschiede erfolgen, die sich in Bezug auf die Entwicklung und das Niveau der motivationalen Variablen zwischen der Treatmentgruppe und der Kontrollgruppe gezeigt haben. In geringerem Umfang fließen auch Ergebnisse der Befragungen der Schüler*innen, Eltern und Lehrkräfte zur dialogbasierten Leistungsbeurteilung mit Portfolios in die Beantwortung der ersten Forschungsfrage ein.

In Bezug auf die untersuchten motivationalen Variablen haben sich zwischen der Treatmentgruppe und der Kontrollgruppe zunächst mehrere Gemeinsamkeiten gezeigt. So nehmen die intrinsische Motivation und die Lernzielorientierung in beiden Untersuchungsgruppen über den Erhebungszeitraum hinweg signifikant ab, was aus entwicklungspsychologischer Sicht bereits erwartet wurde und sich mit den in Kapitel 3.2.3 berichteten Studienergebnissen deckt. Die abnehmende Entwicklung vollzieht sich allerdings in beiden Untersuchungsgruppen auf einem ausgesprochen hohen Niveau und fällt vergleichsweise gering aus. Zusätzlich dazu sind die intrinsische Motivation und die Lernzielorientierung sowohl in der Treatmentgruppe als auch in der Kontrollgruppe durchgängig höher ausgeprägt als die extrinsische Motivation und die Leistungszielorientierung. Diese Variablen nehmen in beiden Gruppen ebenfalls ab und das mit der Ausnahme der Leistungszielorientierung in der Kontrollgruppe auch signifikant. Diese Gemeinsamkeiten zwischen den beiden Untersuchungsgruppen weisen darauf hin, dass die Gestaltung der Lernkultur an der Anne-Frank-Schule insgesamt zu einer lernförderlichen Motivationsentwicklung beiträgt.

Es gibt allerdings auch einige Unterschiede zwischen den beiden Untersuchungsgruppen, die dafür sprechen, dass die dialogbasierte Leistungsbeurteilung mit Portfolios die Motivationsentwicklung der Schüler*innen innerhalb dieser Lernkultur noch besser unterstützen kann als das vorherige Beurteilungssystem mit Kompetenzrastern und verbalen Beurteilungen.

Derartige Unterschiede zeigen sich zunächst in Bezug auf die Entwicklung der intrinsischen Motivation. Während die intrinsische Motivation in der Treatmentgruppe im 6. und 7. Schuljahr nahezu konstant bleibt, ist die Ausprägung dieser Variable in der Kontrollgruppe deutlichen Schwankungen unterlegen. Diese signifikanten Unterschiede im Entwicklungsverlauf weisen darauf hin, dass die dialogbasierte Leistungsbeurteilung mit Portfolios zu einer stabileren Ausprägung der intrinsischen Motivation beitragen kann. Für einen motivationsförderlicheren Einfluss des alternativen Beurteilungssystems spricht es tendenziell auch, dass diese Variable in der Treatmentgruppe zu drei vergleichbaren Zeitpunkten höher ausgeprägt ist. Diese Niveauunterschiede sind allerdings nicht signifikant und in den zwei verbleibenden vergleichbaren Halbjahren fallen die Skalenmittelwerte der beiden Untersuchungsgruppen nahezu identisch aus.

In Bezug auf die Entwicklung der extrinsischen Motivation weist die zweifaktorielle Varianzanalyse mit Messwiederholung ebenfalls signifikante Unterschiede zwischen den beiden Untersuchungsgruppen aus. In der Treatmentgruppe sinkt die extrinsische Motivation dabei frühzeitiger ab als in der Kontrollgruppe. Bis sich die Skalenmittelwerte der beiden Gruppen zum Ende des 7. Schuljahres angleichen, fällt die extrinsische Motivation in der Treatmentgruppe zudem durchgehend geringer aus. Da die extrinsische Motivation für die nachhaltige Kompetenzentwicklung von Schüler*innen nur wenig förderlich ist, weisen auch diese Unterschiede darauf hin, dass die dialogbasierte Leistungsbeurteilung mit Portfolios zu einer positiveren Motivationsentwicklung beitragen kann als das eher tradierte Vorläufersystem.

Als ein weiterer Hinweis darauf ist auch die Beobachtung anzusehen, dass die Differenz zwischen den Mittelwerten für die intrinsische und die extrinsische Motivation zu allen vergleichbaren Zeitpunkten in der Treatmentgruppe höher ausfällt als in der Kontrollgruppe. Unter dem Einfluss der dialogbasierten Leistungsbeurteilung mit Portfolios überwiegt die besonders lernförderliche intrinsische Motivation die weniger vorteilhafte extrinsische Motivation somit stärker.

Die Ergebnisse zum Item EXTMO04 deuten allerdings an, dass dies in erster Linie dann der Fall ist, wenn die dialogbasierte Leistungsbeurteilung nicht in Kombination mit Noten eingesetzt wird. Die Mittelwerte für dieses Item, das erfasst, inwiefern die Mitarbeit der Schüler*innen von dem Wunsch nach guten Noten motiviert wird, fallen mit 3,35 im Halbjahr 8.1 und 3,28 im Halbjahr 8.2 vergleichsweise hoch aus. Dieses Ergebnis weist darauf hin, dass Noten auch für die Schüler*innen der Treatmentgruppe einen starken extrinsischen Anreiz darstellen und das Verhältnis zwischen der intrinsischen und der extrinsischen Motivation verschieben. Nach der Einführung der Noten überwiegt die intrinsische Motivation zwar weiterhin, aber in einem geringeren Umfang.

In Bezug auf die Entwicklung und das Niveau der Skalenmittelwerte für die Lernzielorientierung bestehen zwischen der Treatmentgruppe und der Kontrollgruppe keine statistisch signifikanten Unterschiede. Es fällt allerdings auf, dass die Mittelwerte für diese Variable in der Treatmentgruppe zu vier von fünf vergleichbaren Halbjahren höher ausfallen als die der Kontrollgruppe, während sie im verbleibenden Halbjahr identisch sind. Tendenziell weisen somit auch die Ergebnisse zur Lernzielorientierung darauf hin, dass die dialogbasierte Leistungsbeurteilung mit Portfolios positiver zur Motivationsentwicklung der Schüler*innen beiträgt als das vorherige Beurteilungssystem mit einer Kombination aus Kompetenzrastern und verbalen Beurteilungen.

Das Gleiche gilt auch für die Ergebnisse zur Leistungszielorientierung, da die Mittelwerte für diese weniger lernförderliche Variable in der Kontrollgruppe zu vier von fünf vergleichbaren Zeitpunkten höher ausgeprägt ist. Diese Unterschiede sind statistisch allerdings nicht signifikant und auch in Bezug auf den Entwicklungsverlauf weist die zweifaktorielle Varianzanalyse mit Messwiederholung für die Leistungszielorientierung keine signifikanten Unterschiede aus.

Bei einer Berechnung der Differenz zwischen den beiden untersuchten motivationalen Orientierungen zeigt sich, dass die Lernzielorientierung die Leistungszielorientierung in der Treatmentgruppe durchgehend stärker überwiegt als in der Kontrollgruppe. Dies ist als ein weiterer Hinweis darauf anzusehen, dass die dialogbasierte Leistungsbeurteilung mit Portfolios zu einer lernförderlicheren Motivationsentwicklung beiträgt als das vorherige Beurteilungssystem der Anne-Frank-Schule.

Zusätzlich zu den bereits erwähnten Befunden deuten auch einige Ergebnisse der evaluativen Befragungen an, dass mit dem alternativen Beurteilungskonzept der Anne-Frank-Schule motivationsförderliche Bedingungen geschaffen werden können. So weist beispielsweise die herausragend hohe Zustimmung der Schüler*innen der Treatmentgruppe zu den beiden Items zur Partizipation in den Portfoliogesprächen darauf hin, dass sie in diesem Rahmen tatsächlich motivationsförderliche Selbst- und Mitbestimmungsmöglichkeiten erhalten. Im alternativen Beurteilungssystem scheint es den Lehrkräften zudem größtenteils möglich zu sein, Interesse an den Lernfortschritten der Schüler*innen zu bekunden, da 75 Prozent von ihnen angeben, dass es ihren Klassenlehrkräften wichtig sei, dass sie ihre Ziele aus den Lernvereinbarungen erreichen. Dafür, dass die dialogbasierte Leistungsbeurteilung mit Portfolios motivationsförderlich ausgerichtet werden kann, spricht es schließlich außerdem, dass einige Eltern und Lehrkräfte die Stärken-, Prozess- und Zukunftsorientierung sowie die Orientierung an der individuellen Lernentwicklung als Vorteile das alternativen Systems benannt haben.

Zusammenfassend lässt sich daher festhalten, dass die dialogbasierte Leistungsbeurteilung mit Portfolios in mehrfacher Hinsicht zu einer lernförderlichen Motivationsentwicklung beitragen kann. Mit diesem Beurteilungssystem gelingt es zunächst, die intrinsische Motivation und die Lernzielorientierung auf einem hohen Niveau zu erhalten und die extrinsische Motivation und die Leistungszielorientierung frühzeitig zu reduzieren. Die dialogbasierte Leistungsbeurteilung mit Portfolios kann zudem dazu beitragen, dass die besonders lernförderlichen Motivationsformen die weniger vorteilhaften überwiegen, und sie in diesem Sinne stärken. Zusätzlich dazu gibt es Hinweise darauf, dass sich mit dem alternativen Beurteilungssystem mehrere Gestaltungsmerkmale realisieren lassen, die als besonders motivationsförderlich anzusehen sind. Schließlich deutet sich allerdings auch an, dass eine Kombination mit

Noten den positiven Beitrag der dialogbasierten Leistungsbeurteilung mit Portfolios zur Motivationsentwicklung der Schüler*innen reduzieren kann.

10.2 Beantwortung der Forschungsfrage zum Selbstkonzept

Die Untersuchung des Selbstkonzepts ging von der Frage aus, inwiefern die dialogbasierte Leistungsbeurteilung mit Portfolios dazu geeignet ist, die Schüler*innen bei der Entwicklung eines differenzierten und positiven Selbstkonzepts zu unterstützen. Die Beantwortung dieser Forschungsfrage stützt sich in erster Linie auf die Gemeinsamkeiten und Unterschiede, die sich in Bezug auf die Entwicklung und das Niveau der wiederholt erfassten selbstbezogenen Variablen zwischen der Treatmentgruppe und der Kontrollgruppe zeigen. Ergänzend dazu werden auch relevante Ergebnisse der anderen Befragungen der Schüler*innen, Eltern und Lehrkräfte berücksichtigt.

Eine erste Gemeinsamkeit zwischen den beiden Untersuchungsgruppen besteht darin, dass das akademische Selbstkonzept in beiden Gruppen eine abnehmende Entwicklung durchläuft. In der Treatmentgruppe vollzieht sich diese aus entwicklungspsychologischer Sicht zu erwartende Entwicklung allerdings auf einem signifikant höheren Niveau als in der Kontrollgruppe. So liegen die Skalenmittelwerte der Treatmentgruppe für diese Variable durchgehend über denen der Kontrollgruppe und bis zur Einführung der Noten zudem ausschließlich im oberen Drittel aller möglichen Werte. Diese Ergebnisse weisen deutlich darauf hin, dass die dialogbasierte Leistungsbeurteilung mit Portfolios besser zu einer positiven Selbstkonzeptentwicklung beitragen kann als das vorherige Beurteilungssystem mit einer Kombination aus Kompetenzrastern und verbalen Beurteilungen.

Die Kombination mit Noten scheint den positiven Beitrag der dialogbasierten Leistungsbeurteilung zur Entwicklung des akademischen Selbstkonzepts allerdings einzuschränken, da die Mittelwerte für diese Variable in der Treatmentgruppe nach dem Übergang zu Noten deutlich abfallen. Dafür, dass diese negative Entwicklung tatsächlich auf die Einführung der Noten zurückzuführen ist, spricht es, dass im selben Zeitraum keine anderen systematischen Veränderungen in den schulischen Rahmenbedingungen der Schüler*innen vorgenommen wurden.

In Bezug auf das Fähigkeitsselbstkonzept zeigen sich zwischen der Treatmentgruppe und der Kontrollgruppe latent signifikante Niveauunterschiede sowie signifikante Unterschiede im Entwicklungsverlauf. Obwohl sich auch die Skalenmittelwerte der Kontrollgruppe auf einem hohen Niveau befinden, werden sie in zwei von fünf vergleichbaren Halbjahren deutlich von den entsprechenden Werten der Treatmentgruppe übertroffen. Zusätzlich dazu bleibt das Fähigkeitsselbstkonzept in der Treatmentgruppe längere Zeit auf einem höheren Niveau erhalten als in der Kontrollgruppe, in der es bereits im 6. Schuljahr deutlich abfällt. Diese Ergebnisse weisen darauf hin, dass die dialogbasierte Leistungsbeurteilung mit Portfolios die Entwicklung eines differenzierten und positiven Selbstkonzepts noch besser unterstützen kann als das vorherige, eher tradierte Beurteilungssystem mit Kompetenzrastern und verbalen Beurteilungen.

Dafür, dass tradierte Beurteilungspraktiken für die Entwicklung des Fähigkeitsselbstkonzepts eher abträglich sind, spricht es des Weiteren, dass auch das Fähigkeitsselbstkonzept der Schüler*innen der Treatmentgruppe mit dem Übergang zu Noten abnimmt. Das Ausmaß der negativen Entwicklung des Fähigkeitsselbstkonzepts fällt dabei insgesamt etwas geringer aus als die des akademischen Selbstkonzepts. Aus der Betrachtung der einzelnen Items der Skala geht hervor, dass vor allem die Zufriedenheit der Schüler*innen mit ihren eigenen Fähigkeiten und ihr Stolz darauf nach der Einführung der Noten geringer ausfallen, während sich in Bezug auf ihr Wissen über ihre Fähigkeiten keine bedeutsame Veränderung zeigt. Die Einführung der Noten scheint das Wissen der Schüler*innen über ihre eigenen Fähigkeiten somit nicht wesentlich zu verändern, es ihnen aber zu erschweren, mit dem, was sie wissen, zufrieden zu sein.

Mit der Entwicklung des Fähigkeitsselbstkonzepts weist die Entwicklung des Selbstwertgefühls mehrere Gemeinsamkeiten auf. So liegen auch die Mittelwerte der Treatmentgruppe für diese Variable in zwei Halbjahren sichtlich über denen der Kontrollgruppe. In der Kontrollgruppe sinkt zudem auch das Selbstwertgefühl bereits im 6. Schuljahr auffallend ab, während es zur selben Zeit in der Treatmentgruppe auf einem höheren Niveau konstant bleibt. Dementsprechend weisen auch die Ergebnisse zum Selbstwertgefühl darauf hin, dass die dialogbasierte Leistungsbeurteilung mit Portfolios zur Entwicklung eines positiven Selbstkonzepts beitragen kann.

Dies scheint allerdings in erster Linie dann zu gelten, wenn sie nicht mit Noten kombiniert wird, da es nach der Einführung der Noten im 8. Schuljahr zu einer signifikanten Abnahme des Selbstwertgefühls der Treatmentgruppe kommt. Dass das Selbstwertgefühl der Kontrollgruppe im vergleichbaren Zeitraum nahezu konstant bleibt, unterstützt die Annahme, dass diese negative Entwicklung stärker auf die Umstellung der Beurteilungskultur zurückzuführen ist als auf entwicklungspsychologische Ursachen.

Die allgemeine Selbstwirksamkeitserwartung nimmt in beiden Untersuchungsgruppen einen ähnlichen Verlauf, ist dabei in der Treatmentgruppe allerdings durchgehend und signifikant höher ausgeprägt als in der Kontrollgruppe. Dies weist darauf hin, dass die dialogbasierte Leistungsbeurteilung mit Portfolios noch besser dazu geeignet ist, die Schüler*innen bei der Entwicklung einer positiven Selbstwirksamkeitserwartung zu unterstützen als das zum Vergleich herangezogene Beurteilungssystem. Besonders hervorzuheben gilt es des Weiteren, dass die Selbstwirksamkeitserwartung in beiden Untersuchungsgruppen auf einem hohen Niveau konstant bleibt und zum Ende der 7. Klasse in beiden Gruppen ihren höchsten Wert erreicht. Es ist dementsprechend davon auszugehen, dass an der Anne-Frank-Schule insgesamt besonders günstige Bedingungen für die Entwicklung der allgemeinen Selbstwirksamkeit der Schüler*innen bestehen.

In dieselbe Richtung weisen auch die Ergebnisse zur schulbezogenen Selbstwirksamkeitserwartung, da die Mittelwerte für diese Variable in beiden Untersuchungsgruppen ausgesprochen hoch ausfallen und sogar noch über denen zur allgemeinen Selbstwirksamkeitserwartung liegen. Die Werte der Treatmentgruppe übertreffen die der Kontrollgruppe dabei wiederum durchgängig und signifikant, was dafür spricht, dass auch die schulbezogene Selbstwirksamkeitserwartung in besonderem Maße von der dialogbasierten Leistungsbeurteilung mit Portfolios profitiert.

Sowohl für die allgemeine als auch für die schulbezogene Selbstwirksamkeitserwartung lassen sich nach der Einführung der Noten die niedrigsten Werte verzeichnen. Dass die Abnahme der schulbezogenen Selbstwirksamkeit dabei noch stärker ausfällt, legt nahe, dass es in erster Linie schulische Faktoren sind, die die Selbstwirksamkeitserwartung der Schüler*innen reduzieren. In Bezug auf diese Faktoren scheint erneut die Umstellung der Beurteilungskultur von besonderer Bedeutung zu sein, da sie die einzige systematische Veränderung in den schulischen Rahmenbedingungen der Treatmentgruppe darstellt. Allerdings nimmt die schulbezogene Selbstwirksamkeit vom Ende der 7. bis zum Ende der 8. Klassenstufe stark ab, sodass auch andere schulische Faktoren oder entwicklungspsychologische Ursachen für die beobachtete Abnahme verantwortlich sein könnten.

In Bezug auf das Wissen über die eigenen Interessen zeigen sich schließlich keine bedeutsamen Unterschiede zwischen den beiden Untersuchungsgruppen. Es ist sowohl in der Treatment- als auch in der Kontrollgruppe ausgesprochen hoch ausgeprägt und bleibt über den Erhebungszeitraum hinweg annährend konstant.

Schließlich finden sich auch in den Ergebnissen der evaluativen Befragungen der Schüler*innen, Eltern und Lehrkräfte Hinweise darauf, dass die dialogbasierte Leistungsbeurteilung mit Portfolios günstige Voraussetzungen für die Entwicklung eines differenzierten und positiven Selbstkonzepts schafft. Dass 65 bis 80 Prozent der Schüler*innen der Treatmentgruppe den Items zum Informationsgehalt zustimmen, spricht so beispielsweise dafür, dass sie durch die Portfolioarbeit und -gespräche Informationen gewonnen haben, die sie bei der Entwicklung eines differenzierten und positiven Selbstkonzepts unterstützen können. Ihrer eigenen Angabe nach, haben fast 80 Prozent der Schüler*innen durch das alternative Beurteilungssystem zudem gelernt, sich selbst einzuschätzen, was für ihre Selbstkonzeptentwicklung ebenfalls als vorteilhaft anzusehen ist. Zusätzlich dazu können die von den Eltern und Lehrkräften als vorteilhaft beschriebenen Ausrichtungsmerkmale neben der Motivation auch das Selbstkonzept der Schüler*innen positiv beeinflussen.

Insgesamt weisen die Ergebnisse des vorliegenden Forschungsprojekts somit darauf hin, dass die dialogbasierte Leistungsbeurteilung mit Portfolios dazu geeignet ist, Schüler*innen bei der Entwicklung eines differenzierten und positiven Selbstkonzepts zu unterstützen. Unter dem Einfluss dieses alternativen Beurteilungssystems bleiben das akademische Selbstkonzept, das Fähigkeitsselbstkonzept und das Selbstwertgefühl der Schüler*innen bis zur Einführung der Noten auf einem hohen Niveau erhalten. Es trägt außerdem dazu bei, dass die Schüler*innen eine ausgesprochen hohe allgemeine und schulbezogene Selbstwirksamkeitserwartung entwickeln, und wirkt einer Abnahme dieser Variablen entgegen. Zusätzlich dazu scheint die dialogbasierte Leistungsbeurteilung mit Portfolios die Selbstkonzeptentwicklung der Schüler*innen auch über ihren hohen Informationsgehalt, ihren Beitrag zur Förderung der Selbstbeurteilungskompetenz der Lernenden und ihre vorteilhafte Ausrichtung zu unterstützen. Die

Kombination der dialogbasierten Leistungsbeurteilung mit Noten geht allerdings mit einer Abnahme aller selbstbezogenen Variablen einher.

10.3 Beantwortung der Forschungsfrage zur Einschätzung des alternativen Beurteilungssystems durch die Beteiligten

Im Anschluss an die Beantwortung der Forschungsfragen zur Motivation und zur Selbstkonzeptentwicklung soll im Rahmen dieses Teilkapitels die Frage beantwortet werden, inwiefern die Schüler*innen und Eltern der Treatmentgruppe sowie die Lehrkräfte der Anne-Frank-Schule die dialogbasierte Leistungsbeurteilung mit Portfolios als vorteilhaft ansehen. Als Grundlage für die Beantwortung dieser dritten Forschungsfrage werden die Ergebnisse der Befragung der Schüler*innen im Juni 2018 sowie die Ergebnisse der Befragungen der Eltern und Lehrkräfte im Juli 2015, November 2016 und Juli 2017 herangezogen.

Ausgehend von den Ergebnissen dieser verschiedenen Befragungen lässt sich zunächst herausstellen, dass die dialogbasierte Leistungsbeurteilung mit Portfolios in allen Befragungsgruppen eine große Zustimmung erfährt. Besonders hoch fällt die Zustimmung bei den befragten Lehrkräften aus, von denen sich mehr als 90 Prozent eine Fortsetzung der dialogbasierten Leistungsbeurteilung mit Portfolios wünschen. Bei den Eltern fällt die Zustimmung etwas geringer, aber dennoch hoch aus. So sehen beispielsweise 70 Prozent der befragten Eltern die kontinuierliche Portfolioarbeit als sinnvoll an. Von den Schüler*innen der Treatmentgruppe sind es schließlich fast zwei Drittel, die den verschiedenen Items zur Beurteilung der dialogbasierten Leistungsbeurteilung mit Portfolios insgesamt zustimmen. In allen Befragungsgruppen überwiegt somit eine positive Einschätzung des alternativen Beurteilungssystems der Anne-Frank-Schule, wenn auch unterschiedlich stark.

Zusätzlich dazu werden von den Schüler*innen, Eltern und Lehrkräften in fast allen Befragungen deutlich mehr Vorteile als Einschränkungen der dialogbasierten Leistungsbeurteilung mit Portfolios beschrieben. Die einzige Ausnahme stellt die Lehrkräftebefragung im Juli 2015 dar, bei der positive und negative Aspekte in etwa mit derselben Häufigkeit benannt wurden. Dass die Anzahl der positiven Nennungen bei den späteren Befragungen der Lehrkräfte mehr als dreifach so hoch ausfällt als die der negativen Nennungen, spricht dafür, dass die Lehrkräfte im Projektverlauf zunehmend mehr Vorteile der dialogbasierten Leistungsbeurteilung mit Portfolios beobachtet haben. Über die verschiedenen Gruppen und Befragungszeitpunkte kristallisieren sich vier große Vorteilsbereiche deutlich heraus, die deshalb im Folgenden genauer betrachtet werden sollen.

Der erste dieser Bereiche umfasst die Vorteile, die in der Kategorie „*Information und Rückmeldung*“ zusammengefasst wurden. Die Anzahl der vorteilhaften Äußerungen, die auf diese Kategorie entfallen, ist bei allen Befragungen eine der höchsten. Besonders häufig wird es dabei sowohl von den Schüler*innen als auch den Eltern und Lehrkräften als vorteilhaft beschrieben, dass die Lernenden durch die dialogbasierte Leistungsbeurteilung mit Portfolios Erkenntnisse über ihre Fähigkeiten und Leistungen gewinnen. Die Schüler*innen schätzen es zudem besonders, dass sie in den Portfoliogesprächen Hinweise für ihr weiteres Lernen erhalten. Einige Eltern und Lehrkräfte berichten des Weiteren, dass auch sie selbst durch die dialogbasierte Leistungsbeurteilung noch mehr Informationen gewinnen, und einzelne von ihnen erwähnen in diesem Zusammenhang explizit, dass sie sich dadurch besser in der Lage sehen, die Schüler*innen zu unterstützen. Der Gewinn lernrelevanter Informationen stellt somit für Befragte aus allen Gruppen einen besonderen Vorteil des alternativen Beurteilungssystems der Anne-Frank-Schule dar.

In diesem Zusammenhang wird auch die Qualität der Rückmeldung in den Portfoliogesprächen vermehrt gelobt. Bei der offenen Frage zu den Vorteilen der dialogbasierten Leistungsbeurteilung heben es einige Schüler*innen positiv hervor, dass sie in den Portfoliogesprächen eine aussagekräftige und differenzierte Rückmeldung erhalten, die in ihrem Informationsgehalt über Noten hinausgeht. Eine kleine Anzahl von Lehrkräften benennt es des Weiteren als vorteilhaft, dass sie in den Portfoliogesprächen vielfältige Beobachtungen und Rückmeldungen mitteilen können. Zusätzlich dazu haben mehrere Lehrkräfte den Eindruck, dass ihre Rückmeldungen von den Lernenden und Eltern im persönlichen Gespräch besser verstanden und aufgenommen werden. Mehrere Eltern sprechen den Portfoliogesprächen ebenfalls den Vorteil einer höheren Verständlichkeit zu und äußern sich auch über die Möglichkeit, Nachfragen zu stellen positiv. Die Schüler*innen erwähnen die Verständlichkeit der Portfoliogespräche bei der offenen Frage nach den Vorteilen nicht explizit. Dass 80 Prozent von ihnen der Aussage zustimmen, dass ihre Lehrkräfte ihre Rückmeldung in den Portfoliogesprächen verständlich formulieren würden, spricht aber dafür, dass sie die Rückmeldequalität auch in Bezug auf diesen Aspekt hoch einschätzen.

In dem persönlichen Dialog scheinen Befragte aller drei Gruppen auch über die bessere Verständlichkeit der Rückmeldung hinaus einen Vorteil des alternativen Beurteilungssystems der Anne-Frank-Schule zu sehen. So gehört das persönliche Gespräch zu den von den Schüler*innen am häufigsten benannten Vorteilen. Die Anzahl der Eltern und Lehrkräfte, die den persönlichen Austausch bei der offenen Frage nach den Vorteilen der dialogbasierten Leistungsbeurteilung mit Portfolios ansprechen, ist vergleichsweise gering. Dies könnte darauf zurückzuführen sein, dass der entsprechenden offenen Frage bereits ein geschlossenes Item vorausgeht, das die Eltern und Lehrkräfte dazu befragt, inwiefern sie den dialogischen Charakter des alternativen Beurteilungssystems schätzen. Die Mittelwerte für dieses Item liegen bei allen Befragungen deutlich im oberen Drittel aller möglichen Werte, was dafür spricht, dass auch die Eltern und Lehrkräfte im persönlichen Gespräch einen besonderen Vorteil der dialogbasierten Leistungsbeurteilung mit Portfolios sehen.

Ein weiterer Vorteil, der über alle drei Befragungsgruppen besonders häufig benannt wurde, ist die Förderung von Kompetenzen der Schüler*innen. Vorteile aus dieser Kategorie werden bei allen Befragungen außer der ersten Lehrkräftebefragung im Juli 2015 am zweithäufigsten oder am häufigsten benannt. Die entsprechenden Äußerungen der Eltern werden im Projektverlauf insofern definitiver, als dass einige von ihnen die Förderung von Kompetenzen bei der Befragung im Juli 2017 nicht nur allgemein als

Vorteil beschreiben, sondern von einem konkreten Kompetenzzuwachs ihrer Kinder berichten. Dies weist wie die Zunahme der Häufigkeit, mit der die Lehrkräfte die Förderung von Kompetenzen als Vorteil benennen, darauf hin, dass sich dieser Vorteil im Projektverlauf zunehmend deutlicher gezeigt und an Bedeutung gewonnen hat.

Aus den Antworten der Schüler*innen, Eltern und Lehrkräfte geht des Weiteren hervor, dass ihrer Meinung nach insbesondere die Selbstbeurteilungs- und die Selbstreflexionsfähigkeit der Lernenden von der dialogbasierten Leistungsbeurteilung mit Portfolios profitiert. In den der Kategorie Förderung von Kompetenzen zugeordneten Äußerungen wurden diese beiden Fähigkeiten am häufigsten benannt oder umschrieben. Zusätzlich dazu stimmen fast 80 Prozent der befragten Schüler*innen der Aussage zu, dass sie durch die Portfoliogespräche gelernt hätten, sich selbst und ihre Leistungen besser einzuschätzen. 65 Prozent der befragten Schüler*innen geben des Weiteren an, dass sie ihre kommunikativen Fähigkeiten durch die Portfoliogespräche erweitert hätten, und 60 Prozent nahmen eine Erweiterung ihrer Präsentationsfähigkeit wahr. Diese beiden Fähigkeitsbereiche werden auch von mehreren Eltern und Lehrkräften angesprochen. Befragte aus diesen beiden Gruppen sehen außerdem einen Vorteil darin, dass die Schüler*innen durch die dialogbasierte Leistungsbeurteilung mit Portfolios lernen, Verantwortung für ihr eigenes Lernen zu übernehmen.

Die alternative Ausrichtung und Gestaltung des neuen Beurteilungssystems der Anne-Frank-Schule stellt für Befragte aus allen drei Gruppen ebenfalls eine besondere Stärke dar. Die Orientierung an den Stärken der Schüler*innen wird dabei sowohl von den Lernenden als auch den Eltern und Lehrkräften besonders häufig benannt und dementsprechend geschätzt. Zusätzlich dazu äußern sich vor allem einige Lehrkräfte positiv über die individuelle Bezugsnormorientierung der dialogbasierten Leistungsbeurteilung mit Portfolios. In einzelnen Antworten klingt dabei an, dass Lehrkräfte durch die Umstellung der Beurteilungskultur eine größere Passung zwischen ihrer differenzierten Unterrichtsgestaltung und dem Umgang mit den Leistungen der Schüler*innen wahrnehmen. In diesem Zusammenhang sehen mehrere Lehrkräfte auch einen Vorteil in der Prozess- und Zukunftsorientierung des alternativen Beurteilungssystems. Die Schüler*innen selbst schätzen zudem die ihnen gebotenen Partizipationsmöglichkeiten in besonderem Maße, was aus mehreren offenen Antworten sowie aus ihrer ausgesprochen hohen Zustimmung zu den entsprechenden geschlossenen Items hervorgeht. Mehrere Eltern und Lehrkräfte benennen die Partizipation der Schüler*innen ebenfalls als Vorteil.

Zusätzlich zu den bereits beschriebenen Vorteilen werden von den befragten Schüler*innen, Eltern und Lehrkräften noch zahlreiche weitere benannt, die sich beispielsweise auf die Motivation und das Befinden der Schüler*innen oder die Qualität der Beziehungen zwischen den Beteiligten beziehen. Die Vorteile, die die Befragten im Zusammenhang mit der dialogbasierten Leistungsbeurteilung wahrnehmen, sind somit zahlreich und vielfältig.

Schwierigkeiten und Verbesserungsbedarfe werden im Vergleich dazu nur in geringem Umfang benannt und beziehen sich vor allem auf einen thematischen Schwerpunkt. Es handelt sich dabei um die zeitliche Organisation der Portfolioarbeit und der

Portfoliogespräche. In diese Kategorie fallen zunächst die Äußerungen einer kleinen Anzahl von Schüler*innen und Lehrkräften, die kritisieren, dass für die Vorbereitung der Portfoliogespräche in der Schule nicht ausreichend Zeit zur Verfügung stehen würde. Einige Lehrkräfte geben außerdem an, dass die Portfoliogespräche mit einem hohen Zeitaufwand verbunden sind, und mehrere von ihnen wünschen sich dafür einen größeren zeitlichen Ausgleich in anderen Bereichen. Zusätzlich dazu berichten mehrere Schüler*innen von Schwierigkeiten bei der Einhaltung der Gesprächstermine und zwei Eltern wünschen sich eine Ausweitung der Gesprächsdauer. In den meisten Antworten zu diesen Schwierigkeiten und Verbesserungswünschen deutet sich an, dass diese aus Sicht der Befragten nicht grundsätzlich gegen die dialogbasierte Leistungsbeurteilung mit Portfolios sprechen, und einige Lehrer*innen betonen explizit, dass die Zeit für die Portfoliogespräche gut investiert sei.

Von den Schüler*innen und Eltern wird neben der zeitlichen Organisation vor allem die Qualität der Rückmeldung bei den Fragen zu den Schwierigkeiten und Verbesserungsbedarfen angesprochen. Acht Schüler*innen merken in diesem Zusammenhang an, dass sie in den Portfoliogesprächen insgesamt oder in Bezug auf die nicht von ihren Klassenlehrkräften unterrichteten Fächer nur wenig Rückmeldung bekommen würden. Ein größerer Teil der befragten Eltern sieht zudem die Schwierigkeit, dass die dialogbasierte Leistungsbeurteilung bei ihnen oder ihren Kindern zu Unklarheit über deren Leistungsstand und -niveau führen könnte, und eine kleine Anzahl von Lehrkräften teilt diese Einschätzung. Auch wenn die Informations- und Rückmeldequalität von den meisten Schüler*innen, Eltern und Lehrkräften hoch eingestuft wird, sieht ein kleiner Teil der Befragten in Bezug auf diesen Aspekt noch Schwierigkeiten und Verbesserungsbedarf.

Am stärksten gehen die Meinungen der befragten Schüler*innen, Eltern und Lehrkräfte schließlich in Bezug auf den Verzicht auf Noten in den Klassenstufen 5 bis 7 auseinander. Während neun Schüler*innen die Notenfreiheit bei den offenen Fragen kritisieren, heben drei andere Schüler*innen diese als besonderen Vorteil hervor und mehrere weitere beschreiben beispielsweise in Bezug auf den Informationsgehalt Vorzüge der Portfoliogespräche gegenüber den Noten. Ein kleiner Anteil der Eltern äußert sich über den Verzicht auf Noten ebenfalls negativ und schlägt eine Kombination der dialogbasierten Leistungsbeurteilung mit Noten zu verschiedenen Zeitpunkten vor der 8. Klassenstufe vor. Eine leichte Mehrheit der befragten Eltern gibt jedoch zu allen Befragungszeitpunkten an, dass sie den Verzicht auf Noten in den unteren Klassenstufen befürworten. Am einheitlichsten fällt die Einstellung zu Noten schließlich bei den befragten Lehrkräften aus. Von ihnen sprechen sich bei den verschiedenen Befragungen jeweils ungefähr 95 Prozent für den Verzicht auf Noten in den Klassenstufen 5 bis 7 aus.

Zur Beantwortung der dritten Forschungsfrage lässt sich schließlich festhalten, dass die dialogbasierte Leistungsbeurteilung mit Portfolios von der Mehrheit der befragten Schüler*innen, Eltern und Lehrkräfte positiv beurteilt wird. Zu den größten Vorteilen dieses Systems gehören aus Sicht der Befragten der hohe Informationsgehalt und die besondere Rückmeldequalität sowie die Förderung von Kompetenzen der Schüler*innen, der dialogische Charakter und weitere alternative Ausrichtungs- und Gestaltungsmerkmale. Diesen und vielfältigen weiteren Vorteilen stehen aus Sicht der befragten Schüler*innen, Eltern und Lehrkräfte nur vergleichsweise wenige Schwierigkeiten und Verbesserungsbedarfe in Bezug auf die zeitliche Organisation und bestimmte Informationsbereiche gegenüber. Bei den Lernenden und ihren Eltern scheint zudem Uneinigkeit darüber zu bestehen, ob der Verzicht auf Noten einen Vorteil oder eine Einschränkung des alternativen Beurteilungssystems darstellt. Die befragten Lehrkräfte sehen diesen fast alle positiv.

10.4 Beantwortung der Forschungsfrage zum Übergang zu Noten

Ausgehend von der vierten Forschungsfrage wurde im Rahmen des vorliegenden Forschungsprojekts in einer ersten Form erkundet, wie die beteiligten Schüler*innen, Eltern und Lehrkräfte das Gelingen des Übergangs von der rein dialogbasierten Leistungsbeurteilung mit Portfolios zu Noten beurteilen. Für die Beantwortung dieser Frage werden im Folgenden die Ergebnisse der evaluativen Befragungen der Treatmentgruppe im Februar und Juni 2018 sowie der Befragung der Eltern und Klassenlehrkräfte im März desselben Jahres herangezogen werden.

Aus den Ergebnissen dieser Befragungen geht zunächst hervor, dass die teilnehmenden Schüler*innen, Eltern und Klassenlehrkräfte den Übergang zu Noten mehrheitlich als gelungen ansehen. So stimmen jeweils ungefähr 85 Prozent der Schüler*innen und Eltern sowie alle teilnehmenden Klassenlehrkräfte entsprechenden Items zu. Anders als bei den Schüler*innen und Eltern wird bei den Klassenlehrkräften allerdings die Antwortoption *„trifft eher zu“* am häufigsten gewählt. Dies weist darauf hin, dass die Klassenlehrkräfte das Gelingen des Übergangs insgesamt etwas weniger positiv beurteilen als die Schüler*innen und Eltern.

Dies könnte unter anderem auf die Schwierigkeiten zurückzuführen sein, die die Klassenlehrkräfte sowie mehrere Eltern im Zusammenhang mit dem Übergang zu Noten wahrgenommen haben. Zu diesen Schwierigkeiten gehören zunächst der verstärkte soziale Vergleich und daraus folgende Konflikte, die die Klassenlehrkräfte einer Klasse der Treatmentgruppe in der ersten Zeit nach dem Übergang zu Noten beobachtet haben. Die Klassenlehrkräfte derselben Klasse und einer weiteren Klasse berichten außerdem, dass viele ihrer Schüler*innen nach dem Übergang stark auf die für sie neuen Noten fixiert gewesen seien. Mehrere Eltern berichten ebenfalls von einem verstärkten sozialen Vergleich unter den Schüler*innen und äußern zudem den Eindruck, dass sich der Leistungsdruck und die Prüfungsängstlichkeit ihrer Kinder mit der Einführung der Noten erhöht hätten. Auch wenn die Befragten den Übergang mehrheitlich als gelungen einstufen, nimmt ein kleiner Teil der Eltern und Lehrkräfte diesen auch als mit Schwierigkeiten behaftet wahr.

Die Befürchtung, dass die dialogbasierte Leistungsbeurteilung mit Portfolios bei den Schüler*innen und Eltern zu unrealistisch positiven Vorstellungen führen könnte, die durch die Noten aufgedeckt werden, hat sich hingegen größtenteils nicht bestätigt. Dies geht zunächst daraus hervor, dass eine deutliche Mehrheit der Schüler*innen angibt, dass ihre Noten im ersten Halbjahr nach dem Übergang zu Noten ihren Erwartungen entsprochen oder diese sogar im Positiven übertroffen haben. Dennoch blieben die Noten für 20 Prozent der befragten Schüler*innen hinter ihren Erwartungen zurück. Die Eltern der Treatmentgruppe sind mehrheitlich ebenfalls der Meinung, dass die dialogbasierte Leistungsbeurteilung mit Portfolios nicht zur Entwicklung falscher Vorstellungen geführt habe, wobei sie dies in Bezug auf sich selbst deutlicher ablehnten als in Bezug auf ihre Kinder. Die Klassenlehrkräfte lehnten schließlich alle die Aussage ab, dass viele Schüler*innen ihrer Klassen durch das alternative Beurteilungssystem falsche Vorstellungen entwickelt haben, und das in drei Klassen mit der Antwortoption *„trifft überhaupt nicht zu“*. Dies weist im Einklang mit den Antworten der Schüler*innen und Eltern darauf hin, dass diese Schwierigkeit nur einen kleineren Teil der Befragten betrifft.

Uneinheitlich fallen die Einschätzungen der Klassenlehrkräfte und Eltern in Bezug darauf aus, inwiefern die teilweise im Übergang beobachteten Veränderungen in der Motivation bzw. der Anstrengungsbereitschaft der Schüler*innen positiv zu beurteilen sind. Von den Eltern, die das entsprechende geschlossene Item beantwortet haben, geben fast 40 Prozent an, dass sich die Motivation ihres Kindes durch die Einführung der Noten nachhaltig verbessert habe. In den offenen Antworten der Eltern finden sich etwas mehr als 20 Äußerungen, die sich auf eine Veränderung der Motivation, des Arbeitsverhaltens oder der Einstellung ihrer Kinder zur Schule beziehen. In einem großen Teil dieser Äußerungen klingt an, dass die jeweiligen Eltern diese Veränderungen positiv beurteilen, da sie ihrer Meinung nach dazu führen würden, dass ihre Kinder die Schule ernster nehmen und mehr Zeit in schulische Aufgaben investieren. Die verbleibenden Eltern betrachten die von ihnen wahrgenommenen Veränderungen hingegen eher sorgenvoll, da sie ihrer Beobachtung nach mit einem höheren Leistungsdruck und einer größeren Prüfungsängstlichkeit ihrer Kinder einhergehen. Die Klassenlehrkräfte von drei Klassen berichten ebenfalls, dass einige Schüler*innen durch die Noten besser zu motivieren seien oder die Schule ernster nehmen würden. Für den größten Teil ihrer Schüler*innen scheint dies ihrer Einschätzung nach jedoch nicht zu gelten.

Mit der Einführung und der Qualität der Noten im 8. Schuljahr zeigt sich eine deutliche Mehrheit der befragten Schüler*innen der Treatmentgruppe zufrieden. So finden es 90 Prozent von ihnen gut, ab der 8. Klassenstufe Noten zu bekommen. Ungefähr 70 Prozent der im Juni 2018 befragten Schüler*innen beurteilen die meisten ihrer Noten zudem als gerecht und nachvollziehbar und sind der Meinung, dass ihre Noten tatsächlich das widerspiegeln, was sie geleistet haben. Die Antwortoption *„stimmt eher“* wird in Bezug auf diese Aspekte allerdings deutlich häufiger ausgewählt als *„stimmt genau“*, was darauf hinweist, dass die meisten Schüler*innen zwar überwiegend, aber nicht vollständig mit ihren eigenen Noten zufrieden sind.

Die Fortsetzung der Portfoliogespräche im 8. Jahrgang wird von den befragten Schüler*innen, Eltern und Lehrkräfte mehrheitlich positiv beurteilt. So gibt zunächst eine leichte Mehrheit der Schüler*innen an, dass sie es gut finden, mit ihren Klassenlehrkräften und Eltern weiterhin Gespräche über ihre Fähigkeiten und Leistungen zu führen. Bei den Eltern sind es 80 bis 85 Prozent, die die Fortsetzung der Gespräche befürworten und als sinnvoll erachten, und die Klassenlehrkräfte halten die Fortsetzung dieser Gespräche schließlich alle für sinnvoll. Einen besonderen Vorteil der fortgesetzten Gespräche sehen die befragten Eltern und Lehrkräfte darin, dass diese den Schüler*innen und Eltern dabei helfen können, die vergebenen Noten zu verstehen. Bei der offenen Frage zu ihren Erfahrungen mit dem Übergang geben mehrere Eltern zudem an, dass sie sich durch die Kombination der Noten mit den Gesprächen besser informiert fühlen als über Noten allein. Aus den Textantworten der Lehrkräfte geht des Weiteren hervor, dass sie die Gespräche als eine Möglichkeit dazu ansehen, aus ihrer Sicht bestehende Schwächen des Notensystems auszugleichen und so beispielsweise die Stärken der Schüler*innen wieder stärker in den Fokus zu rücken. Sie nehmen die Fortsetzung der persönlichen Gespräche dementsprechend als wichtig und hilfreich für das Gelingen des Übergangs zu Noten wahr.

Die vierte Forschungsfrage lässt sich zusammenfassend damit beantworten, dass der Übergang zu Noten in der von der Anne-Frank-Schule gewählten Gestaltungsform von den befragten Schüler*innen, Eltern und Klassenlehrkräften positiv beurteilt wird. Die Beibehaltung des dialogischen Charakters der Leistungsbeurteilung wird dabei insbesondere von den Eltern und Klassenlehrkräften als hilfreich und sinnvoll eingestuft sowie auch von einer Mehrheit der Schüler*innen befürwortet. Dennoch traten im Übergang zu Noten auch Schwierigkeiten wie eine Zunahme des sozialen Vergleichs und der Konkurrenz unter den Schüler*innen auf und die beobachteten Veränderungen in der Motivation der Lernenden werden zum Teil ebenfalls kritisch gesehen.

11. Diskussion

Im Rahmen dieses Kapitels sollen die Ergebnisse des vorliegenden Forschungsprojekts zunächst vor dem Hintergrund des theoretischen Teils dieser Arbeit diskutiert werden, bevor im Anschluss daran erfolgt eine Reflexion des Studiendesigns sowie der damit verbundenen Leistungen und Einschränkungen der durchgeführten Untersuchung erfolgt.

11.1 Diskussion der Ergebnisse

Im theoretischen Teil dieser Arbeit wurden drei zentrale Anforderungen an eine lernförderliche Beurteilungskultur aufgestellt, die sich auf die Informationsqualität sowie den Einfluss der schulischen Leistungsbeurteilung auf die Motivation und das Selbstkonzept von Schüler*innen beziehen. Die Ergebnisse der durchgeführten Längsschnittstudie sprechen dafür, dass die an der Anne-Frank-Schule Bargteheide praktizierte Form der dialogbasierten Leistungsbeurteilung mit Portfolios diese Anforderungen größtenteils erfüllen kann.

Unter dem Einfluss dieses Systems bleiben die intrinsische Motivation und die Lernzielorientierung der Schüler*innen im Sinne der zweiten Anforderung an eine lernförderliche Beurteilungskultur auf einem hohen Niveau erhalten, während die extrinsische Motivation und die Leistungszielorientierung auf einem niedrigeren Niveau abnehmen. In Kombination mit den zwischen den beiden Untersuchungsgruppen beobachteten Unterschieden im Niveau und Entwicklungsverlauf der motivationalen Variablen unterstützen diese Ergebnisse grundsätzlich die Annahme, dass die dialogbasierte Leistungsbeurteilung aus motivationaler Sicht lernförderliche Voraussetzungen schaffen kann.

In ihrem Ausmaß sind die Unterschiede zwischen der Treatmentgruppe und der Kontrollgruppe allerdings etwas hinter den Erwartungen zurückgeblieben, die ausgehend von den Grundannahmen der Selbstbestimmungstheorie der Motivation und des Erwartungs-Wert-Modells entwickelt wurden. Darin ist eine Parallele zum NOVARA-Projekt zu sehen, in dem die Unterschiede zwischen Schüler*innen mit einem tradierten und einem alternativen Beurteilungsformat ebenfalls geringer ausfielen als erwartet (Valtin & Wagner 2002, S. 116).

Von den Autorinnen wurde dies unter anderem auf eine eingeschränkte Verwirklichung von Merkmalen zurückgeführt, die für die alternative Beurteilungskultur charakteristisch sind, und auch in Bezug auf die vorliegende Untersuchung könnte eine mögliche Erklärung für das Ausbleiben noch größerer Unterschiede darin bestehen, dass die als motivationsförderlich anzusehenden Merkmale des alternativen Beurteilungssystems über die unmittelbare Gesprächsvorbereitung und -durchführung hinaus noch nicht ausreichend verwirklicht wurden. In den offenen Antworten mehrerer Schüler*innen deutet sich beispielsweise an, dass die individuellen Lernvereinbarungen bei der Unterrichtsgestaltung noch nicht hinreichend berücksichtigt wurden, was sowohl das Kompetenz- als auch das Autonomieerleben der Schüler*innen eingeschränkt haben kann. Zusätzlich dazu scheinen die Schüler*innen im laufenden Halbjahr nicht systematisch an der Gestaltung oder Beurteilung von Tests, Klassenarbeiten und weiteren Leistungsnachweisen beteiligt worden zu sein, sodass sich ihre Partizipation auch in dieser Hinsicht eher auf die Gespräche und die Gesprächsvorbereitung beschränkt. Die Rückmeldung zu Leistungsnachweisen wurde von den Lehrkräften der Anne-Frank-Schule zudem nicht einheitlich gehandhabt und aus einzelnen Antworten geht hervor, dass mit notenähnlichen Symbolen oder Gesamtpunkteangaben zum Teil Formate verwendet wurden, die als wenig motivationsförderlich zu betrachten sind. Angesichts dieser Einschränkungen ist davon auszugehen, dass sich der Umgang mit den Leistungen der Treatmentgruppe und der Kontrollgruppe über die Phasen der Portfolioarbeit und -gespräche hinaus weniger stark unterschieden hat als ursprünglich angenommen, und dies könnte erklären, warum in Bezug auf die motivationalen Variablen nicht noch deutlichere Unterschiede zwischen den beiden Untersuchungsgruppen aufgetreten sind.

In Bezug auf die selbstbezogenen Variablen haben sich zwischen der Treatmentgruppe und der Kontrollgruppe eine Reihe deutlicher und signifikanter Unterschiede gezeigt, die darauf hinweisen, dass die dialogbasierte Leistungsbeurteilung mit Portfolios zur Entwicklung eines positiven und differenzierten Selbstkonzepts beitragen kann. Dieses alternative Beurteilungssystem scheint insbesondere dazu geeignet zu sein, die allgemeine und die schulbezogene Selbstwirksamkeit der Schüler*innen zu stärken. Zusätzlich dazu wirkt es einer übermäßigen Abnahme des akademischen Selbstkonzepts, des Fähigkeitsselbstkonzepts und des Selbstwertgefühls entgegen und erhält diese Variablen auf einem vergleichsweise hohen Niveau. Die dritte Anforderung an eine lernförderliche Beurteilungskultur ist dementsprechend überwiegend als erfüllt zu betrachten.

Der ersten Anforderung an eine lernförderliche Beurteilungskultur wurde in der aktuellen Untersuchung aus forschungsökonomischen Gründen keine eigene Forschungsfrage gewidmet; sie wurde aber als Teil der dritten Forschungsfrage zur Wahrnehmung der dialogbasierten Leistungsbeurteilung durch die Beteiligten untersucht und die Ergebnisse zu dieser Frage sind auch in Bezug auf den bei der Formulierung der Forschungsfragen zurückgestellten Aspekt der Realitätsnähe des Selbstkonzepts der Schüler*innen aufschlussreich.

Sie weisen so darauf hin, dass die dialogbasierte Leistungsbeurteilung mit Portfolios auch die Anforderung zur Informationsqualität erfüllen und zur Entwicklung eines realistischen Selbstkonzepts beitragen kann. Als ein Hinweis darauf ist es zunächst anzusehen, dass die Schüler*innen den für sie mit dem alternativen Beurteilungssystem verbundenen Erkenntnisgewinn mehrheitlich hoch einschätzen, und dass auch zahlreiche Eltern und Lehrkräfte von einem Erkenntnisgewinn für sich selbst und/oder die Lernenden berichten. Zusätzlich dazu wird auch die Verständlichkeit der Rückmeldungen in den Portfoliogesprächen von den Schüler*innen hoch eingestuft und mehrere Eltern und Lehrer*innen verbinden mit den Gesprächen ebenfalls den Vorteil einer höheren Verständlichkeit. Eine deutliche Mehrheit der Lernenden gibt des Weiteren an, dass sie durch die dialogbasierte Leistungsbeurteilung mit Portfolios gelernt hätten, sich selbst und ihre Leistungen besser einzuschätzen, und viele Eltern und Lehrkräfte nehmen ebenfalls eine Verbesserung der Selbstbeurteilungskompetenz der Lernenden wahr. Auf die Entwicklung eines realistischen Selbstkonzepts weist es zudem tendenziell hin, dass die Selbsteinschätzung der meisten Schüler*innen mit ihren Noten übereinstimmt, wobei deren Aussagekraft in Anbetracht der in Kapitel 4.2 beschriebenen Einschränkungen kritisch zu hinterfragen ist. Die bereits vorliegenden Ergebnisse unterstützen somit die Annahme, dass die dialogbasierte Leistungsbeurteilung mit Portfolios auch in Bezug auf die weniger differenziert untersuchten Anforderungsbereiche ein besonderes Potenzial besitzt.

An dieser Stelle gilt es auch zu diskutieren, inwiefern davon ausgegangen werden kann, dass die zwischen den beiden Untersuchungsgruppen beobachteten Unterschiede im Niveau und Entwicklungsverlauf der motivationalen und selbstbezogenen Variablen in einem kausalen Zusammenhang mit dem anderen Umgang mit den Leistungen der Schüler*innen stehen.

Eine grundlegende Unsicherheit resultiert in diesem Zusammenhang aus dem komplexen Wirkungsgeflecht des Lern- und Lebensraums Schule, in dem es wie in Kapitel 8.1 bereits herausgestellt schwer möglich ist, den Einfluss einzelner Maßnahmen zu isolieren. Diese Unsicherheit scheint im Falle der vorliegenden Studie dadurch verstärkt zu werden, dass mit der Motivation und dem Selbstkonzept zwei Variablen im Mittelpunkt stehen, die neben der Leistungsbeurteilung von vielfältigen weiteren Faktoren der schulischen und außerschulischen Umgebung sowie von persönlichen Voraussetzungen der Lernenden geprägt werden.

Anhand der vorliegenden Daten kann des Weiteren nicht vollständig ausgeschlossen werden, dass gewisse Unterschiede zwischen der Treatmentgruppe und der Kontrollgruppe bereits vor Untersuchungsbeginn bestanden. Dass die Mittelwerte beider Gruppen im ersten vergleichbaren Halbjahr 6.1 für etwas mehr als die Hälfte der betrachteten Variablen noch nahezu identisch ausfallen und sich erst im weiteren Projektverlauf auseinanderentwickeln, spricht allerdings dafür, dass dies überwiegend nicht der Fall war und dass einige bedeutsame Unterschiede erst unter dem Einfluss der verschiedenen Beurteilungssysteme entstanden sind.

Zusätzlich dazu gibt es noch eine Reihe weiterer Gründe dafür, anzunehmen, dass die Unterschiede zwischen den beiden Untersuchungsgruppen zumindest teilweise ursächlich auf den anderen Umgang mit den Leistungen der Schüler*innen zurückgehen. Dazu zählt zunächst der Umstand, dass sich die schulischen Rahmenbedingungen der beiden Untersuchungsgruppen lediglich in Bezug auf die Leistungsbeurteilung über den gesamten Erhebungszeitraum hinweg systematisch voneinander unterschieden haben. Das alternative Beurteilungssystem der Treatmentgruppe weist dabei einen deutlich größeren Teil der Ausrichtungs- und Gestaltungsmerkmale auf, die in Kapitel 3 als besonders förderlich für die Motivations- und Selbstkonzeptentwicklung von Schüler*innen identifiziert wurden. Dazu sind beispielsweise die Ausrichtung an der individuellen Lernentwicklung, die partizipative Anlage und der dialogische Charakter der dialogbasierten Leistungsbeurteilung mit Portfolios zu zählen. Auch die theoretische Vorarbeit unterstützt also die Annahme, dass die dialogbasierte Leistungsbeurteilung mit Portfolios die positivere Entwicklung der meisten motivationalen und selbstbezogenen Variablen in der Treatmentgruppe bewirkt hat. Das Ausmaß dieser positiven Wirkung lässt sich mit Hilfe der vorliegenden Daten allerdings noch nicht zufriedenstellend quantifizieren.

Ein weiteres wichtiges Ergebnis der aktuellen Studie ist es, dass die dialogbasierte Leistungsbeurteilung mit Portfolios von einer deutlichen Mehrheit der beteiligten Schüler*innen, Eltern und Lehrkräfte als vorteilhaft angesehen wird. Mitglieder aller drei Gruppen schreiben diesem alternativen Beurteilungssystem vielfältige Chancen zu, die zu großen Teilen mit den Vorteilen übereinstimmen, die im Rahmen anderer Studien zu Lernentwicklungsgesprächen und Portfolios berichtet wurden (Grittner 2009; Häbig 2018; Hackmann, Kenworthy & Nibbelink 1998; Ziegler 2014). Dazu sind beispielsweise der Beitrag dieser Beurteilungsformate zur Entwicklung wertvoller überfachlicher Kompetenzen sowie ein positiver Einfluss auf die Beziehungen zwischen den Beteiligten zu zählen. An der Anne-Frank-Schule scheint es außerdem zu gelingen, Lernentwicklungsgespräche und Portfolios auf eine Weise zu nutzen und zu kombinieren, die zu einer Entfaltung von Chancen wie einer förderlichen Ausrichtung der Leistungsbeurteilung oder einer echten Partizipation der Schüler*innen geeignet ist. Von den Herausforderungen, die mit dem Einsatz von Portfolios und Lernentwicklungsgesprächen einhergehen können, hat sich im Wesentlichen nur der erhöhte Arbeits- und Zeitaufwand bestätigt. Angesichts der vielfältigen Vorteile der dialogbasierten Leistungsbeurteilung scheint dieser jedoch gut investiert zu sein und wird von den Lehrkräften der Anne-Frank-Schule scheinbar gerne getragen.

Für die große Zufriedenheit der Beteiligten mit dem dialogischen Charakter der Leistungsbeurteilung spricht es des Weiteren, dass die Portfoliogespräche auch nach der Einführung von Noten beibehalten werden. Insbesondere die Antworten der befragten Eltern und Klassenlehrkräfte legen nahe, dass die Fortsetzung dieser Gespräche zum Gelingen des Übergangs zu Noten beigetragen hat, und auch von den Schüler*innen wird die Beibehaltung der Gespräche mehrheitlich befürwortet. Eine deutliche Mehrheit aller drei Gruppen schätzt den Übergang zusätzlich dazu auch insgesamt als gelungen ein und von Schwierigkeiten wie einer Erhöhung des Leistungsdrucks und des sozialen Vergleichs unter den Schüler*innen wird nur in vergleichsweise geringem Umfang berichtet. Das alternative Beurteilungssystem der Anne-Frank-Schule kann somit auch die Anforderung erfüllen, den Übergang von alternativen Beurteilungsformaten zu Noten für alle Beteiligten möglichst positiv zu gestalten.

Dennoch zeigen sich mit dem Übergang von der rein dialogbasierten Leistungsbeurteilung mit Portfolios zu Noten eine stärkere Orientierung der Schüler*innen an extrinsischen Anreizen und eine deutliche Abnahme verschiedener affektiv-evaluativer Komponenten ihres Selbstkonzepts. In Anbetracht der in Kapitel 4 aufgezeigten Einschränkungen der tradierten Leistungsbeurteilung mit Noten, ist es wahrscheinlich, dass diese wenig lernförderlichen Veränderungen ursächlich auf die Umstellung der Beurteilungskultur zurückgehen. Dafür spricht es außerdem, dass es sich bei der Einführung der Noten um die einzige systematische Veränderung im relevanten Zeitraum handelt. Inwiefern zeitgleich noch andere potenziell relevante Veränderungen stattgefunden haben, kann anhand der gewonnenen Daten nicht beurteilt werden. Auch wenn deshalb eine gewisse Unsicherheit bleibt, ist davon auszugehen, dass die dialogbasierte Leistungsbeurteilung mit Portfolios im Sinne der im theoretischen Teil dieser Arbeit aufgestellten Anforderungen vor allem dann lernförderliche Voraussetzungen schaffen kann, wenn sie nicht mit Noten kombiniert wird.

Die ungünstigen Veränderungen mit dem Übergang zu Noten unterstützen außerdem wie die bereits diskutierten Unterschiede zugunsten der Treatmentgruppe die im theoretischen Teil dieser Arbeit entwickelte Einschätzung, dass alternative Beurteilungsformate, die im Sinne der Ziele und Merkmale einer alternativen Beurteilungskultur umgesetzt werden, für die nachhaltige Kompetenzerweiterung von Schüler*innen förderlichere Voraussetzungen schaffen können als die tradierte Beurteilungskultur. In der an der Anne-Frank-Schule praktizierten Form scheint die dialogbasierte Leistungsbeurteilung mit Portfolios mit ihren vielfältigen Vorteilen dabei wiederum ein besonders großes Potenzial zu besitzen.

Die Frage, inwiefern dieses alternative Beurteilungssystem dieses Potenzial auch an anderen Schulen als der Anne-Frank-Schule Bargteheide entfalten kann, kann ausgehend von der durchgeführten Längsschnittstudie noch nicht datengestützt beantwortet werden. Aus theoretischer Sicht wird davon ausgegangen, dass das alternative Beurteilungssystem der Projektschule grundsätzlich auch an anderen Schulen erfolgreich umgesetzt werden und zur Schaffung lernförderlicher Voraussetzungen beitragen kann. Es ist allerdings möglich, dass dafür mehrere Voraussetzungen gegeben sein müssen, die an der Anne-Frank-Schule bestehen und die Ergebnisse der vorliegenden Untersuchung positiv beeinflusst haben können.

Zu diesen Voraussetzungen ist zunächst die hohe Passung zwischen den Grundgedanken der dialogbasierten Leistungsbeurteilung mit Portfolios und dem pädagogischen Leitbild sowie der davon geprägten Unterrichtskultur der Anne-Frank-Schule zu zählen. Wie in Kapitel 5 bereits erläutert, kann eine alternative Beurteilungskultur vor allem dann nachhaltig zur Kompetenzerweiterung von Schüler*innen beitragen, wenn sie mit der sie umgebenden Unterrichtskultur im Einklang steht. An der Anne-Frank-Schule besteht ein solcher Einklang seit der Einführung der dialogbasierten Leistungsbeurteilung. So leiten die übergeordneten Ziele der individuellen Förderung, der Befähigung zum eigenverantwortlichen Lernen und der Partizipation der Lernenden seitdem neben der Unterrichtsgestaltung auch den Umgang mit den Leistungen der Schüler*innen und es ist wahrscheinlich, dass dies die Ergebnisse der vorliegenden Untersuchung positiv beeinflusst hat.

Das Gleiche gilt auch für die ausgesprochen hohe Zustimmung, die die dialogbasierte Leistungsbeurteilung mit Portfolios an der Anne-Frank-Schule von Anfang an erfahren hat. Sie zeigt sich zunächst darin, dass die Schulkonferenz der Schule der Einführung dieses alternativen Beurteilungssystems nahezu einstimmig zugestimmt hat.

Sie spiegelt sich außerdem deutlich in den Ergebnissen der verschiedenen evaluativen Befragungen der Schüler*innen, Eltern und Lehrkräfte wider. Für das Gelingen der dialogbasierten Leistungsbeurteilung mit Portfolios scheint diese Zustimmung deshalb besonders wichtig zu sein, weil die lernförderliche Wirkung alternativer Beurteilungsformate wie in Kapitel 5 bereits dargelegt davon abhängig ist, mit welcher Einstellung sie von den Beteiligten umgesetzt wird.

Angesichts dessen wird davon ausgegangen, dass die dialogbasierte Leistungsbeurteilung mit Portfolios vorrangig an Schulen eine lernförderliche Wirkung entfalten kann, an denen sie wie an der Anne-Frank-Schule auf eine hohe Zustimmung trifft und an denen dieselben übergeordneten Ziele die Unterrichtsgestaltung leiten.

11.2 Reflexion der Studie

Im Anschluss an die inhaltliche Diskussion der Ergebnisse soll im Rahmen dieses Teilkapitels eine kritische Reflexion der methodischen Vorgehensweise sowie der damit verbundenen Leistungen und Limitationen der durchgeführten Studie erfolgen.

Als eine erste Leistung dieser Studie ist es anzusehen, dass sie dazu beiträgt, die umfangreichen Forschungslücken im Zusammenhang mit alternativen Beurteilungsformaten zu schließen. Wie in Kapitel 5 deutlich wurde, liegen insbesondere im deutschen Sprachraum bisher nur wenige Studienergebnisse vor, die valide Aussagen darüber zulassen, inwiefern alternative Beurteilungsformate ihr lernförderliches Potenzial in der schulischen Praxis tatsächlich entfalten können. Die bereits vorhandenen Studienergebnisse aus dem deutschsprachigen Raum beziehen sich dabei zudem zum weitaus größten Teil auf den Bereich der Primarstufe. Sowohl national als auch international mangelt es zusätzlich dazu an Längsschnittstudien, die in Bezug auf den Einfluss alternativer Beurteilungsformate auf die Motivations- und die Selbstkonzeptentwicklung von Schüler*innen als sehr viel aussagekräftiger anzusehen sind als die bisher vorrangig durchgeführten Querschnittstudien. Es ist dementsprechend positiv zu beurteilen, dass es trotz des erhöhten logistischen und zeitlichen Aufwands gelungen ist, ein komplexes längsschnittliches Forschungsvorhaben über vier Schuljahre hinweg zu realisieren und darüber Daten zu gewinnen, die eine differenzierte Beurteilung des Beitrags verschiedener alternativer Beurteilungsformate zur Entwicklung der Motivation und des Selbstkonzepts von Schüler*innen der Sekundarstufe I ermöglichen.

In diesem Zusammenhang hat sich auch die Entscheidung bewährt, sowohl die Schüler*innen der Treatmentgruppe als auch ihre Eltern und die Lehrkräfte der Anne-Frank-Schule mit einer Kombination aus geschlossenen und offenen Items zur dialogbasierten Leistungsbeurteilung mit Portfolios zu befragen. Die quantitativen und qualitativen Daten, die auf diese Weise gewonnen werden konnten, haben die Interpretation der Daten zur Entwicklung der motivationalen und selbstbezogenen Variablen der Schüler*innen wie erhofft unterstützt und zugleich den Forschungsstand zu den Chancen, Herausforderungen und Gelingensbedingungen alternativer Beurteilungsformate erweitert.

Rückblickend wird es dabei als eine mögliche Einschränkung der vorliegenden Studie betrachtet, dass den Schüler*innen des ersten Jahrgangs mit dialogbasierter Leistungsbeurteilung erst in ihrem 8. Schuljahr die Möglichkeit geboten wurde, ihre Erfahrungen mit diesem alternativen Beurteilungssystem mitzuteilen. Wie in Kapitel 8 bereits erläutert, wurde die entsprechende methodische Entscheidung vorrangig getroffen, damit die Schüler*innen auf einen möglichst breiten Erfahrungsschatz zurückgreifen können, wenn sie zur dialogbasierten Leistungsbeurteilung Stellung nehmen. Es wurde außerdem befürchtet, dass sich die Schüler*innen in den unteren Klassenstufen durch eine Erweiterung des ohnehin bereits umfangreichen Fragebogens überfordert oder demotiviert fühlen könnten. Im Nachhinein wird jedoch davon ausgegangen, dass der Einsatz einer kleinen Anzahl von Items zum alternativen Beurteilungssystem auch schon vor der 8. Klassenstufe zu ausgewählten Befragungszeitpunkten ohne die befürchteten Auswirkungen möglich gewesen wäre und weitere potenziell hilfreiche Informationen für die Beantwortung der ersten drei Forschungsfragen hätte hervorbringen können.

In Bezug auf die vierte Forschungsfrage und den Übergang zu Noten scheint der Erkenntnisgewinn dadurch eingeschränkt worden zu sein, dass die Schüler*innen zu diesem Thema etwas weniger differenziert befragt wurden als ihre Eltern und Klassenlehrkräfte. Die Schüler*innen konnten zwar wie die Erwachsenen über mehrere geschlossene Items eine allgemeine Einschätzung des Gelingens des Übergangs abgeben, erhielten aber keine Möglichkeit dazu, individuelle Erfahrungen und Eindrücke im Rahmen von offenen Fragen zu schildern. Während der Planungsphase wurde es vor allem deshalb nicht als notwendig empfunden, die Schüler*innen mit offenen Items zu Veränderungen nach dem Übergang zu befragen, da davon ausgegangen wurde, dass besonders interessierende Veränderungen über die wiederholt eingesetzten Skalen zu den motivationalen und selbstbezogenen Variablen erfasst werden könnten. Dies ist auch gelungen; der Verzicht auf eine noch etwas ausführlichere Befragung der Schüler*innen zum Übergang zu Noten hat allerdings dazu beigetragen, dass die erfassten Veränderungen in ihrer Motivations- und Selbstkonzeptentwicklung nur unter Vorbehalt auf die Einführung der Noten zurückgeführt werden können.

Zusätzlich dazu sind die wiederholt erfassten motivationalen und selbstbezogenen Variablen nicht in Bezug darauf aussagekräftig, inwiefern die Schüler*innen den Übergang zu Noten als gelungen ansehen. Auch wenn die Untersuchung dieses Übergangs nur eine erste, explorative sein sollte, wäre es rückblickend betrachtet auch für die Beantwortung der vierten Forschungsfrage hilfreich gewesen, die Schüler*innen wie die Eltern und Lehrkräfte mit offenen Fragen zu ihren positiven und negativen Erfahrungen mit der Einführung von Noten zu befragen.

Die Interpretation der beobachteten Veränderungen in den motivationalen und selbstbezogenen Variablen der Treatmentgruppe im ersten Halbjahr mit Noten hätte des Weiteren durch eine Befragung der Schüler*innen der Kontrollgruppe in ihrem ersten Halbjahr im 8. Schuljahr unterstützt werden können. Ursprünglich schienen Vergleichsdaten dieser Gruppe nur bis zum Ende der 7. Klasse benötigt zu werden, da die vorrangig zu untersuchende dialogbasierte Leistungsbeurteilung mit Portfolios in ihrer

Reinform zu diesem Zeitpunkt in der Treatmentgruppe endet und die Kontrollgruppe bereits im zweiten Halbjahr des 7. Schuljahres den Übergang zu Noten erlebt. Durch die getroffenen methodischen Entscheidungen wurden die motivationalen und selbstbezogenen Variablen beider Kohorten somit in ihrem jeweils ersten Halbjahr mit Noten erfasst. Dennoch hätten die Veränderungen der motivationalen und selbstbezogenen Variablen der Treatmentgruppe im Halbjahr 8.1 vermutlich noch differenzierter beurteilt werden können, wenn diese Variablen im entsprechenden Halbjahr der Kontrollgruppe ebenfalls erfasst worden wären.

Positiv ist es vor diesem Hintergrund zu beurteilen, dass bereits im Projektverlauf auf diese Überlegungen reagiert und die Befragung der Kontrollgruppe im Halbjahr 8.2 fortgesetzt wurde. So wurden Vergleiche zwischen den beiden Untersuchungsgruppen zumindest zum Ende des 8. Schuljahres ermöglicht und Daten gewonnen, die als Grundlage für eine Einschätzung der längerfristigen Wirkung der beiden Beurteilungssysteme dienen können.

Die mit der gewählten methodischen Vorgehensweise gewonnenen Daten konnten zeigen, dass die dialogbasierte Leistungsbeurteilung mit Portfolios in mehrfacher Hinsicht zur Schaffung förderlicher Voraussetzungen für die individuelle Lernentwicklung von Schüler*innen beiträgt. Sie ist insofern als lernförderlich zu bezeichnen und die vorliegenden Ergebnisse unterstützen wie im Vorherigen bereits erläutert die Annahme, dass Schüler*innen ihr individuelles Lernpotenzial unter dem Einfluss dieses alternativen Beurteilungssystems besser entfalten können als bei einem tradierten Umgang mit ihren schulischen Leistungen. Empirisch wurde dies in der durchgeführten Längsschnittstudie allerdings nicht unmittelbar untersucht, da der interessierende individuelle Lernerfolg nicht mit vergleichsweise leicht umzusetzenden standardisierten Leistungstests bestimmt werden kann. Stattdessen scheinen dazu anspruchsvolle qualitative Verfahren notwendig, die den Rahmen des ohnehin bereits komplexen Forschungsprojekts überstiegen hätten. Für die Beantwortung der vier gewählten Forschungsfragen war eine Untersuchung des individuellen Lernerfolgs zudem nicht erforderlich; sie könnte aber für weitere Forschungsprojekte ein gewinnbringendes Anliegen sein.

Die Reliabilität der Skalen, die im Rahmen des bereits durchgeführten Projekts eingesetzt wurden, ist insgesamt als zufriedenstellend zu beurteilen. Ihre interne Konsistenz bewegt sich im ausreichenden bis guten Bereich, sodass auf der Grundlage der erhobenen Daten valide Aussagen getroffen werden können.

Für die statistische Validität der durchgeführten quasi-experimentellen Längsschnittstudie wäre es vorteilhaft gewesen, wenn es gelungen wäre, neben der Signifikanz der zwischen der Treatmentgruppe und der Kontrollgruppe beobachteten Unterschiede auch ein generalisiertes Maß der Effektstärke zu ermitteln und zufriedenstellend zu interpretieren. Unter Vorbehalt ist es in Anlehnung an Cohen (1992) jedoch auch ohne ein solches Maß möglich, die Effekte, die sich bei den Variablen gezeigt haben, bei denen signifikante Unterschiede zwischen den beiden Untersuchungsgruppen bestehen, dem kleinen und mittleren Effektgrößenbereich zuzuordnen.

Positiv gilt es in Bezug auf die Validität der vorliegenden Studie hervorzuheben, dass die dialogbasierte Leistungsbeurteilung mit Portfolios und das vorherige Beurteilungssystem der Anne-Frank-Schule mit Kompetenzrastern und verbalen Beurteilungen im alltäglichen Lebensumfeld der Schüler*innen und Lehrkräfte sowie ferner auch der Eltern untersucht wurden. Die gewonnenen Ergebnisse besitzen somit eine hohe ökologische Validität, was im Bereich der schulpädagogischen Forschung besonders wichtig erscheint.

Um dieses Gütekriterium zu erfüllen, müssen allerdings zumeist Einbußen in der internen Validität in Kauf genommen werden und dies ist auch bei der durchgeführten Untersuchung der Fall. So wird ihre interne Validität dadurch eingeschränkt, dass im komplexen Lern- und Lebensraum der Projektschule neben der Leistungsbeurteilung zahlreiche weitere Faktoren auf die Motivations- und Selbstkonzeptentwicklung der Schüler*innen einwirken, die weder vollständig erfasst noch kontrolliert werden können. Im Feld war es zudem nicht möglich, die Schüler*innen randomisiert einem der beiden Beurteilungssysteme zuzuweisen, sodass nicht ausgeschlossen werden kann, dass von Vornherein bestehende Unterschiede zwischen der Treatment- und der Kontrollgruppe die Untersuchungsergebnisse beeinflusst haben.

Eine Möglichkeit, diesbezüglich eine größere Gewissheit zu gewinnen, hätte wie in Kapitel 8.1 bereits erläutert darin bestanden, die Motivation und das Selbstkonzept sowie potenzielle Störvariablen zu einem Zeitpunkt zu erfassen, zu dem die verschiedenen Beurteilungssysteme der Projektschule noch nicht auf die Schüler*innen der Treatmentgruppe und der Kontrollgruppe einwirken konnten. Der entsprechende Zeitpunkt war jedoch bereits verstrichen, als sich die Möglichkeit der Kooperation mit der Anne-Frank-Schule eröffnete.

Als förderlich für die interne Validität der quasi-experimentellen Studie wird es angesehen, dass die Treatment- und die Kontrollgruppe so gewählt werden konnten, dass sie sich in Bezug auf mehrere besonders bedeutsame soziodemographische Daten sehr ähnlich sind. Beide Gruppen bestehen aus Schüler*innen derselben Altersstufe, von denen jeweils etwas mehr als die Hälfte männlich ist, und weisen vergleichbare Anteile von Lernenden mit den verschiedenen Abschlussprognosen sowie mit anerkanntem Förderstatus und Hochbegabung auf. Diese Parallelität erhöht die Sicherheit, mit der die beobachteten Unterschiede zwischen den beiden Untersuchungsgruppen auf den anderen Umgang mit ihren schulischen Leistungen zurückgeführt werden können.

Das Gleiche gilt sogar noch unmittelbarer für den Umstand, dass sich die schulischen Rahmenbedingungen der beiden Untersuchungsgruppen über den gesamten Erhebungszeitraum hinweg lediglich in Bezug auf die Leistungsbeurteilung systematisch unterschieden haben. Bei der Wahl einer Kontrollgruppe an einer anderen Schule hätten zusätzlich dazu noch zahlreiche weitere Unterschiede bestanden, die es kaum möglich gemacht hätten, Unterschiede in der Motivations- und Selbstkonzeptentwicklung der Schüler*innen überzeugend auf den jeweiligen Umgang mit ihren schulischen Leistungen zurückzuführen. Die Entscheidung, die durchgeführte Untersuchung auf die gut vergleichbaren Jahrgänge an der Anne-Frank-Schule zu beschränken, wird in Bezug auf die interne Validität daher nach wie vor als die bessere methodische Alternative betrachtet.

Die Fokussierung auf eine Schule, an der in verschiedener Hinsicht besondere Rahmenbedingungen bestehen, bedeutet allerdings auch, dass sich die gewonnenen Ergebnisse nur eingeschränkt auf andere Schulen übertragen lassen. Die externe Validität der vorliegenden Studie ist in dieser Hinsicht als gering einzustufen und es sind weitere Studien unter Einbezug anderer Schulen notwendig, um datengestützt beurteilen zu können, inwiefern das alternative Beurteilungssystem der Anne-Frank-Schule auch an anderen Schulen eine lernförderliche Wirkung entfaltet.

Im Erhebungszeitraum war es nicht möglich, dieser Fragestellung nachzugehen, da die Anne-Frank-Schule bis zum Schuljahr 2020/21 landesweit die einzige war, an der die dialogbasierte Leistungsbeurteilung mit Portfolios in der beschriebenen Ausgestaltung praktiziert wurde. Mit dem Einstieg einer weiteren Gemeinschaftsschule in den entsprechenden Schulversuch, auf den im folgenden Ausblick noch genauer eingegangen werden soll, haben sich diesbezüglich jedoch zwischenzeitlich neue Forschungsmöglichkeiten eröffnet, die auch bereits genutzt werden.

Schließlich gilt es noch zu reflektieren, wie es die vorliegende Untersuchung beeinflusst hat, dass die Verfasserin dieser Arbeit nach dem Abschluss ihres Referendariats für das Lehramt an Gymnasien im dritten Jahr des Erhebungszeitraums begonnen hat, als Lehrerin an der Anne-Frank-Schule Bargteheide zu arbeiten.

Die Bewerbung an dieser Schule wurde vorrangig von dem Wunsch motiviert, einen umfassenden Einblick in die praktische Umsetzung der dialogbasierten Leistungsbeurteilung mit Portfolios zu gewinnen. Im Rahmen früherer Gespräche und Hospitationen war dies nur eingeschränkt möglich und die Aufnahme der Lehrtätigkeit an der Anne-Frank-Schule hat insbesondere in Bezug auf die Vor- und Nachbereitung der Portfoliogespräche zu einem Erkenntnisgewinn geführt.

Sie hat außerdem die Organisation und Durchführung der letzten Befragungen erleichtert und zu einer besseren Abdeckungsquote bei den Nachholterminen für diejenigen Schüler*innen geführt, die den für ihre Klasse eigentlich vorgesehenen Befragungstermin verpasst haben.

Diesen Vorteilen steht das potenzielle Risiko einer Beeinträchtigung der Objektivität gegenüber. Es scheint deshalb wichtig, zunächst offenzulegen, welche Aufgaben und Funktionen die Verfasserin dieser Arbeit mit dem Beginn ihrer Lehrtätigkeit an der Anne-Frank-Schule übernommen hat. Im Erhebungszeitraum war sie als Klassenlehrerin in der Sekundarstufe II eingesetzt und erteilte in dieser von ihrem Forschungsvorhaben unabhängigen Stufe auch den größten Teil ihres Unterrichts. An der Portfolioarbeit und der Durchführung der Portfoliogespräche in der Treatmentgruppe war die Verfasserin nicht beteiligt; sie unterrichtete allerdings eine Klasse der Treatmentgruppe im Fach Englisch und einen kleinen klassenübergreifenden Wahlpflichtkurs im Fach Wirtschaftslehre.

Über ihre unterrichtlichen Tätigkeiten hinaus wirkt die Verfasserin an der Anne-Frank-Schule aktiv in mehreren Arbeitskreisen mit, die der Gesundheitsförderung und Prävention, der UNESCO-Arbeit und dem Thema Sport und Inklusion gewidmet sind. Sie ist außerdem Mitglied im schulinternen Evaluationsteam und der Pädagogischen Werkstatt, die den pädagogischen Koordinator der Schule bei seiner Arbeit unterstützt.

Im Arbeitskreis Portfolio hat sie im Erhebungszeitraum vorrangig eine beobachtende Rolle eingenommen, bevor sie nach Abschluss des vorliegenden Forschungsprojekts in die Leitung dieses Arbeitskreises eingestiegen ist.

Es kann nicht vollständig ausgeschlossen werden, dass sich das umfangreiche Engagement der Verfasserin an der Anne-Frank-Schule auch auf ihre Objektivität ausgewirkt hat. Es wird allerdings davon ausgegangen, dass potenziell negative Folgen davon allenfalls ein geringes Ausmaß angenommen haben, da die Verfasserin die Arbeit an der Anne-Frank-Schule erst aufgenommen hat, als die Planung des Forschungsprojekts bereits abgeschlossen und ein großer Teil der Befragungen bereits durchgeführt worden war. Es wurden außerdem verschiedene Maßnahmen ergriffen, um eine möglichst hohe Objektivität sicherzustellen.

Die Durchführungsobjektivität konnte dabei dadurch gewährleistet werden, dass die Befragungen der Schüler*innen nach dem Arbeitsbeginn an der Anne-Frank-Schule weiterhin wie in Kapitel 8.2 beschrieben von einem Mitarbeiter der zum Pädagogischen Institut der Christian-Albrechts-Universität zu Kiel gehörigen Abteilung für Bildungsforschung angeleitet und von den Lehrkräften der Schüler*innen unterstützt wurden. Die Befragung der Eltern und Lehrkräfte erfolgte ohne persönliche Anleitung online, sodass in diesem Zusammenhang ebenfalls nicht von einer unsachgemäßen Beeinflussung der Durchführung durch die Verfasserin auszugehen ist. Sie nahm selbst auch nicht an den Befragungen der Lehrkräfte teil.

In Bezug auf die Auswertungs- und Interpretationsobjektivität gilt es zunächst hervorzuheben, dass die Originaldaten der verschiedenen Befragungen der Kieler Abteilung für Empirische Bildungsforschung vorliegen und dass über ihre Auswertung und Interpretation differenziert mit der Betreuerin dieser Arbeit und anderen Mitarbeiter*innen der Abteilung beraten wurde. Die Auswertung ausgewählter offener Antworten wurde zudem sowohl von der Verfasserin als auch von ihrer Betreuerin anhand des entwickelten Kategoriensystems vorgenommen, wobei beide Wissenschaftler*innen zu demselben Ergebnis kamen. Dies spricht dafür, dass die Objektivität der Verfasserin trotz der Aufnahme der Lehrtätigkeit an der Anne-Frank-Schule weitgehend gewahrt werden konnte.

12 . Ausblick

Eine Gestaltungsform der schulischen Leistungsbeurteilung zu finden, die die Schüler*innen bei einer nachhaltigen Erweiterung ihrer Kompetenzen unterstützt, ist aktuell sowohl Bildungswissenschaftler*innen als auch Lehrer*innen ein besonderes Anliegen. Diesem Anliegen kommt die vorliegende Arbeit in mehrfacher Hinsicht entgegen und im Folgenden soll abschließend aufgezeigt werden, wie die Ergebnisse dieser Arbeit für die weitere wissenschaftliche Forschung und die schulische Praxis nutzbar gemacht werden können und zum Teil bereits nutzbar gemacht wurden.

Wie im Vorherigen bereits herausgestellt, bestanden vor der Durchführung der quasi-experimentellen Längsschnittstudie zur dialogbasierten Leistungsbeurteilung mit Portfolios insbesondere in Bezug auf den Beitrag alternativer Beurteilungsformate zur Motivations- und Selbstkonzeptentwicklung von Schüler*innen der Sekundarstufe umfangreiche Forschungslücken und die gewonnenen Daten können dazu beitragen, diese zu schließen. Sie erweitern außerdem die empirische Grundlage für die Beurteilung der Chancen, Herausforderungen und Gelingensbedingungen von Lernentwicklungsgesprächen und Portfolios als Teil der schulischen Leistungsbeurteilung.

Zusätzlich zu den im Rahmen dieser Arbeit bereits betrachteten Ergebnissen können anhand der erhobenen Daten noch weitere Erkenntnisse gewonnen werden. So wäre es im Rahmen weiterführender Analysen beispielsweise möglich zu prüfen, ob bestimmte Gruppen von Schüler*innen stärker von der dialogbasierten Leistungsbeurteilung mit Portfolios profitieren als andere. Denkbar wäre in diesem Zusammenhang unter anderem eine Untersuchung geschlechtsspezifischer Unterschiede oder ein Vergleich der Motivations- und Selbstkonzeptentwicklung von Schüler*innen unterschiedlicher Leistungsniveaus. Es könnte außerdem aufschlussreich sein, zu analysieren, inwiefern die Zufriedenheit der Schüler*innen mit der dialogbasierten Leistungsbeurteilung in einem Zusammenhang mit der Entwicklung der betrachteten Variablen steht. Das Potenzial der gewonnenen Daten für die wissenschaftliche Forschung zur schulischen Leistungsbeurteilung ist somit noch nicht erschöpft.

Die Ergebnisse der vorliegenden Studie können zudem als Anknüpfungspunkte für weitere wissenschaftliche Studien zur alternativen Leistungsbeurteilung dienen, die nach wie vor benötigt werden. Besonders lohnenswert könnte dabei eine differenzierte Untersuchung der Vorteile sein, die wie die Förderung von überfachlichen Kompetenzen oder die hohe Informationsqualität im Rahmen der durchgeführten Längsschnittstudie von einem großen Teil der Befragten berichtet, aber noch nicht unmittelbar überprüft wurden. In Anbetracht der Veränderungen, die sich mit der Einführung der Noten in der Treatmentgruppe gezeigt haben, wäre es außerdem empfehlenswert, Übergänge zwischen alternativen Beurteilungsformaten und Noten weiterführend zu untersuchen. Zusätzlich dazu besteht weiterer Forschungsbedarf in Bezug auf die

Übertragbarkeit der dialogbasierten Leistungsbeurteilung mit Portfolios von der Anne-Frank-Schule auf andere Schulen. Besonders erstrebenswert und herausfordernd zugleich erscheint es außerdem, wissenschaftlich zu untersuchen, inwiefern die dialogbasierte Leistungsbeurteilung mit Portfolios tatsächlich zu größeren individuellen Kompetenzzuwächsen führt als tradierte Beurteilungssysteme.

Darüber hinaus wäre es sinnvoll, im Rahmen der weiteren Forschung auch der Gestaltung der Leistungsbeurteilung im laufenden Halbjahr sowie dem Zusammenhang zwischen der Beurteilungs- und der Unterrichtskultur Aufmerksamkeit zu schenken. In der vorliegenden Studie wurde wie in den meisten anderen im theoretischen Teil dieser Arbeit berücksichtigten Untersuchungen in erster Linie eine alternative Gestaltungsform der Leistungsbeurteilung zum Halb- oder Schuljahresende untersucht. In den dazu gewonnenen Ergebnissen deutet sich an, dass die positive Wirkung der dialogbasierten Leistungsbeurteilung mit Portfolios noch größer hätte ausfallen können, wenn die für sie charakteristischen Merkmale auch im Umgang mit verpflichtenden Leistungsnachweisen wie Tests und Klassenarbeiten sowie bei der Unterrichtsgestaltung noch stärker berücksichtigt worden wären. Auch die theoretische Vorarbeit lässt dies plausibel erscheinen und unterstützt die Empfehlung, weiterführend zu untersuchen, wie die Unterrichts- und die Beurteilungskultur so aufeinander abgestimmt werden können, dass sie gemeinsam bestmögliche Lernvoraussetzungen schaffen.

Empfehlenswert ist es des Weiteren, der Frage nachzugehen, inwiefern alternative Beurteilungssysteme dazu geeignet sind, neben den pädagogischen auch die gesellschaftlichen Funktionen der schulischen Leistungsbeurteilung zu erfüllen. Im Einklang mit der gewählten Schwerpunktsetzung wurden Letztere im Rahmen dieser Arbeit nur am Rande betrachtet; weiterführend erscheint es in Anbetracht der weitreichenden Einschränkungen der tradierten Leistungsbeurteilung mit Noten jedoch auch in Bezug auf Funktionen, die wie die gesellschaftliche Informationsfunktion ihre Berechtigung haben, wichtig, neue Gestaltungsmöglichkeiten zu erproben. Es wird dabei davon ausgegangen, dass aus lernförderlichen Beurteilungssystemen wie der dialogbasierten Leistungsbeurteilung mit Portfolios auch für weiterführende Bildungsinstitutionen und potenzielle Arbeitgeber eine aussagekräftige Informationsgrundlage hervorgehen kann. Die empirische Untersuchung dieser Annahme könnte zum Gegenstand weiterer Untersuchungen gemacht werden.

Zusätzlich zu den zuvor skizzierten inhaltlichen Anknüpfungspunkten bietet die vorliegende Studie auch Anregungen dafür, wie bei der differenzierten Untersuchung alternativer Beurteilungssysteme methodisch vorgegangen werden kann. Bei der Untersuchung der dialogbasierten Leistungsbeurteilung mit Portfolios haben sich insbesondere die längsschnittliche Anlage, das quasi-experimentelle Design und die Berücksichtigung der Perspektiven von Schüler*innen, Eltern und Lehrkräften bewährt. Limitationen sind in erster Linie daraus resultiert, dass die Schüler*innen der Treatment- und der Kontrollgruppe nicht zu Beginn ihrer Schulzeit an der Projektschule befragt werden konnten und dass die Schüler*innen weniger differenziert zum Übergang zu Noten befragt wurden als die erwachsenen Studienteilnehmer*innen. Vor diesem Hintergrund ist zu empfehlen, bei der Durchführung vergleichbarer Studien auf eine möglichst frühzeitige und ausreichend umfassende Befragung der Lernenden zu achten. Zusätzlich dazu wäre es empfehlenswert, mehrere Schulen in die Untersuchung einzubeziehen, sofern das interessierende Beurteilungssystem bereits an mehreren Schulen praktiziert wird oder dort eingeführt werden darf.

Für weitere Forschungsvorhaben zur alternativen Leistungsbeurteilung ist es außerdem als vorteilhaft anzusehen, dass dank der vorliegenden Untersuchung umfangreiche Vergleichsdaten zur Entwicklung bedeutsamer motivationaler und selbstbezogener Variablen im Verlauf der Sekundarstufe I zur Verfügung stehen, die für die Einordnung und Interpretation zukünftiger Studienergebnisse herangezogen werden können.

Sowohl für die weitere wissenschaftliche Auseinandersetzung mit der schulischen Leistungsbeurteilung als auch für die schulische Praxis sind des Weiteren die im theoretischen Teil dieser Arbeit entwickelten Anforderungen an eine lernförderliche Beurteilungskultur als hilfreich zu betrachten. Die drei zentralen Anforderungen zur Informationsqualität, zur Motivation und zum Selbstkonzept können als Anregung für den weiteren Diskurs zum Umgang mit den Leistungen von Schüler*innen dienen sowie zukünftigen Forschungsprojekten und schulischen Innovationsvorhaben Orientierung bieten.

Der schulischen Praxis ist die vorliegende Untersuchung außerdem bereits insofern zugutegekommen, als dass ausgehend von ihren Ergebnissen an der Anne-Frank-Schule Bargteheide schon mehrere Maßnahmen zur Weiterentwicklung der dialogbasierten Leistungsbeurteilung mit Portfolios in die Wege geleitet werden konnten. Auch wenn die Umsetzung dieses alternativen Beurteilungssystems im untersuchten Zeitraum insgesamt bereits gut gelungen ist, hat die Befragung der Schüler*innen, Eltern und Lehrkräfte einzelne Schwierigkeiten aufgedeckt und damit eine Grundlage für die weitere Verbesserung des vorteilhaften Systems geschaffen. Der vorliegenden Studie ist es so unter anderem zu verdanken, dass inzwischen alle Klassenlehrkräfte zwei ganze Tage für die Portfoliogespräche freigestellt werden. Sie hat außerdem die Entwicklung von Qualitätskriterien für die Leistungsbeurteilung im laufenden Halbjahr angeregt, die auf eine noch konsequentere Umsetzung der grundlegenden Ziele und Merkmale einer alternativen Beurteilungskultur abzielen, und zu einer diesen noch stärker entsprechenden Gestaltung des Rückmeldebogens für die Fachlehrkräfte geführt. Zusätzlich dazu haben die Ergebnisse der vorliegenden Längsschnittstudie wertvolle Impulse für die Weiterentwicklung der Unterrichtskultur der Anne-Frank-Schule gesetzt und dazu beigetragen, dass die Schüler*innen dieser Schule inzwischen noch mehr Unterstützung bei der Umsetzung ihrer Lernvereinbarungen erfahren.

Die Ergebnisse der durchgeführten Untersuchung waren des Weiteren von zentraler Bedeutung dafür, dass die dialogbasierte Leistungsbeurteilung mit Portfolios an der Anne-Frank-Schule fortgesetzt werden darf. Der entsprechende Schulversuch wurde vom schleswig-holsteinischen Ministerium für Bildung, Wissenschaft und Kultur zunächst nur für drei Schuljahre genehmigt. Durch die Vorstellung der überwiegend positiven Untersuchungsergebnisse konnte jedoch eine Verlängerung des Schulversuchs zunächst um fünf weitere Jahre erreicht werden.

Ausgehend von derselben Ergebnispräsentation wurde zusätzlich dazu die probeweise Ausweitung der dialogbasierten Leistungsbeurteilung mit Portfolios auf weitere Gemeinschaftsschulen in Schleswig-Holstein genehmigt. In die Ausschreibung für das entsprechende Interessenbekundungsverfahren wurden die bei der Diskussion der Ergebnisse aufgezeigten Gelingensbedingungen als Orientierungshilfe und Teilnahmevoraussetzungen für interessierte Schulen aufgenommen. Von den Schulen, die Interesse bekundet haben, haben sich zunächst zwei Gemeinschaftsschulen mit gymnasialer Oberstufe und zwei Gemeinschaftsschulen ohne Oberstufe für die Einführung des alternativen Beurteilungssystems im Schuljahr 2020/21 entschieden.

Jeweils drei Schulleitungsmitglieder und Lehrkräfte dieser Schulen erhielten im Herbst 2019 an der Anne-Frank-Schule eine ganztägige Fortbildung zur dialogbasierten Leistungsbeurteilung mit Portfolios, die unter anderem eine Präsentation der vorliegenden Studienergebnisse und der daraus abgeleiteten Empfehlungen umfasste. Weitere Veranstaltungen, die an den teilnehmenden Schulen für das Frühjahr 2020 geplant wurden, mussten aufgrund der Corona-Situation abgesagt werden und konnten nur an einer Schule in digitaler Form im Juni 2020 nachgeholt werden. Ebenfalls aufgrund der Corona-Situation ist diese Schule die einzige, die im Schuljahr 2020/21 tatsächlich in zwei von vier neuen 5. Klassen mit der dialogbasierten Leistungsbeurteilung mit Portfolios beginnen konnte. Die anderen drei Schulen werden voraussichtlich zu einem späteren Zeitpunkt folgen und weitere Schulen können weiterhin Interesse an einem Einstieg in den Schulversuch bekunden.

Die Ausweitung des Schulversuchs zur dialogbasierten Leistungsbeurteilung mit Portfolios in Schleswig-Holstein ist ein erstes Beispiel dafür, wie die Ergebnisse der vorliegenden Dissertation auch für andere Schulen nutzbar gemacht werden können. Um möglichst viele Lehrer*innen bei ihrer Suche nach einer lernförderlichen Gestaltung der schulischen Leistungsbeurteilung zu unterstützen, wurden ausgehend von dieser Arbeit noch eine Reihe weiterer Fortbildungsangebote zur alternativen Leistungsbeurteilung gestaltet und unter anderem im Rahmen der Deutschen Schulakademie, des Studienkollegs und einer Schulleitungstagung zur Partizipation in der Gemeinschaftsschule durchgeführt. Weitere Fortbildungsangebote sind für das kommende Jahr bereits geplant und sollen auch darüber hinaus angeboten werden.

In Schleswig-Holstein haben sich im Schuljahr 2019/20 auch die Mitglieder des Landesschülerparlaments um eine Gestaltung der Leistungsbeurteilung bemüht, die ihren Bedürfnissen noch besser entgegenkommt. Bei der Entwicklung eines entsprechenden Vorschlags an das Ministerium für Bildung, Wissenschaft und Kultur konnten sie ausgehend von dieser Arbeit auf einer Parlamentssitzung im Februar 2020 unterstützt werden. Zusätzlich zu Lehrkräften können die Ergebnisse dieser Arbeit somit auch Schüler*innen unmittelbar unterstützen und ferner natürlich auch Eltern zugänglich gemacht werden, die sich für eine lernförderlichere Beurteilung der Leistungen ihrer Kinder engagieren möchten.

Schließlich ist die durchgeführte Längsschnittstudie auch als ein positives Beispiel dafür anzusehen, wie vorteilhaft die enge Zusammenarbeit zwischen Wissenschaft und schulischer Praxis für beide Seiten sein kann. Angesichts der zahlreichen Einschränkungen der tradierten Beurteilungskultur besteht im Zusammenhang mit der schulischen Leistungsbeurteilung weitreichender Reformbedarf und die positiven Erfahrungen mit diesem Projekt haben gezeigt, wie sich Wissenschaftler*innen und Lehrer*innen sowie ferner auch Schüler*innen und Eltern diesem Bedarf gemeinsam annehmen können. Die Forschungstätigkeit an der Anne-Frank-Schule Bargteheide wird deshalb über den im Rahmen dieser Arbeit betrachteten Erhebungszeitraum fortgesetzt und seit dem Schuljahr 2020/21 wird die dialogbasierte Leistungsbeurteilung mit Portfolios auch an der zweiten Schule untersucht, die sich für die Einführung dieses vorteilhaften Beurteilungssystems entschieden hat.

Die Suche nach einer lernförderlichen Gestaltung der schulischen Leistungsbeurteilung hat im Juni 2018 zahlreiche Pädagog*innen aus allen Teilen Deutschlands auf einem Forum mit dem Titel „*Lernen. Leistung. Noten?*“ zusammengeführt. Durch die vorliegende Untersuchung ist es möglich geworden, ihnen sowie weiteren Suchenden mit der dialogbasierten Leistungsbeurteilung mit Portfolios eine vielversprechende, erfolgreich erprobte und wissenschaftlich differenziert untersuchte Alternative zur tradierten Beurteilungskultur aufzuzeigen.

Danksagung

Ein besonderer Dank soll abschließend all den Menschen ausgesprochen werden, die das im Rahmen dieser Arbeit dargestellte Forschungsvorhaben möglich gemacht und unterstützt haben.

Zu ihnen zählen zunächst Birgit Brouër, Thomas Häcker und Tim Fütterer, denen an dieser Stelle insbesondere für ihre hilfreiche Beratung gedankt sei.

Ein besonderer Dank gilt außerdem Dörte Nowitzki und Alexander Kraft, die die Erprobung und Ausweitung der dialogbasierten Leistungsbeurteilung mit ihrer Genehmigung ermöglicht und unterstützt haben.

Für die Möglichkeit, über mehrere Jahre hinweg an ihrer Schule zu forschen, ist des Weiteren Angelika Knies als ehemaliger Schulleiterin der Anne-Frank-Schule Bargteheide zu danken.

Als neuem Schulleiter wird zudem Marcel Fell dafür gedankt, dass er die dialogbasierte Leistungsbeurteilung mit Portfolios noch stärker in den Mittelpunkt der Schulentwicklung der Anne-Frank-Schule Bargteheide gerückt hat.

In besonderem Maße soll an dieser Stelle auch Ulrich Gernhöfer gedankt werden, der als Leiter des Arbeitskreises Portfolio wesentlich zum Gelingen des Schulversuchs an der Projektschule beigetragen hat.

Ein besonderer Dank gebührt darüber hinaus all den Lehrer*innen, die die dialogbasierte Leistungsbeurteilung mit Portfolios an der Anne-Frank-Schule Bargteheide mit großem Engagement umsetzen und weiterentwickeln.

Schließlich soll auch den zahlreichen Schüler*innen, Eltern und Lehrkräften gedankt werden, die über ihre Teilnahme an den verschiedenen Befragungen einen wertvollen Beitrag zum Gelingen der vorliegenden Untersuchung geleistet haben.

Abbildungsverzeichnis

Tabellenverzeichnis

Literatur

Ahlring, Ingrid (2009): Vom Recht auf freie Entfaltung der (Lern)-Persönlichkeit. In: Praxis Schule, 2, S. 6-9.

Anderman, Eric M. & Maehr, Martin L. (1994): Motivation and schooling in the middle grades. In: Review of Educational Research, 64, S. 287-309.

Andrade, Heidi (2000): Using Rubrics to Promote Thinking and Learning. In: Educational Leadership, 57 (5), S. 13-18.

Anne-Frank-Schule Bargteheide (2017): Schulprogramm und Leitbild der Anne-Frank-Schule Bargteheide. Abgerufen am 18.09.2020 von https://www.anne-frank-schule-bargteheide.de/leitbild-und-schulprogramm/.

Beutel, Silvia-Iris & Pant, Hans Anand (2020): Lernen ohne Noten. Alternative Konzepte der Leistungsbeurteilung. Stuttgart: Kohlhammer.

Birkel, Peter & Tarnai, Christian (2018): Zensuren und verbale Schulleistungsbeurteilung. In: Rost, Detlef H., Sparfeldt, Jörn R. & Buch, Susanne R. (Hrsg.): Handwörterbuch Pädagogische Psychologie. Basel und Weinheim: Beltz, S. 904-917.

Black, Paul & Wiliam, Dylan (1998): Assessment and Classroom Learning. In: Assessment in Education: Principles, Policy & Practice, 5 (1), S. 7-74.

Bohl, Thorsten (2003): Neuer Unterricht – neue Leistungsbewertung. Grundlagen und Kontextbedingungen eines veränderten Bewertungsverständnisses. In: Vorndran, Oliver & Schnoor, Detlev (Hrsg.): Schulen für die Wissensgesellschaft. Ergebnisse des Netzwerkes Medienschulen. Gütersloh: Verlag Bertelsmann Stiftung, S. 211-231.

Bohl, Thorsten (2006): Kernfragen der Pädagogischen Diagnostik, bezogen auf die Portfolioarbeit. In: Brunner, Ilse, Häcker, Thomas & Winter, Felix (Hrsg.): Das Handbuch der Portfolioarbeit. Konzepte, Anregungen, Erfahrungen aus Schule und Lehrerbildung. Seelze-Velber: Klett Kallmeyer, S. 171-178.

Bohl, Thorsten (2013): Neuer Unterricht – neue Leistungsbewertung. In: SchulVerwaltung Spezial, 14 (1), S. 4-7.

Bortz, Jürgen & Döring, Nicola (2016a): Untersuchungsdesign. In: Döring, Nicola & Bortz, Jürgen (Hrsg.): Forschungsmethoden und Evaluation in den Sozial- und Humanwissenschaften. Berlin und Heidelberg: Springer, S. 181-220.

Bortz, Jürgen & Döring, Nicola (2016b): Bestimmung von Teststärke, Effektgröße und optimalem Stichprobenumfang. In: Döring, Nicola & Bortz, Jürgen (Hrsg.): Forschungsmethoden und Evaluation in den Sozial- und Humanwissenschaften. Berlin und Heidelberg: Springer, S. 807-866.

Bortz, Jürgen & Schuster, Christof (2010): Statistik für Human- und Sozialwissenschaftler. Berlin und Heidelberg: Springer.

Bos, Wilfried, Lankes, Eva Maria, Prenzel, Manfred, Schwippert, Knut, Valtin, Renate, Voss, Andreas & Walther, Gerd (2001): IGLU. Skalenhandbuch zur Dokumentation der Ergebnisse. Münster: Waxmann.

Bos, Wilfried & Stubbe, Tobias C. (2008): Schullaufbahnempfehlungen von Lehrkräften und Schullaufbahnentscheidungen von Eltern am Ende der vierten Jahrgangsstufe. In: Empirische Pädagogik, 22, S. 49-63.

Brouër, Birgit (2014): Selbstbeurteilung in selbstorganisationsoffenen Lernumgebungen. Entwicklung eines Modells der Selbstbeurteilung und evidenzbasierter Impulse für die Förderung der Selbstbeurteilung in der Praxis. Bad Heilbrunn: Klinkhardt.

Brühwiler, Christian & Helmke, Andreas (2018): Determinanten der Schulleistung. In: Rost, Detlef H., Sparfeldt, Jörn R. & Buch, Susanne R. (Hrsg.): Handwörterbuch Pädagogische Psychologie. Basel und Weinheim: Beltz, S. 78-92.

Brunner, Ilse (2006): Stärken suchen und Talente fördern. In: Brunner, Ilse, Häcker, Thomas & Winter, Felix (Hrsg.): Das Handbuch der Portfolioarbeit. Konzepte, Anregungen, Erfahrungen aus Schule und Lehrerbildung. Seelze-Velber: Klett Kallmeyer, S. 73-78.

Charan, Ravi (2011): Expectation Maximization Explained. A versatile algorithm for clustering, NLP, and more. Abgerufen am 18.09.2020 von https://towardsdatascience.com/expectation-maximization-explained-c82f5ed438e5.

Cohen, (1992): A power primer. In: Psychological Bulletin, 112, S. 155-159.

Deci, Edward L. & Ryan, Richard M. (1993): Die Selbstbestimmungstheorie der Motivation und ihre Bedeutung für die Pädagogik. In: Zeitschrift für Pädagogik, 39 (2), S. 223-238.

Deutsche Schulakademie (2018): Forum „Lernen. Leistung. Noten?“. Abgerufen am 18.09.2020 von https://www.deutsche-schulakademie.de/programm/foren/forum-lernen-leistung-noten.

Ehm, Jan-Henning (2014): Akademisches Selbstkonzept im Grundschulalter. Entwicklungsanalyse dimensionaler Vergleiche und Exploration differenzieller Unterschiede. Frankfurt am Main: Universität.

Fischer, Christian (2012): Diagnose und Förderung statt Notengebung? Problemfelder schulischer Leistungsbeurteilung. Münster: Waxmann.

Frenzel, Anne C. & Stephens, Elizabeth J. (2011): Emotionen. In: Götz, Thomas (Hrsg.): Emotion, Motivation und selbstreguliertes Lernen. Paderborn: Schöningh, S. 16-77.

Frenzel, Anne C., Götz, Thomas & Pekrun, Reinhard (2015): Emotionen. In: Wild, Elke & Möller, Jens (Hrsg.): Pädagogische Psychologie. 2., vollständig überarbeitete und aktualisierte Auflage. Berlin und Heidelberg: Springer-Verlag, S. 201-224.

Gerecht, Marius, Steinert, Brigitte, Klieme, Eckhard & Döbrich, Peter (2007): Skalen zur Schulqualität: Dokumentation der Erhebungsinstrumente. Pädagogische EntwicklungsBilanzen mit Schulen (PEB). 2. überarbeitete Auflage. In: Materialien zur Bildungsforschung, 17. Frankfurt am Main: Gesellschaft zur Förderung Pädagogischer Forschung / Deutsches Institut für Internationale Pädagogische Forschung.

Gläser-Zikuda, Michaela (2011): Qualitative Auswertungsverfahren. In: Reinders, Heinz, Ditton, Hartmut, Gräsel, Cornelia & Gniewosz, Burkhard (Hrsg.): Empirische Bildungsforschung. Strukturen und Methoden. Wiesbaden: VS Verlag für Sozialwissenschaften, S. 109-119.

Gottfried, Adelle E., Fleming, James S. & Gottfried, Allen W. (2001): Continuity of academic intrinsic motivation from childhood through late adolescence. A longitudinal study. In: Journal of Educational Psychology, 93, S. 3-13.

Grittner, Frauke (2009): Leistungsbewertung mit Portfolio in der Grundschule. Eine mehrperspektivische Fallstudie aus einer notenfreien sechsjährigen Grundschule. Bad Heilbrunn: Klinkhardt.

Grolnick, Wendy S. & Ryan, Richard M. (1987): Autonomy in children's learning. An experimental and individual difference investigation. In: Journal of Personality and Social Psychology, 52, 890-898.

Haag, Ludwig & Streber, Doris (2014): Individuelle Förderung. Eine Einführung in die Theorie und Praxis. Weinheim und Basel: Beltz.

Häbig, Julia (2018): Lernentwicklungsgespräche aus der Sicht von Schülerinnen und Schülern. Eine Mixed-Methods-Studie an Gymnasien. Wiesbaden: Springer VS.

Häcker, Thomas (2006): Ein Medium des Wandels in der Lernkultur. In: Brunner, Ilse, Häcker, Thomas & Winter, Felix (Hrsg.): Das Handbuch der Portfolioarbeit. Konzepte, Anregungen, Erfahrungen aus Schule und Lehrerbildung. Seelze-Velber: Klett Kallmeyer, S. 15-18.

Häcker, Thomas (2006): Vielfalt der Portfoliobegriffe. Annäherungen an ein schwer fassbares Konzept. In: Brunner, Ilse, Häcker, Thomas & Winter, Felix (Hrsg.): Das Handbuch der Portfolioarbeit. Konzepte, Anregungen, Erfahrungen aus Schule und Lehrerbildung. Seelze-Velber: Klett Kallmeyer, S. 33-39.

Hackmann, Donald G. (1997): Student-Led Conferences at the Middle Level. Champaign, Illinois: ERIC Clearinghouse on Elementary and Early Childhood Education.

Hackmann, Donald G., Kenworthy James & Nibbelink, Sharon (1998): Student Empowerment Through Student-Led Conferences. In: Middle School Journal, 30 (1), S. 35-39.

Hascher, Tina (2004): Wohlbefinden in der Schule. Münster: Waxmann.

Helmke, Andreas (1993): Die Entwicklung der Lernfreude vom Kindergarten bis zur 5. Klassenstufe. In: Zeitschrift für Pädagogische Psychologie, 7, S. 77-86.

Helmke, Andreas (2003): Unterrichtsqualität. Erfassen – Bewerten – Verbessern. Seelze-Velber: Kallmeyer.

Holmeier, Monika (2013): Leistungsbeurteilung im Zentralabitur. Wiesbaden: Springer VS.

Holodynski, Manfred & Oerter, Rolf (2008): Tätigkeitsregulation und Entwicklung von Motivation, Emotion, Volition. In: Oerter, Rolf & Montada, Leo (Hrsg.): Entwicklungspsychologie. Weinheim und Basel: Beltz, S. 535-541.

Holzkamp, Klaus (1997): Lehren als Lernbehinderung? In: Holzkamp, Klaus (Hrsg.): Schriften I. Normierung, Ausgrenzung, Widerstand. Berlin und Hamburg: Argument, S. 196-214.

Ingenkamp, Karlheinz (1989): Die Fragwürdigkeit der Zensurengebung. Texte und Untersuchungsberichte. Weinheim: Beltz.

Jachmann, Michael & Tillmann, Klaus-Jürgen (2002): Leistungsbeurteilung und Zeugnisse aus der Sicht Hamburger Lehrerinnen und Lehrer. In: Beutel, Silvia-Iris, Jachmann, Michael, Lütgert, Will, Tillmann, Klaus-Jürgen & Vollstädt, Witlof (Hrsg.): Noten oder Berichte? Die schulische Beurteilungspraxis aus der Sicht von Schülern, Lehrern und Eltern. Endbericht des Forschungsprojektes „Leistungsbeurteilung und -rückmeldung an Hamburger Schulen“ (LeiHS) – Teil B, S. 27-70.

Jerusalem, Matthias (2013): Selbstwirksamkeit, Motivation und Leistung. In: Erben, Friedrun, Schlottau, Heike & Waldmann, Klaus (Hrsg.): „Wir haben was zu sagen!“ Politische Bildung mit sozial benachteiligten Jugendlichen. Schwalbach/Ts: Wochenschau Verlag, S. 179-199.

Jerusalem, Matthias, Drössler, Stehpanie, Kleine, Dietmar, Klein-Heßling, Johannes, Mittag, Waldemar & Röder, Bettina (2009): Förderung von Selbstwirksamkeit und Selbstbestimmung im Unterricht. Skalen zur Erfassung von Lehrer- und Schülermerkmalen. Berlin: Humboldt-Universität zu Berlin.

Jerusalem, Matthias & Schwarzer, Ralf (2002): Das Konzept der Selbstwirksamkeit. In: Jerusalem, Matthias & Hopf, Diether (Hrsg.): Selbstwirksamkeit und Motivationsprozesse in Bildungsinstitutionen. Zeitschrift für Pädagogik, Beiheft 44. Weinheim: Beltz, S. 28-53.

Jerusalem, Matthias & Satow, Lars (1999): Schulbezogene Selbstwirksamkeit. In: Schwarzer, Ralf & Jerusalem, Matthias: Skalen zur Erfassung von Lehrer- und Schülermerkmalen. Berlin: Freie Universität, S. 15-16.

Jung, Eberhard (2010): Kompetenzerwerb. Grundlagen, Didaktik, Überprüfbarkeit. München: Oldenbourg Verlag.

Jürgens, Eiko & Lissmann, Urban (2015): Pädagogische Diagnostik. Grundlagen und Methoden der Leistungsbeurteilung in der Schule. Weinheim und Basel: Beltz.

Kitsantas, Anastasia, Reiser, Robert A. & Doster, Jessica (2004): Developing self-regulated learners: Goal setting, self-evaluation, and organizational signals during acquisition of procedural skills. In: Journal of Experimental Education, 72 (4), S. 269-287.

Krapp, Andreas & Ryan, Richard M. (2002): Selbstwirksamkeit und Lernmotivation. Eine kritische Betrachtung der Theorie von Bandura aus der Sicht der Selbstbestimmungstheorie und der pädagogisch-psychologischen Interessentheorie. In: Jerusalem, Matthias & Hopf, Diether (Hrsg.): Selbstwirksamkeit und Motivationsprozesse in Bildungsinstitutionen. Zeitschrift für Pädagogik, Beiheft 44. Weinheim: Beltz, S. 54-82.

Krille, Frank (2014): Selbstgesteuertes Lernen mit Kompetenzrastern. Ein theoretischer Blick auf das Potenzial eines pädagogischen Instruments zum individualisierten Lernen. In: Berufs- und Wirtschaftspädagogik Online, 26, S. 1-27.

Kunter, Mareike, Gundel, Schümer, Artelt, Cordula, Baumert, Jürgen, Klieme, Eckard, Neubrand, Michael, Prenzel, Manfred, Schiefele, Ulrich, Schneider, Wolfgang, Stanat, Petra, Tillmann, Klaus-Jürgen & Weiß, Manfred (2002): PISA 2000. Dokumentation der Erhebungsinstrumente. Berlin: Max-Planck-Institut für Bildungsforschung.

Laerd Statistics (2018): Repeated Measures ANOVA. Abgerufen am 18.09.2020 von https://statistics.laerd.com/statistical-guides/repeated-measures-anova-statistical-guide-3.php.

Lakens, Daniël (2013): Calculating and reporting effect sizes to facilitate cumulative science: a practical primer for t-tests and ANOVAs. Abgerufen am 09.09.2021 von https://www.frontiersin.org/articles/10.3389/fpsyg.2013.00863/full.

Landesverordnung über die Gestaltung der Oberstufe und der Abiturprüfung in den Gymnasien und Gemeinschaftsschulen (OAPVO) in der Fassung vom 23. Oktober 2020 zuletzt am 20. August 2021 durch Ergänzung der Paragraphen 9 und 40 geändert.

Landesverordnung über die Erteilung von Zeugnissen, Noten und anderen ergänzenden Angaben in Zeugnissen (Zeugnisverordnung – ZVO) in der Fassung vom 18. Juni 2018 zuletzt am 18.06.2021 durch Ergänzung des Paragraphen 7 geändert.

Lehmann, Rainer & Lenkeit, Jenny (2008): Erhebung zum Lese- und Mathematikverständnis. Abschlussbericht über die Untersuchungen 2003, 2004 und 2005 an Berliner Grundschulen und grundständigen Gymnasien. Abgerufen am 18.09.2020 von https://iqb.hu-berlin.de/fdz/studies/Element/element6_bericht.pdf.

Little, David, Gouillier, Francis & Hughes, Gareth (2011): The European Language Portfolio. The story so far (1991-2011). Straßburg: Council of Europe.

Lohaus, Arnold, Vierhaus, Marc & Maass, Asja (2010): Entwicklungspsychologie des Kindes- und Jugendalters. Berlin und Heidelberg: Springer.

Lütgert, Will & Jachmann, Michael (2002): Leistungsbeurteilung und Zeugnisse aus der Sicht von Hamburger Eltern. In: Beutel, Silvia-Iris, Jachmann, Michael, Lütgert, Will, Tillmann, Klaus-Jürgen & Vollstädt, Witlof (Hrsg.): Noten oder Berichte? Die schulische Beurteilungspraxis aus der Sicht von Schülern, Lehrern und Eltern. Endbericht des Forschungsprojektes „Leistungsbeurteilung und -rückmeldung an Hamburger Schulen“ (LeiHS) – Teil B, S. 71-110.

Marsh, Herbert W., Craven, Rhonda & Debus, Raymond (1998): Structure, stability, and development of young children’s self-concepts. A multicohort-multioccasion study. In: Child Development, 69, S. 1030-1053.

Marx, Alexandra (2020): Notenunabhängige Leistungserfassung und -beurteilung. In: Beutel, Silvia-Iris & Pant, Hans Anand (Hrsg.): Lernen ohne Noten. Alternative Konzepte der Leistungsbeurteilung. Stuttgart: Kohlhammer, S. 59-89.

Middendorf, William (2012): Schulische Leistungsbeurteilung auf dem Prüfstand: einführende Betrachtungen zu aktuellen Aufgaben und Herausforderungen. In: Fischer, Christian (Hrsg.): Diagnose und Förderung statt Notengebung? Problemfelder schulischer Leistungsbeurteilung. Münster: Waxmann, S. 9-16.

Minde, Antje (2007): Schulnoten. Der Einfluss von Leistungsbeurteilungen auf die Schülermotivation. Saarbrücken: VDM Verlag Dr. Müller.

Ministerium für Bildung, Wissenschaft und Kultur (2020): Zeugnisse in der Primarstufe und in der Sekundarstufe I an Gemeinschaftsschulen in Schleswig-Holstein. Kiel.

Mittag, Waldemar, Kleine, Dietmar & Jerusalem, Matthias (2002): Evaluation der schulbezogenen Selbstwirksamkeit von Sekundarschülern. In: Jerusalem, Matthias & Hopf, Diether (Hrsg.): Selbstwirksamkeit und Motivationsprozesse in Bildungsinstitutionen. Zeitschrift für Pädagogik, Beiheft 44. Weinheim: Beltz, S. 145-173.

Möller, Jens & Trautwein, Ulrich (2015): Selbstkonzept. In: Wild, Elke & Möller, Jens (Hrsg.): Pädagogische Psychologie. 2., vollständig überarbeitete und aktualisierte Auflage. Berlin und Heidelberg: Springer, S. 177-199.

Möller, Jens & Machts, Nils (2016): Evaluation des Entwicklungsberichts in Form eines Kompetenzrasters in Schleswig-Holstein. Ergebnispräsentation. Abgerufen am 18.09.2020 von https://www.kielerschulleitungssymposium.de/docs_2016/2209/V2_Kompetenzzeugnisse_FaireRueckmeldung_fuer_SuS.pdf.

Moschner, Barbara & Dickhäuser, Oliver (2010): Selbstkonzept. In: Rost, Detlef (Hrsg.): Handwörterbuch Pädagogische Psychologie. Weinheim und Basel: Beltz, S. 760-766.

Panadero, Ernesto, Alonso-Tapia, Jesus & Huertas, Juan Antonio (2012): Rubrics and self-assessment scripts effects on self-regulation, learning and self-efficacy in secondary education. In: Learning and Individual Differences, 22 (6), S. 806-813.

Panadero, Ernesto & Jonsson, Anders (2013): The use of scoring rubrics for formative assessment purposes revisited: A review. In Educational Research Review, 9, S. 129-144.

Pant, Hans Anand (2020): Notengebung, Leistungsprinzip und Bildungsgerechtigkeit. In: Beutel, Silvia-Iris & Pant, Hans Anand (Hrsg.): Lernen ohne Noten. Alternative Konzepte der Leistungsbeurteilung. Stuttgart: Kohlhammer, S. 22-58.

Paradies, Liane, Wester, Franz & Greving, Johannes (2005): Leistungsmessung und -bewertung. Berlin: Cornelsen Scriptor.

Paris, Scott G. & Paris, Alison H. (2001): Classroom Applications of Research on Self-Regulated Learning. In: Educational Psychologist, 36 (2), S. 89-101.

Paulson, F. Leon, Paulson, Pearl, R. & Meyer, Carol A. (1991): What Makes a Portfolio a Portfolio? In: Educational Leadership, 48 (5), S. 60-63.

Prenzel, Manfred, Baumert, Jürgen, Blum, Werner, Lehmann, Rainer, Leutner, Detlev, Neubrand, Michael, Pekrun, Reinhard, Rost, Jürgen & Schiefele, Ulrich (2005): PISA 2003. Der zweite Vergleich der Länder in Deutschland. Was wissen und können Jugendliche? Münster: Waxmann.

Quellenberg, Holger: Studie zur Entwicklung von Ganztagsschulen (StEG). Ausgewählte Hintergrundvariablen, Skalen und Indices der ersten Erhebungswelle. In: Materialien zur Bildungsforschung, 24. Frankfurt am Main: Gesellschaft zur Förderung Pädagogischer Forschung / Deutsches Institut für Internationale Pädagogische Forschung 2009.

Rademacher, Stephan (2014): Die Beurteilung schulischer Leistungen aus rechtlicher Sicht. In: Sacher, Werner (Hrsg.): Leistungen entwickeln, überprüfen und beurteilen. Bewährte und neue Wege für die Primar- und Sekundarstufe. Bad Heilbrunn: Klinkhardt, S. 183-194.

Rasch, Björn, Friese, Malte, Hofmann, Wilhelm Johann & Naumann, Ewald (2010): Varianzanalyse mit Messwiederholung. Abgerufen am 18.09.2020 von http://quantitative-methoden.de/Dateien/Auflage3/Band_II/Kapitel_7_SPSS_Ergaenzungen_A3.pdf.

Ratelle, Catherine F., Vallerand, Robert J., Larose, Simon & Senécal, Caroline (2007): Autonomous, controlled, and amotivated types of academic motivation. A person-oriented analysis. In: Journal of Educational Psychology, 99, S. 734-746.

Ravens-Sieberer, Ulrike, Wille, Nora, Bettge, Susanne & Erhart, Michael (2007): Psychische Gesundheit von Kindern und Jugendlichen in Deutschland. Ergebnisse aus der BELLA-Studie im Kinder- und Jugendgesundheitssurvey (KiGGS). In: Bundesgesundheitsblatt – Gesundheitsforschung – Gesundheitsschutz, 50 (5-6), S. 871-878.

Rihm, Thomas (2006): Täuschen oder vertrauen? Hinweise für einen kritischen Umgang mit Portfolios. In: Brunner, Ilse, Häcker, Thomas & Winter, Felix (Hrsg.): Das Handbuch der Portfolioarbeit. Konzepte, Anregungen, Erfahrungen aus Schule und Lehrerbildung. Seelze-Velber: Klett Kallmeyer, S. 53-59.

Sacher, Werner (2014): Leistungen entwickeln, überprüfen und beurteilen. Bewährte und neue Wege für die Primar- und Sekundarstufe. Bad Heilbrunn: Klinkhardt.

Schaffner, Ellen & Schiefele, Ulrich (2007): The effect of experimental manipulation of student motivation on the situational representation of text. In: Learning and Instruction, 17, S. 755-772.

Scheerer, Hansjörg (2012): Das Lehrerurteil bei Diagnose und Allokation – seine Qualität im Vergleich zu Tests und weiteren Kriterien. In: Fischer, Christian (Hrsg.): Diagnose und Förderung statt Notengebung? Problemfelder schulischer Leistungsbeurteilung. Münster: Waxmann, S. 45-55.

Schiefele, Ulrich & Schaffner, Ellen (2015): Motivation. In: Wild, Elke & Möller, Jens (Hrsg.): Pädagogische Psychologie. 2., vollständig überarbeitete und aktualisierte Auflage. Berlin und Heidelberg: Springer, S. 153-175.

Schiefele, Ulrich & Schreyer, Inge (1994): Intrinsische Lernmotivation und Lernen. Ein Überblick zu den Ergebnissen der Forschung. In: Zeitschrift für Pädagogische Psychologie, 8, S. 1-13.

Schmude, Corinna (2002): Wie werden Berichtzeugnisse realisiert. In: Valtin, Renate (Hrsg.): Was ist ein gutes Zeugnis? Noten und verbale Beurteilungen auf dem Prüfstand. Weinheim und München: Juventa Verlag, S. 77-87.

Schulgesetz des Landes Schleswig-Holstein (SchulG) in der Fassung vom 24. Januar 2007 zuletzt am 1. Juli 2020 durch Ergänzung der Paragraphen 17, 33 und 34 geändert.

Schunk, Dale H. & Ertmer, Peg A. (1999): Self-regulation and academic learning: Self-efficacy enhancing interventions. In: Boekaerts, Monique, Pintrich, Paul & Zeidner, Moshe (Hrsg.): Handbook of self-regulation. New York: Academic, S. 631-649.

Schwarzer, Ralf (1979): Zur Situation der Pädagogischen Diagnostik in der Grundschule. In: Bolscho, Dietmar, Burk, Karlheinz & Haarmann, Dieter (Hrsg.): Grundschule ohne Noten: neue Zeugnisse in der Diskussion. Frankfurt am Main: Grundschulverband.

Schwarzer, Ralf & Jerusalem, Matthias (2001): Skalen zur Erfassung von Schüler- und Lehrermerkmalen Dokumentation der psychometrischen Verfahren im Rahmen der Wissenschaftlichen Begleitung des Modellversuchs Selbstwirksame Schulen. Berlin: Freie Universität.

Shavelson, Richard J., Hubner, Judith J. & Stanton, George C. (1976): Validation of construct interpretations. In: Review of Educational Research, 46, S. 407-441.

Spinath, Birgit (2011): Lernmotivation. In: Reinders, Heinz, Ditton, Hartmut, Gräsel, Cornelia & Gniewosz, Burkhard (Hrsg.): Empirische Bildungsforschung. Gegenstandsbereiche. Wiesbaden: VS Verlag für Sozialwissenschaften, S. 45-55.

Stiggins, Richard J. (2001): The Unfulfilled Promise of Classroom Assessment. In: Educational Measurement: Issues and Practice, 20 (3), S. 5-15.

Südkamp, Anna, Kaiser, Johannes & Möller, Jens (2012): Accuracy of teachers' judgment of students' academic achievement: A meta-analysis. In: Journal of Educational Psychology, 104, S. 743-762.

Thiel, Oliver & Valtin, Renate (2002): Eine Zwei ist eine Drei ist eine Vier. Oder: Sind Zensuren aus verschiedenen Klassen vergleichbar? In: Valtin, Renate (Hrsg.): Was ist ein gutes Zeugnis? Noten und verbale Beurteilungen auf dem Prüfstand. Weinheim und München: Juventa Verlag, S. 67-76.

Utmann, Christopher H. (1997): Performance effects of motivational state: A meta-analysis. In: Personal and Social Psychology Review, 1, S. 170-182.

Vallerand, Robert J., Pelletier, Luc G., Brière, Nathalie M., Senécal, Caroline & Vallières, Evelyne F. (1993): On the assessment of intrinsic, extrinsic, and amotivation in education. Evidence on the concurrent construct validity of the Academic Motivation Scale. In: Educational and Psychological Measurement, 53, S. 159-172.

Valtin, Renate & Wagner, Christine (2002): Wie wirken sich Notengebung und verbale Beurteilungen auf die leistungsbezogene Persönlichkeitsentwicklung aus? In: Valtin, Renate (Hrsg.): Was ist ein gutes Zeugnis? Noten und verbale Beurteilungen auf dem Prüfstand. Weinheim und München: Juventa Verlag, S. 113-137.

Vierlinger, Rupert (2006): Direkte Leistungsvorlage. Portfolios als Zukunftsmodell der schulischen Leistungsbeurteilung. In: Brunner, Ilse, Häcker, Thomas & Winter, Felix (Hrsg.): Das Handbuch der Portfolioarbeit. Konzepte, Anregungen, Erfahrungen aus Schule und Lehrerbildung. Seelze-Velber: Klett Kallmeyer, S. 40-45.

Vollstädt, Witlof & Jachmann, Michael (2002): Leistungsbeurteilung, Zeugnisse und Lernkultur aus der Sicht Hamburger Sekundarschülerinnen und -schüler. In: Beutel, Silvia-Iris, Jachmann, Michael, Lütgert, Will, Tillmann, Klaus Jürgen & Vollstädt, Witlof (Hrsg.): Noten oder Berichte? Die schulische Beurteilungspraxis aus der Sicht von Schülern, Lehrern und Eltern. Endbericht des Forschungsprojektes „Leistungsbeurteilung und -rückmeldung an Hamburger Schulen" (LeiHS) Teil B, S. 111-153.

Walker, Christopher O., Greene, Barbara A. & Mansell, Robert A. (2006): Identification with academics, intrinsic/extrinsic motivation, and self-efficacy as predictors of cognitive engagement. In: Learning and Individual Differences, 16, S. 1-12.

Weinert, Franz E. (1982): Selbstgesteuertes Lernen als Voraussetzung, Methode und Ziel des Unterrichts. In: Unterrichtswissenschaft, 10 (2), S. 99-110.

Weinert, Franz E. (2001): Vergleichende Leistungsmessung in Schulen – eine umstrittene Selbstverständlichkeit. In: Weinert, Franz E. (Hrsg.): Leistungsmessungen in Schulen. Weinheim: Beltz, S. 17-31.

Weirer, Wolfgang & Paechter, Manuela (2019): Grundpfeiler kompetenzorientierter Didaktik. In: Fritz, Ursula, Lauermann, Karin, Paechter, Manuela & Stock, Michaela (Hrsg.): Kompetenzorientierter Unterricht. Theoretische Grundlagen – erprobte Praxisbeispiele. Opladen: UTB, S. 19-41.

Winter, Felix (2015): Lerndialog statt Noten. Neue Formen der Leistungsbeurteilung. Basel, Weinheim: Beltz.

Winter, Felix (2016): Leistungsbewertung. Eine neue Lernkultur braucht einen anderen Umgang mit den Schülerleistungen. Baltmannsweiler: Schneider Verlag Hohengehren.

Wirtz, Markus & Nachtigall, Christof (2012): Deskriptive Statistik. Statistische Methoden für Psychologen Teil 1. Weinheim und Basel: Beltz Juventa.

Zeinz, Horst & Köller, Olaf (2006): Noten, soziale Vergleiche und Selbstkonzepte in der Grundschule. In: Schründer-Lenzen, Agi (Hrsg.): Risikofaktoren kindlicher Entwicklung. Migration, Leistungsangst und Schulübergang. Wiesbaden: VS Verlag, S. 177-190.

Ziegler, Nicholas Allan (2014): Fostering Self-Regulated Learning Through the European Language Portfolio: An Embedded Mixed Methods Study. In: The Modern Language Journal, 98 (4), S. 921-936.

Anhang

Kategoriensystem Vorteile aus Sicht der Schüler*innen

Nr.	Kategorie	Beschreibung	Beispiel	Anzahl[5]
1	Förderung von Kompetenzen	Durch die dialogbasierte Leistungsbeurteilung mit Portfolios werden bedeutsame Kompetenzen der Schüler*innen wie die Selbstbeurteilungskompetenz gefördert.	*„Man lernt sich selbst besser einzuschätzen und zu präsentieren.“*	20
2	Hilfe bei der Verbesserung	Die dialogbasierte Leistungsbeurteilung mit Portfolios hilft den Schüler*innen dabei, sich kontinuierlich zu verbessern.	*„Durch das Portfoliogespräch können die Schüler von der 5. bis zur 7. ihre Leistungen besser einschätzen und dadurch Ziele setzen, mit denen sie sich weiter verbessern können.“*	8
3	Persönliche Gespräche	Ein Vorteil der dialogbasierten Leistungsbeurteilung mit Portfolios besteht darin, dass die Schüler*innen regelmäßig persönlich mit ihren Eltern und Lehrkräften sprechen können.	*„In den Portfoliogesprächen kann man ganz offen mit den Lehrern und Eltern über seine Leistungen sprechen.“*	13
4	Information und Rückmeldung	Durch die dialogbasierte Leistungsbeurteilung mit Portfolios gewinnen die Beteiligten und insbesondere die Schüler*innen hilfreiche Informationen und Rückmeldungen.	*„Mit Portfolio können die Eltern sehen wie die Leistungen des Kindes in der Schule sind. Das Kind kann ebenfalls sehen wie es sich im Unterricht verbessern kann.“*	34
5	Förderliche Ausrichtung und Gestaltung	Der dialogbasierten Leistungsbeurteilung liegt in verschiedener Hinsicht eine besonders förderliche Ausrichtung und Gestaltung zugrunde.	*„Die Rückmeldung ist vor allem positiv und man hat ein konkretes Ziel, an dem man arbeiten kann.“*	9

5 Mit dem Begriff der Anzahl ist in diesem Fall die Anzahl der Nennungen gemeint, die bei der Befragung der Schüler*innen im Juni 2018 auf die jeweilige Kategorie entfallen sind.

Nr.	Kategorie	Beschreibung	Beispiel	Anzahl[5]
6	Verzicht auf Noten	Der bewusste Verzicht auf Noten stellt einen Vorteil der dialogbasierten Leistungsbeurteilung mit Portfolios dar.	*„Dass man keine Noten bekommt, aber dennoch eine Rückmeldung zu seinen Leistungen.“*	3
7	Weitere Vorteile	In dieser Kategorie werden diejenigen Vorteile zusammengefasst, die jeweils nur von einzelnen Schüler*innen benannt wurden.	*„Wenn man darüber berichtet, was man gut kann, und auch gelobt wird, bekommt man mehr Selbstbewusstsein.“*	9

Kategoriensystem Nachteile aus Sicht der Schüler*innen

Nr.	Kategorie	Beschreibung	Beispiel	Anzahl
1	Abwesenheit von Noten	Ein Nachteil der dialogbasierten Leistungsbeurteilung mit Portfolios besteht darin, dass in diesem System keine Noten vergeben werden.	*„Ich hatte keine Rückmeldung auf Notenbasis.“*	9
2	Unklarheit über Leistungsstand und -niveau	Bei der dialogbasierten Leistungsbeurteilung sind sich die Schüler*innen über das Niveau oder den Stand ihrer Leistungen unklar.	*„Man weiß nicht wo man steht in den einzelnen Fächern.“*	2
3	Wenig Rückmeldung	In den Portfoliogesprächen wird zu wenig Rückmeldung zu den einzelnen Unterrichtsfächern gegeben.	*„Dass manchmal zu manchen Fächern gar nichts oder nur sehr wenig erzählt wird.“*	8
4	Zeitliche Organisation	Die Vorbereitung und Durchführung der Gespräche wurde zeitlich bisher noch nicht optimal organisiert.	*„Ich hätte gern ein paar mehr Stunden zur Planung für mein Gespräch.“*	9
5	Aufwendige Vorbereitung	Die Vorbereitung der Portfoliogespräche ist für die Schüler*innen mit einem hohen Aufwand verbunden.	*„der Aufwand um die Mappe zu bestücken ist sehr hoch, da du zu jedem Fach etwas haben musst.“*	6

Nr.	Kategorie	Beschreibung	Beispiel	Anzahl
6	Setzen und Einhalten von Zielen	Bei der bisherigen Gestaltung der dialogbasierten Leistungsbeurteilung fällt es den Schüler*innen schwer, sich eigene Ziele zu setzen oder ihre selbstgewählten Ziele tatsächlich zu erfüllen.	*„Dass die Ziele, die man sich gesetzt hat, oft nicht weiter erfüllt wurden, da man nur während der Portfoliogespräche darüber geredet hat.“*	4
7	Sonstige Nachteile	In dieser Kategorie werden diejenigen Nachteile zusammengefasst, die jeweils nur von einzelnen Schüler*innen benannt wurden.	*„Begründungen schriftlich verfassen müssen“*	29

Kategoriensystem Verbesserungsvorschläge der Schüler*innen

Nr.	Kategorie	Beschreibung	Beispiel	Anzahl
1	Vorbereitung der Gespräche	Die Schüler*innen sollten besser auf die Portfoliogespräche vorbereitet werden und dabei insbesondere noch eine größere Unterstützung vonseiten der Lehrkräfte erfahren.	*„die Schüler dabei unterstützen, über das ganze Jahr Sachen für das Portfolio zu sammeln“*	4
2	Zeitliche Organisation	Die zeitliche Organisation der Portfoliogespräche sollte in Bezug auf die Terminplanung oder die Gesprächsdauer verbessert werden.	*„dass die Zeiten eingehalten werden und das Gespräch nicht über die festgelegte Zeit geht.“*	8
3	Weitere Vorschläge	In dieser Kategorie werden die individuellen Verbesserungsvorschläge zusammengefasst, die jeweils nur von einzelnen Schüler*innen benannt wurden.	*„Man müsste dafür sorgen, dass die Ziele und Verbesserungen nicht nur besprochen werden, sondern dass sich die Lehrkräfte vielleicht nochmal mit dem Schüler zusammensetzen und besprechen was sie konkret tun können um ihre Ziele zu erreichen.“*	13

Kategoriensystem Vorteile aus Sicht der Lehrkräfte

Nr.	Kategorie	Beschreibung	Beispiel	Anzahl		
				2015	2016	2017
1	Förderung von Kompetenzen der SuS	Durch die dialogbasierte Leistungsbeurteilung mit Portfolios werden verschiedene Kompetenzen der Schüler*innen gefördert.	*„Reflektieren und Beurteilen von eigenen Leistungen wird schon früh erlernt.“*	7	48	38
2	Förderung positiver selbstbezogener Kognitionen	Die dialogbasierte Leistungsbeurteilung trägt dazu bei, dass die Schüler*innen positive Vorstellungen über ihre eigene Person entwickeln.	*„Sie übernehmen Verantwortung für ihren Lernprozess und entwickeln Selbstwirksamkeit.“*	3	2	4
3	Unterstützung der Entwicklung der SuS	Durch die dialogbasierte Leistungsbeurteilung werden die Schüler*innen in verschiedener Hinsicht in ihrer Entwicklung unterstützt.	*„In erster Linie stärkt das Portfolio die Entwicklung des Kindes!“*	4	7	12
4	Förderliche Ausrichtung und Gestaltung	Verschiedene Elemente der alternativen Ausrichtung und Gestaltung der dialogbasierten Leistungsbeurteilung mit Portfolios sind besonders vorteilhaft.	*„Der größte Vorteil der Lehrer liegt für mich darin, dass die Kinder individuell bewertet werden können und eine zwanghafte Notengebung unterbleibt.“*	8	27	43
5	Information und Rückmeldung	Im Rahmen der dialogbasierten Leistungsbeurteilung gewinnen die Beteiligten vielfältige neue Erkenntnisse und die Lehrkräfte können den Lernenden und ihren Eltern in den Gesprächen wertvolle Rückmeldungen geben.	*„Diese Entwicklung wird mit den Klassenlehrkräften, SuS und den Eltern besprochen, weshalb alle mehr Informationen darüber bekommen, wo die Stärken und Entwicklungsperspektiven der Kinder liegen.“*	6	41	31

Nr.	Kategorie	Beschreibung	Beispiel	Anzahl		
				2015	2016	2017
6	Wertschätzung	Durch die dialogbasierte Leistungsbeurteilung wird vorrangig den Schüler*innen oder ferner auch verschiedenen Aspekten des Unterrichts eine größere Wertschätzung entgegengebracht.	*„Für mich als LK bieten die Gespräche die Möglichkeit, den SuS sehr individuell zurückzumelden, wie ich (und meine Kollegen) ihn/sie erleben und was wir an ihm/ihr wertschätzen."*	2	11	7
7	Verbesserung der Beziehungen und Rollenwandel	Die dialogbasierte Leistungsbeurteilung wirkt sich positiv auf die Beziehungen zwischen allen Beteiligten aus und geht für die Lehrkräfte mit einem weitreichenden Rollenwandel einher.	*„Lehrer kommen mehr mit den SuS ins Gespräch, kommen aus der Rolle des „Bewerters" und „Sanktionierers" heraus."*	3	17	11
8	Wohlbefinden und Motivation	Die dialogbasierte Leistungsbeurteilung beeinflusst das Befinden der Beteiligten positiv und fördert die Motivation der Schüler*innen.	*„Ich freue mich als Klassenlehrkraft auf meine bevorstehenden Portfoliogespräche. Auf Zeugnisse habe ich mich nie gefreut."*	0	21	20
9	Weitere Vorteile	In dieser Kategorie werden diejenigen Vorteile zusammengefasst, die nur von einzelnen Lehrkräften benannt wurden.	*„Öffnung des Unterrichts hin zu vielfältigeren Produkten"*	2	10	18

Kategoriensystem Nachteile aus Sicht der Lehrkräfte

Nr.	Kategorie	Beschreibung	Beispiel	Anzahl		
				2015	2016	2017
1	Unklarheit über Leistungsstand und -niveau	Die dialogbasierte Leistungsbeurteilung ruft bei einigen Lernenden und Eltern Unklarheiten darüber hervor, auf welchem Stand und Niveau sich die Leistungen der Schüler*innen befinden.	*„für manche SuS und deren Eltern schien die Leistungsrückmeldung im Portfolio nicht klar genug"*	6	2	6
2	Zeitaufwand und Mehrarbeit	Die dialogbasierte Leistungsbeurteilung mit Portfolios ist insbesondere für die Lehrkräfte und mit einem hohen zeitlichen Aufwand und Mehrarbeit verbunden.	*„Der Zeitaufwand ist hoch, auch wenn die Zeit gut investiert ist. Für diese Zeiten gibt es nur teilweise Entlastung."*	7	12	9
3	Überforderung der Schüler*innen	Die Schüler*innen werden durch die Portfolioarbeit und die Portfoliogespräche teilweise überfordert.	*„Ich hatte in Klasse 5 nicht den Eindruck, dass alle SuS zu einer Reflexion über ihre Arbeit fähig sind."*	5	3	5
4	Sonstige Nachteile	In dieser Kategorie werden diejenigen Nachteile zusammengefasst, die nur von einzelnen Lehrkräften benannt wurden.	*„Umsetzung der Ziele: dafür müsste im Anschluss an die Gespräche Raum und Zeit geschaffen werden, damit die S. ihre Ziele im Kopf behalten und Ideen haben, wie sie diese erreichen können."*	16	32	34

Kategoriensystem Verbesserungsvorschläge der Lehrkräfte

Nr.	Kategorie	Beschreibung	Beispiel	Anzahl	
				2016	2017
1	Zeitliche Organisation	Die zeitliche Organisation der Portfoliogespräche sollte in verschiedener Hinsicht verbessert werden.	*„Um die Gespräche alle, auch die letzten des jeweiligen Tages, gut und kraftvoll führen zu können, benötigen wir unbedingt zwei ganze Schultage. Es hat sich nicht bewährt, wenn wir morgens schon Unterricht hatten, denn dann reicht unsere Aufmerksamkeit nicht für den ganzen Nachmittag und das ist extrem ungerecht den letzten Gesprächsteilnehmern gegenüber.“*	15	8
2	Kombination mit anderen Rückmeldeformaten	Die dialogbasierte Leistungsbeurteilung sollte um andere Rückmeldeformate ergänzt werden.	*„Auf Wunsch Ergänzung durch Kompetenzen“*	0	3
3	Einbindung des Kollegiums	Das gesamte Kollegium der Anne-Frank-Schule sollte noch stärker in die neue Beurteilungskultur eingebunden werden.	*„Allgemein muss der Portfoliogedanke weiter ins gesamte Kollegium getragen werden!“*	0	3
4	Fortbildung	In Bezug auf verschiedene Aspekte der dialogbasierten Leistungsbeurteilung sollten die Lehrkräfte eine weiterführende Fortbildung erhalten.	*„Außerdem sollt es eine Fortbildung geben, wie Unterricht noch besser produktorientiert gestaltet werden kann.“*	1	3
5	Rückmeldung der Fachlehrkräfte	Die Rückmeldungen der Fachlehrkräfte sollten in den Portfoliogesprächen stärker zum Ausdruck gebracht werden.	*„Mir fehlt die Einschätzung der Fachlehrer in Portfoliogesprächen.“*	2	2

Nr.	Kategorie	Beschreibung	Beispiel	Anzahl	
				2016	2017
6	Umgestaltung der Zeugnis-konferenzen	Die Zeugniskonferenzen sollten in den Klassenstufen 5 bis 7 noch besser auf das neue Beurteilungssystem abgestimmt werden.	*„Wir führen bisher noch die normalen klassischen Zeugniskonferenzen. Man müsste die Zeugniskonferenzen der Portfolioarbeit anpassen. Eine Idee wäre, sich die Portfolioarbeiten unter ein/zwei Gesichtspunkten mit den Mitkollegen anzuschauen und so über den Schüler zu sprechen. Dies ist aber auf Grund der Zeit wahrscheinlich nicht praktikabel.“*	1	2
7	Weitere Vorschläge	In dieser Kategorie werden all diejenigen Verbesserungsvorschläge zusammengefasst, die nur von einzelnen Lehrkräften benannt wurden.	*„Der Unterricht muss nun eher produktorientiert ausgelegt werden, sodass die Schülerinnen und Schüler am Halbjahresende auch Materialien für ihre Portfolios haben.“*	6	6

Kategoriensystem Vorteile aus Sicht der Eltern

Nr.	Kategorie	Beschreibung	Beispiel	Anzahl		
				2015	2016	2017
1	Förderung von Kompetenzen der SuS	Durch die dialogbasierte Leistungsbeurteilung mit Portfolios werden verschiedene Kompetenzen der Schüler*innen gefördert.	*„Mein Kind hat in der 5. und 6. Klasse gelernt, seine eigenen Leistungen besser zu reflektieren und über seine Stärken und Schwächen zu reden."*	37	56	37
2	Förderung positiver selbstbezogener Kognitionen	Die dialogbasierte Leistungsbeurteilung trägt dazu bei, dass die Schüler*innen positive Vorstellungen über ihre eigene Person entwickeln.	*„Mein Kind lernt zu erkennen, welche Stärken es hat und kann darüber vor einem Plenum sprechen. Das wertet das Selbstbewusstsein und das Selbstwertgefühl auf."*	0	6	3
3	Unterstützung der Entwicklung der SuS	Durch die dialogbasierte Leistungsbeurteilung werden die Schüler*innen in verschiedener Hinsicht in ihrer Entwicklung unterstützt.	*„Die Kinder werden durch die angesprochenen Talente persönlich in ihrer Entwicklung bestärkt."*	12	7	2
4	Förderliche Ausrichtung und Gestaltung	Verschiedene Elemente der alternativen Ausrichtung und Gestaltung der dialogbasierten Leistungsbeurteilung mit Portfolios sind besonders vorteilhaft.	*„Mein Kind kann Stellung beziehen und hat die Möglichkeit, eine Selbsteinschätzung abzugeben. Es muss sich selbstständig mit seinen Arbeiten und Arbeitsverhalten auseinandersetzen. Ziele/Vereinbarungen werden gemeinsam getroffen, mein Kind wird mit einbezogen."*	19	7	10

Nr.	Kategorie	Beschreibung	Beispiel	Anzahl		
				2015	**2016**	**2017**
5	Information und Rückmeldung	Im Rahmen der dialogbasierten Leistungsbeurteilung gewinnen die Beteiligten vielfältige neue Erkenntnisse und die Lehrkräfte können den Lernenden und ihren Eltern in den Gesprächen wertvolle Rückmeldungen geben.	*„Wir haben einen umfassenderen Einblick in das Arbeits- und Lernverhalten unseres Kindes als bei der Notengebung.“*	18	31	20
6	Verbesserung der Beziehungen und Rollenwandel	Die dialogbasierte Leistungsbeurteilung wirkt sich positiv auf die Beziehungen zwischen allen Beteiligten aus und geht für die Lehrkräfte mit einem weitreichenden Rollenwandel einher.	*„Ich selbst merke in dem Gespräch, dass die Lehrer mein Kind wirklich kennen. Der Austausch in dem Portfoliogespräch ist individuell und intensiv.“*	3	2	6
7	Wohlbefinden und Motivation	Die dialogbasierte Leistungsbeurteilung beeinflusst das Befinden der Beteiligten positiv und fördert die Motivation der Schüler*innen.	*„verstärkte Motivation bei den Kindern“*	22	15	5
8	Weitere Vorteile	In dieser Kategorie werden diejenigen Vorteile zusammengefasst, die nur von einzelnen Lehrkräften benannt wurden.	*„Mein Kind kann auch einmal ausprobieren, was passiert, wenn es für eine Arbeit nicht lernt oder einmal eine schlechte Arbeit schreiben ohne dass das "Zeugnisergebnis" am Ende des Halbjahres eher frustrierend ist. Das eine Momentergebnis wird bei der Portfolioarbeit zur Nebensache und die Kinder werden motiviert, aus ihren Fehlern zu lernen.“*	5	20	10

Kategoriensystem Nachteile aus Sicht der Eltern

Nr.	Kategorie	Beschreibung	Beispiel	Anzahl		
				2015	2016	2017
1	Unklarheit über Leistungsstand und -niveau	Die dialogbasierte Leistungsbeurteilung führt bei einigen Lernenden und Eltern zu Unklarheiten darüber, auf welchem Stand und insbesondere auf welchem Niveau sich die Leistungen befinden.	*„Das Leistungen nicht beurteilt werden. Es gibt zwar Feedback, dennoch habe ich keine Ahnung, wo mein Kind in der 7. Klasse steht."*	21	24	12
2	Überforderung der Schüler*innen	Die Schüler*innen werden durch die Portfolioarbeit und die Portfoliogespräche teilweise überfordert.	*„Ziele festzulegen ist für Kinder noch recht schwierig"*	16	1	0
3	Sonstige Nachteile	In dieser Kategorie werden diejenigen Nachteile zusammengefasst, die nur von einzelnen Eltern benannt wurden.	*„Bei den Gesprächen selber nicht. Die Akzeptanz und das Verständnis im Umfeld außerhalb der Schule ist manchmal störend. Der Durchschnitt möchte Noten hören..."*	17	13	23

Kategoriensystem Verbesserungsvorschläge der Eltern

Nr.	Kategorie	Beschreibung	Beispiel	Anzahl	
				2016	2017
1	Konkretere Rückmeldung	Die Rückmeldungen in den Portfoliogesprächen sollten in Bezug auf bestimmte Aspekte noch konkreter sein.	*„Wir hätten gerne eine noch genauere Übersicht des Leistungsstandes der einzelnen Fächer um eventuelle Defizite rechtzeitig zu erkennen."*	9	2
2	Kombination mit anderen Rückmeldeformaten	Die dialogbasierte Leistungsbeurteilung sollte insgesamt oder in ausgewählten Halbjahren mit anderen Rückmeldeformaten kombiniert werden.	*„Ich bin der Meinung, dass eventuell eine Mischung aus Portfoliogesprächen und Schulnoten im 7. Jahrgang eine Verbesserung wäre, um einen "weichen" Übergang zu der kommenden Benotung durch Schulnoten zu erreichen."*	8	8

Nr.	Kategorie	Beschreibung	Beispiel	Anzahl	
				2016	**2017**
3	Stärkere Einbindung der Eltern	Die Eltern sollten in den Portfoliogespräche eine noch aktivere Rolle einnehmen dürfen.	*„Eltern sollten vermehrt mit in die Gespräche mit einbezogen und "gehört" werden*"	2	2
4	Verkürzung des Zeitraums	Die dialogbasierte Leistungsbeurteilung sollte auf einen kürzeren Zeitraum beschränkt werden.	*„Ich würde das System mit Portfolio und den Gesprächen nur für die Klassen 5 und 6 vorschlagen. Ich glaube das Schüler in der 7.Klasse schon besser mit dem Druck und der Bewertung von einer Notenskala umgehen können.*"	2	2
5	Verlängerung der Gesprächsdauer	Die Dauer der Portfoliogespräche sollte verlängert werden.	*„Eventuell 5-10 Minuten mehr Zeit*"	0	2
6	Umsetzung der Lernvereinbarungen	Die Umsetzung der Lernvereinbarungen sollte noch stärker beachtet und unterstützt werden.	*„Die Gespräche waren gut. Auch die Zielvereinbarungen fand ich sehr gut. Leider wurde im Laufe des Schulhalbjahres die Zielvereinbarungen nicht weiter beachtet und an der konsequenten Umsetzung gearbeitet.*"	0	2
7	Weitere Vorschläge	In dieser Kategorie werden diejenigen Verbesserungsvorschläge zusammengefasst, die nur von einzelnen Eltern benannt wurden.	*„Es sollten Vorgaben zur regelmäßigen Aufnahme von Inhalten ins Portfolio gemacht werden (z.B. Highlight der Woche), da sonst überwiegend Inhalte präsentiert werden, die kurz vor dem Portfoliogespräch entstanden sind.*"	6	3

Kategoriensystem Auswirkungen des Übergangs aus Sicht der Eltern

Nr.	Kategorie	Beschreibung	Beispiel	Anzahl
1	Motivation	Seit der Einführung der Noten im 8. Schuljahr hat sich die Motivation der Schüler*innen verändert.	*„Sie sind ein wenig motivierter, gute Arbeiten zu schreiben, da sie wissen, dass sich das Ergebnis in den Zeugnissen wiederfindet.“*	10
2	Arbeitsverhalten	Die Einführung der Noten hat dazu geführt, dass die Schüler*innen noch intensiver für die Schule arbeiten.	*„mein Kind arbeitet noch konzentrierter an Hausaufgaben und nimmt Abgabetermine ernster“*	7
3	Einstellung zur Schule	Seit dem Übergang zum Notensystem nehmen die Schüler*innen einzelne schulische Aufgaben oder die Schule insgesamt noch ernster.	*„Er nimmt die Aufgaben und Vorbereitung für die Arbeiten ernster.“*	5
4	Leistungsdruck und Prüfungsangst	Seit der Einführung der Noten verspüren die Schüler*innen einen größeren Leistungsdruck und entwickeln Ängste im Zusammenhang mit Prüfungssituationen.	*„Ja, Angst vor und bei den Arbeiten.“*	6
5	Sozialer Vergleich und Wettbewerb	Der Übergang zum Notensystem führt dazu, dass sich die Schüler*innen verstärkt miteinander vergleichen oder sogar miteinander in Konkurrenz treten.	*„Das einzige, das mir persönlich auffiel war, dass das Interesse in der Klasse an den Noten der anderen Mitschüler sehr groß war und auch noch ist. Die Kids vergleichen sich sehr miteinander!!!“*	2
6	Keine Veränderungen	Der Übergang zum Notensystem hat bei den Schüler*innen zu keinen nachhaltigen Veränderungen geführt.	*„Keine deutlichen Veränderungen“*	13